# 福建宗教碑銘彙編

漳州府分册

㊂

[中] 鄭振滿
[美] 丁荷生
編纂

海峡出版发行集团
THE STRAITS PUBLISHING & DISTRIBUTING GROUP
福建人民出版社

# 卷三　雲霄縣

## 九四三　石屏陳公廟碑記

維嘉定十有五年，朝廷舉象賢之典，録勤勞之臣，廉獻陳公首有墳廟，方來實董其事。嗚呼！古禮不復，非惟民非三代，而吏鮮以三代化民者。若陳公景肅，其三代之遺愛、曠世之逸民者乎？居家孝友，三代之彝倫也；修己學行，三代之道藝也；貢舉而拔文武，三代之賢能可興也。一邑宰而伐惡彰善，樹之風聲；由郡守而靖盜安民，勒之金石。制誥而贊王命，宣慰而振國威。於戲斯道！義高而藏，再辭而起，易簀而終。太常誄其行實，郡守樹其封碑。天子賜謚，斯民成廟。生榮死哀，三代備禮，末世罕聞。肇宰兩孤，器宇宏卓。

吴、鄭、薛、楊諸君，較刊始末，咸謂先生勤事至死，德施于民，宜備祀典。因即講所漸山之麓，下建爲祠，上封爲墓。畢功而書于石，以象先生之德，以作後學之式。碑曰：『於赫大夫，何天之衢？以禮爲御，以樂爲輿。受命作牧，威慈四擴。制誥屠龍，刃無虚族。奕世承芳，門第顒昂。入巖拮景，金碧輝煌。斯州官守，篤公士友。播詩樹碑，垂德永久。三代衰兮，道誰裁兮？瞻斯塋兮，寓死哀兮！』

**按**：此碑未見，碑文見於康熙詔安縣志卷十二、嘉慶雲霄廳志卷十七。作者方來，浙江永嘉人，開禧元年進士，時爲漳州知州。祠祀陳景肅，謚廉獻，雲霄人，少事高登，紹興二十一年進士，歷任台州、湖州知州，因不容於秦檜，乞歸講學於漸山石屏書院。陳公廟無存，今漸山七賢祠建於明嘉靖間。

## 九四四　陳政墓前題刻

嘉熙庚子春，建墳前儀制十事。

石匠：黄順、葉和、陳應。住庵净智、戒院僧□□。會首：進士陳哲夫、陳緎。

**按**：此題刻現存將軍山公園内陳政墓前石壁。

## 九四五　明故正議大夫資治尹户部左侍郎吴公神道碑記

賜進士出身、嘉議大夫、吏部右侍郎兼翰林院侍讀學士、知制誥、經筵官、兼修國史、長沙李東陽撰。

儒林郎、大理寺右寺副、直文淵閣、侍經筵官、預國史玉牒事、前中書舍人、長洲劉棨書并篆額。

弘治九年十一月十七日，賜葬户部左侍郎吴公于漳浦雲霄里之原。盖公之卒，朝廷特賜賻鈔三千貫，又給驛歸其喪，遣官諭祭，而其葬則有司所治者也。

公諱原，字道本，舉景泰初元鄉貢，登天順八年進士，授兵科給事中。時憲廟新即阼，公首陳五事。成化四年，與諸科合疏，請溥恩澤，以廣繼嗣。七年，遷右給事中。九年，轉左給事中，以外艱去。十三年，改禮科。十五年，進兵科都給事中。西廠久熾，公乘衆忿，倡諸科劾罷之。有鎮雲南者肆貪虐、鎮遼東者匿賊不以聞，又劾之。爲諫官二十年，前後論奏數上，雖少忤不變。又奉敕督馬政，考牧有法，見稱爲才。十九年，擢太僕寺少卿，再閱京營馬數，又召商市馬以給邊兵。二十二年，進爲卿。二十三年，用廷薦擢户部右侍郎，總京儲事，寬不弛制。藩邸官卒多怙勢擅出納，輒繩以法。今天子嗣位，公莅事益謹。弘治四年，遷左侍郎，佐理部事。五年，浙東西大水，敕公兼都察院左僉都御史，往視其地。公宣德意，諏民隱，勸公平，糶給米穀三十萬石、銀七萬兩，蠲累歲逋賦數十萬。他如修海堤，塞銀冶，嚴禁溺女，申婚禮舊制；援古人政迹，著爲編，刊布諸郡，民甚德之。六年，召還部。在部近九年，歷二考，累階正議大夫、資治尹。壽六十五疾卒，乙卯十一月十三日也。

公鬋而長身，器宇豐碩，性篤厚，不樂爲深刻。居官能以儉養廉，而不廢賙給。同里客死凡數人，皆爲經理後事，甚者殯于家，雖盛暑、大疫不避也。痛父棄養，力共母事。爲給事嘗乞歸省；爲侍郎再乞，得賜鈔給驛以歸，鄉人榮之。尤景慕先哲，嘗請立宋儒陳北溪祠，歲祀于鄉。爲詩文渾雅可愛，有奏議、雜文、紀行録及族譜若干卷藏于家。

蓋公之先自固始徙晋江，五世祖福友仕元，爲百户，屯田漳州，始爲漳浦人。祖諱榮禄，考諱晚紹，世有善行，俱以公貴，累贈嘉議大夫、户部右侍郎。祖妣蔡氏，累贈淑人；母凌氏，累封太淑人；配林氏，封淑人。子一，曰夢麒，側室林氏出也，以蔭爲國子生。孫一，曰崇其。弟提舉震、進士泰，皆以公教起科目。從兄森、從弟環，皆至參政。故吴於漳最顯。

公與予同舉進士，久且厚，比遣子就學于予。予既往吊哭，從其子之請，按翰林黄編修瀾狀，敘事著銘，俾刻于神道之石。銘曰：『吴出泰伯，族散南紀。由江逮湖，東際於海。漳稱名區，有地高塏。實生偉人，出佐天子。爲名進士，爲中給事。薦升大僚，以長卿寺。載遷户曹，贊理邦計。勲庸被褒，封及祖禰。惟祖及禰，世積仁累。溢爲巨流，有決其匯。曷徵厥源，如彼漳水。公澤不匱，式續式似。有來後人，公德是視。』

按：此碑現存雲陵鎮享堂村吴原享堂外，係近年翻刻。

## 九四六　莆美張氏先祖築土城碑記

夫位在匹夫，而功施於衆；不階乎尺土，而能禦外患；無宋鈃墨翟之賢、朱家劇孟之俠，而樹庸烈於時、垂利澤於後：是非有過人之計者能之乎？

莆美張氏之先有曰舉元者，從其祖得仁公自西林來居，期功强近之親數十家焉。不逾載間，居安懷危，謀所以自衛，乃咨諸其弟若俊元、若性元等，曰：『古有設險守國之義，家與國一而已。吾宗宅於斯、殖於斯、育子姓於斯，冀衍無疆、儲生聚，而壘培缺焉，將何以爲不虞是豫？竊欲以力之所能者築土城，何如？』僉曰善。上其事於巡按御史簡公，公義之。退，仞廣狹，量崇卑，鳩衆課工，計費授畚，於弘治乙丑十月經始，越數月造成。基址塗塈，鞏然以堅；垣墉溝減，井然惟匹。

未幾，山寇流劫，聚七千餘黨來攻之；多方設禦，經旬解去，時正德丁卯也。環雲霄未有他城，遠近賴以全活

者甚眾，罔不多舉元之能，而予其城守爲大有功。後五十餘年，爲嘉靖戊午，倭夷窺伺我隙，荐至荼毒。適四方升平之餘，民不習兵革，猝爾內訌，遠近騷驛，委村落而棄之。是城獨守死數晝夜以存。無論其宗，即來依者亦恃無畏。自是益增且葺，練於武事，四援咸興，營堡相望，寇不敢逼，而三務成功。然後知是城之風聲峻以遠，舉元之功大以遐。

嗚呼！昊天不傭，東南有警，上自浙、直，下至閩、廣，分符守土者豈無其人？擁旄分閫者豈無其人？飾智勇而擅壯猶者豈無其人？然城爲屠、里爲墟者，詎止一二？而是城以蕞爾介山海之間，上下數十餘年，兩當勍敵而不陷，此非其計豫使然哉？允可謂功施於眾者矣，能禦外患者矣，樹庸烈於時、垂利澤於後者矣！

其嗣孫蓋藩君，讀古書，爲時髦士，善繩乃祖之武而丕揚其烈，謀鐫諸石以志不朽，使後之宅斯城者知創之艱而守不易，求文於予。予素嘉其事，且里爲輔車，勢相倚伏，宵柝之警，於是城不爲無助。遂爲記述其事，爰系以辭云。辭曰：『揭揭張氏，既果且方，有繁其姓，戎作之防。爰止於時，作城仡仡，以容以守，莫之敢拂。載扼狂寇，里門不捐，薦有峻功，聲勢赫然。雞豚充閭，秔稻盈畝，朝飡暮春，永保黄耇。乃聚乃訓，有詩有書，孝弟忠信，其興翕如。以溯厥源，乃公之懋，用勒堅珉，永告爾後。』

**按**：此碑未見，碑文見於雲山居士集、嘉慶雲霄廳志卷十七。作者林偕春，雲霄人，明嘉靖四十四年進士，授翰林學士，官至湖廣參政。耿直狷介，不容於朝，萬曆十五年棄官家居，自號雲山居士，學行高邁，望重一方。萬曆三十二年逝後入祀鄉賢，清光緒後遍建特祠，廟食至今，香火愈熾。

## 九四七 募建龍湫岩碑記

檀樾主吴燮山捨緣銀柒拾兩，建造龍湫岩，另募内族外戚共計銀伍拾貳兩，各登記在於碑上。又燮山捨緣田計種伍斗，永爲本岩香燈之需。

一坐草洋港，大小二坵，受種二斗半。一坐高港埭内，共二坵，受種二斗半。男幼寶捨緣銀伍兩，又捨逓年租谷叁石。又次孫捨緣銀叁兩，又捨逓年租谷貳石。姪汝梅捨緣銀肆兩，又捨逓年租谷貳石。姪誦捨緣銀四兩，又捨逓年租谷貳石。姪孫葉璟捨緣銀拾伍兩，又捨緣田計種三斗，坐址白水埭，大小二坵；又捨□□一座。

□林玖舍捨山美渡，逓年租谷捌石，永充入岩。□吴應權捨高港埭田一段，坐址中洲港邊，受種五升。雲霄□舍捨山美渡，逓年租谷捌石，永充入岩。□世登載〈下缺〉瑞安公生像，另捨逓年租谷貳石。

勸緣姪孫〈下缺〉。住持僧道宗。曾尖担捨岩地一片。

崇禎四年五月廿四日興工，十一月十五日慶成。

六年癸酉□□之吉，吴燮山立石于岩。

**按**：此碑現存東厦鎮白塔村龍湫岩寺，碑名爲編者加擬。碑文另見於嘉慶雲霄廳志卷十六，但緣田坐址小字和部分人名被留空（當時碑文或已漫漶），且碑上『谷』均被改作『粟』。

## 九四八　雲霄威惠廟石香爐題刻

崇禎壬申春王正月，金浦劉登樞捨。

**按**：此香爐現存雲陵鎮享堂村威惠廟。

## 九四九　碧湖岩誌

岩建天啓三年，檀樾主何□勤。捨香燈租穀施主名氏，立石永據。

施主何熗捨穀七石。

恩進士太孺人何門張氏喜捨緣田，坐址烏坭寨仔埔，受種二石，年課税寔粟二十石。
景湛公喜捨香燈銀二十四兩，重興緣田，坐址徑仔，受種二石三斗，年課税粟十石。
僧弟何宏换田□租五石三斗，坐址和地。
崇禎五年十月吉日，主持□□立。
〈碑陰：〉南無大方廣佛華嚴、大乘妙法蓮華經。

**按：** 此碑現存馬鋪鄉梘河村碧湖岩寺。

## 九五〇　鄉約碑記

爲善於家，家可勉也。爲德於鄉，鄉可踐也。樹木維陰，種禾維豐。有子有婦，妥此寵崧。
崇禎六年癸酉春仲，孫光祚洎曾孫閏合、閏沁、閏綱、閏揆立石，仝社□公潘江銘、鄉耆許智點誌。

**按：** 此碑現存雲霄縣博物館（將軍山陳政紀念館），碑名爲編者加擬。

## 九五一　旌表節婦林母王太孺人墓碣

吾鄉先正有林謦庸先生，偉人也。方江陵時，權焰震天下，屬有絲綸，乞先生諛語，不可得。及奪情，爲筆鉞，先生實風厲其間。自隆、萬數十年間，天下操觚之彦，無不心憚先生者。泝其源流，蓋自祖母王太孺人云。

太孺人嬪於林，甫二十餘，舉一男女，而易直公即世，暘谷公甫在遺腹，孤露殊倍也。太孺人左劍伯氏、右樹暘谷，避寇轉徙數十里，胥宇卜築，爲百世基。嗚呼！明識豈閨閣慮能之乎？方轉徙時，舅姑邈在海澨；外氏又單門，暴客之所不吊。孺人晨夜拮据，爲廢寢者數載。侵陵者卒以去，二人卒寧處，暘谷公卒以釁序起家。此其績成緒者，懋矣。

史誌烈女，動稱明慧、嫻詩書、合於大義；然自宣文、義成、曹大家之倫，或乘倩車、施綃帳，出入宫禁，教授井里，爲誼士達人之所詆訶。廼不如墻陰介婦，椎髻垢面，巋然裨於坊表。而太孺人又以一經貽厥，不六十年，見其遺腹釋青衿、稱封君，手攜史氏，進於華階之上，使天下左辟讓孤行者，雖丸熊、畫荻曷加焉？

嗚呼！士君子亦多明爽，曉暢大義，獨至於勢利熏灼，投身不恤相藉也。遠勿論，如分宜、江陵，皆洞達善文章，於前輩中稱作家，顧先生視之何如耶？先生嘗言：『人出處志節，不偘落可觀，雖負鼎臺，腐草耳！』蓋自其孩抱時分，受之王母則然。

余嘗過前涂，望先生之宫，未嘗不颯然魂動也。先生殁於今三十年，先生之介弟有孫孝廉君，始請余誌太孺人之墓。余念先生業自爲誌，諸孫又鵲起，世固多識太孺人之誼者。因爲之銘曰：『折水生方玉，峨雪長翠柏，禮宗多徽烈。管則有彤，簡則有青，帝錫載光。貽爾後生，有壬來昆，莫與之京。』

歲崇禎甲戌冬。

賜進士出身、前右春坊右中允兼翰林院編修、充經筵展書官、纂修實録國史、文林郎、里人黄道周拜撰。

按：此碑現存雲陵鎮江濱路雲山書院，碑文另見於林偕春雲山居士集。

## 九五二　吴中舍護義阡頌

學以及物爲功，固有行諸郡邑、式彰聖主之仁，而見諸邱樊、爰推髦士之義者。義阡之賢，於澤枯掩骼是也。故少司徒吴公元孫中舍君以之君，諱山，邦仰其字，以顔閔、游夏世其家學。崇禎丁丑歲，買地於西郭高原，從瀣繭窴之便，一時被其澤者以千百計。猗歟休哉！不謂好事多磨，使□面上草都供芻牧。逮排場申禁，今而後喜可知也。德輶克舉，維竝夷好，上其事於宗室郡少府朱公、治邑侯余公，咸俞厥請。諸父老謀登諸石，過或者許智而問焉。或智乃漫擬如風雅，以鳴我莫助之愛。其詞曰：『卿家祖武賜塋欽，詒穀兼之岳伯任。天教文佛老婆心，庋壑

纍纍載德深。無端鬣壤且踣涔，噫嘻蒿里豈桃林，不懲何以善來今？我聞果報不容鍼，坂頭義築相與尋。緊爾蜚鳴和在陰，君看八葉續朝簪。』

崇禎戊寅五月立石。

**按**：此碑未見，碑文見於嘉慶雲霄廳志卷十七。作者許智，雲霄儒生。

## 九五三　雲海公創建祖祠記

十一郎公，莆始祖也。祭以十一月冬至，舊未有祠宇，僅於長房宗孫家祇薦歲事而已。四房七代孫裴，係草塘公嫡孫，肖塘公冢嗣，以春秋登萬曆壬午經魁，戊戌會試幾弋元矣。以外埸不終，詘焉。壬子，遂屈首受吏令於舒。甲寅，以母憂觧組歸，尚未有半畝之宮也。族内外勸之貽謀考築，喟然歎曰：『吾始祖祠宇未建，遑計及幼子童孫哉！』因捐金三百餘兩市地，董衆鼎新，落成升庙有日矣。僉議虛左祔配乃勞，謙不居，以奉其四世祖，仍率祖廣逮，俾族二世祖、三世祖一体升祔。猗歟休哉！明德遠矣。

今公長君君鰲業以賓興起家，次君天維亦復成進士，計造物報公亦速矣。次君任方州，纔報政，即捐俸金置田，以廣蒸嘗之額。較范文正公之義田、花樹韋氏之宗會，法尤稱媲美，于昔有光焉，非象賢之子能乎？詩曰：『君子有孝子，孝子不匱。』視履考祥，固未有艾也。自兹上尊尊，下親親，子孫食德，公之嘉惠族屬，厥利溥哉！僉議所以爲公銘不朽者，榜之前楹，雖未足報公萬一，然使來者孝子順孫，是則是傚，不令公抱獨爲君子之恥，不亦可乎？若其行事、其寔録，凡具家乘、邑誌者，皆不書。

旹崇禎壬午也，賜進士出身、歷任寧波府知府侄士良頓首拜撰。

**按**：此碑未見，碑文見於火田鎮西林村西林張氏世系考。

## 九五四　奉按察使司禁革衙蠹碑

署詔安縣正堂王，爲權蠹煬灶抗憲濫派虐剥難堪，奏天勒石革除積蠹以安民生等事：

蒙漳州府正堂汪奉按察使司田准，據里班涂進賢等呈革衙蠹許隆等，奉批：『嚴行漳州府逐名勒石禁革，以除民害，不許仍蹈前轍，先具遵依報查。』等因。奉此，合就勒石革除，不許擾充衙役，滋弊虐民，須碑。

計開：

積蠹：許隆、沈義、莊三、涂昴、楊詔、張乾、張四、唐亨、鄭球、何賈、許傑、郭炎、黄葵、林青、田浩。

虎約：沈明、陳佛、□□、吴英録。

門子：陳彰、白驥、龔強。

虎差：林桂、林興、鍾文燦、莊富。

土棍：沈□、沈隆。

原呈里班：涂進賢、林有郁、林仁、沈甫、沈彩、閔世賢、沈政、李友梅、陳文顯、沈世德、陳忠。

欵□里班：吴炳盛、黄國、陳民悦、陳継爾、陳寛、孫進、鄭浩、陳德興、涂瑞、何有用、涂清、葉吾聰。

寨長：鄭賛五、郭甘、陳好、陳應、沈炳。

粮長：林棟吉、王毓珍。

康熙貳拾柒年陸月　日勒。

**按**：此碑現存雲霄縣博物館（將軍山陳政紀念館）。

## 九五五　遵奉憲行禁革商漁船隻陋規碑記

漳州府漳浦縣爲詳明革除陋規事：

本年二月二十日，蒙本府信票；本年二月初七日，蒙布政使司憲牌；康熙四十四年正月二十八日，奉總督閩浙部院、仍管福州將軍事務加二級金批，據署福清縣事、福州府通判石顕貴詳稱：『切照福邑僻處海隅，沿海、各島居民尋覓水利度日者十居八九。有力者製一小艇，在于海中掛網捕魚營生。其各人船隻，縣中向烙字號，給其照票，年終造冊申送，以便稽查。但各澚船户居住之處，或離城一百三五十里，或八九十里；或隔一潮，或隔兩潮不等；如臨江里城頭澚，則離城三百餘里；又兼萬安崎過險艱難，是以小船向來駕至南門者少，俱赴各澚就近印烙，令本人赴縣領照，蓋由來久矣。

『卑職自六月内蒙大老爺委署福清縣事，即于八月内將各澚小艇次第印烙，并飭經承速給照票，不得措勒稽遲。前查烙過小艇共三百六十一隻，印烙多而給照少。隨于十月内即出示通行曉諭，令其速來領照，而赴領者仍復寥寥。卑職因而細加察訪，各艇户是何緣故竟不領照？今風聞，凡船户赴領照票者，向有經承陋規。每艇或三、五錢，或六、七錢不等，以爲衙門紙筆之費。船户稍裕者即備銀領給，貧乏者則遲延不前。又有因海上一到八月後，則狂風不時大作，漁船不敢到海中掛網，船無所用，藉此不來領照者亦有之。夫漁户小艇躬冒風波之顛，覓此蠅頭，以活家口，何容奸蠹胥役藉端勒索？實可痛恨！

『隨即遍貼告示，將前項陋規盡行革除，并令即速領照。倘有仍前勒索者，令各船户即時具禀重究外，但窮島小民覓利無多，難堪魚肉；而卑職係署理之員，今雖暫時禁革，恐日後不無更張；理合備由，詳明大老爺，懇祈批示，將此項陋規永行禁革，似亦少甦民困之一端。卑職因而更查，印烙商漁船隻，聞于領給縣照時，每船亦有筆資之費，或一兩或七八錢不等者。夫印烙商漁船隻，奉大老爺題定新例，實爲奠安海疆、杜絶奸宄之至意；而此輩竟以爲覓

利之所，相應一并詳請大老爺永行禁革。如有仍蹈前轍者，許船户人等即時具稟，將該蠹役解赴大老爺懲究施行。卑職爲地方除弊起見，是以冒昧詳請，統祈大老爺電鑒。』等緣由。

奉批：『該署縣所詳禁革官胥陋規，事乃必有者。一人言之，衆人不無惶惕于心也。可否應即通行立榜、立石之處，仰布政司會同按察司，簡明會議，聯銜通詳核奪。』

奉此，該□司布政使高，會同署按察司事、汀漳道副使阿會議得：『沿海居民製造小艇捕魚業，荷憲臺洞悉民艱，鈞批：「奸胥借編號名色勒索壓措，察出重究。仰司會同示曉。」等因，遵行通飭，曉示在案。凡屬有司，自應實心奉行。而其間吏胥人等借端需索，未及覓察者亦所時有。今據署福清縣事通判石顯貴申請禁革前來，夫立法期于久遠，剔弊必須過嚴，應請通行禁革。嗣後不論商漁及網捕小艇，敢有官胥以陋規名目刁措索取，或經訪聞，或經告發，官即以剥民揭詳題參，經承重責四十板，枷號二個月，仍行按律治罪。庶弊端永絶，而民生樂業矣。相應詳請察奪批示，以便通行各灣、島要地，勒石曉諭。統候憲臺察奪，批示遵行。』等緣由。

奉批：『沿海船隻，給照察奸，法至善也。詎不肖官胥視爲利藪，刁措勒索，定爲通弊。該司等所議甚當，如詳通行永禁。并飭各該縣，于海船住海處所勒石曉諭，取具勒模，遵依報查。該司道仍不時查訪，如有前弊，立行揭報，毋托空言可也。候撫都院批示，繳。』

奉此，擬合就行備牌：『仰府照依院批詳内察理，文到立速嚴飭各屬縣，于海船住泊處所勒石曉諭，取具勒過碑模同示曉日期遵依。務要親加驗明，一齊匯送，毋得遺漏，以憑本司查核，轉繳院奪。該府仍不時留心查訪，毋任奸胥借端勒索陋規。如有前弊，立即詳報請參。倘再徇縱泛視，一經察出，定將該府奉行不力職名揭報。慎速。』等因。

蒙此，擬合就行備票：『仰縣官吏照依院批詳内察理，立速嚴飭各地方，于海船住泊處所勒石曉諭。將勒過碑模同示曉日期遵依各伍本送前，毋得遺漏，以憑親加驗明，送司查核，轉繳院奪。該縣仍不時留心查訪，毋任奸胥借端勒索陋規。如有前弊，立即詳報請參。倘再徇縱泛視，一經察出，定將該縣奉行不力職名揭報。慎速。』等因。

蒙此督行，勒石示曉：『爲此示仰沿邊泊船處所商漁各船户人等知悉遵奉，一體遵照施行，毋忽！特示。』

康熙四十四年四月　日，□豎雲霄灣泊船處所曉諭。

**按：** 此碑現存雲陵鎮溪美街水月樓。

## 九五六　碧湖岩題捐碑

何□捨穀一石。何□捨穀一石。何維學捨租三斗。林大姐租一石。

雍正四年八月吉旦。

**按：** 此碑現存馬鋪鄉梘河村碧湖岩寺，附刻於崇禎五年碧湖岩誌後，碑名爲編者加擬。

## 九五七　湯氏家廟海界碑記

竊謂寓開創於守文，可以承祖武；由舊章而新造，可以顯宗功。本族住居海濱，海中泥泊捕採資生，視若恆産。北至雙嶼，南至烏礁，東至五嶼，西至本澳，四至界限奉憲勒石。海嵎崎頭，自宋迄今，歷掌數百餘年，輸納國課在案。緣康熙二十七年，宦後唐思齊恃勢混争，侵界採□。時有歲貢生諱吴鄰公呈控公庭，蒙漳浦縣主楊諱遇公諭令，陳印鵬、黄印玉在外調和，着唐思齊親書約字，内云：『聽憑公親調處，各分地界爲定。上自雙嶼起，下至烏礁止，東至五嶼止，係湯家物業，唐家不得混争。其雙嶼以上，烏礁以下，五嶼以外，與湯家無干，聽唐家掌管。自定界以後，兩家各照本分掌管，不得混争。』等語。爾時禍胎盡息，利産仍存。

嗣是拔貢士京試候選儒學諱元和公，乘時管業，免捕魚之税，公其利於人；徵採□之錢，歸其利於祖。貯積數年，興建祖廟。崇七世於一堂，馨香綿遠；分九房爲十户，祀事輪流。斯役雍正辛亥時也，孟春始，朞月竣工。泥泊産利，其關係豈淺顯哉！要之，莫爲之前，舊物奚以光復？莫爲之後，利澤無以長流〈下缺〉。

按：此碑現存列嶼鎮城内村湯氏家廟，碑名爲編者加擬。

## 九五八　世掌祖山祭祀公業碑記

世掌祖山，後到内壂祖坟数首。栽插栢木，砍伐屡矣。康熙伍拾陸年，又更栽插。雍正柒年，犯監朱果涎貪圖佔，創詞聳控，衆志不齊，斂費維艱。各房家長痛念祖山，惧其失墜，有仗義纘緒者共伍拾人，各自備銀告執，此後永爲伍拾人子孫世世祭祀公業。其袖手旁观毫無所出者不得與分，以儆後來忘祖之人。恐久無據，勒石以垂不朽。其名次開列于左。

綱、潛、選、勝千、揆、政、佐、威、石、粟、騫、進鄉、強、應求、繆、得、古、涥、認、恭、聘、奏、盥三、豁、賤、丕、乃、潛秀、閤、接、旧、圦巧、善、早、天廷、弁、孕父、札、耆、印深、必、賞陪、篸、月、等楚、衛運、俊、旭、孔、益、慱柔。

乾隆三年七月穀旦立。

按：此碑現存雲霄縣博物館（將軍山陳政紀念館），碑名爲編者加擬。

## 九五九　重修碧湖岩記

將欲斬新日月，特地乾坤，剖山川之靈秀，寫造物之文章，非有慧心廣力夙具靈根者，難于□基，而亦未易於踵事也。碧湖之爲岩，創於有明之默然禪師，迄今距百餘載，古柏棲崖，青松夾道。寺之左右，兩澗回流，注湖於前。余嘗有句云：『一湖水月初開鏡，萬里松風遠聽濤。』蓋謂此也。顧蘚字苔書，益封奇石；龍湫、鶩嶺，未免荒榛。遊者特領其大略而已。

壬戌之歲，余館於漈□之别墅，去寺不數百武。每課餘，輒攜子弟步山椒而登焉。揮絲桐，望還雲，慨然懷東

山世外之思。主持禪師恒向余道及重修之事，屈指計約千金。予戲曰：『師兩袖清風，一寸靈臺，果能幻出大世界耶？』師曰：『自古名山與才人等，斷無湮鬱之理。君不見給孤長者園耶？是奚難？』余首肯久之，然無以助。師延是叩之吾宗與四方巨力者，果皆惟師命豁如也。富者捐金，貧者傭力，揮□成雲，舉鋤如雨。師乃廣其舊模，披其新致，不一歲而事竣。赤巘丹崖，巧成天趣；梵宫佛閣，麗絶人寰。其洞壑深處，遍栽果卉；浮魚唼藻，穿鳥驚花。日稍午則山色蒼然，樹影參差，清風徐至，鈴鐸時鳴，雖盛夏忘暑。或時夕陽初盡，皓月已浮，適與户牖相對，天香縹緲，金碧輝煌，泠然之善，殆難擬議。非所謂『斬新日月，特地乾坤』，如經所云者乎？師之廣力惠心，足以配乃祖矣。

語云：『美不自美，因人而彰。』予寄跡江湖，隨心雲鶴，雖切題橋，未逢解紵，烏足以表兹山之勝、禪師之德？然試興凴欄遠眺，東望雲霄，則玉女仙人，海上群峰，秀侵天表；南瞻炉山，則一掌挺奇，桂嶺獻瑞；西倚阜于翠高，北飛漈乎玉虹。天地自然之圖畫，與夫吾師樓閣位置之宜、煙霞點染之勝、花石排聯之當，一塵不染、萬古常新者，則吾言當爲左券也夫！

禪師名海義，號振恩，自初清刻自持，不妄言笑。及長，遍謁叢林，登鼓山，入黄蘗，望普陀，超悟有得。歸而住持是山，戒律精嚴，大衆咸信，亦以見山靈之有待也。因爲記，俾刻之石。

乾隆癸亥年季春，榕林何子祥盥手拜撰。

**按**：此碑現存馬鋪鄉梘河村碧湖岩寺。

## 九六〇　庵仔渡船貪載示禁碑

漳浦縣正堂袁，爲渡船貪載等事：

乾隆十年四月二十四日，蒙漳州府正堂記録十六次金信票：『蒙福建分巡巡海汀漳龍道加一級覺羅雅按本府議定

後開各渡船。按照議定，每船載客人數收取錢文，隨身行李不得另取；搭貨一擔減人之半。不許額外多載人貨、多索錢文。狂風驟雨之時，不准開渡。該澳保不時巡查，無致覆溺之患，如違拿究。倘有地保、土棍、劣□、豪強巧立渡主名色，霸佔圖利，抗違不遵，訪實詳究。』等因行縣。合行勒石永禁，各宜凛遵毋忽！特示。

計開：庵仔渡船户吳聰，每船每次載客十人，每人給錢一文；隨身行李、貨擔及隨往隨回者，俱不另取錢文。如遇狂風驟雨，不許開駕。及額外多載、勒索，察出定行重究。

乾隆拾年拾月　日給。

**按**：此碑現存雲陵鎮陵北宫，碑名爲編者加擬。

## 九六一　重修和義橋碑記

平和縣正堂周捐金二拾兩，重修和義橋。

雲霄營副總府孫募題，左廳虞耀宗，右廳何賜，左部常一來、楊靖，右部李□、吳健，共捐叁兩。

雲霄左堂許諱世佐捐銀壹兩。郵政廳饒守忠捐銀二大員。協防□熙、洪天桂共捐銀肆錢。郭緑、徐士偉、王恩、陳超蛟共捐銀肆錢。

誥封奉政大夫朱諱允泰捐銀貳拾大員。鄉賓方有才捐銀伍大員。春元方廷楷捐銀壹兩壹錢。吳元麟捐銀肆大員。貢生郭耀東捐銀拾兩。吳文龍捐銀陸大員。湯友文捐銀貳大員。吳菁捐銀壹兩。黄廷芳叁錢陸分。監生朱超□捐銀拾伍兩。黄志憲拾貳兩。朱文□拾貳兩。朱長溪拾貳兩。朱超□拾兩。朱超時拾兩。朱超□拾兩。朱汝璧拾兩。朱超岳拾兩。朱長□肆員。羅英錕肆員。林長基肆員。朱文琛叁大員。湯蒙龍貳大員。蔡肇文壹員。黄廷梅壹員。張日涵、陳光□、唐光廷、黄□□、黄廷瑄各壹中員。

生員朱敬、朱風□各捐銀貳兩。方廷貴、方□壁、蔡東岱、吳□各捐壹大員。方璇璣、方逢時、方廷鏗、方大

璋、方□□、張學林、張飛龍各壹中員。吴昌伍錢。黄郡賢叁錢。蔡澤捐叁錢。
貢生方應藻，監生方斯合，生員方長光、方璉、方克猷、方□猷、方□□公捐橋□。
乾隆拾壹年叁月　日勒石。
董事：耆民朱正可并捐銀拾兩，兵胥朱珍品捐一員。

按：此碑現存火田鎮七里舖村碧雲寺。

## 九六二　碧湖岩誌（二）

碧湖岩世代源流、護持僧名字、序次，開列如左：
皇明天啓叁年，第一祖默然公募施，肇建道場。
崇禎五年，二世祖印空公，募建香燈田，受種貳石叁斗溪，坐址徑仔，年科税額五拾石溪。
皇清丙子年，三世祖徹虚公，手置香田，共受種子叁斗溪，坐址碌頭頂村大坑，年科税額六石溪。
雍正肆年，信奶何門張太孺人，善施香燈田，受種貳石溪，坐址烏泥寨仔埔，年科税額肆拾石溪。
乾隆玖年，六世祖振恩公，募緣拮据重興，并手墾香燈田，受種三斗溪，坐址岩前，年科税額拾石。
如上列祖，或創或繼，事雖不一，其有光禪門多矣。後之子孫，踵而行之，其爲我佛善果者，又曷可量哉！
乾隆十二年仲吕，住持僧海義重修。

按：此碑現存馬鋪鄉梘河村碧湖岩寺。

## 九六三　重建神壇題捐碑

合鄉重建神壇，每灶出錢五十文。乃工程浩大，難以完成。今僉議：每位各出一百，勷成美舉，福有攸歸。

戴福遠出錢三百文。現章出錢二百文。

明亮、□五、□□、凹勳、良佐、崇仁、□雲、□昂、次吕、□嵐、林□、□□、□□、梅英、□青、天玉、黄賓、亮□、□建、□□、學義、戴良瑞、□□□、□瑞林、江廷□、林□禮、戴紹位、鳳聰、朝札、□炷、上階、□□、□□、□上、必霏、光昆、嘉官、□松、□□、朝瑞、□□林。

乾隆十三年孟冬月，戴□瑞、□□立。

**按：**此碑現存雲霄縣博物館（將軍山陳政紀念館），碑名爲編者加擬。

## 九六四　雞公崙虎墳禁碑

山之崖石林木，猶人之血脈筋骨也，而蜂腰鶴膝過峽之處，關係尤重。我虎墳一穴，係我三世祖所葬。與天虹公昆弟也，東西對峙，子孫並隆。而年來開築採鑿，漠不關心。夫思長久者，動積仁義。人未有樂傷人者，況人祖乎？況己祖乎？總惟禁止不早，是以悮犯恒多。今稟祖宗，演戲示知，勒石嚴禁：凡來龍結穴、水所遶處會處，屹立之石、過峽之土與蔭墳樹木，仍有如前故犯，除挑還外，投伊家長，重輕議罰。派下子孫，則聞之各房，于廟中責板罰戲，再犯則送官外革出不齒。此皆尊祖敬宗至意，況又地靈所關，慎之慎之！萬勿居心不肖，謂蔭我不及，私心偏指，卒歸廢人也。我家周回數十里，罕有他族，拔一毫而全身動。由此推之，自同出吊鐘，以至地虎、天虹，又總惟一人之血脈筋骨也。其互相保護，以發福于無疆者，豈獨此墳哉！有孝思者，可撫林木而油然遠矣。

大清乾隆庚午年穀月，虎長、次、三、四、五房雲孫仝立石。

**按：**此碑現存馬鋪鄉梘河村後厝社何氏家廟，碑文另見於該村乾隆何氏家譜卷一。

## 九六五　漁船採捕免税憲示碑

漳浦縣詳蒙司議、奉院憲批：准雲霄灣漁船採捕，無論醃鮮多寡，關口概免徵税，告示勒石。

署漳浦縣正堂加五級紀録五次記大功四次趙，爲濱海僉沐憲恩等事：

乾隆二十九年三月二十三日，蒙漳州府正堂加六級劉信牌；乾隆二十九年三月十二日，蒙布政使司顔憲牌；乾隆十九年二月十三日，奉閣督部堂楊批朱署司詳：『查得關員稟報雲霄港漁船漏税一案。緣漳浦縣雲霄灣有商、漁二船，商船販運乾魚往外省發賣，成例五百斤以下免其關税，五百斤以上徵收税銀。漁船有單、艇二字號，均徵漁課：單字小船，向在海口附近採捕，朝出暮歸，出口時並不配鹽；艇字漁船，□□□□，並往浙海採捕，向令配鹽，以備醃醅；均無完納關税。

『乾隆二十七年七月内，關差以艇字漁船獲漁數多，有類商船，欲令完課，各漁船以向□□往不□上納。又因船係船户、舵工合本置造，恐船户出名具呈，致被關員兜留船照，不能採捕，有漁船户楊芳、陳得玉、方錫、方右、陳天、鄭錫吉、□□□□□□□□□錢，以舵工方六、鄭領、鄭每、方禹、陳壯、陳允、鄭嬌、柳結、曾隆、朱盛出名控府。經前漳州府蔣守飭查，並奉憲臺准將軍咨，據關員具稟前情行司，一併飭訊實情、妥議詳覆等因，當經曺前司轉行漳州府遵照去後。

『茲據署漳州府□□□□□□漳浦縣何令移查原案，訊明前情，由府核詳前來，本署司覆查：「漁船醃醅鮮魚，非商船販載乾魚可比，雖出口採捕，並無二三月之久、獲漁□□□□□之多。」且據該縣移查，乾隆十九年詔邑懸港漁户郭照等，亦因關口征税具呈，蒙前管關將軍批示：「漁船惟查有無偷載別項、漏載別項、漏税物件，分別拏究、放行；如所載僅止醃、鮮魚貨，無論多寡，仍□□□□□□□□。」又奉將軍示：「凡載醃魚，未及五百斤者方准免税，如在五百斤以上應按則科納。又沿海小艇採捕魚蝦，朝出暮歸，趕鮮發賣，□醃□□□□□放行。」等因。

『是商、漁船隻税銀原有分別應征、應免之例。今雲霄灣罾、艇二號漁船，雖出口採捕，其所獲僅止魚鮮，向來概不征税，似未便比□□□□□貨，概行征□。應請俯如該府所議，嗣後此等罾、艇漁船，仍照向來例稟，無論醃鮮多寡，概免徵税，以恤濱海貧漁。理合核明詳覆，伏候憲臺察照，并請移覆管關將軍，飭令該口委員遵照辦理可也。』等緣由。

奉批：『如詳飭遵，並候咨覆管關將軍，仍候撫部院批示，繳。』同日，又奉巡撫部院定批：『據詳已悉，仰候咨明管關將軍，仍候閣督部堂批示，繳。』奉此，合就飭行，備牌行府，仰該縣官吏照依事理，即速移行遵照：『嗣后雲霄灣罾、艇漁船，仍照舊例，無論醃鮮多寡，概免徵税，以恤貧漁，餘亦照司看辦理，毋違！』等因。蒙此，除移銅山税口飭遵外，合就示諭：『爲此示仰雲霄灣罾、艇漁船户人等知悉：嗣後□□□□□□□漁船□無論醃鮮多寡，概免徵税，以恤貧漁。該漁船亦不得夾帶禁物，致干查究。毋違！特示。』

乾隆貳拾玖年肆月　日給。

**按**：此碑現存雲陵鎮大園街天后宫，碑名爲編者加擬。

## 九六六　龔氏廣恩室移建畬子園記

室何爲而建也？建室而祀準提佛者何？蓋求慰先王父志也。王父諱宜俊，幼失怙，事母維謹，禱準提佛以祈延壽。築精舍於霞廣，離家二里許，旗曰『廣恩室』。祀是佛，□酬罔極而復廣恩於後□也。王父之志，盖亦篤矣哉！無何，住僧不肅，人聚喧囂，未慰寅清先志，季父心焉憫之。予兄弟亦愴然失安，衷議相近地時可省視者築焉，而人以畬子園請。

夫畬子園，鎮内地也，王父何未之得乎？即而□之庶之。下帶水旋繞如璧。水之上，田園繡錯，春華秋實。而其東則城垣，睥睨纍纍，綿跨於北面之山。山之名者，又□周拱環映，不減東山草堂也。而園中之地，則廣袤百有

餘丈。村落寥寥古樸，大類城市山林之致矣。豈地以時顯，王父故未之得而留遺至今耶？今不謀築，而坐聽前室喧囂，其若先志何？

由是僉力鼎建。功成，仍名『廣恩』，即移請準提佛崇奉其中。堂廡不乘其寬，規制□倣乎嚴，更延高僧應機主之。暮鼓晨鐘，梵音貝葉，敲擊強□。佛高有靈，諒安是室也。王父陟降庭上，倘因而克慰哉，此則吾兄弟懇心以求之者也。室成於己未，正應勒瑱珉以垂孫子，以季父沉疴，故未遑。謹誌之，而并列齋田于左。

計開：

一段坐址西庵溪坪大浚邊桐子脚，大小伍坵。另水辦下壹長坵，受種叁斗，全年結硬粟肆石，佃蔡□官。

一段坐址演武亭荔枝脚，大小玖坵，受種柒斗，全年結硬粟拾柒石陸斗，佃林郡官、棠官。

一段坐址演武亭水吼坑，大小叁坵，受種叁斗，全年結硬粟玖石伍斗，佃林波官。

一段坐址官陂頭墘下，大小肆坵，又厝后貳坵，受種叁斗，全年結硬粟柒石柒斗，佃林業官。

一段園貳坵，坐址西門外寨仔前田坪園，全年税銀肆錢正，佃龔日彩。

以上等田，共配六都一圖二甲龔章名下，寺田伍畝叁分陸厘貳毫。至乾隆二十九年二月内，推付僧應機名下收租納糧，爲佛誕、年節之資。我五房内子孫永承勿替，而住持等亦不得擅自變易，致□先志。

乾隆二十九年歲次甲申桐月穀旦。

三房孫國學邦憲、邦楹、國學邦殿、邦姣，曾孫家栻，仝勒石。

**按：**此碑現存雲陵鎮桃園寺（又名三平分寺）。

## 九六七　禁革田皮田根碑記

漳州府漳浦縣抄蒙福建等處承宣布政使司布政使加一級記録十八次顔，爲嚴禁田皮、田根之錮弊以全民業事：

案照本司具詳，内開：『查得紳士鄭漢履等，以「田皮」「田根」名色奉明示飭禁，而風雨損壞，反致視爲故套。玩佃或藉土役營兵，或恃聚族負隅，任意積逋，業主竟成佃產，錮弊莫破。呈請立碑永禁，使其觸目驚心，主佃相安。』等情。

奉憲批司查議，隨經行據福州府議覆前來，本司查閩省佃民私立「田皮」「田根」名色，歷奉禁革有案。如汀州府屬雍正八年經前司議詳，内開：『田主收租而納糧者，謂之「田骨」；田主之外有收租而無納糧者，謂之「田皮」。是以民間田畝，類皆一田兩主。如係近水腴田，則田皮價值反貴於田骨，争相佃種，可享無賦之租。是田皮則屬佃户之頂手，一經契買即踞爲世業，公然抗欠田主租穀，田主即欲起田召佃而不可得。甚有私將田皮轉賣他人、竟行逃匿者，致田主歷年租欠無著，駄糧累比陷□家而悮考成，弊害已不堪名言。加以紳監、土豪貪嗜，無糧無差，置買田皮，剥佃取租，止顧利己。凡佃民逋欠主租者，反爲之袒護，獄訟繁興。請照從前通革之例，凡屬皮租，盡行革除，不許民間私相買賣。一切訟争、告找、告贖，槩不准理。併令刊刻告示，遍諭佃户，只納田主正租，不許另納皮租。若有逋欠正租，聽憑田主召佃；如有紳監、土豪仍敢揹□主租等弊，發覺從重究擬。再田皮一經革除，則瘠土不啻膏腴，恐有無饜田主從中勒佃加租，或刁農貪圖耕種、私向田主加租奪佃，致啓訟端。此等陋俗□□□□□請飭禁，嗣後佃户若不欠租，不許田主額外加增，生端召佃。俾佃户知所勸勉完租，田主不致悮租欠課，兩相安業。』等由，詳奉前憲批允，通飭勒石永禁在案。

嗣於乾隆二十七年，侯邑民人林天崇等控争洲田案内，又經前司詳明：『福州府屬「田面」「田根」，與汀州府屬「田骨」「田皮」，名色雖殊，流弊則一，應照詳定禁革舊案，通飭各屬，刊刻告示於窮鄉僻壤，遍行曉諭嚴禁。如有仍以「田皮」「田根」等名色私相售頂承買，及到官控争者，務即案法重究，追價入官；田歸業主另行召佃，不得少事姑息，留貽訟源。』等因，搬行遵照，亦在案。

是先後飭禁，立法已屬周詳。但自雍正八年迄今三十餘載，從前各屬奉行，或有未經勒石之處，年久無從稽

考；至乾隆二十七年飭令刊刻告示，更易損壞。以致愚民無所儆畏，積習未能盡除。今既據該紳士等呈請建立石碑，以垂久遠，應如所請，飭令各屬於廓外適中之地，遵照先後詳定章程，立碑永禁。其窮鄉僻壤難以周知之處，即令照式監立石碑或刊設木榜，一體示禁，務使家喻户曉。仍飭取碑摹榜式仝鐫監日期，通送备查。嗣後如有佃民再藉「田皮」「田根」等項名色私相頂售、逋租，或田主額外勒加、生端召佃，到官控争，即照依碑榜内所定章程，按法分別究懲，不得少事姑息。庶遵循可久，□□□□□□除等由。

於乾隆二十九年十一月十七日，詳奉□□□□□□批：『查「田皮」「田根」等項名色，經歷先後通飭勒石永禁，併令刊刻告示遍行曉諭，乃地方官奉行不力，以致日久廢弛，愚民無所儆畏。自應再爲申明禁例，嚴加□□□□□□撰擬碑文，通飭各屬，在於城鄉處所，一體勒石禁革。如敢虚應故事，即將違玩之地方官先行揭報参處。仍取各碑摹遵依仝鐫監日期報查。餘已悉此□□□□□□□通飭勒碑永禁：『爲此示仰通屬紳衿、軍民人等知悉：凡有從前「田皮」「田根」等名色，永行革除，各佃只照舊完納田主正租，不許另納皮租。如有逋欠一□□□□□□□敢故違，許田主立即禀究，按律從重治罪。該田主亦不得因禁除皮、根名色勒佃加租，及刁農貪圖耕種、私向田主加租奪佃，均干嚴究。其各凛遵毋違！特示。』

〈上缺〉日給。

按：此碑現存雲霄縣博物館（將軍山陳政紀念館），左上角殘缺，碑名爲編者加擬。

## 九六八　碧湖岩緣田碑

檀樾信奶何門黃氏，喜捨緣田數段，坐址白岩虎等處，坵数不計，受種子壹石貳斗，全年實税叁拾貳石溪，帶田畝七分，以爲碧湖佛天永遠香燈之需。祈庇子孫昌隆，家聲丕振。

旹乾隆叁拾貳年歲次丁亥正月穀旦勒石。

按：此碑現存馬鋪鄉梘河村碧湖岩寺。

## 九六九　嚴禁澳差勒索憲示碑

福建等處承宣布政使司布政使加職二級錢，爲嚴禁勒索陋規以重船政事：

照得福清縣經承楊華、澚差魏發探知許列輝、陳仲就兩照□名□□□勒索〈下缺〉照逾限，復圖□照礼錢一千六百文，□言再□按季〈下缺〉魏發延不查覆，許列輝仝陳仲就上控督憲併本司衙門，批府查拏，究追確情，船數〈下缺〉司，經本司請將經承楊華、澚差魏發〈下缺〉令飭記大過一次，以觀後効。□□紙筆陋規刊示〈下缺〉督憲批查一切陋規，又奉禁革〈下缺〉多方需索，留難阻滯，殊〈下缺〉記大過二次，以觀後効。楊華、魏發免行枷〈下缺〉將應行革除之處，逐欵剴切刊示，飛速移〈下缺〉撫部院批示，繳。』又奉撫憲批：『仰候督部堂核示，繳。』等因，合就刊示曉諭：『爲此示仰〈下缺〉知悉：嗣後務遵後開各欵辦理，如敢再行多方需索〈下缺〉官則嚴条，役必杖斃。凛之慎之，毋違！特示。』

一，商、漁船隻報造、買賣、歸籍，方許驗烙一次。知縣□□及□□□期滿〈下缺〉，違即報条。

一，船照一年一换，如有風□□□□□□□□□□期滿〈下缺〉即换給，不許勒索飯食、紙筆絲毫陋規，違即杖〈下缺〉務選誠寔之人充當，不必多設澚差滋擾，致干〈下缺〉無夾帶禁物，隨到隨即驗放，不得多方需索留難。進口船隻如因風〈下缺〉給辦理，亦不許揩索阻滯，違即嚴条究治。

澚内如有不平，衆船户同□□協理仝立石碑。

乾隆叁拾柒年肆月　日給。

按：此碑現存雲陵鎮大園街天后宫，下半截字迹風化無存，碑額『憲德汪洋』，碑名爲編者加擬。

## 九七〇 移建朱文公祠記

國家崇儒重道，教化所洽，即陬澨之鄉，咸知祖尼山而宗考亭。况吾漳乃文公過化之邦，號稱海濱鄒魯，尤希賢希聖之恐後者哉！雲霄，古懷恩地也，山川秀美，人文特盛。舊有紫陽書院，在其城西，前輩家大司空諱思充爲文以記。後遷於城外之北，形勢散漫，郊野荒凉。都人士以爲非所以崇祀先賢也，因僉議移建於鎮城内，名山四照，規模宏遠。初議之興也，捐金一百圓以上者勒石題名，世世頒胙；餘隨願力，皆名載貞珉，並垂不朽。貢生張君藍玉，慨然有志，捐白金二百以爲倡，於是相繼樂助，邪許同聲。經始於乾隆癸巳年，訖工於丙申年，歷四寒暑而成。計糜兩千餘金，堂基聿焕，俎豆重新焉。

先兄青巖公同年友雲水高先生暨諸紳士，徵記於余。余曰：『先賢祠宇，固非欲雕刻華麗，博觀美也；又非徒以地靈人傑，爲取科名、掇青紫計已也。蓋建祠講學，奉祭行禮，上妥神靈，下習揖讓，當思務於根本之地，有志於聖賢之途矣。朱子嘗云：「聖賢之學，非有難知難行也。孝弟忠信、禮義廉恥以脩其身，而求師取友、誦詩讀書以窮事物之理。」是二端者，用力以求，則自身而家、國、天下，無所處而不當。庶共循朱子之教，脩諸家，獻諸廷，以仰副聖天子壽考作人、崇儒重道之至意也哉！』是爲記。

**按**：此碑未見，碑文見於嘉慶雲霄廳志卷十七。作者蔡新。

## 九七一 西霞亭功德碑

檀樾主欽賜榮壽大夫吴諱道初公派下捐園一所，興建觀音亭及萬善庵，功德無量。

乾隆丁酉年拾月，住持僧雨湛合什敬勒。

**按**：此碑現存雲陵鎮金霞路西霞亭，碑名爲編者加擬。

## 九七二　重建西霞亭碑記

雲西負廓有樟子脚者，前本有亭。數載以來，僧衆遷之，僅有數椽片瓦之基，荒陋殆甚。夫□修廟宇，亦吾人行善之一端也。爰集同心，捐資重整，增前殿，飾後殿，新佛像，蓋焕然一祇園之巨观焉。固是神靈赫奕，法雨均沾，人物咸寧，往來共慶，是不可不誌之以垂不朽也。□列其名於石，并名其亭曰『西霞亭』。西霞云者，以西天之蓮座鎮乎城西，疑有雲霞往來其間也。

信生高文傑、信士方文琜、信士高德源、信士高聖观、信士方倩观、□佛海观、方長吉、高凱泉、朱大爺、陳相公、謝相公、吴相公、方權观、方次观、方碧观、方肯观、方揖观、方六观、方□观、方喬观、方□观、方貪观、方淼观、陳□观、歐淇观、楊召观、陳夥观、周同源、施景□、方丙观、方天甲、鄭□光、孔岳观、信生張賜琬、方標观、楊置鎮、黄福誌、汪肖明、方文炬、詹沛源、陳艾光等仝立石記。

住持僧雨湛新募建。乾隆四十五年花月穀旦仝立。

按：此碑現存雲陵鎮金霞路西霞亭，碑名爲編者加擬。

## 九七三　嚴禁私徵漁課憲示碑

抄奉特授福建分巡巡海汀漳龍等處驛傳兵備道、兼攝漳州府事、軍功加一級又隨帶加一級紀録八次姚，爲俯恤民隱請示無門、亟請示禁事：

據漳浦縣船户楊昇、曾得明、林永利呈稱：『痛昇等向給上憲單照，竿撑商船，向買鹽魚，貿易生理，有單照俱無復補鹽課，向例成規。本年五月，縣主張委内司任理鹽舘，串舘辦潘高、哨捕李治等，握權網利，不遵舊例，無單照補錢二十二文。又敢生弊，額外加增，私設尺寸量多，每担加增錢四十七文。節節生枝，窮民莫堪，商賈難行。

無奈九月二十三粘連單照，□□□抄□切五十一文九毫之數。此係採捕漁船，每担配鹽之數經已配明。昇等漁船及路担，乃是向買醃便鹽魚，運載旅賣，並非□□醃魚處所，有單照無重補，無單照補錢二十二文，茲又加抽四十七。前府未蒙批晰，以縣詳五十一文九毫，比昇等告四十七之數□減不□。仰縣秉公查究，嚴行禁止，務飭丁胥照舊徵觧，毋稍藉端擾累窮民，致干提究，遵。」即請縣禁止。詞碍内司，代書不敢用戳。□□無門，亟叩憲恩，照舊規嚴飭，給示嚴禁，商賈戴德。』等情。

據此，案照船户楊昇等呈爲憲照不凟、私設横抽、粘票電裁事，詞稱：『切□□□□民分宜然。□□私抽，有干法紀。昇等住居雲霄，充當船户，向給上憲票照，竿撑船傤，年照單票徵課。凢載魚貨及泔脯等貨□□□，昔俱無補課，向例業有成規。縣主張上年新任，亦照舊例，亦無增補。迨本年五月，委楊内司任理鹽舘事務。舘辦陳亨即潘高、哨捕李治等串通網利，藉官横抽，不遵憲票，不論有無单照，一是皆以横抽爲本；擅設私條，擅主尺寸，擅生枝節，每載量多，每担增□□錢四十七文，隨即交訖。偶有不從，將□等□□。無照□□，奚堪加剥？昇等將船照繳還縣主，各無别業。但詞碍内司，代書不敢認戳，以至投遞無戳抑還，告訴費属維艱。切給照原有□□单照不凟，生理莫通。有此定例横抽，供課而又供抽，無異一牛兩皮之剥。□□□□謹開粘照單六紙，匍轅叩乞電察垂憐，恩□□□□免□□之慘。』等情。

當經前府李批飭該縣『秉公查究，嚴行禁止，務□□□□□□照舊規投解，毋稍藉端擾累窮民』在案。□□□□除呈批示并飭漳浦縣照舊徵觧外，合行出示嚴禁：『爲此示仰雲霄□□□□□舘辦、哨捕并商漁船户、舖販人等知悉：嗣後凢有商、漁船隻載運醃魚進港併挑販路担，俱照舊例，秉公徵觧，不得藉官横抽，□□□□增補課錢。若果未經領縣給照，例即照例徵收漁課，如醃魚處所已經配買鹽觔，有照單爲凴者，不得重科徵補，藉端□□□□□亦應照例輸將，不得以多爲少，以及藉詞抗違、□□説項。倘丁胥、哨捕等仍再違例，額外多徵增補，擾累窮民，一經察出，或被告發，□□□提重處，决不姑寬累民。其各凛遵毋違！特示。』

乾隆四十八年十二月　日給。

按：此碑現存雲陵鎮大園街天后宮，碑額『姚道憲示禁碑記』。曾自上而下斷爲四截，粘合後第三、四截間有較大缺口。

## 九七四　衆船户捐金牌記

商船户：方發成、蔡發成、方發粵、唐發萬、陳萬利、高日正、唐長盛、鄭榮、張發金、方成興、蔡元夫、唐永裕，以上各捐銀六員。

楊嚴、□崇興、方友利、方得生、方順利、林源利、□順發、方益興、吴□方、黄聯登、陳張利、陳發、方順隆、高發萬、孔源益、郭順利、陳發利、方合成、林春、方耆充、歐陽春、孔順□、孔豐興、張泒、方發春、林中興、方日進、林茂、陳永□、陳永發、楊施、方威、陳得成、方發順、洪得亭、謝拾、方曹、□合利、張隆興、吴蔡、陳朝源、黄春、張開、黄盛利、陳發興、孔得興、方□利、謝源利、唐永順、方合春、方聯春、謝新興、董興、□新興、歐茂春、方振、孔柒利、方逢春、林發金、方長發、方宣、孔合□，以上各捐銀四員。

方興發、陳進金、朱得、方見發、林利金、李合利、方道生、方金興、林正春、鄭成、張成利、陳廷發、方德春、陳永興、方興、方麟、陳永發、何成發、謝生發、林施、楊興、楊合興、方德成、洪壯、方添、方興、鄭聯興、方元吉、吕廷發、陳發利、方發財、方廣誠、張德發、方成春、張登萬、黄進，以上各捐銀二員。

方正捐銀□□員。張琴成、鄭東、陳方輝、蔡福、林積、曾德明、陳德春、歐財、吴謹、鄭進、陳季、劉老、柳旺利、張來、林德盛、陳得利、蔡德、林吉利、柳力、方順□、陳天生、方永順、方聯發、曾和、蔡良□、方繼發、孔神助、方得發、楊發、方論、李安、林永昌、方當、方得、陳發春、陳發金、柳□、黄□、李□、林尚德、吴丹發、楊□□、歐永順、黄誠、郭□、方利、方元、方在、方春、歐得利、李進、王明利、鄭茂、柳全、林永利、湯耀、曾發萬、林發萬、陳興發、張方發、孔立、方□、陳旭、吴春、莊興利，以上各捐銀一員。

方盛、吴興□、嚴順利、關利、張贊、方寅、楊生、陳赤、吴秋、陳進、蔡篤、楊昇、張進、林贇、謝合、方珠、張得利、蔡□、林時春、陳吟、楊同、吴贊、方恒、蔡明、柳重發、周進□、郭永利、吴□、林□、柳□、陳□、許祐，以上各捐銀〈下缺〉。

陳萬金捐銀□□。劉□□、李榮□、□□□、陳興和、朱得利〈下缺〉。

以上共捐銀四百八十四員。

旹乾隆癸卯年陽月立。住僧一標與徒繼宗仝募捐重興。

**按：** 此碑現存雲陵鎮下港社區霞港關帝廟。

## 九七五　劍石岩喜緣記

廣種福田，創益不少；發心樂施，果報寔多。是大信捨，詎敢忘記？用勒貞珉，以垂不朽。

首士湯諱自明，喜捨田一段，坐址梅安湖頭鄉左邊，土地號庵前坑，大小七坵，受種五斗，仝年結寔大税斗粟十二石，以充香燈。

乾隆癸卯年十一月朔，開山僧受直立。

**按：** 此碑現存列嶼鎮城内村劍石岩寺。

## 九七六　重興碧湖岩記

昔人有云：作易而傳難，傳易而久難。傳而能久，必繼續有人，綿綿繩繩，纘承於勿替，然後可以歷時代而常存。生人事業，莫不皆然。□□地□□作四方之福地化城者獨不然。此二梵之福所由修□無□於珠綱埋石之□可也。吾鄉碧湖岩，前開山禪師然翁之所創，後禪師□翁之所脩。至乾隆癸亥歲，振恩禪師又再鼎新，其來之遠矣。地不

踰乎十□，名早播於□九和，視彼鹿苑、雞山無多讓焉。獨是□□雖□以光日月，而金刹終難以敵風霜。數十年來，牆垣多有剥蝕，□桷不無朽壞，此正纘承之所有事也。

住持僧名照□字非□者，吾宗也，於乾隆壬寅歲落髮本山，歷掌家政，刻苦自持，款洽待客。一日，忽有〈下缺〉既回，復承斯任。至丁酉冬，修葺祖堂，以妥本源香火。越戊戌夏，建躋雲亭，創嘯月閣，又及□□門徑，□□經紀。迨壬寅之秋□重興，即慨然自任，曰：『是吾之事也夫！』自是極力募化，鳩工庀材，□□易舊，采必致□。非徒以壯觀瞻已也，亦欲使作而傳、傳而久，有以光前啟後、永作一方之福地化城耳。鈿等嘉其志，喜其功，爰於竣事之日，撰此以記其事。至於山川之秀麗、樹木之葱蔚、氣象之巍峨、眼界之開朗、蹊徑堦砌之屈曲蜿蜒，隨喜者自藉傳聞者耳，無庸贅及也，故不復道。

庠生何玉振敬撰。

乾隆伍拾年歲次乙丑桂月　日，信生何文鈿暨闔族家房長、鄉保、衆首事等仝立石。

**按：**此碑現存馬鋪鄉梘河村碧湖岩寺。

## 九七七　捐置武帝廟別室記

蓋聞善作者不必善成，善始者不必善終。雲街武帝廟，溯所自始，由來已舊，無論矣。第列闤闠中，旁少隱地以爲宿齋之所，甚缺典也。歲在庚戌，重脩廟宇，已極輪奐之觀；而廟之外，仍無從闢净室數椽，以成巨役，論者惜之。徧詢四週，無可割以補其缺。而余舊購□屋壹座，前後兩進，適介其隅。首事者謂得此可以無憾，□□住僧來請捐置。余謂：『武帝神廟，祀典攸關，而規制未備，是亦吾鄉之□也。余何吝焉？』爰商之昆季，咸韙余言，遂以此付之。衆善拆卸重構，俾春秋朔望入廟告虔者進退有所依據，以致其整齊嚴肅，則祀禮罔愆，而神靈益著矣。後之人，尚其念諸哉！有其舉之，莫或廢之，善作善成，善始善終，而此室與帝廟永久並垂，是則區區之所厚望也

夫！乃誌之以示不忘。

乾隆庚戌年葭月，緣主施景葦謹誌。

**按**：此碑現存雲陵鎮大園街南强路頂關帝廟。

## 九七八　龍湫岩捐緣碑記

立檀樾主黄建瑞，明契典得苗田叁段，共銀壹百壹拾兩正，受種四斗伍升，全年早允二冬結□寔稅粟拾貳石，喜置碧塔龍湫寶寺中德僧遞年收入供奉佛光。倘若典主贖回此田，瑞亦□此銀，再別創他處苗田，配寺永存，代代□守，換佃耕作。□□世澤，桂馥蘭芳，福祺綿長矣。

計開：一段，坐址在后港埭庙后，弍坵。一段，在蓮花池□第四□，一坵。一段，在石洲閂門邊，壹坵。其田畝王元還名下，二圖八甲出米壹斗玖升，本寺僧逐年完納。

清乾隆伍拾八年花月。檀樾主黄建瑞、住持僧□□立石。

**按**：此碑現存東厦鎮白塔村龍湫岩寺。

## 九七九　岟嶼紫陽書院碑記

紫陽夫子之祠偏海宇矣，上而京師，下而郡縣，以享以祀，俎豆馨香。然以其列在國學之後，望風何如崇祀鄉閭、得侶親炙？况公殷勤教育、曲成後學之心，當不僻壤而遺，此岟所以有建祠之舉也。歲乾隆癸丑，岟地□□□□劍石，越乙卯，告厥成功，額曰『書院依然』。當日□□□□□□之□□□，然自余登公之堂、欽公之範，則公之□，高山仰止，景行行止，崇正辟邪，屬義務實，庶乎□□□明、士風丕振，而人文亦因以蔚起。則是祠之建，將並□□□□□奕□，而光昭兩字□。若夫公之衍緒□□、接□淵源，固已炳如日星，而□□峰□之勝、江海

之觀，欲登臨者能領略之，茲不贅。

時有湯坤亦、湯如茂、湯鳳儀、湯雄偉、湯豈玉、湯方伯、湯如圭、湯天□、湯輝祖、湯國盛、湯臻、湯作新、湯宣城、湯雲路、湯青雲、湯□剛、湯文爋、儒士湯日光、鄉耆湯忠曁族内人等，同捐金以成厥功，並誌之永垂不朽。

**按：** 此碑現存列嶼鎮城内村紫陽書院，碑名爲編者加擬。

## 九八〇　何地義壇記

從馬鋪墟盡處，起小阜如半月，微轉向東，望礬山、九牙諸峰，下平坦寬敞，陸氏舊址也。陸移漳浦百餘年矣，前後左右祖坟若干，迫于墟，幾道路焉。吾家大小宗俱已安成，父兄另議族厲之厝，稽之於古禮也。求地陸氏，慨然許諾，約子孫莫侵若坟，而勒其事于石，稱地主，父兄許之。

爰是議爲壇一、護房二。壇以祀吾宗之無後者，而以錦塘公、次軒公爲之主；另一龕，以其常有功宗族也。（餘設牌二，牌滿再設。）男左女右，填名其上，而座其舊主。（又其旁再爲二牌，若庭堅氏、若敖氏俱得附，推而廣之也。）護房以住僧人，俾朝暮香烟，歲時荐侑，而陸氏祖坟常照顧焉。

壇以安静爲主，陸氏祭掃得税駕外，餘閒雜人俱不得至此擾攪，違者公罰。事出祀典，不比淫昏，婦人輩永不許親身到壇簽卜祈祝，致招物議，且亂清規。鄉里左右，事可監也。凡不可聞于人者，俱不可告于神。先摸着心頭來，莫把神明太行看低。其餘隙地，令僧人遍栽松、檜、蒲、檀、花、篁，以障塵俗。僧人不守分，革出别請。公議如是。

首其事者，爲岳兄盈深、弟卓雲、弟而魁、伯叔式堅，兄昆仲則先捐租與金爲衆信倡（凡捐題俱勒簽）。寒烟冷露，化爲惠日和風，善哉！是爲記。（發其端，則秀援叔云。）

蓉林子祥謹記。

按：此碑未見，碑文見於馬鋪鄉梘河村乾隆何氏家譜卷一。

## 九八一　香火田碑記

門口洋田種一斗二升，係灘姪應分産業。兹通聞房親，定爲此子祭祀香火之田。嗣后敢有貪圖此業、恃強横買者，絶害孫子，不吉不昌。謹白。

嘉慶六年九月立石。

按：此碑現存雲霄縣博物館（將軍山陳政紀念館），碑名爲編者加擬。

## 九八二　新拓紫陽書院學舍記

雲霄紫陽書院，祀朱文公，即以爲諸生肄業所，蓋浦邑舊義學之一也。前二進規模如式，惟庭院稍隘，祭期難以序班，及外無旁舍耳；至後三間，爲一堂兩室，則偏於右者三之一。東接民舍，圍墻侵入院中，室礙偏仄。聞癸巳初建時，曾議購之，而索價高，事遂寢，閱今近三十年。

辛酉春仲，余權兹土，初謁祠周覽，即有所未慊；揣度數月，冬杪始克以百八十金得之。明年春仲，因次第撤其室礙之墻，而脩葺頽朽，又三十餘金。於是，增一堂兩室，又東廂一間，以備庖爨，而後院乃平正寬綽矣。

掌教蔚其吴君請記之，余曰：『未也，雲地舊隸浦邑者三十保，領以縣丞，此蓋浦邑之鄉學耳；今則益以和、詔之二十七保，而以府丞專轄之。地既加擴，從學者當益衆。是須即此後院平連之六間，改建爲正三間，如中進式，以祀文公；而中進則閣之，以祀文昌帝君。其下去墻設屏槅，爲講肄所，祭祀即撤屏序拜。又於東西各添購基地，增建房舍，爲諸生誦讀書室。庶幾規模具，人文亦蔚然盛起焉。是余之所綣綣欲俟觀成，庶有以記也。』是年秋，將得代以去，知其未逮，乃記拓此三間之歲月於版，而并述所願，蓋重有望于後之君子云爾。

按：此碑未見，碑文見於嘉慶雲霄廳志卷十七。作者李承報，廣西博白人，乾隆三十七年進士，嘉慶六年至七年署雲霄廳同知。

## 九八三　新建先農祠記

郡邑四隅立祠壇，以禮祀天人神鬼，甚鉅典也。雲霄，唐時故郡，規制就湮莫考。今上初年，改設廳治，統轄五十餘保，隱然專制，典禮仍簡畧未備。辛酉，粵西李公由部郎來攝茲篆，始建風雲雷電山川、社稷、鄉厲之壇於郊之東、西、北。即蒇事，獨缺其南一面，無所藉以申崇報，心焉愓之，謂：『禮重先農，臚在祀典，奠於陽位爲宜。余邦牧是司，其或廢之，將何以成民而報天子命？』接圖稽籍，擇於故城門南，得福地焉。剷除經紀，鳩工庀材，構祠前後二十楹，門堂户牖俱備，奉先嗇、司嗇之主合享其中。經始於壬戌春仲之月，以夏五十二日竣其功，計縻白金二百四十兩。考耒耜之利，昉於神農；稼穡之教，原於后稷。其功德隆者，其俎豆不祧，崇而祀之。自有唐啓土以來未復之典禮，於焉不墜。居斯土者，亦將春有所祈、秋有所報、水旱疾疫有所祠而禱焉，是公大有造於此邦也。謹志之，以示不忘。

按：此碑未見，碑文見於嘉慶雲霄廳志卷十七。作者吴文林，漳浦人，嘉慶二年歲貢，歷任雲霄義學山長、清流縣學訓導。

## 九八四　紫陽書院祀田碑記

竊聞規模期於可大，尤期於可久。我岗自癸丑年謀建紫陽朱夫子祠于劍石山中，創見也。説者謂崇正道、振後學莫大於此矣。顧舉大事者，非等一時之計。夫子德業，比日月之經天、江河之流地。欲世世奉之而罔替，則春秋匪懈，歲祀不忒，奠獻之資誠不容闕。因謀諸衆，爰置祠田。自癸丑迄癸亥十有餘年，而祀費告備，何以緩也，蓋有待也。今詢謀僉同，共存隆儒重道之心，以爲百世不敝之業，而示後世、垂無窮者，其于可大可久之規模，或庶幾乎？用勒諸石，以著不朽。爰開田額于左：

一，坐址在長嶺田，受種四斗，全年税八石。

一，坐址在后安田，受種三斗，全年税八石。

一，坐址在官田田，受種四斗，全年税八石五斗。

大清嘉慶癸亥年瓜月穀旦立石記。

**按：**此碑現存列嶼鎮城内村紫陽書院，碑名爲編者加擬。

## 九八五　太平廟捐置緣田碑記

嘉慶八年創緣田一段，坐址斗牛樹瓦窑前，帶井仔坵，共二段，受種二斗，全年實税粟七石鄉，登田畝一分。羅布艮一元。羅傳艮一元。羅閑艮一元。羅儀艮一元。羅容艮一中。羅銓艮一中。羅派艮一中。羅謙艮一中。羅柏艮一中。羅先艮一中。羅遠艮一中。羅好艮一中。羅泉艮一中。羅誦艮一中。羅元艮一中。羅□艮一中。羅兼艮一中。羅俣艮一中。羅輂艮一中。羅橼艮一中。羅紅艮三錢。羅六艮三錢。羅傳祖艮三錢。羅坵艮三錢。羅□艮三錢。羅録艮三錢。羅淵艮三錢。羅應艮三錢。羅盒艮三錢。羅尋得艮三錢。

羅永、羅異、羅派、羅便、羅揖、羅樟、羅瑳、羅嘆、羅旦、羅奉、羅厥、羅春、羅創、羅練、羅淺、羅華、羅閤、羅佳、羅文濤、羅韋、羅稻、羅熟、羅字、羅奉、羅永、羅冒、羅治、羅箔、羅滔、羅連、羅應、羅天達、羅淇洋、羅菊、羅元、羅發、羅璃、羅塘各艮二錢。羅芸、羅田、羅七、羅九、羅扇、羅渲郎、羅埸、羅佔、羅縣、羅箭、羅嵩、羅登、羅路、羅亞、羅燥、羅吻、羅蔓、羅簇、羅茅、羅卷、羅旗、羅森、羅備、羅祥、羅皎、羅秦、羅烹、羅慮、羅韮、羅澤、羅品、羅焕、羅坑、羅參、羅厲、羅物、羅僭、羅盡、羅濕、羅擯、羅質、羅汰、羅豆、羅讀、羅抹、羅静、羅濫、羅宇、羅尚、羅遠、羅波、羅棱、羅廬、羅滿、羅鬧、羅煒、羅采、羅我、羅延、羅採、羅旨、羅潛、羅員、黄尚、羅承主、羅統、羅杪、羅周、羅霄、羅撫、羅謀、羅采、羅山、羅棕、羅蹟、羅熙、羅

霞、鄧氏、羅道各艮二錢。羅平、羅學、羅張、羅曾、羅院、羅海、羅躍、羅嫖、羅捧、羅番、羅盒、羅多、羅亦、羅底、羅毛、羅岌、羅坑、羅遠、羅濟、羅蝹、羅熅、羅灶、羅承、羅鑽、羅括、羅□、羅葉、羅全、羅科、羅浣、羅北、羅澍、羅照、羅鞍、羅張、羅火、羅沅、羅丙、羅貝、羅權、羅裔、羅益、羅□、羅象、羅僧、羅懷、羅雜、羅哇、羅懸、羅恭生、羅戲員、羅務、羅荐、羅壇、羅徽、羅□、羅昇、羅鄂、羅□、羅郎、羅益、羅侖、林□□、羅□、羅哲、羅更、羅彦、生員羅章、羅挽、黄托、羅層、羅冬、羅鵝、羅有各艮一錢半。

按：此碑現存馬鋪鄉大坪頭村太平廟，碑名爲編者加擬。

## 九八六　捐造華廟石路碑

花廟崇奉聖王，有明正德十六年建置，由來久矣。嘉慶十二年重修，并新建後蓋，上作佛堂，廟貌整然一新，往廟祈禱者日益衆。惟東邊一條大路，值天降雨泥濘，艱于步履。住僧重深仝信士方贊觀，募衆捐題佛番銀壹佰元，和盤打算，工費不足。程體母親楊氏樂善好施，即倫石倩工督造。計長九十八丈，闊三尺，砌高二尺，共費銀一百陸拾大元。除捐題來銀壹佰元外，程捐題銀陸拾大元，立石爲記。

嘉慶十八年歲癸酉桐月穀旦，董事方程立。

按：此碑現存莆美鎮中柱村雲霄華廟，碑名爲編者加擬。

## 九八七　捐造華廟石路碑（二）

新造石路，捐銀名次登列於左：

信士方周郎捐銀拾貳員。貢生方鳴鳳捐銀捌大員。信士方炮观捐銀陸大員。信女方門吴氏捐銀伍員。信士方菊观、方漢观、方文畫、方步蟾、方文儼、方永吉各捐銀肆大員。方文炬、方鍜观、方孟观、方瓊观、方全致、方抹

观、方爲政、方縣观、方文褒、方鈔观、方宅观、方養观、貢生方士崇、方鳥观、方盛伍、信生方明經、方元观、方均观、信士方聞观、方文粹、方秦观、方鳳池、方揚观、方硤观、方渡萍、方文禮、方潤澤、信生方國器、方玉衡各捐銀壹員。信士方家玉捐銀壹拾壹員玖角。

嘉慶拾捌年歲次癸酉孟夏穀旦，方贊仝住持僧壐琛立。

**按**：此碑現存莆美鎮中柱村雲霄華廟，碑名爲編者加擬。

## 九八八　新建雲霄石礬塔碑記

特授漳州府雲霄同知、署興化府知府事、内閣中書協辦侍讀、賜進士出身加三級紀録四次薛凝度撰文并書丹。

賜進士出身、前刑部廣西司郎中、現署廣西慶遠府知府加二級紀録七次蔡本俊篆額。

雲霄故郡治，扶輿磅礴，名山環映，獨缺東南一面。漳江自西林至佳洲，合南北港過石闢，逶迤瀰漫，由是入海。内有南北塗塞其口，外有南北岐束其腰。出兩岐山，始瀦而成巨浸。有小島突起其中，巉岩秀削，適當其缺。高數丈，如笋尖，舊名『石礬』，形家謂之『華表捍門』，足以鍾靈毓秀，故此地前明甲科極盛。國朝海氛時，爲巨寇繫船曳倒，震撼粉碎，雲霄文物由是就衰。康熙時，邑紳陳公天達於島石上募建石塔，以補其缺，高不盈丈，低小不稱。乾隆戊戌、己亥間，少尹李公維瀛相視地形，復與諸生議增其制，以經費維艱中止。傾頽缺陷，客過是間輒流連歎息，蓋越百餘年於兹矣。

歲甲戌夏五，諸生集書院會議，照移建文祠捐金例捐造石塔。詢謀僉同，呈請前任王題序勸捐，得集金四千七百有奇。鳩工伐石，經始於初秋月吉日，役工百人，閲四月相輪完具，而塔告成。擴其趾，周七丈二尺；增其高，計八丈二尺七寸；空其中，分爲七層；方其外，熨爲八面。上各闢四門，玲瓏洞徹。其正門顔曰『斯文永昌』，與將軍山對峙，具天乙、太乙兩峰拱護勝概，以壯雲霄輿圖。雲之士庶，買船往視者日以百計，咸稱巨觀云。又以餘金

砌石蛇尾渡頭石磴十餘丈、烏坵渡頭津亭一椽，以利濟者。

夫是議之興也，百年廢墜剏興一朝，宜有難焉者矣。乃陳公募建而規模未稱，李公議增而經費難籌，今則一倡議而紳士皆有同心、殷富樂輸所有，雨風順軌，潮汐安流，不數月而蕆事。若有陰驅而默相之者，是何前此之難而今日之易歟？豈石礬之興廢固自有其時歟？抑亦雲霄之文物由衰將盛，靈秀之氣散而復鍾，天將啟之而石礬不得不砥柱中流，爲東南補其缺，有莫之爲而爲者歟？余雖不能文，而幸莅茲土，以覌厥成，且深望乎雲霄之人士，争自濯磨，相與文物聲明，克復其始，以大副乎石礬之鍾靈毓秀於是也。

因勉徇紳士之請，紀其興廢之由、盛衰之異、修補之難、剏造之始、經畫之規、率作省成之年月日時，俾後之登覽者知石礬之成非偶然焉。文之工拙，不暇計矣。是爲紀。

嘉慶二十年二月穀旦立。

**按**：此碑現存雲霄縣博物館（將軍山陳政紀念館），曾斷爲五塊。碑文另見於嘉慶《雲霄廳志》卷十七。作者薛凝度，江蘇無錫人，嘉慶六年進士，時任雲霄廳同知。

## 九八九　重修廣平王廟碑記

嘉慶貳拾年乙亥，族人以廣平王廟歷年久遠，頹垣斷瓦，莫蔽風雨，非所以安神靈而詔誠敬，心甚悼焉。爰是公簽董事，估費醵金，召工庀材，經始於是年八月，至十一月告成，費白金千兩。工成，族人命廷瑄紀其事。瑄不敢辭，爲之敘其重修歲月，以勒貞珉，俾後之覽者有所考焉。董事姓名及題捐者，例皆得列於後。是爲記。

信生張際和捐銀叁百大員。信士張鎮觀捐銀肆拾陸員。信士張光策捐銀叁拾大員。張門朱氏捐銀貳拾大員正。信生張開第捐銀拾肆大員。信生張開□捐銀拾大員。信女張門謝氏捐銀拾大員。信士張球觀捐銀壹拾大員。信士張賜福觀捐銀陸大員。信生張光澄捐銀肆大員正。張登雲、張長泰各捐銀肆員。

信生張興詩捐銀壹百大員。信士張山觀捐銀貳拾大員。信士張沸觀捐銀叁拾大員。信士張聆觀捐銀貳拾大員。信士張際元捐銀壹拾大員。信士張焕觀捐銀捌大員正。信士張再成觀捐銀陸大員。張照日、張光泮各捐銀肆員。張門吴氏、林氏各捐銀肆員。

信生張開秀捐銀捌拾大員，又喜捨廟前□叁百貳拾堀。信士張茂盛捐銀貳拾肆員。信士張波大捐銀拾陸大員。信生張經國捐銀壹拾大員。信女張門陳氏捐銀拾大員。信士張水觀捐銀壹拾大員。信士張文韜捐銀捌大員。信士張錐觀捐銀陸大員正。張進觀、張延觀各捐銀肆員。信生張廷瑄捐銀貳大員正。

信生張光榜捐銀陸拾大員。信士張際隆捐銀叁拾大員。信士張奇英捐銀貳拾肆員。信女張門吴氏捐銀壹拾伍員。信生張光烈捐銀壹拾大員。信士張光纘捐銀壹拾大員。信士張□觀捐銀壹拾大員。信士張芳西捐銀柒大員正。張受郎、張水源各捐銀伍員。張治觀、張白郎各捐銀肆員。信官張升高捐銀壹大員正。信女張門吴氏捐銀貳大員。

張涉觀、九觀、膠老觀、淮水觀，張定觀、光家、□觀、新觀、安觀，以上各捐銀叁大員正。張際藝、枕觀、盛觀、訪觀、逢觀，張能傑、苞觀、□觀、彬觀、撑觀，張順元、權觀、石觀、元觀、鞍觀，張永吉，以上各捐銀貳大員。張水來、葵觀、寬觀、求觀、請觀，張寶山、鶴觀、葉觀、分觀、碗觀，張纘謀、知觀，以上捐銀貳員。信生張時英捐銀壹大員正。張望遠、簡觀、梅觀、籃觀、嚴觀，張慕賢、眾觀、泰觀、肥觀、坑觀，張桂老、后觀、定光、汨觀、曜觀，張香山、駕觀、略觀、□觀、奎觀，張在前、乾觀、圖觀、應觀、教觀，張光族、追觀、述觀、大觀、静觀，張結老、宇觀、稱觀、潮觀、燥觀，張永元、柳老、□觀、源觀、聽觀，張曰可、登郎、章郎、冷觀、有年，張舜日、柿觀、志量、桑觀、漳江，張養家、捷觀、寒雪、敞觀、企韓，張清池、志觀、智勇、熊觀、抹觀，張纘禹、鮮觀、孚開、祥觀、繼成，以上各捐銀壹大員。

龍飛歲次乙亥年葭月　日立。

**按：** 此碑現存雲陵鎮下坂村廣平王廟。

## 九九〇　廣平王廟緣田碑記

霞坂北門張黎觀，喜捨緣田壹段，大小共貳拾柒坵，受種子伍斗，坐址在樹洞塘橋堋，土名水柳壠洋，全年結實稅粟拾肆石，登帶平和張文榜户内，糧銀伍分。

嘉慶歲次丁亥年臘月　日立。

**按**：此碑現存雲陵鎮下坂村廣平王廟，碑名爲編者加擬。『嘉慶丁亥』，無此紀年，或爲『嘉慶乙亥』之誤。

## 九九一　關廟重修雲間捐金題名碑記

竊謂廟貌之新，雖由人工之□□，而寔神靈之赫〈下缺〉帝廟自癸卯歲修葺，越今多年，其間棟桷榱楪□□□□□□磚簷瓦〈下缺〉重修之舉，衆董事等共商其事，第念帝君神庥，誰敢不踴躍奔赴、歡欣〈下缺〉寶舟，随緣勸捐，以妥神靈，以爽巨觀。雖獲多金，不敷應用，僧人愁甚，董事等復許以一〈下缺〉數月而功告竣。其廟貌之巍峨，較之昔年，似覺□□□□□所激，而真心樂緣之〈下缺〉爰鐫于石，以垂不朽焉。

信生方鳴鳳喜銀四十員。信生方獻□喜銀二十員。雲霄稅行喜銀□□員。信士方希□喜銀十二員。信士張觀光喜銀十二員。信生□廷球喜銀十二員。信生□國璜喜銀十員。信生方明經喜銀十員。信生方文獻喜銀六員。信生高日中喜銀四員。信官周丕□喜銀四員。信生方廷□喜銀四員。信士林士□喜銀四員。雲霄稅舘喜銀四員。信生張得利喜灰六十石。信生張蹇喜灰二十石。

商船户唐永順喜銀六員。方廷□喜銀□員。唐發萬喜銀□員。方恒春喜銀□員。□□□、□□□、□□□、□□□、□□□、方□□、方成興、方德發、劉合□、歐得利、□發萬、方永順、方德□、金萬□、金福□、方合□、方見發、方素文〈下缺〉方□利、陳祥發、方□興、□□□、陳合□、□□□、□廣□、金順□□、金振合、

方□□，以上各喜銀□員。

董事：方獻猷、稅行方源興、方□孟、王雲龍、□□、高□、方〈下缺〉。

大清嘉慶丙子年陽月　日。

**按：**此碑現存雲陵鎮下港社區霞港關帝廟。

## 九九二　石礬塔祀田紀略

石礬塔關雲霄形勝，離雲霄鎮城四十里。塔工成，諸董事慮無以防護之，適鄰近是塔有漳浦轄白衣保廢廟一所，共商將造塔杉木及運石船隻變價，得叁百餘金，倡修重興。而以僧振衣主之，俾得時常巡視，禁止魚工水師塵穢相輪。復令僧每歲中元於塔下作盂蘭之會，使百靈蜿蜒來享飲食，已閱三載矣。僧苦於年年募化，請諸董事，以捐金尚有未交清者來告。因飭令武生陳廷魁，補繳其父與叔未完銀壹百兩，交董事置田以給之。田既成價，余已奉檄將攝府篆去，因爲誌其畧，并將田段開載於後，而勒諸石，使是祠與是塔共世守勿替云。

計開贖買田段：

一，坐址本廟前崎圳，一大坵，并南岸二小坵，共受種一斗一升，帶漳浦縣寺餉六分；又一坵，坐址和尚井，受種四升，帶寺餉二分六釐，年共結實稅粟四石二斗。

一，坐址在白衣洋，土名貓硿，一大坵，受種一斗，帶漳浦縣林一貴糧五分，年結實稅粟二石四斗。

嘉慶二十一年十一月　日穀旦勒石。

**按：**此碑未見，碑文見於嘉慶雲霄廳志卷十七。作者薛凝度。

## 九九三　紫陽書院祀産碑記

我族有壳埕一所，係堂姪武生青雲始招船採取，徵其埕税。事成，向予言曰：『利者，義之和也。族内近來作興子姪朔望會課，已歷數載。其賞格資費，苦無其繼，可將此税充在劍石文祠，交當年辦祭者，以爲祀費。每歲就中抽出銅錢肆仟捌佰文，作四季會課賞格之資，斯事其可行歟？』予然之，曰：『此義舉也。』商榷方定，而姪已去世。予思見義當爲，宜成故姪之志，因議春冬二祭，世頒胙肉，交青雲子孫收入，誌其向義。用勒諸石，以垂不朽。

嘉慶戊寅年　月　日，後學湯輝祖記。

**按**：此碑現存列嶼鎮城内村紫陽書院，碑名爲編者加擬。

## 九九四　重修碧湖岩記（二）

扶輿挺秀，一元分胎，凝爲山，融爲水，山水磅礴，而洞天福地基焉。余少時，竊聞和地多山川勝概，而碧湖岩其最者。一湖窈邃，兩澗瀠洄，爲九和形勝之一。雖未嘗至，心嚮往焉。己卯歲，余肄業於樂英書室。適清波禪師因重修碧湖岩事，與董事大謨翁伯造舘募捐，并囑余作文以記之。余笑而應曰：『不陟其巔，不知泰岱之高；不履其地，不見黄河之大。猥以足跡所未經，而漫倣盧陵東園記耶？』

庚辰冬，適有公事往頂河。頂河，故祖家也，地與碧湖近。公務稍暇，郎偕二三同人，循窄徑，步層窠，一路鳥聲如話，半空梵語遥聞。山行數百武，見有石磴平鋪，長松掩靄，則路亭之舊址存焉；高出林間，有堂巍然在望者，碧湖岩也。余乃登画閣，俯雕欄，迴廊繚繞，曲檻迴遐。遠山則一角孤懸，近樹則千枝交倚。上接重霄，雲影共天光一色；下臨深谷，泉聲同鳥語偕幽。其餘靈崖怪石、奇花異卉，勝狀萬千，不能詳也。

既而讀先叔祖蓉林公及玉振公兩座石碑文，而得是岩之巔末焉。蓋是岩之興也，始於有明默然禪師，其後重修

徹虚禪師；越乾隆癸亥年，復修於振恩禪師；越癸卯年，復修於非釋禪師。址基仍舊，棟宇屢新，游人騷客，把酒臨風，徘徊賦詩，相與上下，百數十年於兹矣。歲月久經，欂櫨稍蔽，丹漆昏黝，堦□傾頽。夫創始者權輿，踵事者增飾，是以長存不廢耳。

兹則清波禪師慨然有鼎新之志，遍募我族素封以及外鄉好善者，捐金數百，庀材鳩工，塈茨丹雘，炳若商星，時則嘉慶庚辰年也。興工於二月，告成於仲冬。善必歸諸始事，功益喜其增修。大謨翁伯慕大地之鍾靈、仙真之幻巧，而欲志清波禪師之德於勿替也，將勒石，命余爲記。余既喜得至其地，兼承父兄命，不敢辭焉，因爲之記。

碧溪何名儒盥手拜撰。

嘉慶庚辰年季冬穀旦，董事何大謨暨闔族家房長、鄉保仝立石。

**按**：此碑現存馬鋪鄉梘河村碧湖岩寺。

## 九九五　霞港關帝廟天后宫緣田碑記

神之慶矣，詒爾多福；民之質矣，是用孝享。今湯貴有明買過苗田一段，坐址在大臣山脚，土名芳珠□湖，受種子壹石叁斗，結實税粟拾石，愿將此田喜捨霞廣天后宫代□爲香燈，以表微誠。分伍石税粟與霞廣廟山西夫子爲香燈之資，又分伍石税粟與天后宫天上聖母作香燈之資，隨付與弍庙僧家均分收税，永記弍庙爲祖業。不許日后子孫生端取討，亦不許僧家變賣、典當此田。今欲有凴，立石永爲存炤。

此田登帶錢粮、謝重開田畝六分五厘，亦付二庙分爲完納。

道光元年叁月，業主湯貴〈下缺〉。

**按**：此碑現存雲陵鎮下港社區霞港關帝廟，碑名爲編者加擬。

# 九九六　重建紫陽書院題捐碑

道光五年歲次乙酉重建紫陽書院，捐金姓名與前所積焚金、現費用銀數、新置祀田税額開列於左：

邑大賓湯允壯捐銀貳拾員。監生湯□□捐銀一百員。邑大賓武生湯洪範銀廿肆員。貢生湯瑞生、鄉耆湯傳吉、湯奇祥、邑大賓湯志葵、監生湯□芹各捐銀貳拾員。武生湯國玉捐銀貳拾陸員。生員湯對□、舉人湯天寵、鄉耆湯□□、湯湧泉、湯來生、湯□□各捐銀貳拾員。監生湯金鎔捐銀肆拾員。武生湯□□、□生湯□□、湯大樑各捐銀貳拾員。郡增生湯義剛捐銀廿員。監生湯□□捐銀肆拾員。武生湯廷□、監生湯咢各捐銀貳拾員。生員許兵銀壹拾員。監生湯際泰、生員方靈光、武生湯瑞昌各捐銀肆員。舉人湯大英焚金拾員。監生湯瑗、武生湯大有、湯先登、生員湯建□、湯□□、湯時良、生員湯鸞翔、湯邁□、湯昌五、武生湯繩武、湯飛虎、湯登□、監生湯□□、生員湯□□、湯師軾、湯金錠各捐銀肆員。武生湯永清捐銀拾員。生員湯鵬飛、湯□□、湯□□、武生湯□春、監生湯□□各捐銀肆員。鄉耆湯□棋、湯□各捐銀貳員。湯□文捐銀□員。湯□捐銀陸員。湯金燦、湯金南各貳員。湯位、湯抱、湯樶各捐銀壹員。湯貸、湯□、湯□、湯核各捐銀貳員。湯萬壹員。童生方超、方湍、湯洛各捐銀貳員。湯□焚銀壹員。湯□□、湯垂昆各捐銀貳員。湯金□、湯□祖、湯□□、湯□山各捐銀壹員。

内共捐銀柒百柒拾壹員。

前積焚金銀柒拾叁員。贖回山坪田銀貳拾員。修造文祠共費銀陸百捌拾捌員。

新創祀田銀壹百肆拾壹員。坐址青崎柒坵，受種伍斗，全年税拾貳石伍斗。

捐銀貳拾者，每祭頒胙壹斤；肆拾者，頒胙貳斤；捐銀壹百者，頒胙五斤。

**按**：此碑現存列嶼鎮城内村紫陽書院，碑名爲編者加擬。

## 九九七　碧湖岩誌（三）

碧湖岩住持僧春喬、清波，有自置香燈田一段，坐址在□□□后厝土地公前，受種子三斗溪，年科税粟弍拾石溪，帯田畝四分。又一段，坐址在牛屎徑，受種子三斗溪，年科税粟八石溪，帯田畝錢壹百文。雖是後人創建，寔由先人之靈。今將此田交付主持家事者掌管收税，以爲千曉公、隱昭公、非一公、非若公、非二公、春喬公、訪愿公、訪詠公忌辰、掛帋之費。謹爲勒石，以誌不忘。

道光二十四年菊月　日立石。

按：此碑現存馬鋪鄉梘河村碧湖岩寺。

## 九九八　龍湫岩緣田碑記

信生吳允秦喜捨龍湫岩緣田一段，坐址在白塔鄉前浚岸尾，壹大坵，全年税粟肆石伍斗，登帶曾大受名下錢粮弍分八厘正，秋米照配，逐年寺僧應納。此田永遠以爲佛祖壚前香烛之費。茲將契書併上手契共弍帋付寺僧收執，合立石碑存記。

道光二十五年十一月吉日，立石爲記。

按：此碑現存東厦鎮白塔村龍湫岩寺。

## 九九九　勘斷埠頭争挑憲示碑

欽加知府銜、署漳州府雲霄撫民分府隨帶加一級尋常加五級紀録五次段，爲立碑示禁以垂永遠事：據方、張二姓争控埠頭一案，查雲霄南門外溪邊埠頭，向有上、下脚之别：上脚挑運一切餉貨，歸於張姓承

挑；下脚則僅挑雜物，方姓居多，由來久矣。迨後溪河淤塞，船隻併泊方姓之所，以致影射争挑，屢訟不休。節經陶、王二前任傳齊兩造訊斷，並據貢生吴分瑶秉公理處，令方姓措備制錢肆百壹拾捌千文，充給原挑之張自國等叁拾捌人收領，另圖别業。嗣後遇有溪邊船到，一切餉貨俱歸方上源等撥夫挑運，其餘散糖、黄蔴、雜物，各視灣船地方爲别，以廟左宫右中央爲界，出示曉諭在案。

兹本分府莅任，因斷定之處界尚未釘，方、張兩姓復行争執滋鬧。隨復傳集兩造，嚴加覆詰；並即親詣該處，勘得前任所斷以武廟之左、天后宫之右分界之處，洵屬平允，並無偏倚；詢之兩造，亦俱悦服。今再曉諭出示：『爲此示仰方、張兩姓并雜姓散夫人等知悉：爾等務須遵照現定界址，遇有該處埠頭往來貨物，統以船隻灣泊爲定。如船泊石碑之内，在于廟左一邊，即歸方姓承挑；若在石碑之外、宫右一邊，所泊貨船歸于張姓、雜姓挑運。各照地界，各挑各貨，永遠世守，不准越界侵佔。倘示禁之後，如再有人敢于故違，何人先行違禁，即先拘何人，嚴加究辦，决不稍貸！至于一切餉貨，仍遵前任斷諭，令歸于方姓僱挑，不得違禁衆議。誠恐日久玩生，勘泐碑石，永遠示禁，以杜争端，而絶訟根。其各凛遵毋違！特示。』

咸豐陸年拾月弍拾捌日。

**按**：此碑現存雲霄縣博物館（將軍山陳政紀念館），碑名爲編者加擬。

## 一〇〇〇　勘斷海泊争佃憲示碑

署理漳州府雲霄撫民分府加十級紀録十次王，爲查斷泐石以杜争端、以垂永遠事：

案據白塔鄉家長生員吴殿光等呈稱：『伊鄉族衆大半望海爲田，溯自先祖以來，歷代均向洋下鄉方姓佃納大塗泥泊，網截魚蝦，以資糊口。本年突有荷步鄉周姓，逐月接納方姓網錢，奪佃該處泥泊截魚，以致互挾嫌衅，兩相興訟。荷蒙集□，斷結完案。誠恐人心叵測，日久翻異，呈請示諭泐石，以垂久遠，而免争端。』等情。

據此，查此案先據吴紅九與周全香等互控、争佃大塗海泊，継以搶網擄人，兩相滋訟不休。業經本分府先後飭差、分别追網押放，並傳集兩造及方姓家長監生方坤等查訊，斷令將大塗泥泊本年暫歸周姓佃截，其自咸豐七年起仍歸吴姓永遠承佃。周姓不得再争，方姓亦不得另行换佃，致滋事端。取具各依結附卷在案。兹據前情，除批示外，合行照斷泐石曉諭：『爲此示仰士庶軍民及方、周二姓人等知悉：爾等須知，該處泥泊既係吴姓歷代佃納，現已斷令七年起仍歸吴姓照舊承佃，以復原議。此後不得陰圖争奪，再肇衅端。其各凛遵毋違！特示。』

右仰遵照。

逐年佃租錢叁拾壹千貳百文，逐年聖誕香油錢貳千文，交天后宫收入。

咸豐陸年捌月　日給，寔訂天后宫曉諭。

**按**：此碑現存雲陵鎮大園街天后宫，碑名爲編者加擬。

## 一〇〇一　重修高溪廟題捐碑

咸豐丁巳年陽月重修高溪廟，將捐題名次開列於左：

信士方温水喜銀拾陸大員。鄉賓方炳文喜銀叁大員。信士方寳希喜銀叁大員。信士方花观喜銀弍大員。信士方買面喜銀弍大員。信士方亞观、方毛□、方長庚、方加禄、方群，墩頂社、西埔社、坑長社、高溪樓社、中尖社、下庚社，以上各喜銀壹元半。方文河、方顯□、方大觀、方□□、方□□、方□□、方□觀、方地觀、方潯□、方稻觀、□□□、□□□，以上各喜銀壹大員。

住持僧、募化人□□，仝董事方真光立石。

**按**：此碑現存東厦鎮高溪村靈著王廟，碑名爲編者加擬。

## 一〇〇二　重修高溪廟題捐碑（二）

高溪西□埔〈下缺〉：

平和營小溪信眾□聽方□恩喜銀弍兩。世德堂銀三元。方自謙、方英、方近、方慶忠、方閣港、陳□仝孫、蜜屈張芸添、高溪方汪曼、雲□順珍禄、黄□、田墘方宝宣、方賓頭各捐銀一中員。方各大、高西爺、方交、方□、方首、方烏内、方庚、方嘉崙、方合日喜銀叁兩。

**按**：此碑現存東厦鎮高溪村靈著王廟，碑名爲編者加擬。

## 一〇〇三　重修高溪廟甘棠脚社捐緣碑記

咸豐丁巳年陽月重修高溪廟，將捐題名次開列於左：

信生方國威喜銀捌大員。信生方唯遠喜銀陸大員。信生方□文喜銀伍大員。信士方長盛、方□□、方□□、方□□各喜銀□大員。信士方□水喜銀肆大員。信士方□□喜銀肆大員。信士方壽觀喜銀肆大員。信士方造□喜銀叁大員。信士方□清、信士方心顔、信士方碧羽、信士方□觀、信士方□觀各喜銀貳大員。信士方□、信士方鎮觀、信生方兆□、方訴文、方文滔、方永源、方□观、方□观、方汝良、方廣住、方碧郎、方讓观、方住观、方德臨、方歆观、方□□、方阿飽、方涯□、方長观、方免師，以上各喜銀□大員。

董事方真光，仝住持僧安□、募化人等立石。

**按**：此碑現存東厦鎮高溪村靈著王廟。

## 一〇〇四　重修岱山大廟題捐碑

重脩捐題開列名次：

信士陳德昌捐銀叁拾陸員。信士陳祖佑捐銀肆拾陸員。信生陳□閣捐銀拾陸員。信官陳興祥捐銀拾陸員。信生陳捷升、陳德基，信士陳超、陳妙生、陳湃源，各捐銀拾員。信生陳學濂、陳允中，信士陳五雲、陳□漼、陳迎龍，各捐銀捌員。信生陳秀雲，信士陳阿蒂、陳陶蘭，各捐銀陸員。信官陳興芳，信士陳尖、陳硯、陳九，鄉賓陳□山，信生陳時思，信士陳士□，下南陳紅狗、陳萬喜、陳周平、陳輝吉、陳良海，各捐銀肆員。信士陳九、陳大白、陳□碩、陳大鑽、陳永泉、陳玉樹各捐銀叁員。陳水芋，信生陳青渠，信士陳□、陳乾、陳表、陳迎惠、陳□道、陳士炎、陳太和、陳朝萱、陳詮、陳乳，双山陳英桂、陳阿對、陳叮寧、陳濟川、陳烏扶、陳烏鼠、陳渊泉、陳京、陳果老、陳馬向，各捐銀弍員。陳玉、陳逸昌各捐銀玖錢。信官陳朝士，信生陳天樞、陳豐玉，信士陳□生、大山頂石峰堂，捐銀叁員。

陳竹籃、陳鑽、陳墻、鄉賓陳興和、陳阿六、陳烏用、陳合、陳冒、双山陳槐玉、陳阿宜、陳黄鍾、陳汝河、陳描、陳進生、陳五婿、陳皆再、陳拔、陳□、陳聯喜、陳青水、陳阿笑、陳招光、陳金論、陳潮、陳周六、陳箸、陳兔母、陳歪、陳宝同、陳仁□、陳鍼、鄉賓陳焕文、陳心婦、陳四海、陳古、陳敬止、陳母、陳啟昌、陳太乙、陳莊、陳□□、陳□用、詔安渡船、陳永、陳定、陳帶、陳扁、陳分水、陳茂賓、陳吹箎、陳英高、陳□□、陳□□、□□、信官陳澡秀、陳河洛、陳璋、陳常、陳萬選、陳力、陳茂成、陳轍、陳遠大、□□□□□、下車陳蛇、陳娟龟、信女吴氏捐錢千弍。信士陳泗汝、陳晝、陳冰質、陳通□、陳□河、下南陳和、陳五桂、陳舒高、信生陳燧、信生陳烏脚、陳金碩、大水屈陳四、陳注、信官陳振標、信士其生各捐銀壹員。后厝園陳矮古〈下缺〉。

咸豐丁巳年桂月吉旦，董事弟子：信生陳學濂、信士陳德昌、信士陳□文仝立。僧曉從。

按：此碑現存陳岱鎮岱山村開漳聖王大廟，碑名爲編者加擬。

## 一〇〇五　静雲室佛祖香燈田碑記

竊謂太上立德，其次立功。不有開其先，孰以成其後？不有創于始，孰以繼其終？未嘗不嘆開創之功，實圖久遠之計，以期垂業於不朽者也。禪師諱最空，致意構堂奉佛，擇地雲陵山美村中之南，經營伊始，有志未逮。僧徒宏遠協同僧孫端愽，克體先志，贊襄鴻業，捐資鳩工，遂興土木，未幾而築室告成。問及何年，歲維咸豐，創自戊午建成。問及何銘，號曰『静雲室』。賴前人之經始，亦佛光之默祐也。特有能善繼于始，尤貴有能善繼於終，後來承繼，務必克紹前徽，世守勿替焉耳。是爲記，并將所置香田坵數、税額、土址、錢糧逐條載明開列於左，附載祀田，逐年輪流配享宏遠、端璞、俗家蘇湯二姓考妣，永遠不墜。

田一段，坐址在樹洞村，土名竹石坑文菴□，大小七坵，受種四斗，全年税粟拾二石，登帶僧最空錢糧一錢伍分正，秋米照配。

田一段，坐址在山美，土名竹仔前埭，大一坵，受種三斗，全年税粟玖石，登帶僧最空錢糧玖分正，秋米照配。

田一段，坐址在山美，土名菖尾，大一坵，受種二斗伍升正，全年税粟捌石伍斗，登帶僧廣修錢糧三分正，秋米照配。

田一段，坐址在益寶山，土名大坡洋，二坵，又樹林逐一坵，共三坵，受種四斗，全年税粟拾三石，登帶僧廣修錢糧玖分正，秋米照配。

田一段，坐址在大埔，土名阿坡，大一坵，受種二斗，全年税粟四石，登帶僧最空錢糧伍分一釐正，秋米照配。

田一段，坐址在象坑大使公廟邊，大小二坵，秧埕一坵，受種一斗伍升，全年税粟三石，登帶僧樹德錢糧二分正，秋米照配。

僧宏遠私置田業，配在静雲室，輪流奉祀父母蘇公、媽二位香燈祭祀。田一段，坐址在象坑，土名白泉洋，大小三坵，受種四斗，仝年税粟十三石，登帶僧宏遠錢糧六分正，秋米照配。

僧端璞私置田業，配在静雲室，輪流奉祀父母湯公、媽二位香燈祭祀。田一段，坐址在樹洞，土名石城洋，大小六坵，受種四斗，仝年税粟十三石，登帶僧端璞錢糧玖分七釐正，秋米照配；田一段，坐址在樹洞，土名烏山脚，大小二坵，受種二斗，仝年税粟六石，登帶僧端璞錢糧四分二釐伍毫正，秋米照配。

咸豐捌年花月建，住持僧徒宏遠、僧孫瑞璞仝立石。

按：此碑現存莆美鎮山美村静雲室。

## 一〇〇六　重脩關帝廟碑記

太學生羅敦敏公捐銀肆拾捌員。羅純林公捐銀肆拾員。羅有冠捐銀式拾伍員。羅命武捐銀式拾肆員。羅沮捐銀式拾肆員。羅文斗捐銀式拾肆員。羅苗捐銀式拾叁員。羅將得捐銀式拾式員。羅謙默公捐銀式拾員。羅汝捐銀式拾員。羅忠義公捐銀式拾員。羅濟洋捐銀拾捌員。羅省捐銀拾捌員。羅維捐銀拾捌員。羅蒼碧捐銀拾陸員。羅長生捐銀拾伍員。羅熠捐銀拾伍員。羅朝捐銀拾伍員。羅椅捐銀拾肆員。羅陳捐銀拾叁員。羅胄捐銀拾式員。羅林捐銀拾式員。羅西光捐銀拾式員。羅準捐銀拾式員。羅瑞文捐銀拾式員。羅逗三捐銀拾式員。太學生羅眺太捐銀拾式員。羅暖捐銀拾式員。羅天球捐銀拾員。羅學捐銀拾員。羅乃捐銀玖員。羅烷捐銀玖員。

羅謀、羅包、羅曉、羅慶、羅賢，以上各捐銀捌員。羅説、羅色、羅離、羅巡、羅繼長，以上各捐銀柒員。羅宣備、羅日行、羅限、羅傍、羅椏、生員羅肇登、羅當朝，以上各捐銀陸員。生員羅膺揚、羅□、羅菜、羅欵、羅孟、羅坵，以上各捐銀伍員。羅惠肅公、羅耀輝、羅永福、羅源流、羅懷玉、羅遂義、羅棒、羅頓、羅磐、羅陽、羅有、羅茂、羅流、羅簡、羅要、羅壚、何回、羅江，以上各捐銀肆員。羅力右、羅烏記、羅溪本、羅孝遊、羅建、

羅潑、羅沆、羅馬、羅笪、羅兼、羅臉、太學生羅先發、羅濺、羅求、羅球、羅泮水、羅宗永，以上各捐銀叁員。羅光地、羅鳥雊、羅□船、羅海中、羅坎、羅淮水、羅赤、羅徽、羅尋、羅照、羅水、羅盤、羅便、羅□、羅買、羅秝、羅城、羅惠、羅太、羅汰、羅□、羅勅、羅協、羅淪、羅感、羅遊、羅改、羅彈、羅戇、羅吴、羅得、羅宇、羅寮、羅盛、羅角、羅房、羅渡、羅瑞、羅宏、羅蒲、吴聒、楊彪、江月成、吴河天，以上各捐銀弍員。

羅凡、羅錬、羅埔、羅能、羅要、羅湖、羅廉、羅教、羅糖、羅娘、羅粑、羅□、羅桴、羅嗎、羅仲、羅狗、羅長江、羅塢、羅丑、羅委、羅淺、羅天、羅寬、羅福成、羅惼、羅秋、羅雖、羅壬，以上各捐銀玖錢。太學生羅員、羅庀、羅自、羅想、羅成火、羅紅桃、羅秧、羅催文、羅重、羅芍、羅芹、羅鐵、羅店、羅訓、羅降、羅桃、羅聽、羅畓、羅□尤、羅鳳、羅乃、羅狗、羅壽、羅戾水、羅□、羅輪、羅右、羅襄、羅都、羅道、羅神、羅令、羅先蘊、羅成文、羅遠、羅泵、羅琴、羅延平、羅釋舍、羅創、羅戍、羅全、羅鑄、羅依、羅鏄、羅蟬、羅粗、羅補、羅躍、羅板、羅搏、羅蜜、羅漲、羅素、羅賽、羅琴、羅龕、羅潭、羅濱、羅□、羅□、羅母、羅乞食、羅讚、羅鏡、羅沙、羅顯、羅健、羅寶南、羅□、羅□、羅命值、羅□、羅需問、羅良至、羅□、羅逢、羅磚、羅淪、羅肖、羅金笏、羅塔、羅籃、羅田、羅□□、羅遇、羅留、羅□□、羅盛、羅詮、羅□、羅珠、羅並、羅海、羅力、羅滁、羅雲、羅颯、羅枝、羅清、羅桂、羅身、羅□、羅抒、羅挑、羅□、羅捷、羅移、羅秼、羅社晏、羅水容、羅諫、羅慎、羅可、羅瑞連、羅朝宗、羅圓、羅迴、羅泵、羅□、羅□，以上各捐銀伍錢。

咸豐玖年己未陽月穀旦立石。

**按**：此碑現存馬鋪鄉大坪頭村太平廟。

## 一〇〇七　重修觀音亭題捐碑

歲在辛酉之春，重修觀音亭，京頂社太學生方濟時喜捐銀叁拾肆大員。

按：此碑現存東厦鎮高溪村觀音亭，碑名爲編者加擬。

## 一〇〇八　碧湖岩誌（四）

碧湖岩住持僧春喬、清波、應林，仝有自置香燈田一段，坐址在東枋仔，受種子四斗溪，年科税粟十六石溪，帶田畝六分。又一段，坐址在牛屎徑，受種子三斗溪，年科税粟八石溪，帶田畝錢一百文。雖是後人創置，寔由先人之靈。今將此田交付主持家事者掌管，收税納粮外，以爲千曉公、隱昭公、非一公、非若公、非二公、春喬公、訪愿公、訪咏公、應根公忌辰、掛紙之費。謹爲勒石，以誌不忘。

道光二十四年菊月。

同治三年五月　日立。

按：此碑現存馬鋪鄉梘河村碧湖岩寺，碑文與道光二十四年碧湖岩誌近似，疑因田産變動而重刻。

## 一〇〇九　鄭氏祖厝産權碑記

立石碑人鄭深娘，承父私置有瓦厝一間，因遭逆匪，五年招出蔡姓修築。至本年四月，因父母神牌無處可安，備錢向蔡家贖回。永遠日后，别房人等不得争端。

同治十一年八月　日，仝地保林茂立。

按：此碑現存雲霄縣博物館（將軍山陳政紀念館），碑名爲編者加擬。

## 一〇一〇　重興廣平王廟碑記

是廟自嘉慶乙亥重修，迄同治甲子遭髮逆之變，廟貌廢焉。族人經是者，輒歔欷感慨，謂：『廟猶如此，人何以

堪？皆吾鄉恥也！』迺狐集鳩工，於己巳陽月卜築，抵癸酉之梅告竣。費白金一千四百有餘，觀瞻壯甚。斯固神之靈爽，有以起人輸將恐後，抑亦民和歲豐，我族人乃得致力於神耶！其興建之由與捐金者姓氏，是宜一一誌之，以垂不朽云。

信生張文郁撰，命男墨湖書。

信生張開瑞捐艮弍百四拾員。信士張明遠捐艮壹百員。信生張福添捐艮肆拾員。信生張性□捐艮叁拾員。信生張國選捐艮貳拾捌員。信士張明時捐艮弍拾陸大員。信士張兆熊捐艮弍十壹員。春祭會友捐艮貳拾員。信生張先准捐艮拾陸員。信士張元修捐艮拾玖員。信生張煌捐艮壹拾大員正。信士張添音捐艮拾四員。信士張烏池捐艮拾肆員。信士張墨湖捐艮拾貳員。信士張英聰捐艮拾壹員。信士張順成捐艮壹拾捌員。信士張順川捐艮拾八員。信生張文郁捐艮陸員。信士張渭彩捐艮拾員。信士張純一捐艮捌員。信士張蔦悅捐艮陸大員正。信士張有捐艮柒大員。信士張毫捐艮伍大員。信士張以道捐艮柒員。信士張自遠捐艮柒員。信士張英華捐艮六大員正。信士張步雲捐艮陸員。信士張□塘捐艮伍員。信士張石捐艮肆員。信士張金英捐艮肆員。信生張天喜捐艮肆員。信士張紗捐艮肆員。下坂脚份捐艮拾員。

信士張登洲、張萬水、張泗、張計成、張清泉各捐艮叁員。信士張天麟、張達暉、張九如、張喜章、張水浚、張南田、張應蘭、張玉麟、張文衡、張冰、張水能、張應辰、張銀鸞、張有營、張文哲、張盛、張烏正、張妹、張俊極、張嶇、黄雨水各捐艮二員。信生張以成捐艮一員。

信士張君惠、張心婦、張漢源、張汶水、張贊、張戍南、張登桂、張繼、張湧泉、張泗濱、張初香、張江澤、張玉慶、張有盾、張軟、張蛋、張紅□、張榮宗、張標、張賴、張炤、張永利、張赤米、張量、張刊、張恩科、張結魷、張柔魚、張紹箕、張妙聰、張德、張傳盛、張賞文、張宗禮、張納彩、張添籌、張成德、張家齊、張福、張徬、張釀、張九、張和母、張文水、張玉文、張串、張賞、張浸潤、張秋珍、張文池、張楊柳、張富、張進玉、張

蒼俊、張登瑞、張桓、張振發、張曰清、張安、張成就、張四元、張仕禄、張大日、張漢潛、張憨、張坎、張雙鳳、張糖井、張水銀、張錦繡、林渭、鄭榮泰、黄因，以上各捐艮壹大員。

張松艮十八員。黄金發艮四員。

同治十二年歲次癸酉葭月□□日，董事：信士張天麟、信生張錫嚴等立。

**按**：此碑現存雲陵鎮下坂村廣平王廟。

## 一〇一一　碧湖田碑記

碧湖僧双鄰，有手置香田一段，坐址在黄茅畬胡，受種子一斗溪，帶畝六石，年科税谷全年五石溪。今將此田交付主持家事者掌收，以爲忌辰、掛紙之費。謹爲勒石，以誌不忘。

光緒元年乙亥四月　日立石。

**按**：此碑現存馬鋪鄉梘河村碧湖岩寺。

## 一〇一二　嚴禁賣掘田地碑

爲嚴禁事：緣葭洲上下洋暨大宗祠前洋、山尾埭洋、蠔潭前洋、溪尾埭洋等處田地，衆稱良美，國課係焉。因有横逆恃強之徒，僅弋目前之利，不顧身後之憂，賣掘泥塗，致沃土變爲瘠土，有種無收；繼又懶修堤岸，一被潮水沖圮，波累全洋拖欠國課，其害难以勝言矣。前經紳耆稟官，嚴禁在案。延至同治三年，髮逆陷雲，案券焚毁。強逆之輩，復欲圖私利，再賣掘塗，致傷地脉。各房紳耆不得不再爲申禁立石，以垂永遠。自此禁後，不准賣掘泥塗。倘敢違衆擅賣，衆共攻之。合立石碑，竪於龍湫寺存記。

光緒元年正月　日，各房紳耆仝立石。

按：此碑現存東厦鎮白塔村龍湫岩寺。

## 一〇一三　嚴禁自盡圖賴憲示碑

兵部侍郎兼都察院右副都御史、巡撫福建等處地方、提督軍務兼理糧餉丁，爲嚴禁自盡圖賴以重民命事：

照得自盡人命，律無抵法，而小民愚蠢，動輒輕生。其親屬聽人挑唆，無不砌詞混控，牽涉多人，意在求財，兼圖洩忿。本部院莅閩以來，查核各屬命案，此等凡多，而地方官不詳加勘審，任憑尸親羅織多人，輒即差拘到案。鄉曲小康之户，一經蔓引枝牽，若不蕩産傾家，則必致瘐斃囹圄而後已。公祖耶？父臺耶？祖父之待子孫，固如是耶？除嚴飭各府廳州縣『如此後有將自盡命案濫行差拘良民，以致無辜受累者，立即分別嚴叅』外，合行剴切曉諭：

爲此示諭所屬軍民人等知悉：爾等須知，人命至重，既死不可復生；公論難誣，千虛難逃一實。況父子、夫婦、兄弟，皆人道之大經，乃死而因以爲利，是雖靦然人面，實則禽獸不如。本部院現經嚴加通飭，凡自盡命案，均限一月審結。倘有聳令自盡、誣告圖賴等情，即嚴究主使、棍徒，一併從重治罪。則爾等縱或自拚一死，總不能貽害他人；其親屬雖欲逞刁，一經審出實情，不過自取罪戾，亦無人肯與賄和。是不但死者枉送性命，不直一錢，即生者因此又犯刑章，更屬無益有損。本欲害人，適以自害，徒爲讎人所快，復何利之可圖、何忿之能洩乎？試爲反覆籌思，與其枉死無償、聽他人之入室，曷若餘生自愛、冀飽暖於將來？本部院業經嚴禁書差需索，爾等如有身受重冤，儘可瀝情控訴，並不須花費分毫，又何必自投絶路，至以性命博錙銖哉？嗣後務各自愛其身，毋得逞忿輕生，希圖詐害；該親屬亦不得聽唆誣告，枉費譸張。

茲將律例罪名逐條開列：〈下缺〉

按：此碑現存雲霄縣博物館（將軍山陳政紀念館），僅存右半，碑名爲編者加擬。左上角略缺，茲據卷一第六〇七篇光緒五年抄奉福建巡撫部院丁示碑補完。巡撫丁日昌，光緒元年至四年在任。

## 一〇一四　嚴禁衙役勒索憲示碑

特授雲霄撫民分府加一級紀録八次倪、特授漳鎮雲霄營都閫府加三級軍功紀録三次于，爲示禁事：

照得鄉民來雲售賣貨物，自應各聽其便以謀生業，豈容棍徒藉端勒索、擾害行旅？兹查有不法棍徒勾通衙役，在於□仔溪邊一帶，凡有内山鄉民載運柴草、火炭來雲售賣者，輒以應充文武衙門茶庫、火炭需用，每船勒抽規費，月繳廳署澳差銀伍錢；而該棍徒經手此款，另有需費充其私囊。由來已久，遂成例規。小民謀食維艱，奚堪似此刁索？且近聞藉此謀生之徒，互相争收滋事。言之實堪痛恨。若不一體禁革，貽害實非淺鮮。除武營衙門自行示禁外，合亟示禁：『爲此示仰閤屬諸民人等知悉：自示之後，前項陋規一概不准索取。倘衙役及不法棍徒敢至仍蹈前轍，藉端勒索，准予該鄉民綑送懲辦或指名具稟，以憑飭拏嚴懲。該鄉民等敢與私相授受，一經察出，亦即嚴拏併究，不稍寬貸。宜凛遵毋違！特示。』

右仰遵照。光緒十七年十一月十二日給。

**按：**此碑現存雲陵鎮大園街天后宫，碑名爲編者加擬。

## 一〇一五　重修七里鋪橋碑記

雲霄介三縣之交，上接漳浦，下出詔安，西通平和，冠蓋往來，舟車輻輳，衝途也。廳治以北七里鋪橋，尤閩粤驛傳必經之路，爲明邑紳户部主事吴弢初所建，盖數百年于兹矣。同治、光緒間，兵燹後繼以水患，漸就傾頽。邑紳方大令華，故好行其德者也，醵金復葺之。自是道不患阻、民不病涉者，幾廿餘載。

余莅治之二年，辛卯八月秋，秋霔爲虐，溪流泛濫，而橋又全圮，惄焉憂之。爰謀諸方大令暨城鄉紳富，亟爲修復計，僉曰善。於是倡捐薄俸，鳩工集費，以大令爲之董，而鎮城國子生黄國輔、吴洛書，莆美鄉國子生張行遠

等襄其事，越七月而梁告成。計長五丈六尺，廣則十二之一，率甃石而矼之。輿者、從者，復履坦夷如初。是役也，縻緡千二百貫有奇，出之鎮城殷富者十之三，出之莆美鄉張姓者十之三，餘則取挹于天后宫積貲焉。若夫董率工役、不辭勞瘁者，則張兩生之力爲多。事竣，紳董謀鎸石，丐余紀其事。

余維成梁爲王政之一。故鄭子産以乘輿濟人溱洧，孟子非之；而廣輪紀淏梁諸役，刱與修竝臚汗簡。亘古及今，何完不礪？余願後之君子，廣余之志，恢余之緒，俾斯橋□有攸濟焉，是則余之厚幸也夫！爰泚筆記之，捐題户氏例得備録於後。

計開：

雲霄撫民分府倪捐銀陸拾員。張行遠捐銀壹佰陸拾陸員。鄭正道捐銀陸拾員。黄國輔捐銀弍拾員。

天后宫公欵捐銀八十六兩正。張步□捐銀壹佰陸拾陸員。方□均捐銀陸拾員。郭建文捐銀肆拾員。

外□捐銀一百二十兩□三錢。張文□捐銀叁拾員。徐克開捐銀陸拾員。林企仁捐銀弍拾員。吴洛書捐銀弍拾員。

順直捐款留局作費除用外，捐銀六十二兩四錢正。

賜進士出身、知雲霄廳事、前内閣中書協辦侍讀倪惟欽譔。邑生張維書。

光緒拾捌年闕逢執徐之月吉旦立。

按：此碑現存火田鎮七里舖村碧雲寺。

## 一〇一六　重修頂廟路題捐碑

光緒拾捌年桂月，重修頂廟路。

京頂思孝堂喜銀拾大員。□□營、馬步百營隊喜捐銀叁大兩。東□信生方安義喜銀叁大員。雲霄方均、高樓金合亮、高樓金合盈、高樓金合裕、高樓方陰、方連春、商船金進順、鮮内玉峰居、□外玉□居、商船□□、生員方

□、洋下、南山各捐銀弍員。雲霄高中羽、吴六東、振泰記、方堂、方□元大添、方泗□、方頂、方益毆、方木鴨、方水鴨、十少爺、荷壬閤、高樓方烏憾、孫□□、商船□順、商船□順、商船金記盛、商船金捷盛、商船金豐美、商船金合益、中寨方順天、中寨方□詒、雲霄方祈漳、向北方純良、雲霄蔡洛遠、陽下方莊盛、方天盛、方兵、捷峰居、方火、生員祖蓀、方亦輝、監生方□家、方馬□、方老各捐銀一大員。寨□宋玉、寨信女方白杜氏、方清流、方阿芳、方術□、方銀寧、方龍文、方汶妸、方祈祥、方天送、魚市□□鋪、方阿傅、陽下方己壬、方滾、生員方□、方步□、方夫進、監生方紹周、方強、監生方□□、方初□、方大稽、吴福云、方上□、向茂鋪、羅朝禄、商船金銀合、商船金□□、商船金聯昌、商船金振劉、錦興旌、方成、方馬、方震生、方合春、方蒼、方羅、方泗海、方□江、頂振泰、閣頭方迦、閣頭方哲剩、商船金福歲、商船金順盛、商船金渡來各捐銀一中員。

光緒十八年桂月。董事：方爐火、□□□。

**按**：此碑現存東厦鎮高溪村靈著王廟，碑名爲編者加擬。

## 一〇一七　重修岱山大廟碑記

重修大廟，光緒癸巳年立石。

監生陳久升艮貳拾元。文周艮八元。陳尚梅六員。一拔艮六員。信生紹箕艮一員。開春一員。信士陳玉成艮拾貳元。陳門丁氏艮八元。員以六元。六結、鍼俠艮四員。錦颯、捩秋、扶艮三元。茂修、全疊、火倫、江成、萬佑、兔母、有筠、晀、東門許氏志俱各貳員。泉秦艮員半。朝掘、亭容、振容各二員四角。保容、江淮、戰結各一員。陳大鼻、意敨、明準、遠謹、慎金、馬蘭、阿軟、真主、求馬、母抱、琴惠、德言、□□、□匏、阿固、阿買、核所、亦仁、和過、枝水、晶婆、撡春、江長、春石、莊會、白水、□□、周三、和漢、南棹、琨石、春枝、霜禄、舟玉、愛啼、雞晝、加阿、讓萬、□□、朝成、柆敨、大茂、阿爲、桓目俱各艮一員。吴總貳元四角。吴火修艮二員。

董事鄉賓有筠、兔母開列于左。

按：此碑現存陳岱鎮岱山村開漳聖王大廟。

## 一〇一八　紫陽書院祀田碑記（二）

紫陽書院所建税田額，開列於左：

一，坐址在西山溪邊，田一坵，種一斗五升，全年鉄租二石八斗。

一，坐址在南山嶺頂，田二坵，種一斗，全年鉄租二石二斗。

一，坐址在大坑内窟仔，田三坵，種四斗，全年鉄租八石七斗。

一，坐址在大坑内景頭，田三坵，種一斗，全年鉄租一石二斗。

一，坐址在全竹林，田二坵，種二斗，全年鉄租二石八斗。

一，坐址在大坂，田□坵，種二斗，全年鉄租一石二斗。

一，坐址在郭坡，田二坵，種二斗，全年鉄租六石。

一，坐址在山内寨前，田二坵，種一斗伍升，全年鉄租四石。

一，坐址在蕉坑，田一坵，種二斗，全年鉄租四石。

一，坐址在洙□坑，田三坵，種二斗，全年鉄租四石五斗。

一，坐址在山内寨前，田一坵，種一斗，全年鉄租三石。

一，坐址在東渌，田一坵，種一斗，全年鉄租二石二斗。

光緒二十二年二月　日立石。

按：此碑現存列嶼鎮城内村紫陽書院，碑名爲編者加擬。

## 一〇一九　新南埭水利議約碑

新南埭者，乃積水養禾之公埭也。當夫外埭被潮沖岸，内洋之受累不少，故内洋各業主鳩築自衛。其岸長約二里許，併立陡門一口，費銀仟餘兩，皆内洋玖佰餘石照税均開。告竣日，各業主誠恐不軌之徒垂涎擅據，或利貪魚水而致誤稻田，或岸懶修填而貽憂潮患，是又該埭之厲堦也。因杜漸防微，立規列後，勒石以垂久遠，後之人須凛之毋忽。

一議，該埭岸照玖佰餘税，佃户歸捌股分填。至魚水逐年收成及下田所抽一九粟若干，除它工、數工、陡截應費外，仍歸捌股掌收，不得混據轉移。至岸頭突被風潮崩坍，其芼籠柏木，歸該股田主支持，其工歸該佃股酌出。

一議，陡門它工，妥請異姓，以責成量水巡岸之任。其逐年薪水錢拾仟，數工薪水錢弍仟，俱從魚息支交。

一議，逐年每石税，田主貼米一管。

一議，上洋不在玖佰餘税内者，不得濫取埭水以利己病人。如敢故違，衆共攻之。

一議，所典田自新築年箕至柒年，方得取贖。

光緒貳拾叁年　月吉旦，各業主立。

**按**：此碑現存東厦鎮白塔村龍湫岩寺，碑名爲編者加擬。

## 一〇二〇　十文良法碑記

救嬰之法，備於勸善諸書，而民間之溺女者如故，則以局之未設；即設矣，而經費猶有未周也。諸同人爲慨然久之。光緒丙申三月，除育嬰堂公欵外，沿省垣例勸捐弍千份，每份逢月朔喜出銅錢十文，交舖登簿。月計弍拾千，年計弍佰肆拾千，漸次生息。至己未三月止，三年統計母利八百餘千，置業勒碑。以後來生息，付育嬰堂紳董收，給養嬰之費。窃念區區何裨萬一，特以養好生之命脈、立爲善之階梯，胥在乎是，則安得不振興鼓舞於勿衰歟！

十文會捐銀芳名，列明于左：

方均三十五兩。高四教堂三十二兩。郭建元二十七兩二錢六分。炳文社二十六兩三錢。徐振英二十五兩。徐振揚十七兩七錢五分。鄭源德十六兩六錢一分。沈永觀十五兩二錢五分。朱建興十四兩五錢。高鴻波十三兩八錢四分。吴飛鴻十三兩八錢。奉宣堂十三兩七錢。張福源十兩七錢八分。高王氏十兩六錢。高陳氏九兩五錢二分。興仁當八兩三錢。張高順八兩一錢五分。張大利七兩九錢六分。福興當七兩七錢一分。張超羣五兩五錢五分。元昌當五兩五錢五分。黄鼇五兩四錢二分。陳紹青五兩三錢九分。陳崧五兩三錢六分。黄清華五兩三錢五分。方紹堯五兩三錢五分。朱鳳翔五兩三錢四分。方振聲五兩三錢一分。瑞雲當五兩三錢。吉瑞祥五兩二錢九分。方式玉五兩二錢八分。吴恒豐五兩二錢七分。林金五兩二錢七分。方純青五兩一錢五分。陳永成五兩一錢五分。黄國輔五兩一錢四分。陳等五兩一錢四分。高家玉五兩一錢三分。吴源興五兩一錢。吴瀛洲五兩七分五厘。陳桂馨五兩七分五厘。黄樹德五兩。張同仁五兩。方北其三兩三分。吴章三兩。吴秉禮二兩九錢。陳新二兩七錢五分。劉榮泰二兩七錢二分。方長江二兩七錢。方沛二兩七錢。方鳳鳴二兩七錢。李清華二兩六錢六分。黄恒德二兩一錢四分。郭怡泰二兩六錢三分。高正康當二兩四錢八分。蔡堂二兩四錢三分。陳崗一兩七錢一分。陳元音一兩七錢一分。高吉盛一兩七錢一分。高小舍一兩二錢九分。高夢甲九錢二分三厘。吴得利二兩四分。張福春八錢八分。吴大發八錢七分。陳順吉八錢五分。

共陸拾伍名，捐銀重肆佰捌拾肆兩陸錢肆分玖厘正。

計開田、店列明于左：

一，買過竹仁街店弍間，並列坐東向西，左至巷，右至林家墻，前至路，后至陳家爲界，銀重叁佰叁拾兩正。

一，典過田弍段，拾壹石，銀重壹佰叁拾肆兩柒錢伍分正。

光緒壬寅年拾壹月吉旦。

**按：**此碑現存雲霄縣博物館（將軍山陳政紀念館），原碑數字爲蘇州碼。

## 一〇二二　募修上帝宫碑記

募修聖帝廟，本社内衆善信捐銀芳名開列於左：

信官黄上春捐銀拾弍元，生員王輅捐銀拾弍元。信士吴鍙捐銀拾玖元。信士王好地捐銀陸元，董事湯潛捐銀陸元，唐斗捐銀拾陸元。信生吴逢時捐銀拾四元，光裕堂捐銀拾四元，吴雷捐銀拾四元。吴自修捐銀拾弍元。信生張如川捐銀拾元，楊夏捐銀拾元，張紅印捐銀拾元，張紅牛捐銀拾元，張有春捐銀拾元。楊大目捐銀捌元，楊得南捐銀捌元，林漣漪捐銀捌元。信生楊席珍捐銀六元，朱福捐銀六元，信生唐棣捐銀六元，吴進元捐銀六元，黄義和捐銀六元，朱甘雨捐銀六元。鄭牛捐銀五元，方來登捐銀五元，郭虱母捐銀五元。信生吴昌運、黄后傳、黄孟良、林万壽、張光來、方功成、楊以茂、吴丙丁、鄭水林、張富生、張文林、陳冷水、陳永順、信生唐修、戴增壽、林蚶、郭暢老、吴歷、鄭致、吴慧、林豆、朱金長，以上二十弍名各捐銀四元。主庚陳夢花捐庚金拾元，信女吴門方氏捐銀叁元，吴□合捐銀六元。

大清光緒二十八年玖月，董事：黄上春、王輅、王□、吴鍙建立。

**按**：此碑現存雲陵鎮渡頭村渡頭岩玄天上帝宫。

## 一〇二三　開漳聖王緣田碑記

明欽賜大夫吴公諱道初，即檀樾主友松公之第三子也。公在時，有喜捨開漳聖王緣田一段，址在大番塚，土名□頭，坵數不計，全年稅粟壹拾陆石，照對郡斛斗，付交住持掌管收稅納粮，恭奉聖王，永遠無異。茲因髪逆陷城，石碑毁滅，更立一石，以誌不忘。又議，仍照舊例，逐年菜桌二席，又粿一盤，挑到公祠堂供祀神牌，不得少闕，以表公之敬神，亦以見公之功德無量也已。

菜桌二席，開列於左：

八月十二日諱晨一次，元旦早一次。

光緒弍拾捌年壬寅十二月穀旦，住僧天懷重修石碑。

**按**：此碑現存雲陵鎮享堂村威惠廟。

## 一〇二三　重建金山寺喜題緣銀牌記

大清上御宣統二年歲次庚戌仲秋之月穀旦。

董事周登科喜捐大樑一枝，又帆一領，又捐石碑一支。

周門陳氏領男劣德、四体、能言、嘉音，合捐龍銀伍拾員。

舟户金順隆捐龍廿員。周甘霖捐銀廿元。周抹捐銀十二員。

周厚皮妝三佛一座，十二員。周溪云、三云、五云合妝二佛一座，十二員，進益又合喜捐銀廿員。周水凉捐銀十元。

岳坑南門朱榜□壽字喜捐龍銀叁拾捌員。岗嶼磚埕湯讓賢喜捐龍銀三十一員。雞籠山村歐泉捐十二員。浯田陳受誥喜銀十二員。岳坑朱象十三員。

雲霄貢生方德容、莆美張紹南、竹塔東面吴查謹、后僻院前李菊花、浦邑許玉輝、沙崗西山陳才、火田興德社張烏金、州頭渡仔頭徐桶，以上捌名俱各喜捐龍銀壹拾員。

周齊家喜銀十元。大埔縣孫河胥喜銀廿六元。正順興班捐銀十元。

附録：荷步嶺、浯田、嶼仔、灣溪、羅隱井、内外北岐、塘美、后埔、岳坑，以上各鄉俱有人口助工。茲因名次太多，難以悉録，故爾附記。

**按**：此碑現存雲陵鎮下坂村金山寺。

## 一〇二四　濬港通潮碑記

古者田有溝洫，興水利也。農非水利不興，夫人知之矣。我雲旧南門外港灣一帯，上下数里農田久資爲灌溉，何以聽其壅塞者積数十年？大利所在，漠然置之，殊可惜耳。辛亥春，眾紳議濬港通潮流，公論翕然，農民尤形踴躍。爰定簡章，僉禀前朱廳憲批准，示諭備案，並公推方豫章號監督總工程、張廣昌號監督賬，幾費經營，始克告竣。除禀請完案外，合將前廳憲備案簡章照抄勒石，俾業主、佃户各有所率循。而後之覽者，亦將有感於斯碑，爲之維持、擴充於靡既也，則又安知來者之不如今也！

前參議院參議員方聖徵序。

一議，東西應出欵田地，至后湯村前華表大路爲界。
一議，南應出欵田地，至后湯村邊土地公庙前大路脚爲界。
一議，東北應出欵田地，至徑堂口楼仔脚軍营巷爲界。
一議，西應出欵田地，至近港者爲界。
一議，西北應出欵田地，至下营庙巷新橋頭爲界。
一議，每石税出龍銀壹元。如係銀主先出贖契時，典主坐还。
一議，佃户每石税貼銀貳角。如或過佃，新佃户坐还。
一議，此次濬港定深五尺。港邊屋墻如或地址築淺，業主宜再築深，毋得阻撓。
一議，瀕港岸田地侵入二尺，以備堆積港塗。此塗仍由佃户陸續挑清，不得推諉。
一議，各界内應出欵田地，無論業主、佃户，有意違公，請官究办。
一議，開工僉懇諭派警勇二名、地保一名常駐保護；工竣之後，仍諭該巡警、地保看護，不准再行堆倒糞草，

以昭慎重。

又議，水回分爲三鬮：塗楼洋至烏澤橋横岸，經堂口洋至南門橋大路脚爲一鬮；大人公橋頂左坪至南門橋頂新橋頭爲一鬮；大人公庙前烏鼠橋頂后湯村前大路爲一鬮。如遇大旱要用潮水時，先後各憑造化拈鬮，輪流水回，不得争奪。

中華民國三年冬月。董事：吴章、張淼、方德容、黄鰲、陳嘉臧、吴樹勳、方之舟、方聖徵、郭建文、吴純、張立、方秀俊、梁一方、張紹曾、張士和、方廷珍、石雲林、陳桂馨等仝立。

**按**：此碑現存雲霄縣博物館（將軍山陳政紀念館），碑名爲編者加擬。

## 一〇二五　湯氏祖業告示碑

雲霄縣公署佈告第四十七号：

爲佈告事：照得湖坵村耆長湯壳等呈稱：『窃民有先祖遺業海灘泥泊一所，坐址在湖坵村後。東至長礁尖，西至湖坵橋，南至鳳髻、赤江尾、烟墩等山，北至石礬南溝。歷代架石生蠔，掌管無異。現因年代久遠，契据被虫蛀毁，深恐被人圖佔混掌，懇請出示勒石，以留永遠。』等情前來。据此，經本知事飭差查勘禀明，確係湯氏祖業在案，應准予出示佈告，仰鄰村各姓須知：『該處海灘泥泊蠔産，係是湯氏祖業，不得藉詞混掌。倶各凛遵毋違！切切此佈。』

中華民國七年五月廿七日。知事羅錦成。

**按**：此碑現存雲霄縣博物館（將軍山陳政紀念館），碑名爲編者加擬。

## 一〇二六　重修霞港關帝廟碑記

昔嘗遊霞港武廟，每瞻仰聖像莊嚴，未嘗不登堂肅若，深加崇拜。父老曾告徵曰：『聖像係清初海氛時代，由銅

山欣然而來。』信乎！聖神無遠弗屆，有如日月容光必照者焉！迨至民國七年正月三日，雲地忽然大震，瓦飛石走，地裂山崩，聖廟亦受大損，里人憂之。董事方慎先、方祥徵、方廷彦、方清泉等慷慨捐資，出而提倡，一呼百諾，巨款立就。亦足見里中人之崇祝聖神，心誠勿替也。廟成，囑徵誌。徵不文，曷敢誌？然以聖神所感格於人者深，又不能不勉應社里之要求，而爲之紀載者焉。

溯霞港武廟之原始，由清初前総兵蔡禄所建置。咸豐五年大加修理，更增壯麗。同治三年，逆髮陷雲，竟付之一炬，而聖像依然不受所侮者。傳聞聖神早默囑里人，請出廟外，故逆髮亦未如之何也。同治十四年，前輩貢生方開先遂以梓桑清望，勸捐庀材，重興斯廟。繼起而修築者，又有民國七年方慎先等，克新廟貌，聿壯观瞻。統观上下三百年間，里人後先濟美，雖百刼而棟宇之巍峩如昨。僉曰：『聖神爲闔邑人民所托庇，安敢聽其不祀忽諸？』徵謂吾人崇拜之心理，猶不止此也。盖先聖之精忠大義，且寒千載下梟雄之胆，而維人心世道於靡既也。是爲誌。

民國八年仲夏，参議員方聖徵撰。

**按：**此碑現存雲陵鎮下港社區霞港關帝廟，碑名爲編者加擬。

## 一〇二七　龍湫岩玉身佛祖鐘銘

龍湫岩玉身佛祖。

中華民國拾年陽月吉旦，提倡重修龍湫岩。董事：中地吴巨元、埭仔頭暫住、埭仔頭看世情、碧塔保衛團、碧塔英得居、碧塔義成堂、埭仔頭吴恒挑，暨碧塔全族弟子仝敬喜。

**按：**此鐘現存東厦鎮白塔村龍湫岩寺。

## 一〇二八　重修何氏大宗祠題捐碑

和地大宗重修，眾裔孫捐金名次開列於左：

虹五房住臺天静捐龍銀陸佰大員，又石□、石窗全付。

虎長房住臺能近捐龍銀陸佰大員。虎長房住臺永芳捐金票貳百大員。虹五房住臺阿枝捐金票貳百大員。虹五房住臺水盛捐金票壹佰大員。亮長房住臺學詩捐金票伍拾大員。虎長房住臺興化捐金票伍拾大員。住臺深澳坑莊諸人仝捐銀伍拾員。虹五房住石碼廷誥捐龍銀拾貳大員。虹五房住□保益官捐龍銀拾貳大員。

和地十房捐銀合計陸千貳百柒拾大員。

中華民國拾年歲次辛酉孟冬穀旦，重修立碑。

**按：**此碑現存馬鋪鄉梘河村後厝社何氏家廟，碑名爲編者加擬。

## 一〇二九　申明嘗田僞契碑記

爲維持善後以杜流弊：

竊思圣人之忠者厚、梟者薄，凡每論討於買賣産業，以信实爲本，切不可僞契梟騙人也。如心懷不仁，以年湮久遠，預先謀僞，後代不知，以至被僞騙吞。是以天理難容，報应與後，必無善終。茲今立石，以垂久遠。子侄輩不可效尤，以此爲戒。凡往来買賣業産者要誠实待人，切不可效其僞契梟騙，紀念切戒。

竊于去年九月間，由族紳□□交来僞契一紙，經眾騐確，道光年間之契供甲綱乙，咸豐年間之契銀両不符、契供銀亦不符，其僞可知。至下黄砂尝田，租谷壹十二石，因先伯祖潤墀進泮乏用，將此田出当與本房某之祖伯父。後因本房某兄弟出嫁其妹，欵不敷用，竟敢效其先人之様，另謀僞尽契盗賣他人。賣後，余之先人始行知覺，與其

曉曉争論，並投房族、公親理論，無奈当年力不及耳。茲今立石紀念，以垂不朽矣。

民國十二年癸亥秋月，奇楠立。

**按：**此碑現存雲霄縣博物館（將軍山陳政紀念館），碑名爲編者加擬。

## 一〇三〇 龍湫岩考實記

白塔山龍湫岩，風景爲雲邑冠。容自幼屢隨先君子如江公遊其地，而洞、而台、而泉、而石，憑欄遠眺，流連忘返。稍長，酷好史學，甚願詳其所自。遍詢故老，參考志乘，終不得其來歷，引爲憾事。丙寅春，偕家碧梧兄、晉三兄及仲兄有鳳等，再作龍湫之遊，於不意中得一殘碣，内載檀樾主吴燮山捨緣建築云云，始知崇禎四年五月廿四日興工、十一月十五日慶成、六年癸酉之吉吴燮山立石于岩。是所謂『盡日覓不得，有時還自來』也，豈非數定哉！

按，吴燮山，白塔我二房祖裔也。其父養中公，萬曆己酉科舉人，特授瑞安知縣。公諱士鼎，字調九，天啓辛酉副榜。任鹽亭知縣，居官變産以賑飢，民甚德之，後陞潼川府州牧。龍湫岩即其歸田時所募建也。明末士夫多隱山谷中，如少林寺等，皆有志恢復者也。燮山公，其亦少林之亞歟？相傳土豪廖龍盤聞石齋公來遊龍湫，道經其樓，龍盤遣使邀公赴宴，公曰：『余願飲調九清茶，不願龍盤美味。』燮山公之品德，可想見矣。龍湫山門額題『鈐袈深處』四字，傳即石齋公真蹟；其『眼中杯渡』四字，傳爲燮山公所手題。

容恐此殘碣不獲久存，而龍湫岩永莫知其來歷也，故爲記其考實，而勒石於此。

歲民國十五年丙寅春植樹節日，日本大學法學士吴有容敬題。

**按：**此碑現存東厦鎮白塔村龍湫岩寺。

## 一〇三一　鄉賢石齋先生手蹟碑記

『鈴袈深處』。

明末鄉賢石齋黃道周先生嘗登臨此一勝境，爲題『鈴袈深處』四字。此手蹟不獨爲名山古刹增光，尤足令人仰慕其爲中華英烈之高風亮節。因原匾未有落款，恐後世失傳，爰書數語，以未來者。

壬申冬月，雲霄山人謹誌。

**按：**此碑現存東厦鎮白塔村龍湫岩寺。

## 一〇三二　雲霄縣雷縣長壽彭公德政碑

吾鄉地處邊隅，久罹匪禍，農村呈破產之象，庶民懔覆巢之危。今幸雷縣長痌瘝在抱，公正廉明，於二月間會營，率部莅臨勦匪剷煙，問民疾苦，爲籌善後。旬日之間，小醜就殲，閭閻安堵，來暮途歌。漢宣帝稱庶民所以安其田里，而無嘆息愁恨之聲者，政平訟理也。我賢明雷縣長，其斯之謂歟？謹勒石銘勳，俾與雲霄同萬古，亦聊表部民愛戴之微誠耳。

中華民國貳拾肆年叁月　日，何地各鄉家長何棟樑、乃堂、時懷、浪雲暨閤族民眾仝敬立。

**按：**此碑現存馬鋪鄉梘河村。

## 一〇三三　霞港關帝廟緣田碑記

信爲善根之本，香乃供奉之先。宝樹村信女方門吴氏，祈求合家老幼平安，愿將此苗田一大坵，受種子一斗叁管，全年税粟叁石柒斗正，經凤結静，挑運到庙。田坐址在宝樹村南坪村里前，土名三板桥头圳斗洋，東、西、北

俱至方阿詰田，南至奇斗田，四至明白。將此田帶佃全心喜捨，供奉關聖帝君，以爲香祝，永遠無異。子孫昌盛，香火萬年。錢粮二分一厘六毫，秋米照配，登帶方朗澈名下。

民國廿伍年丙子九月，宝樹村信女方門吴氏立碑。

**按：**此碑現存雲陵鎮下港社區霞港關帝廟，碑名爲編者加擬。

## 一〇三四　重修榕頂庵題捐碑

重修榕頂庵埕池唇岸芳名：

蔡錦洲、曾炳方、紀源謙、陳阿鈐、許蓮珍、邱志英、林銀良、池妙寅、鄭傳青、曾炳惜、鄭龍意、黄玉琴、鄭何青、郭崇榮、池葵勝、林炳勳、林漢卿、潘劍蘭、洪兩坤、黄榮明、陳幸巳、玉成子、李錦先、徐如玉。

廣東潮洲府諸善信總修蓮花池並庵前埕：

蔡松泉、黄廣潮、方任夾、黄蕊珠、陳順炎、蔡水心、陳炳成、鄭傳聲、陳源松、鄭生潤、何多年、關情花、徐漢成、李振先、鄭如長、吴順恭、蔡麗卿、舒秀琴、邱炳乾、林炳煌、蔡希英、林炳鄉、陳鏡順、林碧蘭。

民國庚辰年陽月念陸日立碑。

**按：**此碑現存陳岱鎮新圩村榕頂庵，碑名爲編者加擬。

## 一〇三五　創建祠宇碑記

竊思木有本、水有源，我祖自十一世継承分派以來，迄今数百餘年，尚未建築祠宇，未免有春秋霜露之感。時有房耆頌九、明祖等首先提倡，欲改公廳作祠宇，房眾等未敢應承。嗣經祖等極力組織，始有徵祥、灼三、早秋、啟聰、成水等出爲共襄贊成，於是捐題科、擇吉興工。詎奈年冬丰歉貧富不齊，財政一部甚难筹措。琼龍、德寿等

召集各房開会〈下缺〉。

按：此碑現存雲霄縣博物館（將軍山陳政紀念館），僅存右半，碑名爲編者加擬。

## 一〇三六 重修劍石岩題捐碑

重脩劍石岩，峢山衆善信捐金名次開列於左：

信生湯洪範公捐銀二十元。瑞生公捐銀十二元。國玉公捐十元。有容公捐銀捌元。對揚公、保與公各捐銀陸元。信士湯長濬公捐銀伍元〈下缺〉信生湯先登公、□□湯朝逢公、信士湯聰明公各捐銀肆元。信生湯雄偉公、際盛公、輝□公、□龍公、如茂公、際泰公、作新公，信士湯茂芳公、茂□公、子道公、長青公、建然公，信女湯門朱氏，各捐銀弍元。信士湯剛毅公、信女湯門林氏各捐一元半。信士湯□正公、□□公、分文公、□□公各捐銀〈下缺〉。

按：此碑現存列嶼鎮城内村，碑名爲編者加擬。

## 一〇三七 九天玄女敕令碑

九天玄女敕令〈太極八卦圖〉，五雷安鎮保平安。

按：此碑現存雲霄縣博物館（將軍山陳政紀念館），圖居中央，右書『元亨』，左書『利貞』。碑名爲編者加擬。

# 卷四　詔安縣

## 一〇三八　重修福勝岩題刻

黄溪清泉僧雲岳，俗姓胡，於丙申閏正月望日重修福勝嵓，架造畢於戊戌年。長湖保弟子鄭澤發心開嵓前田一段，捨入嵓供養，爲祖妣胡十三姑十月七日造忌，又爲捨錢弟子乞降福祥。重和元年戊戌正月一日，住嵓僧雲岳立，金春刻。

**按：** 此題刻現存金星鄉九侯山福勝岩石室。

## 一〇三九　九侯山石槽題刻

報劬院僧□□捨錢二十貫造。歲次庚申紹興十年八月　日題。

**按：** 此石槽現存金星鄉九侯山九侯禪寺。

## 一〇四〇　九侯山造路題刻

住山比丘雲□奉施□資錢，砌此處石路一條，以□功德，報答四恩三有者。紹興癸亥八月　日誌。勸緣僧山□□立。

**按：** 此題刻現存金星鄉九侯山崖壁。

## 一〇四一　重開九侯山碑記

旹淳祐五年歲在乙巳，重開山僧思齊，化緣思謹，遊坪崇慈、立海、崇寔、至冲，監造祖琛誌。

**按：** 此碑現存金星鄉九侯山九侯禪寺，碑名爲編者加擬。

## 一〇四二　九侯山緣田題刻

是岩有山水之勝，而所入不足供用。正統十年乙丑，沈慶豐四郎喜捨長田、上洋、岩橋田，種陸石，入岩助費。食此租，豈敢忘？自應謹識石，以祈昌盛，以垂後人於不朽云爾。

沈係在坊三都四圖人。

旹正統十二年丁卯季秋朔，住持僧永清誌。

**按**：此題刻現存金星鄉九侯山崖壁。

## 一〇四三　九侯山清水堂鐘銘

諸山助緣僧：

集□、崁峰鑑真、正安、正□、正盛、大□、祖紹、智深、智源、正瑶、惠明、道常、道成、智净、惠劍、惠瑞。

共鑄鐘一口，入于清水堂供養，願升道立，共證菩提，共登彼岸，底無上道。

化緣僧雲林。□□住持僧正素□。

大明成化五年己丑冬月　日誌。匠人許。

**按**：此鐘現存金星鄉九侯山九侯禪寺。

## 一〇四四　保福庵香爐題刻

官陂埔尾居民陳通、鍾氏同施玉爐，以乞男兒益後者。正德元年四月記。

**按**：此題刻現存官陂鎮下官村保福庵石香爐壁。

## 一〇四五　詔安修學記

嘉靖二十〔三〕年甲辰，筠陽廖侯來莅茲邑，靖寇安民，惠孚閩海之濱。期月而留意學校，以廟學創始成於倉卒之際，洎今日漸傾圮，制亦未備，有餘慨焉。迺謀諸邑博姚君熙，相與振飭，舊者葺其敝，缺者置其制，綜理密也。明倫堂東西爲兩齋，爲號舍；後爲講堂，東西爲兩官廨；大成殿東西爲兩廡，爲戟門；又前爲欞星門，左爲儒學門，外爲泮池：是皆創於昔，而今漸以敝者。敝斯葺，折者易良，漶者易鮮，葺敝以圖新也。陳生茂高輩，屬予記其事。

竊原廟、學兼備之義，有斐髦士選而納之膠庠，藏脩息遊，率於孔子之道共學焉。學其道則思祀其人，祀其人則思必志於其道。廟妥先聖之靈，固報德報功之典，仰止之下亦神默化之機。唐倣斎教，廟設塑像，聖人在天之靈必不之歆，何以潛啟人文耶？今聖天子特詔撤象祀主，以革數百年斎教而慰廟靈，可於是乎仰止而默化卓爾之道焉！上之人所以爲髦士處者如此，冀夫學之成也。

試言學之道爲諸髦士告，可乎？孔子博約之教，精一之傳也。從博約而學者，所由以適於道也。然有主朱子先博文後約禮爲知行先後之學者，有主陸子博文約禮爲知行合一之學者，皆學必能知能行，然後可以造道成德，其教同也，偏則流於支離禪寂之弊，非教使之然也。若先後、合一之功，則用功下手處固有不同，然亦不甚相戾，道一之編可考也。于今日聖廟之教，亦有合乎？英宗皇帝命憲臣提督學校，賜之飭諭，首條大意，欲學者於聖賢之道知而能行，敦德性之善行，黜口耳之浮誇，養成真才，以爲朝廷用。聖朝所以爲教如此。由教而入，知至至之，知終終之，豈非學者所當自盡哉！

我邑文教漸興，豈無循博約之訓、勵身心之學，發爲渾灝之文，出際亨嘉之會，以翊皇猷，以贊王化，求不負聖朝教養之意、賢令尹作興之功哉！存乎其人，言有待也。若徒竊浮靡之辭，以爲進用捷徑，學非身心，惟顧名檢，

奚足爲世道倚賴？亦奚足於學校炫一時之觀乎？

**按：** 此碑未見，碑文見於康熙詔安縣志卷十二。作者許判，詔安人，正德二年舉人，官至湖廣辰州同知。

## 一〇四六　九侯山祈願石刻

二都官陂上龍社信士劉玉深與妻鍾八娘，喜捨銀三十兩，求辦香灯供養，祈求子孫昌盛者。

明嘉靖二十五年丙午春立。本岩住持僧〈下缺〉。

**按：** 此石刻現存金星鄉九侯山福勝岩石室。

## 一〇四七　頂福宫捐緣碑記

龍潭太祖，原住埔坪信官游瑞清公妻張二十九娘，喜捨石柱共四條。

嘉靖乙卯年鼎立。

**按：** 此碑現存秀篆鎮頂安村頂福宫。

## 一〇四八　真父母邑侯蔡公遺愛碑

公諱宗堯，字汝欽，别號建江，廣東瓊山人也。由癸酉鄉進士尹邑，甫及三朞，懿蹟已難殫述。其大者，如革銅山倉斗級，歸編漳浦，年省二百金之費，以甦民困；清浮糧、虚丁千百有奇，以還流移；復卸店灣地于罪民而無告伸，置紫陽祭儀于玄鐘而備典，舉捐俸金以濟貧儒、供會膳、置書籍而盡作士之方，船保約以旌孝友，除盜賊、抑強暴而成安民之惠；至於氷蘗之操，終始不渝，則尤不可及者。遂相立石，以垂不朽云。

賜進士雲南副使胡文，封南京户部主事沈璽，賜進士杭州府知府胡士鰲，賜進士廣州府知府沈□，賜進士嘉興

縣知縣蔡肇慶，韶州府通判許繼榮，融縣知縣沈水，千户丁曜，舉人張敏、林□□。貢監沈燦、許昂、許□、許□，庠生沈盛、許□、許□、許珂、胡臺、□□、許樹、陳□、許□、葉□、許□、許載玄、沈□、許□、沈□、沈□、許□、□□輔、沈純〈下缺〉、沈□□、□□□、□□□、□□□、林光□、□□□、陳□□、何□、楊世采、沈陽順、倚承廷、鄒□□、吴□□、鄭□、沈天□、沈景謨、沈□□、蔡曉□、□□□、陳君尚、何榮官、游善卿、金□龍、吴崇太、李萬福、余良善、陳光程、涂思德、曾光□、許式顔、沈士毅、何春方、林友華、許一□、□□□、江萬□、陳□□、陳□□、陳□思，萬曆十九年辛卯吉旦仝立。

**按：** 此碑現存南詔鎮詔安老年大學内。

## 一〇四九　東嶽廟祈願碑

在坊信士沈維魚，喜塑嶽帝寶像一身，带石座一完。祈祐幼男冗官成人，子孫昌盛。

旹萬曆癸巳年仲秋吉旦立。

**按：** 此碑現存南詔鎮東關街東嶽廟，碑名爲編者加擬。

## 一〇五〇　新創石橋東岸學税記

詔，新造邑也。士多食貧，即所司亦靡有以既富方穀之道振作之者，蓋七十載于兹矣。乙未秋，督學使者檄邑大夫清六峒學租，不佞偕青衿士慫慂之。顧租有主者，庠中師弟子毫莫沾惠也。每三歲大比洎歲考，册籍費用不貲，例出自諸生，而貧士殊無所措。二庠師待校漳郡，饘粥膏秣咸自備之。嗣有諸生輸助，未及其半，而師與弟子均病矣。

會不佞偕邑侯夏大夫築東溪石橋，橋之東爲溪雅村，南岸一條深丈餘，廣可數十武，堪作市廛處也，曾召逐末者居焉。諸豪室輒欲攘爲己利，不佞愬夏大夫牒送學宫，作諸生科考册籍洎二庠師府考之需，荷夏大夫首肯。計橋

東岸見創市廛三十間，歲可得六金也。岸之上下尚存曠地，不妨居民赴學請佃，如例納税。僉議歲支一兩五錢與庠中記室，爲造科考二册，剩金四兩五錢，積三歲計有十三兩餘矣，一庠師送考輿馬、蔬食從此出焉，不復貽累諸生也。在二庠師，免懸磬之憂；在諸弟子，省斂送之苦；在吏書，亦罔賠償之累。誠于庠校有裨者，此邑侯夏大夫之惠也。

諸庠士願乞一言，垂之永久。不佞謂國家建黌宫、儲儁才以需世用，至隆師儒以訓廸之，豐廩餼以養毓之，典甚備矣。兹市廛所入，僅涓滴矣，奚足爲輕重？顧此彈丸之區，勢豪市猾不無忮心；况詔士貧甚，一遇科考資斧弗充，矧能斂辦册費與庠師蔬食者耶？是學税之設，固亦涸轍升斗也。爰書之，爲詔庠士世守云。若市廛姓名與輸税數目，具載公檄中，不具論。

按：此碑未見，碑文見於康熙詔安縣志卷十二。作者沈鈇，詔安人，萬曆二年進士，官至户部主事。邑侯夏宏，萬曆二十三年乙未任，丙申建東溪石橋。

## 一〇五一　重建武安王廟記

城西祀關武安王，非今日矣。三嫗而定於兹地，始闢宇未豐。嘉靖壬戌，倭内訌，城將壞。邑侯龔公覩王夜巡城，故城完，締廟立坊以表之。歲久，棟桴碼裂，前模湫隘，衆迺謀再新焉。糾閒規隙，地不加擴也，上人勾龍有餘居矣；祇樹金鋪，財不科索也，施捨檀越無吝家矣。瓌材究奇，增飾崇麗，邃殿幽宫，神棲儼焉；飛甍雕櫺，人觀聳焉；事舉甲辰之臘，成奏乙巳之秋，功力便焉。此非衆人之能也，署所郭將軍之所鳩也，縣黎神君之所主也，神關協帝之所默相陰翼也。廟成，徵予爲志。予乃言曰：

人之所以祀王矣，亦知王所繇事乎？自古英儔烈彦，齎志含耀，炳異人寰，啟敬祀也者豈乏哉！過首陽者吊夷、齊之魂，適安亳者欽逢、干之躅；其他如吴相胥、吴興憤王，至俠烈伉猛也。然皆祀不數世，享不出其里。孰如王没于漢季，迄今而廟祀益皇。窮谷極陬，人爇青木之香，家抗黄土之時。此何以故？人間世惟忠義一心，萬載不磨，

哲凡共有。當王之事漢帝也，掃黄巾若敗葉，馘良梟德縛禁，陷七屯若承蜩淹螘，是王不朽之雄威，夫人而能言之，而非所以不朽也。

獨其間關故主，萬死不移；漢燼欲頹，一綫力抗；麥城之役，穆然就冥。若泯泯者，蓋垂五百年而一顯於玉泉之刹，又垂五百年而再顯于蚩尤之戰。威靈烜赫，億兆分身，捍患衈災，隨叩輒應。以故上而都掖、下而閭井，以至魋結侏離，靡不供祀伏臘，如帝如天，奔走恐后。忠魂義烈，河岳星辰，此則劫灰不焚，永無銷滅。是王之神所以久且大，而世世不朽者也。

今夫執途之人，語以王之繇，孰不怒髮刺肝、思踵芳烈，况以豪傑亢爽自命乎？此賢愚所以共捐，兹廟所由景彰也。雖然，爛麗之必爲圮蠹也，廟之鑫於世數者也，吾不能以今日衡萬禩之功。禋祀之與詔無窮也，人心之鎔于忠義者也，吾有繩萬禩、多今日之舉矣。是爲記。

萬曆三十三年九月九日，邑人胡士鰲謹撰。

**按**：此碑現存南詔鎮縣前街外武廟，碑文另見於康熙《詔安縣志》卷十二。作者胡士鰲，詔安人，萬曆五年進士，任青州、杭州知府。

## 一〇五二　邑侯鄭公重修儒學泮宫碑記

詔自嘉靖辛卯分符建學，今八十載矣。草造之初，規模未備，諸殿廡、門庭之制與夫宫墻、泮池、橋道之屬，質具而已。嗣雖浸次修庀，而時絀於力，人膠於樸，率因陋而簡就之，未稱也。邑侯芝山鄭公宰邑之三年，治成政飭，播民之和而秩神之祀，百瘝幾悉易睹矣。是年秋，報成於兩臺，兩臺表其治狀爲諸邑最，更畱以惠我。釋菜於學，會秋霖，池頻崩潰，櫺星之前除幾夷于池，橋梁就圮，甬道凹玄。公喟然嘆曰：『是尚可急他役而後吾夫子宫邪？』

於是謀諸學師明宇章先生、懷宇賴先生，圖更營之。捐俸鳩工，佐以鍰贖。以泮池湫隘，不受堂廡諸水，廣闊三之一，砌石爲址，實以灰而加釦焉。中爲矼，長五十有八赤，翼以扶欄，上竪以坊，額曰『泮宫』，此皆拓前而加

葺之者也。坊上砌石爲周除，旁兩達以步櫚，外樹塞墻，高丈有八赤，廣屏三門而止，額曰『宫墻萬仞』，此皆增前之未備者也。他殿廡、庭楹之蠹者新之，垣繚之壞者塈之。一石一甓，一工一傭，皆官乎取直，無厲民。是役也，經始於八月己卯，而竣事于嘉平之臈。乃與二先生洎諸士弟子合樂以落之。

不佞士鰲再拜而颺言曰：『詔之爲學也，山則扆九侯而朝南華，水則滙大海以爲壑。此其亢爽旁魄之氣，不府之物异而府之人文，固也。顧未邑而前，士韞于質矣，而質卒弗勝文。今藻于文矣，而文乃弗勝質，此果有所醖結而未開也哉！吾謂夫子之道，高深象天地，美富軼百王。搆爲宫墻，俾學者遊其門，升入其堂室，以揖讓其宗廟百官。而于及門跬步地，聽其圮陁而弗治，曷以作諸人士感奮興起思哉？夫無待而興者，豪傑也。若盡人皆有所感奮而興起，凡民皆豪傑矣。矧士之不爲凡民者耶？今公爲之穹而宫墻洞闢，而正復日群諸弟子以優遊振德其中。美哉！夫雲漢遐作之功，今日始開之矣。則夫得門而入者，於焉視爲愓步爲趨，争自憬奮，雲蒸霧涌，以附于人文化成之盛，勗諸亦惟今日！』僉曰善。是宜爲記，以交志夫不忘者。

公名化麟，字文兆，浙之嵊人，登萬曆癸卯順天進士。章公名元昇，直隸和州人；賴公名可大，閩永定人：皆能協恭有成，爲諸士楷云。

**按：**此碑未見，碑文見於康熙詔安縣志卷十二。作者胡士鰲。邑侯鄭化麟，萬曆三十五年任。

## 一〇五三　夏車兩侯合創懸鐘文祠祀典碑記

在昔朱文公先生過化漳邦，凡海澨山陬均濡化雨，靡不畏壘尸祝者。銅山、懸鐘二所，雖起在海濱乎，而濟濟衿佩右于上國。嘉靖丙戌，參藩霞山蔡公捐貲，檄二所創祠塑像以祀，俾青衿朝夕瞻仰，庶幾羹牆見也。銅士起家青紫，崇祀俎豆；而懸士待興，缺祀已數十年矣。

歲丙申，詔邑侯銘乾夏公抵懸，閱卸石灣海埠一帶商船泊湊，立主家交引貿易，就于境内歲抽數金，爲文祠祀

費。不佞從臾其間，力公典，諸青衿沾沾渥惠焉。無何一宦鬻掠之，又無何一宦奄據之，祠之春秋薦祀幾不給也。曾憇之前邑侯鄭公，業令歸之祠中，而豪宦子霸奪如前。

會邑侯從龍車公抵任，諸青衿具牘以請，不佞從臾益力。公謂：『文公教洽海隅，宦家子誦法久矣，忍奪其祀乎？果爾怙終，自有三尺在。』宦家子翻然惕悟，盡歸埠稅于文祠中。公命青衿歲擇一人收稅鏹，永充祭需。積有餘羨，祠宇之修、祭器之具，咸取資焉。是卸石灣懋遷之地，蔚然紫陽文物區矣。

嗟嗟！報本反始，人道常經；崇惠報功，國典攸係。文公傳註，大有功于吾道；守漳遺化，尤有惠于漳人不淺者。蔡公建祠，爲懸士山斗；夏侯首創灣稅，以秩祀于先；殆爲豪宦攘奪，玆藉車侯恢復之：無非爲懸士崇祀地也。諸青衿悲世情叵測，大典或湮，爰勒貞珉，以垂永久，屬不佞記之。

不佞曾憶宣聖司寇于魯，未幾而齊人歸鄆、讙、龜陰田，其俄頃功化，誠足多矣。而麟經著作，細書必詳，蓋慮後遠也。玆埠稅一瑣利耳，乃諸士藉以薦名禋、輯祠舍，具永賴之。夏、車二公倡復殊勛，均不可泯亡絕滅。而督水寨守戎劉、查二公，署所篆千戎弼字周君，協理千戎丹廷吳君、旭東李君輩，咸謂是舉也，崇先儒、惠後學、抑豪強、報功德，四善俱備，其勛績當與鐘山滄海並垂不朽矣，詎爲變易？用書之，以貽後人世守勿替者。

蔡公名潮，浙之臨海人，嘉靖初以名進士任閩省分守左參政。夏侯名宏，廣之海陽人；車侯名登雲，廣之博羅人：俱以粵進士知詔邑。

按：此碑未見，碑文見於康熙詔安縣志卷十二。作者沈鈇。邑侯車登雲，萬曆四十年任。

## 一〇五四　武安王廟首創香灯租碑記

吾生平慕關雲長將軍，自髫年已然，故神魂夢寐間無所不遇。而杯酒擊節，每飲，逢俠夫豪客，醉中輒高蹈嚮往矣。忍不置諸懷，何者？天性之激發，由中心達諸面目，非浮爲慕已也。孟軻氏稱浩然之氣至大至剛，以直養而

無害，則塞于天地之間。夫氣故吾也，天地間自塞也。天之所予，誰能害之？蓋聖賢之氣，陶鎔治化，養而直，直而無害，人力既至，天然益靈耳。

關雲長，蒲州之豪傑也。氣植自天而不由乎人，孟子與宣尼之流亞也。氣養以人而梏乎天，天人之際有數焉。存乎其間，膽意若有麄細，精神實無彼此。假令將軍生出于仲尼之世，有不蚤入門者乎？行行之仲由，升堂未入于室，雲長殆其人與？而白馬渡之報効曹孟德，意亦仲由結纓之雄，無乃『好勇過我』而闇于義乎？至其力扶漢室，爲一代之忠臣，而英靈疊顯於歷代，則又爲歷代之忠臣。

姑無論唐宋，即如我朝，閩廣倭變，其殺戮幾不遺種。蓋甲子至庚午間，及今黄童白叟皆能記憶之。自余爲詔安，幸際太平，杯酒幾□□□矣。而南詔所署篆千户侯鄧公，爲余述其囊昔乃父純翁之遺言：倭偷入城，有蕭牆爲之導引，蓋其变也，而雲長之神陰佑之。此等靈異，與吾惠州之變大略相似：倭之猖獗也，土兵、浙兵不敵也，而反戈相向；城中人民白日見紅面將軍作風雨退敵，其靈顯與詔安無異。余故特重表之，以視鄧千兵，并以視若丁、若郭、若張、若陳，使知安不忘危，非獨軍士咸戒不虞，而詔令、捕官共臨深履薄焉。

雲長之功大，不減唐將軍，一創一守，繩繩不絶。而守禦鄧公才猷文武，高資尚義，鉅細畢舉。乃追雲長保障之勛，切公侯干城之念，捐俸首倡，部署各耆老等設立香灯，以垂不朽。而余來莅兹土，更申相好，遂爲之記，且叮嚀綢繆，以圖同舟共濟之義。

一，買溪雅統廣埭田，租叁拾石八斗。一，買長脚湖田，租壹拾捌石。一，買章朗田，租壹拾叁石。一，買麻園頭田，租叁石。一，善女鄭清福喜捨塘西，租叁石。

旹萬曆四十年壬子仲冬朔日，知詔安縣事羅浮車登雲立，本所諸耆老仝建。

**按**：此碑現存南詔鎮縣前街外武廟。

## 一〇五五　重建城隍廟紀靈記

城隍之建，黄使君鼎彝之章歟？夫頌使君者臚列而具，余復何言？第神之賁靈實丁，余躬佩明賜而思颺，又烏能已於言哉！國家祀典，郡邑各有常秩，惟城隍於守令爲最親。故國有大事及旱雩脩禳，必邀惠衆神。守令爲民，民亦自爲也。凡有乞靈奔走祠下，不啻家尸而户祝之。民各有欲，顯以聽于郡邑之長，陰□□于神。則夫城隍不特於守令親，而於民尤最親也。

我詔九矦之勝，實甲閩中，而清流左右，□□□峙，雲樹菁葱，朝煙暮紫，斯亦一奥區矣。地靈所鍾，邑多賢父母，而顯洩於神靈者尤甚，□□□□祈應紛紜。日者維新之典，固邑父母爲民崇報至意，亦神靈赫奕有以使之者。當余爲□□時，□某者夢游城隍中，忽見一人從天而墜，如官府遞急報狀。其神辟人而閲之，客竊從旁窺，則余紀禄籍也。神覺，叱客，客藉爲門僕，因属報焉。是春，果余捷。以今按之，亦屢不爽。夫鬼神之事，子所不語。然賚帝弼建非鬯，聖世不諱；馬耳之缺，至今以爲奇談。則余亦何必㠯語神爲諱，而不揚神之靈哉！

且癸卯間，家君有密友，爲義安人，避難至。旹攝令某心利其賂，索之急。家君以虞卿身效，周匿不出。攝令者至，迫家君入詛于廟。家君以實告，謂：『人急就我，以義固不可使之出，非有所利而爲之也。此心無他，神明可質。』且私念廟宇湫隘，它日惠邀一第，當爲一拓之。乃賤父子捷春官之日，而廟已巋然鼎新矣。遠官寂寥，媿無官報，且亦未遑也。茲余便道還里，政當新廟告成，肅衣登謁，因憶前事，故表而出之。若夫黄使君氷蘖之聲，豈弟之仁，三年報政，人稱神君；而崇祀典，特其一耳，茲不贅。

旹萬曆丁巳端午日也，邑人林日烺記。

**按**：此碑現存南詔鎮縣前街詔安城隍廟。作者林日烺，又名日端，詔安人，萬曆四十四年進士（父而興，四十一年進士），於甘肅巡撫任上殉闖難。

## 一〇五六 泰山寺祈願碑

願天常生好人，願人常行好事。萬曆丁巳年春朔立。

按：此碑現存秀篆鎮陳龍村泰山寺，碑名爲編者加擬。

## 一〇五七 邑侯黄公重建丹詔城隍廟碑記

邑之有城隍，以爲民也。君子勤心民瘼，修救祈禳，必齋心以告，而邑之休咎，神實司之。若以侈心徼福，則君子不事焉。抑國家令甲，凡新宦是土者，必齋宿於是，矢心明神，而後視事。是天子顯以法令激勵有司，復陰借神以惕之。則城隍之建，亦朝廷涖官意也。詔邑建於嘉靖間，城隍基是，時詘舉贏，草創成事，文明之規以竢今日。

我侯英六黄公下車以來，邑無廢典，野無寃民，神明之聲，溢於海宇。乃一旦欣然以更新城隍爲己任，捐俸倡義，衆皆樂助。遂緣舊址闢而廣之，輪奂之美，丹臒之節，視舊百凡有加。東偏得隙地，復建數楹以爲新官齋宿之所。於某年某月鳩工，及某年某月告竣。傑棟峥嶸，層簷翬飛，重門軒豁，四宇玲瓏，寶像莊嚴，群庶齊肅。是洞天福地之府，而庇民報主之弘規也。僉謂不可無述，徵言于余。

余聞之，夫子曰：『務民之義，敬鬼神而遠之。』戒媚神也。媚之一字，臣子當戒。然至於忠君愛民之心，則媚於天子、媚於庶人，卷阿之音直足千古。由斯以談，以忠愛之故而行媚，即媚於鬼神，可矣。季梁有言：『聖主先成民，而後致力於神。』致力於神，則不得言遠矣。君子愛民之心無已，苟可薦其馨香、致其禋祀，以徼福於神，又何力之敢愛？則我侯之致力於神，正其所以務民者與！况夫百年之陋，振於一旦，至斷也；齊宿有舍，不至委君命於草莽，至敬也；土木之需，得於捐俸及得之施者，不煩官帑，不費民財，至惠也；董役之任，最難其人不以染指則以廢事，侯以公心用之，人以公心應之，期而竣事，至敏也。一舉而衆善備，侯之爲民以事神也，不既勤且鉅哉！則神降之

福，動能有成，我侯受之矣。

侯諱元立，字某，直隸之六安人，繇鄉進士起家，涖丹詔三年報政，行將以福詔邑者福天下，所在神明且賴爾主矣。是爲記。

萬曆四十六年　月　日立。邑人林日瑞誌。

**按：** 此碑現存南詔鎮縣前街詔安城隍廟，漫漶不清，碑文另見於康熙詔安縣志卷十二。

## 一〇五八　三清觀碑記

儒、釋、道三教竝重。儒尊孔聖，釋尊釋迦，而道家則推尊老子。朝制，自京師迄郡邑，均崇祀焉。詔邑未剏前，已建佛堂、老子宮在城北隅，被漳司理黃君毀之。迨設邑來，孔廟首祀尚矣，琳宮禪舍叠建九侯良峰山麓，而道觀寥寥，典殊缺者。余以邑西港頭官路傾圮甚矣，陳之邑侯周父母，捐俸倡修，修越數里，坦然周行。社長許達卿、沈大成懇余豎神宇，茲土士民施財鳩工，未半載而告成，所祀之神靡定也。余侄孫國學生孟麟肅而請曰：『三清道觀祀典，而詔邑闕焉，今舉之爲是。』余未敢遽諾，詢之鄉老、士萌，咸首肯焉，猶未敢擅專也。爰命耆老、道士呈請周侯，輾然喜曰：『是曠典，宜敬復之。』

遂偕少尹姚君，邑博鄭師、王師，洎蓮幕謝君，巡宰楊君、宣君，各醵金從事，而孟麟偕沈君洙洎好義士庶，塑三清寶像、玉皇、紫微，于兩旁天地水岳四府星君，而伽藍、直符儼然具備。且邑中冠衿耆艾率捐貲庀材，剏齋宮、道房，爲設醮齋沐所。推戒行夙著一人居之，而歲食則舊例港頭、下洋、後林三社居民人等出穀二斗，夙資總役糊口呰穀，移爲香燈費。諸士萌忻道教事興醮有峚，咸誦周侯剏建殊勛不泯，尤以修路、剏祠倡自不佞，屬余紀其事。

余聞孔聖立教，在好善、惡惡兩端，而佛氏云『無善無惡』『寃親平等』；老氏則云：『聖人常善捄物，故無棄物。』故善人者，不善人之師；不善人者，善人之師。其意與孔聖『擇善而從之、不善者而改之』互相發證，世謂孔子嘗

學老氏，或然與？兹路之修也，祠之建也，鄉社善士子來趨事，允足嘉矣。即有慳吝者，有沮厄者，蓋由良心未啟，不無少蔽，至覩大道之蕩平、祠之輝映，未必不惕然歆羨，其善善本心靡嘗熄耳。此老氏，勸世一大關鍵。周侯崇祀道祠，以補詔邑缺典，亦神道設教意也。若如世道流受籙拜章，希冀不當得之冥福；焚符懺悔，幸消無所逃之釁愆；其惑世誣民殊甚，匪周侯與余屬望士庶念矣。爰書之爲詔士民告，冀過門庭而覩神像，當悚然思，憬然晤，大觸至善，無惡念頭，力修孔聖、老氏教法，斯祠之建永有裨也已。

是舉也，主之者周侯，輔之者姚三尹、謝四尹，義祀則沈洙、沈孟麟，始終效勞則許達卿、沈大成，拮据獨勞者道士陳復、薛耀等，勸造齋房均與有力。余捐金倡率建廟祀神，罔敢以誚謫勞怨辭。周侯，粤西宜山人，家世閥閱，馭卿周綿貞公，已詳于修路碑中。其仗義勸緣諸君子有功祠宇者，俾書碑左，以勸來裔云。

**按**：此碑未見，碑文見於康熙詔安縣志卷十二。作者沈鈇。邑侯周立，萬曆四十七年至天啓三年任；主簿姚聖棟、典史謝孔詩，天啓元年至三年任。

## 一〇五九　關帝坊題刻

〈匾額：〉『關帝坊，正氣行在。』

知詔安縣事楚荆朱訓、南詔所印張繩武仝立。天啓五年乙丑孟冬吉旦立。

**按**：此牌坊現存南詔鎮縣前街外武廟前。

## 一〇六〇　重建城隍廟碑

夫國依於民，民依於社。自古啟土建邦，而右社之規營隨設，凡以禦災捍患，于是乎憑焉。故郡邑之有城隍也，即古立社遺意也。詔自嘉靖辛卯建邑，迄今百載。爾時以戎馬弗靖，財詘民貧，城隍廟權即壯穆侯故祠爲之。毋論

齋壇、翼寢多所弗具，即棲神亦僅一楹，義不與秩祀稱。萬曆癸巳，黃公來莅兹土，訝之，遂拓地□新□。厥後雨暘時若，神民以和。故公之治狀凡四列薦剡，百姓謳思至於今弗替，夫亦明德恤祀之孚券也。即□□行時，坊門之茨墍猶未盡飭。嗣任者萃傳舍視之，風雨之不蔽弗顧也。識者慮必有門外之寇，以□□□□。無何，果緑林嘯聚，民社震驚。幸馬公適至視事，謁廟時即默禱於神，旋請命當道，不閲月而盡□□□□□德威所致，公謝不居，歸助於神。因顧瞻祠亭坊表之弗飭，亟以屬受事者鄉約林汝韜、沈淄、許以□、沈□縉若而人，捐貲率役，然後廟貌一新，神棲以寧。則兹宇一旦之落成，洵萬世之永賴也。

向匪得黃公，胡以奠基□而盡制？今匪得馬公，亦胡以定命而成終？是黃公丐靈於神，而徵應于平康；馬公靖氛於郊，而燕□□□□。□□大有造於民，而馬公之獨竟其成，又足見寅恭和衷之雅誼，所當敬書以式者也。雖然，禦災捍患□□□□□安社稷以安民，馬公與黃公真並垂不朽哉！若夫廟制規畫之宜，徒庸諸用之數，則有黃公前紀□□□□□。

黃公諱元立，六安人；馬公諱登科，鎮遠人。謹勒之以爲記。

賜進士出身、江楚□三藩邦伯、前禮部郎中沈鈇撰，賜進士出身、北京户部主事林日熀仝撰。

賜進士出身、户部觀政沈起津，舉人翁竟成、沈希軾、張作範，貢士林生芝、張人龍、胡士桂，生員沈淮、許鉞、沈瓚、沈起耕、林日照、吳從東，儒學教諭鄭子綱、訓導黃明治，主簿宋應斗，典史程雲章，吏員許士彩、王文臣、林世位、許世顯、高進禄、陳春魁、林起縉、謝珠、何朱寵、孫德宗、林友礼、沈愷、沈泗、沈鑣、游玉□、林應昌、陳明時、林文甲、王銓、葉緯，陰陽官沈興文，醫官劉兆聖，醫生黃鰲，□官沈昌、許振，□民吳□、沈□，子民林瑞田、葉□，仝勒石。

天啓五年歲次乙丑仲夏吉旦立。

**按：**此碑現存南詔鎮縣前街詔安城隍廟。本碑立於馬登科之時，稱馬公鎮遠人當可信；但該廟康熙五十三年重建碑記及康熙縣志

卷九皆稱馬公貴池人，存疑。

## 一〇六一　盛侯重建朱文公祠記

漳郡屬邑曰詔安者，其令鼎新朱夫子祠。祠成，諸鄉紳子弟謀鐫石紀歲月，垂之不朽，屬文於不佞。不佞革退，自念昔韓退之爲王南昌紀滕王閣，柳子厚長沙紀戴氏，皆部吏也。不佞叨塵僚末，曾共勷迺事，敢以不勉辭？聞之，其先丹詔書院奉祀文公，年久圮壞，下建學宮之左，以議犆暫移武場之右，荒郊僻陋，穢襍不雅，識者遑遑動念，然卒未有任鼎建之責者。

我侯崇禎三年孟春涖邑，秋祀愴然，詳究其所興廢之繇，遂捐金二百七十兩爲之倡，而詔之鄉紳庠士樂助雲從。於是調匠度材悉以良，起於崇禎辛未歲孟夏之丁卯，訖於季冬之乙亥，不耗國，不耗民。凡若干楹瓦，内外悉具，虛敞深静，像貌偉然一新。祠春秋，集師儒，無不遂仰止之思。回思此地化爲榛墟、籩豆委之草莽者幾數十餘年，一旦爲賢侯所經慮，鼎而新之，詎偶然耶？兩漢傳循良，若文翁諸君子，悉以興學校、尊經術著，不徒以刑名術法著。我侯是舉，毋論式靈有地，異日經術大明，海濱鄒魯賜宏也。石室書賢，將與文翁竝傳矣！遂命綴次其事，泐石紀之。然慙不文，又繫以辭，使祀者歌之，以答侯之休烈。其辭曰：

昔裔郊莽兮俎豆不光，天祚紫陽兮重建鏘鏘。脉遡洙泗兮密邇宫墻，基衍丹詔兮霞祀生香。伊誰考成兮西粵星郎，匪淫匪僻兮濂洛肺腸。公卿景仰兮士庶不忘，報公之德兮胤禄其昌，鐫公之勳兮山高水長。

**按：** 此碑未見，碑文見於康熙詔安縣志卷十二。作者周廷選，廣東番禺人，萬曆三十一年舉人，崇禎元年任詔安縣學教諭。

## 一〇六二　朱文公祠碑記

文公朱先生，解釋四書五經，傳註先儒。謂集群聖大成者，孔夫子也；集群儒大成者，朱夫子也。業從祀兩廡，

而清漳一郡立祠特祀。蓋文公登紹興制科，繇寶文閣學士改知漳州，抵任以移風易俗爲首務，訂禮儀，禁浮屠，嚴男女禮塔朝嶽之會，大布孝悌明訓。甫期月，道化宏敷，視素王攝政一變至道，殆伯仲矣。文公之徒，有龍溪陳安卿者，雅好濂洛書，出所著自警詩爲贄。公叩其蘊，具見本原，嘆曰：『吾道南來，得一安卿爲幸。』學者以『北溪先生』稱。又有三山黄直卿者，號勉齋，從公受學，以女妻之，其編禮書屬直卿更定。時道學大行，千里景從。詔有楊仕訓、仕謹先後從游，登進士第，爲詔生色，實聞文公風教而興者。

邑人士夙創丹詔書院，世祀文公，而陳、黄二先生陪祀數百載。比設縣治，建文廟，而文祠居左方，誠一奇觀也。奈歲久祠圮，不佞鈇曾偕邑宦胡君士鰲、蔡君肇慶醵金築墻，而榱桷瓦料靡所從出，深爲愴然。值秋丁祀，邑大夫盛公暨庠師周君、余君惕然動念，盛公捐俸助一百七十金倡其端，而周、余二師捐貲贊其成。周師以會試北上，余師督理工程尤爲勤勞，冠帶庠士許嫌經營尤篤，即不佞鈇與兒津、同袍翁竟成、張廷範、貢生胡光嗣、沈東、張養黙、許載元輩，量力樂助。未數月而祠鼎成，文公、北溪、勉齋三先生象貌一新，堪與漳郡竝垂不朽焉。

盛父母清標熾政，迥邁卓魯；周、余二師，横經課業，媲美濂洛。而建文祠，又其最者。它日邑傳別有紀載，茲未盡述。盛公諱興唐，天啓壬戌科賜進士，粤西灌陽人。周師諱廷選，萬曆癸卯科鄉進士，粤東番禺人。余師諱洪訓，明經選士，粤東大埔人。并書之，以待後之學者。

按：此碑未見，碑文見於康熙詔安縣志卷十二。作者沈鈇。邑侯盛興唐，崇禎三年至五年任；『周師以會試北上』，是爲崇禎四年。

## 一〇六三　雙屏泰山廟記

今天下皈依岱頂者，自腹裡至邊陲，自五尺至六十，莫不然矣。然而程徑差殊，展禮亦異。北地及山以東西，舟車所屆，杖履可抵者，人莫不束身裹糧，絡繹奔趨。南方吴越、江楚間或有之，七閩則頂禮雖殷，瓣香不及北地。靈應行宫，有勑建者，有私創者，而南陲獨否，豈靈驗之偏靳乎？將雨天下之謂何？余所以幾幾乎展聖之獨綣也。

歲癸酉，有岱宗之役，謁拜既畢，浄殿未竣，顧瞻神像，思得乞靈天孫，分殿中之香火爲供養也，未敢唐突也。是夜，夢先宜人云：『木甲神人傳天孫之旨，許以前願。』醒而乞靈夙懷逾勃勃，仍未敢唐突也。再拜神前，祈以筊，而應者八，或神不我棄也？稽首盥手，乃請一像以歸。擇雙屏之團聚處，營神殿一座，前搆拜亭，使南方之陲，自五尺至六十，皆得伸瓣香之誠也。岱宗於前朝，不過靈異之神府；於昭代，則源可以通漕，税可以分禄裕餉，鎮國護京，而出其餘祐，獨不可以福南陲一帶土乎？當不其然！因爲之記。

崇禎歲次乙亥八月穀旦，邑人沈起津撰。

**按**：此碑現存橋東鎮東沈村雙屏山泰山媽廟，碑文另見於康熙詔安縣志卷十二。作者沈起津，詔安人，沈鈇子，天啓五年進士，歷官襄陽、池州司理。

## 一〇六四　保福庵佛座題刻

刘日完造左尊一位、寶殿一座，祈保父母添福壽者，求保子孫興旺。

廖子可造文佛一位、寶殿一座，祈兒孫功名題造者。

廖元爲、廖子寒、蔡元松合造右尊一位、寶座一完，祈子孫昌盛。

明崇禎十年立。

**按**：此題刻現存官陂鎮下官村保福庵佛座臺石。

## 一〇六五　改建文昌祠記

文昌之祀隷于學宫，三能六匡之神竝妥柔于諸，他邑皆然。詔置邑以來未有也，有之自萬曆丁酉方伯豫章青螺郭公始。從鄉薦紳沈先生請，檄下邑侯海陽銘乾夏公，建于儒林起鳳坊之左，逼近城隅。邑科第以次二三輩起，然

未甚勝。前形家謂重閣高閣，掩閉儒門之文峰，蓋亦匪誣。崇禎壬申，署篆大邑念衡劉公將有事于用革，適以查刷行未果。時有扶鸞者請于金甲之神曰：『南宫朱烏動三衡，派下天潢璧水清。昭代人文收不盡，好將禄閣問更生。』不知其解。茲歲丁丑之秋，朱祇園公祖以江藩宗儁來參郡乘，按視邑篆，首詣學宫，殆寓目而心異之。會士民以解觀請，亟鐲吉捐俸，集博士温陵盧君、李君，命工飭具，不數日而祠宇成。悠然南山，文光射牛斗之墟；離明載闢，在田快龍見之覿矣。始信『禄閣更生』之語，神已先告矣。

明興，尊經右文遠駕周漢。今天子經學懋修，邇復頒小學、孝經于黌序，其於讎較敦勉之意，蓋諄諄矣。張皇克詰，兼勵正鵠。祇園先生經術、經濟，周禎漢胤，其棅文緯武之業，奚啻更生？甫視篆，新學宫，建射圃，修縣乘，培文峰，增雉堞，清祀園，復玉鈐威惠廟，百度維貞，百事維新，百廢俱興，毅然以作興人材爲己任。凡諸衿掖，入斯門而峩峩翼翼，出斯門而濟濟師師，登斯堂、相斯祀而温恭有恪。凡百齋心潔行，反身於正己輔仁之學，以無負先生今日作興至意，文昌之神必以告帝矣。行將連茹應泰，襄厥中興盛業，革故鼎新，于斯祀乎？卜之聞之，文昌之神實主弧星，即于月麓。當時孝友之佐，文武憲邦之老，與相燕祉。今祠圃竝建，朱侯以賢親喆胤，於吏治、士風慇勤鼓舞，於國家行葦菁莪之雅，世篤周禎，克副上心，克慰下情。樂只君子，邦家之光，豈偶然哉！小子廷範，恭承台命，分光纂術，從諸博士子衿末，得觀盛美，大喜加額，不揣不文，而僭爲之記。

按：此碑未見，碑文見於康熙詔安縣志卷十二。作者張廷範，銅山人，萬曆間舉人，黄道周友人。

## 一〇六六　泰山寺緣田碑記

公家人姓夏，諱子明，妻陳氏，喜捨田種貳石，坐頂坑和沿墘，大小叁拾坵，遞年納猪肉壹百斤，好酒四斗，應四都□□□□甲首祭用，分□立明。

張□喜緣買香油田壹坵，坐□□潭，種壹升，租叁石；北坑嶺上□上田伍坵，種伍筒，租陆斗。

崇禎戊寅孟夏修。

**按**：此碑現存秀篆鎮陳龍村泰山寺，碑名爲編者加擬。

## 一〇六七　龍光庵石香爐題刻

廖振之、煒之喜造觀音併普陀岩一完；子栻喜造白衣佛像，勒垂永遠。

明崇禎己卯年臘月穀旦。

**按**：此香爐現存官陂鎮大邊村龍光庵。

## 一〇六八　郡司農江藩朱公重建唐玉鈐廟碑

縣西山迢遞倜儻，瞰城内雕甍繡闥，繒綾龍鱗。下平衍有地，如前代宫闕，數石馬臥豐草蒼莽中，故玉鈐廟在焉。其帶城面陽□□□宏，實與東南樓相控引者，則郡司農朱公捐俸所建新宫也。西廟自前朝或近代，皆不可考。今址又即嘉、隆間廟廢時所遷城南廟而大拓之，前後爲楹若干，丹鏤黝堊，不飾不樸。其興廢亦將百年，戎馬荆榛，亦皆可數，而故老無存者。但肅弁冕，趨而入，再拜庭下，則廟之所以世食是邦，與司農公所以力肩茲廟之意，皆儼若告語焉。

公廣其廉，博士李君、尉孫君宣其力；禹州别駕許公載玄又率其亞旅文學君許貞度、許寅周、許大範、許之懈，鄉三老許興、許鈿、許遵度、許履観、許紹裘、許學龍、許家祥、許善、許承業、許兆亨等，合佐百餘緡，以朝夕綱紀其事。始崇禎戊寅冬十一月，迄己卯冬十月。公以視師至海上，而茲廟適成，合樂讌落。大夫士讓其有司，有司讓其長，長又讓于其屬與民，彬彬乎禮樂文章，以對揚明神休烈。今而後，神妥與饗，可知也已。

謹按：神故唐玉鈐將軍，世守漳州刺史。氏系爵謚、啓宇功業，郡志及歐陽四門狀之備矣，不具論。論其廟祀，

始唐迄今，顯于漳而盛于詔，牧伯祠春秋、村翁薦伏臘者千餘年。與長沙、鄱陽間祀吴芮、番君，晉安祀無諸，江浙間俎豆蜥蜴碑等。俗又端午旌旗鼓吹，導與其故將趨廟謁，如歲覲，禮甚恭。然而諸以帝王後君其俗，番君會雲蒸龍變，謹事漢澤，易耳；錢越王鏐，乘亂割據，益不足道。惟神以命世儒英，披荆斬棘，建陳常之烈，光父祖之勳，生建行臺，身死討賊。今舊德名氏又多囊與，俱光州人，魂魄故應眷此。定國勤事，禦災捍患，於法皆宜祀也。祀如法，而歌思泯滅，如廣陵、羅池，一再傳便不可識；其不如法，而喜怪誕牽惑傅會，如鼻祠、黄牛野廟之類者，又不可勝數也。祀如神，方世世勿絶。今國家隆平，疆域萬里，天子復縣詔以鎮撫南服，聲教文物之盛什伯前代。推厥所自，山高水深。乃或者有憾于唐史，謂紀載缺焉，不知神狀已顯于歐陽生。生去神未遠，其文必傳之文也。宋慶曆中，始一修唐書，只據舊本。五代散佚之後，傳不傳未可知，亦不關史事也。

且爾鄉人知朱公所以義舉茲廟之意乎？公丁丑攝令，謁廟覽想，慨然謂玉鈐公水木茲土，于誼爲主、爲父，而堂廡湫庳，殊非爾民所以昭事高、曾之意。欲復於西，不果，因即其遷廟而張之。而許之先太尉公，故嘗立功事神，爲州將，故趨事獨勤。然世爲太尉，後即安焉而不知，一旦知之，來趨其主若父恐後者，不可謂非公之訓也。凡公所爲，比禮比樂，周防固圉，皆有干城腹心之略。其大者則在忠孝，而禍福之説不與焉。夫處事瞻禱、稱引、譴告者，神道之教也，而公不屑；詔人以君，詔人以父，修明德而薦馨香者，仁義之澤也，而公必勤。煌煌鉅典，上下交讓，使凡過廟者忠孝之心油然而生，則太平之業將有取焉，蓋神嘿相之矣！

通判郡事朱公，諱統鉟，石城府鎮國中尉；博士李君逢昌，安溪人；典史孫君仲魁，蜀榮經人。而一時共事者，府學教諭□□人傅君元禎，晉江人；貢士、主簿丁君學詩，蜀綏陽人。並勒石，以志不朽。

賜進士、正奉大夫、廣東等處承宣布政使司右布政、邑後學林日瑞頓首拜撰。

崇禎庚辰歲孟春吉日立。

**按**：此碑現存南詔鎮東關街開漳聖王廟。碑文另見於康熙詔安縣志卷十二，但多有錯漏篡改，如徑删右下角「□□□宏實」（當

時或已漫漶）、『無諸』均改爲『王審知』等。

## 一〇六九　龍光庵石香爐題刻（二）

溪□廖碧湖喜造阿彌陀佛一身，崇禎庚辰年孫起宗重脩。

崇禎歲次庚辰年，廖子可喜捨文佛一身，祈保子孫功名顯達者。

按：此香爐現存官陂鎮大邊村龍光庵。

## 一〇七〇　龍光庵石香爐題刻（三）

崇禎辛巳年，信士廖□喜捨香爐一座，夫妻偕老、子孫昌盛云。

按：此香爐現存官陂鎮大邊村龍光庵。

## 一〇七一　開元寺祀田碑記

福牌諸善新買開元寺田種四斗，坐址牛欄坑大路唇，上一坵，下三坵，租谷九石，爲五帝四月八日酒肉之用。謹題。

明隆武丙戌秋月旦吉，台廷精碑立。

按：此碑現存秀篆鎮焕塘村黄屋垻開元院，碑名爲編者加擬。

## 一〇七二　化蓮堂牌匾題刻

永曆陸年孟夏，輪山盧若驥爲化蓮堂。長林寺開山住持僧道宗立。

按：此匾原懸於官陂鎮林畬村長林寺大殿，二十世紀六十年代寺遭拆毀，九十年代末遺址匾亡。

## 一〇七三　皇明長林寺記

夫棲真□徒，則叢林著規；談空證有，亦義林開教。昔武林之□□，□禪門攸宗也。是以獨踞寶樹，曹溪開五葉之花；鼎建少林，吠陀際一乘之什。□□□□長林，與西林、□□、靈隱、靈鳶、武林諸叢林争勝，亘古迄兹，□□惠德，□□可□□□□長林寶刹，實緣第五和尚道宗創造也，地在平、詔萬山深處，有蒼松翠柏，亭□□□□石□泉爲□□百千梵宇之魁。佛天鍾靈，機緣巧湊，得大檀樾藩府拓其基，緣首永安伯黄暨列勳鎮諸公奠其成。經始於癸巳年臘月，竣事於甲午年復月。予乃邀□□□與道宗弟子共成之，則又以□之一□□□弟志慶□爲之勸勉。慶則慶之，于見在修六道、證四象，發長林其祥；勉則勉之，以□□悟八正、入三昧，曰『永言配命』：未審有協于禪？第□□□□建立精舍，吾雲有小隱，銅陵有九仙，隨地喜捨，到處生蓮。如是功德，不可□□□□□□□長林也，故□□□□□□。

計開：

一，緣主張子可舍寺地並田，種六五石，坐址□□坑□□□□□□□等處。

一，陳氏子□、子和舍田，種一石七斗，坐址□□□□□仔□□□。

一，開山主自置田，種三石，坐址老虎耳，並寺邊□田，種三斗，坐址本山；□□□坐址□□□□□三斗。

助緣列勳鎮爺：黄山、張進、甘輝、萬禮、蘇茂、林勝、余新、□□、洪旭、□□。信士□□□□。

甲午年臘月八日，□□僧士良思元甫頓首拜書。信官□□□。

**按**：此碑現存官陂鎮林畲村長林寺。作者張士良，字思元，雲霄人，萬曆四十七年進士，官至河南按察司副使，後歸隱平和獅子岩。文中『大檀樾藩府』即延平郡王鄭成功，『助緣列勳鎮爺』均爲其部將，這些名字另見於東山九仙岩石刻（第一二八一篇）。

## 一〇七四　清立社租碑

田坐大山、徑口等處，租二十四石五斗，民米二斗二升。社主輪管，半辦春秋釋菜、粮差，半供社祝二人飦粥，不許廢時失事，以垂久遠。

康熙三年冬吉。社長、約正：生員鍾光策、游文豸、張昌照、林白桂、林時修，僧明□、明瞻，社衆，仝立。

**按**：此碑現存霞葛鎮天橋村龍山岩寺。

## 一〇七五　創建関聖廟衆姓助緣碑記

天地古今所撑持而不故者，氣爲之耳。氣不虚行，配義與道，可聚可散而不可損益，可全可分而不可磨滅，可間出於千載上下而不可淪殄。全之聚之，則爲千載以上一人之身；散之分之，可爲千載以下數人之身。而能以其氣磅礴於上，使後之人薪盡而火則傳者，唯関壯繆一人乎？歷觀賢祠神宇，雁塔□地，其銷毀豸剥者可勝道哉！

辛丑秋，奉旨遷界，神人俱移，而関壯繆聖像亦自玄鐘所移入于西覺寺。卷□之間，我同人助防詔安千把各營總司王世泰等上其事，原任副府推陞中路總鎮劉、原任大廳今陞右路副府張、正堂歐陽，儒學陳、揭二師，並漳潮、金石、洪淡三巡司，以及士庶軍民人等，各以其忠形義質、月魄星章，當茲時而與予共事詔邑，同氣相求，一見聖像，而咸爲撫然。乃爲庀材鳩工，以成茲宇。

夫神靈不藉庇于土木，精魂不托體于泥塑，而世之尊崇道義者，若謂非此無以降之報之、起敬而肸蠁之。故関聖祠宇滿寰區，然人不厭多。明人有言：『孔聖，日也；関聖，月也。日月無處不照臨，故人皆鑿户牖以納之。』佛經云：『瓊枝寸寸，是王旃檀，片片皆香。』則茲宇之成也，全之而可、分之而可，一人聚之而可、數人散之而可，無非千載上下、一氣磅礴也。予於神靈之照荅不復叙，僅其道義之在人者，不可斯助於世如此夫？爰紀其捐助銀兩數目、

姓氏於左。

駐防詔安右路副府張成遠助銀伍兩。儒學教諭陳洪圖助銀壹兩、訓導揭皇謨助銀叁錢。詔安縣正堂歐陽明憲助銀伍兩。巡檢司王一統助銀壹兩，朱宗峙助銀伍錢，施泰來助銀伍錢。太老封君劉國龍助銀壹兩。信官王彪助銀壹兩。公府差官劉國瑞助銀壹兩。信官趙邦成助銀壹兩。信官于天相助銀叁兩。劉守忠助銀叁兩。魏登舉助銀伍錢。劉國柱助銀貳兩。唐大斌助銀叁兩。緣首信官鄭文明助銀伍兩。檀樾信官王世泰助銀伍兩。信士徐成佑助銀貳兩。信士□文章助銀貳兩。同化〈下缺〉。

一，典岩坑路下田，種壹石，銀拾兩正。

一，典龍充寨后岩坑田，種壹石，銀貳拾兩正。

信官李天祥助銀拾壹兩，另買田租大斗陸石，以爲常輪香燈之需，田坐址四都大陂洋。

時康熙甲辰歲仲秋桂月穀旦，檀樾主詔安縣尉、関西欒蘭張鳳捐資製碑，與衆姓題緣記石。

**按**：此碑現存南詔鎮西關街武廟。

## 一〇七六　欽旌逸學孝親徵君遂一林先生碑

獎扁：閣部，『洗心之藏』；御史，『天寵褒獎』；府尊，『參微契道』；鎮堂，『世德箕裘』；邑尊，『一門詩禮』『商山逸老』；學師，『學行宗風』『兩朝名碩』『十德世家』。

□□□前與乃兄□黃公□□□□諸先生萃龍山書社。□□邑侯歐陽公、清寧□□二公□□因脩書社，□□□記□□□公□。先生諱邁佳，字子篤，亦云遂一，從石斋事理學。□□□□□府、縣學□□□辟薦□□其所著録有韻書□□□萬世學，淵源皆崇□□□□□慮至切也。□□中以明一貫，大有功于聖學云。

康熙四年□□社晚生：鍾光策、吕子龍、潘文元、吴照金、吴道嵩、賴先科、詹恒占、程廷芝、江鴻漸、鍾山

春仝社衆立。

按：此碑現存霞葛鎮天橋村龍山岩寺。

## 一〇七七　重新詔安縣學文廟碑

章皇帝大一統之年，詩人奏辟雍焉。上親政，尤勸學。詔雖極海，忠孝經術士有光前聞，皆以教澤之厚，四代三王爲家法。故比寇深學毁，以歐陽工部十三載横戈講藝之治，殫力明倫堂，肄業春秋、習射幸有其地，廟故未遑也。孝廉姜公來舍菜，悵然謂：『振末墜以襄同文，真吾事。然近代教學之義不明，保無有干戚豆籩僅同象設，或筦弦雖具，聾聵如初，贏絀推移之間，婪者行私而怠者縻筭否？』急曉諸生，以親長君師非經外意，日拈古誼課切之方，告以鼎新殿廡之議。士咸踊躍於興起末墜：『非吾事，誰事也？』拮据營度，始某年月日，迄某年月日。霜日風雨，如是者三年，無曠、無私、無濫。凡如干緡，不累公帑。而今海州黄侯洎後先同事諸賢，亦無不襄厥成勞者，巋然靈光自兹始。

嗟夫！大工大典，必大有力任之。庠序教化，率多謙讓。方公議學時，蒼黄百端，寥寥子衿復失業。公以一手足興曠代之役，臾公者幾不即爲訾公者，而精誠所感，一德交孚，外而躬親勸相之勤，内而解佩脱簪之費，均足佐時艱之所不逮。非讀詩・大雅・辟雍之篇，惡知公此舉爲晰于先後本末者乎？記有之矣，『學者，學爲人子，學爲人臣。學者所以學，師之所以教也。』維此大工，公曰：『匪不穀之，爲邦君弟子之功。』諸弟子曰：『吾師以斯文爲己任，賢大夫豈弟作人之功，匪予小子黽勉有無之爲，此真子所謂身教也，真子輿氏所謂「匪知之難，行之難」者也。』士學于四代三王矣，惡有朝斯夕斯學其大而不思勉其難者乎？公爲不朽矣！

公諱日廣，閩戊子賢書，視詔博士，長樂人。歐陽工部公諱明憲，先任詔安令，鳳陽府宿州人。

按：此碑未見，碑文見於康熙詔安縣志卷十二。作者陳常夏，南靖人。宿州歐陽明憲，順治十年知詔安，凡十三載，康熙六年陞

工部主事；侯官姜日廣，康熙六年任縣學教諭；海州黄道宏，康熙七年任知縣。是役歷三年，故此記作於康熙八年。

## 一〇七八　泰山寺祀田碑記

泰山寺者，黄祠之福地也。神以慈悲而福人，人以恭敬而崇奉。自戊寅修□剩谷壹石五斗，于廟□香燈谷壹石，僉乃□□積累□銀陆拾餘兩，買田壹石餘種，以爲崇奉之資，用勒石以垂久遠，□神之福人益未艾也。時共□其事者，游玉荐、吕子龍、游文豸、沈永昌、游廷陽、游廷欽、黄文□、李□芳。

一，買□□□□□□□□□□□原租弍拾伍石，带羅正米弍升、游□米弍升肆合。

一，買山□田弍拾坵，種陆斗，原租拾□石。

一，買念背□頭田一坵，種柒筒，租弍石。

諸共事當廟公議，是租也：一，拾陆石以補夏公□□谷，□之□□交付神首□办四月八日□，以弍石□□□□人□谷肆石。一，捨香油谷柒石。一，撥□□谷陸石。一，撥巡香築臺谷弍石。一，撥貼羅游氏米，大年新派谷弍石弍斗。其□谷□□，當處神首輪流領籌收貯以備公。其田付四甲神首招佃，收租公拔，勿爲私心生耗，以致神人共怒。□□□記。

康熙丁巳年十月　日立。

按：此碑現存秀篆鎮陳龍村泰山寺，碑名爲編者加擬。

## 一〇七九　重脩關聖廟功德碑

尚論孔聖生於周末，病天下之諸侯、大夫僭天子、諸侯之事，而作春秋，以撥亂逆反之正，使天下後世共知尊周之微意焉。關聖帝生於漢末，權臣竊柄，幾移漢祚。聖起於布衣，深明春秋大義，别邪正、達公私、任征伐，起

敝維衰，乃心王室，故於君臣、昆弟、朋友之道，各盡其極。斯知真儒作用迥出凡流萬萬已。況乎百世之下，稱忠稱義稱勇，封公封王封帝，究與髯翁何加？至於精靈不泯，無斁于人，普天祠構尸祝，彌久彌芳。其與孔聖道義之宗、萬古不朽盛事，若合一轍。

詔内城西關聖廟，久閲星紀，廟貌徒存。凡官府朔望必勤致告，士民有蘄必應，誠一邑護衛之真宰，今古之是憑是依也。己未春，忽然簷牙高啄，畫棟雕牆，金碧輝煌，舉目新廟翼祀。誰之紀綱？廼鎮莅總府徐公再造也。公發大願，不吝所愛，窮工極麗，愈暢神威。其居歆于啓焕者，自有默眷，非敢曰肇祀出自軍户，獨私覆幬，則可謂通邑保障、壯峙金湯也云耳。夫敝以改，爲功必倍之。誌德貞珉，其不忘於公也，與依棠勿剪之懷並耿耿矣。是爲記。

檀樾主遼東瀋陽人、鎮守詔安等處地方副總府徐諱天禄，號寵錫，喜緣鼎新。

督工官百總朱明、康廷選、黄日彩、商惜、郭明貴。

壬子科舉人楊柟，同事生員林紹虞、鄭佳樞、鄭渥騮，信官丁禮、盧一鳳，鄉賓林曰茂、錢沂宇，練長鄭純、藍求，信士沈士、沈□忠、沈弘緒，子民石維旬、王用、陳景瑞、林景星、王嘉賓、盧春文、王新思、魯碩當、蔡政、黄伯昇、魏堯章、楊岳祥、徐宗智、曾士鳳、李時徵、李朝棟、康英、林維盛、陳嘉典、馬斯才、西崗、陳覬光、鄭邁廷、詹受祖、洪茂槐、林郁之、陳禹宜、林桂、蘇毓禎、李聲儒、馬尚幾、張可行、郭文俊、商維會、徐宗穎、王國鼎、錢我居、洪克紹、李鳳璣、阮榮世、翁石、林弘貴、盧克、何嵐隆、鄭鏜、詹士志、余朝遴、林福，仝立。

康熙拾捌年伍月　日勒石。住持僧衍照，丹書林澤茂、翁瑞商，石匠朱媽鐫。

按：此碑現存南詔鎮縣前街外武廟。

## 一〇八〇　鼎建泰山寺募緣碑記

康熙丙寅年桐月鼎建，募緣埧裡黄祖公謹題。

按：此碑現存秀篆鎮陳龍村泰山寺，題名爲編者加擬。

## 一〇八一　鼎建開元院募緣題刻

康熙丙寅年桐月鼎建，募緣坝裡黄祖公謹題。

按：此題刻現存秀篆鎮焕塘村黄屋坝開元院，附刻於隆武丙戌碑記之後，題名爲編者加擬。

## 一〇八二　福星庵緣田碑記

福星庵檀越鄉衿士庶，誠心喜捨香燈緣田，坐址泮坑，受種一拾貳石，科大租八拾石；带山畬、塘池、屋地等項，衆信捐資買得，科大租四拾石，入於庵堂。祈保夫妻諧老，男女双全，荣華富貴，福有攸歸。芳名題列於左：

信士謝琮英喜捨銀一兩。邑賓謝永峰喜捨銀伍兩。信士謝孟賢喜捨銀拾三兩。邑賓謝殿邦喜大租一石。國辛謝斯成喜銀一拾兩。信士謝衍章喜捨銀三錢。信士謝得輝喜銀拾貳兩。信士謝林若喜捨銀伍錢。國辛謝和是喜捨銀伍兩。生員謝奇捷喜捨銀伍兩。信士謝毓章喜捨銀貳兩。信士謝似昌喜捨銀三兩。信士蔡應侯喜捨銀七錢。信士謝郁文喜捨銀一兩。信士張其昌喜銀三錢六。

康熙歲次癸未年孟冬穀旦立。

按：此碑現存官陂鎮半徑村福星庵，碑名爲編者加擬。

## 一〇八三　鍾氏祖山示禁碑

福建分巡海防汀漳道宋憲批：

鍾黄金祖山蔭木，立有界限，嗣後不許侵伐。廖□□等本應懲究，稱係公用，姑免譴懲。

康熙四十六年五月　日立。

**按**：此碑現存官陂鎮陂頭村南興樓關帝廟，碑名爲編者加擬。

## 一〇八四　泰山寺捐緣題刻

旹大清康熙五十年辛卯孟夏吉旦，龍潭貢生游廷旭偕男一樸，誠心捐銀三兩九錢，喜造香爐弍座，入于太山寺，祈保后□吉祥如意。募緣住持宅運。

**按**：此題刻見於秀篆鎮陳龍村泰山寺柱礎。

## 一〇八五　重建城隍廟碑記

今上御極以來五十有三年矣。兩間呈瑞，百神效靈，車書一統之盛，曠古所希有也。惟侯以卓異之薦，膺州伯之遷，會詔缺需才，朝廷權以侯莅其事，詔何幸而得侯爲父母哉！齋宿之日，廟宇荒落，侯蒿目而心誌之，未言也。視事後，氷蘗自矢，天日可質，寬弘慈厚，秉自性生。舉其聽訟一端，容温而詞藹，務令兩造心折，是以情無不得，民無覆盆。侯勤於政治，而明敏足以濟之。其視窮簷疾苦，不啻切身。古人視官事如家事者，侯之謂乎？自從履任，雨暘時若，禾麥豐登，民歸德于侯，而侯謙讓弗居也。一日，集諸紳士而告之曰：『邑有城隍，民之望也。起大事，動大衆，莫不有事於此，奈何聽其荒落耶？治民事神，非予誰任？捐脩之費，惟于予是問。其能佐不逮者，請商之。』遂擇課工之日，遴董事之人，庀材就理。廢者脩之，側者正之，壞者葺之。自春徂夏，凡四閱月，而堂簷、廊廡、榱桷、户牖次第改觀。侯之成民而致力於神也，識輕重緩急之序矣！

爲稽邑乘，當縣治初設時，城隍草創未就，六安黄公經營継之，僅成堂宇，而祠亭、坊表之制尚缺；貴池馬公極力舉行，然後體制大備，計其去鼎建時近百年。今侯至而廟貌重新之期，亦近百年。且侯之姓又與前符，豈神靈

之式憑不爽歟？何，伯益之賢後裔，著於扶風，而大有造於吾詔也。昔聖門論政，先勞之，後繼以無倦。侯今者事無大小，必躬必親，由是而力行持久，以底化成，將於侯是望矣。邑之紳士僉曰是不可忘也。因屬余紀其大概，樹之豐碑，以垂永久云。

侯諱世興，字時可，三韓人，謹勒之以爲記。

賜進士出身、吏部觀政沈一葵撰文，賜進士出身、吏部觀政孫庭楷同撰。

賜進士出身、侍衛鄭紹熙，協鎮廣東春江、統轄恩開那扶水陸等處地方副總兵官、左都督仍帶餘功二次加一級何國賓，原任浙江紹興等處地方副總兵官、左都督兼一拖沙哈喇番仍帶餘功四次何國舉，儒學教諭楊振綱、訓導□□，典史華嘉祺，漳潮司巡檢朱楷，南澳鎮標右營守備加一級田華，督標、世襲參將給一拜他喇布勒哈番黄必顯，江西撫州府東鄉縣知縣、署府事加一級朱旋，舉人陳倬文、胡應達、沈壯猷、林授中、林葆先，潮陽縣舉人、内閣中書蕭敦，貢士張馥、謝廷憲、沈煌、葉士欽、沈玉泉，福寧州儒學何詩，候選州同沈錫爛、林栢齡，候選縣丞林仲熠，官商、候選州同許揚祖。

董事：生員林繡，約正沈國端，里民沈順、鍾梅、何開、洪長，吏書陳□、何瑞、陳德，僧曇明。

監生：廖廷家、林元煌、林元復、黄德傑、沈永基、沈振光、沈振垣、沈瀦林、林鳳瑞、葉榮、沈天贈、廖朝絆、楊繩武、沈雄宗、林亨城、廖朝德、廖儀興、廖盛李、許朝佐、鍾宏音、何清沛、陳全斌、沈贊成、沈光輝、許揚祖、謝斯成。生員：沈克武、沈朱略、沈一勳、鍾錫靖、林飛熊、許秀士、林弘坊、何士崑、沈清、沈伯期、沈應用、沈其倬、許清、許成文、許世芳、胡詔、何劍光、林日球、林中柱、陳日晶、沈中立、許振聲、陳儔、涂于光、胡紹甫、何履芳。

鄉賓：楊州暢、林廷詔、江茂仁。約正：林崔光、沈阿河、沈士英、林斐然。百歲壽民鍾志高。

康熙五十三年歲次甲午蒲月吉旦立。

**按：** 此碑現存南詔鎮縣前街詔安城隍廟。馬登科天啓四年知詔安，該廟天啓五年重建碑記謂馬公鎮遠人，疑本碑及康熙縣志『貴池』係『貴地』之誤。

## 一〇八六　保福庵緣田碑記

開山大檀樾化首王公諱也宣、林公諱益崇，至正十年募緣創建保福庵，喜捨庵地一完。

大檀樾化首陳詔、張子可、張琚、蔡元、鍾秀、劉熙、劉幹、王美、張良、李顯、黄基、顔助、謝閣等，大明丁丑年募緣重興，置田租一百二十石；陳詔公自捨田租三十七石。坐址俱吴坑三村等處。

大檀樾張公諱日升，清乙酉年捐貲重修后殿，喜捨赤竹坪田租五十石、庵前田租三十石。化首張孕璞，信官張諱興，介賓張威遠，鄉賓張仲德、張基荣、張君寵，生員張鴻猷、張必的、張維梓，信士張在、張明、張欽等，□僧住持捐貲募緣重興前殿。信官林諱萬禧偕弟萬祺喜捨庵前田租二石、信官張諱程捨銀十二兩、信官張諱璵喜捨銀十兩重興净室，信士張文儒、張國務喜捨本庵后園各一廂。

以上等項緣田共租二百三十九石正，遞年收寔租二百一十二石正，永爲崇祀香燈，長保無疆福澤。謹登姓名，勒垂永誌。

大清康熙伍十八年歲次己亥孟夏吉旦，住持僧净機立石，率諸徒子孫謹記。

**按：** 此碑現存官陂鎮下官村保福庵，碑額『保福勝境』。

## 一〇八七　鍾氏祖山示禁碑（二）

青天本府大老爺李，奉五十九年審結巡撫察院大老爺吕憲批，勘審武生廖朝繕、監生廖欽達等逞強藉佔鍾黄金祖山，斷擬行孝戒飭，山歸鍾姓照常管業。詳院讞語：

看得詔安二都官陂社地方有田三千餘畝，係廖、陳、吴、王、鍾、蔡等姓之業，悉賴溪流灌溉。因田高水低，昔人設陂開圳，蓄水導入田内。每年修砌，分股定界，由來久矣。緣陂之陂頭山，鍾姓祖居其間，栽培樹木，以爲坟蔭。廖姓恃强，每欲藉端砍伐。故從前各向該縣請禁，互争未結。迨四十五年，鍾姓赴本道宋控，批蕭令勘審敘詳，蒙批斷鍾家掌管，不許混砍，始無異言，迄今十餘年。

詎本年二月間，廖姓復率人砍伐，爲鍾姓所阻。廖朝缮等以□案霸山等事赴憲具告，奉憲批令卑府勘審明確等因。卑府遵即提齊訊據，廖朝缮等藉称陂長，原属公山，廖姓亦有葬坟二首。據鍾威等供，祖居二百餘年，修有火路爲界，界内係属鍾姓丘墓；其陂向係炤股派修，並無在山砍樹。卑府隨仝両造親赴查勘，其陂量長八十五方，俱係小木條、細束石横砌，水内以茅草塾塞，並無用木之處。復到陂長山踏勘，週圍火路約二里餘，前臨大路，偏右有鍾姓樓寨，後悉係鍾姓丘坟。再勘廖姓両坟，乃在火路外田邊。復吊訊里老人等，咸供『鍾姓住厝丘坟年已久遠，係其私地』等語。

據此，查官陂係分股承修，鍾姓亦在派修之内；廖朝缮等供措砍木之東路，又勘無樹木，則歷年于此山伐木修陂之説，悉属子虛。廖姓明係恃强欺凌，借端覬覦。而從前各令未經勘查明晰，遽行示斷，誠未得情者也。鍾姓祖居已久，丘坟壘壘，自應听其掌管，以安幽魂，以安生業。廖朝缮、廖欽達逞强影争，控詞妄告，查係生監，請各發孝戒飭，以示儆戢。其官陂仍飭炤舊分修，蕭令原碑押令拆毁。嗣後不許再有借端争砍，致干嚴譴。各取遵依具報。今將勘過緣由，絵圖呈詳，伏候憲臺批奪。

奉院批『該府勘明此山東長並無樹木，廖姓两坟在火路之外，據此山原徵米四石，後歸田畝完糧，具呈豁免』等語。查山、田完粮各有科則，不仝征，無并帰完納、輸此豁彼之理，明係遁詞。及歷年東長砍木修圳之説，悉属子虛。姑如詳，將廖朝缮、廖欽達發孝戒飭，山歸鍾姓炤常管業。其官陂，并飭炤股承修，蕭令原碑拆毁。嗣後毋許藉端砍木，永杜争端。取遵依報查，繳山圖認照。

康熙六十年歲次辛丑菊月。

**按：** 此碑現存官陂鎮陂頭村南興樓關帝廟，碑名爲編者加擬。

## 一〇八八　保林寺祀産碑記

我族保林寺，建自明初，僅經堂一間，以供給祖姑梵誦之所。歷經歲月，本朝康熙年間始置兩廊、下廳，規模於焉宏廠。然庵前近居屋角草坪，不無參差不齊之憾。辛丑年間，封翁豐若公向衆參議募金，承買庵埕，將屋角草坪盡行拆清，築爲照墻，始成壯觀。自庵門前照壁共有三埕：第一埕原係庵埕，今因打灰，每年議租錢二百文；第二埕係附近自家之地，打灰自出，不得置税；第三埕係新買之土埕，每年亦議租錢百文。四至所在，已經豎界，無容贅及。其租税逐年交住僧收存，以供庵堂佛前香油，不得拖欠。如是神必妥佑，獲福無疆。爰立石以垂不朽。

**按：** 此碑現存橋東鎮含英村保林寺。

## 一〇八九　龍潭祖祠規制碑

祖祠建于隆慶壬申，創自高祖千户公，諱瑞清，號前溪。任地師廖公，諱弼，號梅林。相度規制，坐乾向巽，用庚戌、庚辰分金。花胎、堂奥、牆基、井溝定式不易。恐世遠妄更，將基址步尺勒石，以垂永久。

正所高二丈四尺四寸半，闊丈八二，深三丈一半。中所高丈八七寸，深自屏至簷二丈二，闊二丈四半。門樓高丈三七，闊二丈四寸，深丈四三寸。正□世□後牆長八丈二，牆脚至花胎闊六尺八寸。花胎初級高四尺八，闊七尺；二級高三尺，闊五尺七；三級高四尺三。左右護屋闊二丈二尺八寸，直長八丈五尺四寸。前進闊十三丈八尺八寸，前埕三丈一尺。外門樓坐坤向艮，用丁未、丁丑分金，高一丈八寸，深丈一六，闊九尺六三。所俱從梁□至地，依木尺量定。祖祠左右遠近，不許架造、開掘。花胎寸尺莫移，三級上不可封土。明師遺囑，後人宜永遵守。

康熙六十一年孟春吉日立。

按：此碑現存秀篆鎮陳龍村王游氏龍潭家廟，碑名爲編者加擬。

## 一〇九〇　九侯岩指南傳

寓言天人、性命、字理。

詔邑之北，有烏山九侯岩勝境。遠觀形勢，若五星聚講、九曜聯輝；近歷古蹟，則層巒疊翠、岩石崔巍，誠天然大觀。詢諸里人父老，議論不一，俱未得其『九侯岩』三字由來寔據也。余嘗讀易，而旁通其字學筆畫、音義焉。按『九侯岩』三字，乃西北隅乾方，室火、危月交輝分慶。詩云『相在爾室』，夫室者亥宮乾金，室火猪，乃陰極陽復之候，故君子終日乾乾。書云：『千歲之日至，可坐而致也。』聖賢典籍，其中俱隱寓冬至一陽来復之生机，即吾人率性立命之岩谷也。何言之？九陽頂上號泥丸，火候穴内名丹田。魂魄棲止，水火根源；百孔九竅，呼吸通聯；聚散生死，人鬼大關；天堂地獄，俱在身間；魚躍鳶飛，空空兩圈。九侯其中添一點，明哲存心養性篇。古人有言，『恒而不占』。敬信受持，名列天僊。

大清康熙六十一年歲次壬寅黄鍾月冬至前一日，楚北漢陽□興黄昌□□撰勒。

按：此碑現存金星鄉九侯山九侯禪寺。

## 一〇九一　重建明倫堂崇聖祠記

康熙壬辰冬，予掣授詔驛，以次年六月莅事。謁廟後，周視學宫，明倫堂僅餘左右兩牆，傾欹欲墜；中三楹，一片瓦礫堆積成山，荆榛高者可丈許。堂後西偏有榭屋，僅容足。縣令尹抵任，諸生設帷幄講書，闢草萊行禮，予心悼之，思維新之計，而初任凡百倥偬，未之逮也。其明年十月，乃謀之紳友，需費浩大，紛無端緒，以難阻者十

有七八。又明年春，大雨淋漓，聖廟東廡崩塌，益增懼焉。亟謁令尹馬世輿，以帑項告，勒予具印領，立限補償，借帑銀三十兩，即時修葺東廡。工畢，乃得專爲明倫堂計。予與諸董事協力勸捐，徧歷郊原，嚴霜烈日不敢言憊，經三寒暑而堂乃成。中三間，爲諸生講學課文之所；左右廂房各一，爲收藏禮器之所，仍舊制也。堂前闢廣數武，繞以木欄；堂上設屏，以蔽内外：視舊制有加。

闢土時，得殘碣，則明天啓間司訓黄公鳴治遺愛碑也，其文朗然可誦。考之縣志，碑立倫堂之西。因念此公勤苦一生，僅留此片石，幾幾乎埋没於百年之後也。而世之趨炎附勢，去思嶙峋，其實不值一笑者，抑獨何哉？爰命仍立堂西，亦可以見直道之在人矣。

堂既成，以其餘材闢堂西隙地，其半爲圃，種菓木，取休蔭；其半爲齋，規制草率，不蔽風雨。又於榭屋之旁，增置一間於其前，構一小亭，後築爲庖湢。於是規模粗立。

而數年夏秋間各有怪風淋雨，啓聖祠白螘叢生，日就傾圮。予曰：『浮屠、老子之宫何益世教，但以福田利益之説熒惑世人，人咸資助之。儒者日誦孔氏之言，而顧於本源之祀，坐視傾頽，於心安乎？』僉曰然，擬續成之。而是歲仁皇帝大行詔至，四海遏密，事不果行。及今上改元，褒封孔氏五代，加以王號，詔天下學宫改啓聖祠爲崇聖祠。乙巳春，予適從寧洋攝篆還，謀踐成約，以二月初吉興建，拆舊易新，迄八月之望告竣。規制較舊加拓，遠近觀瞻焕然不同焉。

自予莅任以來，修起明倫堂、崇聖祠，凡兩大役，中間補葺廊廡、門牆，新福德祠，整理衙舍，土木之工無歲不作。自笑拙陋，因人成事，故不敢居其名。夫講學談道，與諸生互相黽勉，以淑艾於聖賢者，學博士之責也；修舉廢墜，作興學校，以黼黻於休明者，有司之任也。居師之位而品誼文學，無可爲多士取法者，顧獨以興作之事，重煩庠友，勞衆而傷財，予滋愧矣。雖然，一日之勞，百年之逸；所費者小，所關者大。後之君子，其亦有鑒於予衷也夫！

**按**：此碑未見，碑文見於民國詔安縣志卷十六。作者楊振綱，古田人，康熙五十二年任詔安縣學教諭。

## 一〇九二　龍光庵石香爐題刻（四）

雍正乙巳年新造，信士張士霸喜捨左佛一身，祈保子孫功名顯達。

雍正乙巳年新造，貢士張廷傑喜捨右佛一身，祈保子孫功名顯達。

厚福張大娘喜造右尊佛一位。

**按**：此香爐現存官陂鎮大邊村龍光庵。

## 一〇九三　黄氏燕翼堂新春演戲祭産碑記

昔我始祖公、祖妣自寧化以來，卜址秀篆，福由天注，傳下數房。前者異祠各處，迄于康熙癸未合造一堂，歡演春戲，祖德有光。然此雖云盡美，又恐不得其終。是以七、五、長房十二、十、十一世孫有榜上者、文焕、尚攀，深心遠慮，存起公銀數兩，留心生放。迨今積少成多，始得買有公田一處，土名坡下坪，田二坵，受種一斗，科租三石，坐屋邊青龍手；又田一項，坐落陂頭下，田二坵，受種一斗，科租二石六斗；玉蘭坑伯公坵一坵，受種一斗三筒，實租四石；又三窑塘一口，科租□石。俱爲新春演戲之用。歷年輪流家長收租辦祭，福庇永爲世代流傳，繩繩不已，庶無負余今日遠慮之深心焉耳。

雍正戊申年八月　日穀旦立。

二房十二世孫盈千，勤伯公坵田銀三兩生放，子孫永遠飲丁酒。存照。

**按**：此碑現存秀篆鎮焕塘村黄氏燕翼堂，碑名爲編者加擬。

## 一〇九四　趙真堂碑記

千古有赫濯之神靈，百世多不泯之人心。趙真堂爲吾族保障，救災捍患，得故老之傳述者，赫然照人耳目間。第歷年久遠，壇祀雖存而室傾垣頹。歲時伏臘間，一旦□興，莫不加額首肯，然寖議寖止，歷時百餘年，而人心思慕，無時或息。是年春，族人生員斌一倡是夅，協治者十人，用是人心競勸，不旬日捐金七百有奇，且四方□□于樂助，檀施以濟不敷，閲數月而廟告成焉。夫斯廟也，廢者百年，興者此日，是知神有赫濯之功，人有不泯之心，氣运之隆，於斯可徵也。是不可以不記。

南陂林族捐金者，名勒於石，以垂永遠。

勸首：生員林斌、大璉、日种、生員天孝、心端、從英、心板、心燦、勛真、仕翁、仕祥。

監生日輝十二両。監生林宸十二両。信士寶生十両。信士輝煌十両。信士畹楦十両。信士正卿六両。信士遵度六両。信士義發五両六錢。信士可三五両五錢。信士樑佐五両。信士可千五両。信士鳳亭五両。信士智明五両。信士惠明五両。信士盛山五両。信士文苑五両。信士仲葉五両。生員光揚五両。信士置州五両。位尊五両。次隆四両。体全三両六錢。孟駒三両六錢。益是三両六錢。冀亮三両五錢。益還三両。秉元三両。德徽三両。信士粹仁三両。昣廣三両。南金三両。子餘三両。若永三両二錢四分正。繩夫二両一錢。信士亶生二両。生員夢捷二両。信士象賢二両。信士會東二両。生員長在二両。游府林鳳二両。信士聖茲二両。寅賓二両。和達二両。英揚二両。閏者二両。眼蘭二両。顕邦二両。味真二両。監生朝棟二両。生員日球二両。邑賓日耀二両。宗室三両。輝上二両。士桃二両。心茶二両。永寧二両。監生振衡二両。富先二両。英美二両。期磋二両。帝良二両。士良二両。撣玉二両。佐舟二両。廣平二両。純夫二両。起春二両。德興二両三。亮卿両五。兆歸両五。霆暄両五。質録両五。巒峰両五。似栢両五。廼新両五。盛霸両五。永陽両五。道明両五。生員鵬飛両五。若昭両五。生員定邦両五。一積両五。廷玉両

五。見龍両五。国繼両五。期上両五。挹光両五。期陛両五。文問両五。學顯両五。蘭友両五。鳳如両五。子成両五。士齊両五。特俊両四。周興両三。元珈両三。達文両三。仁山両三。解悦両三。期佐両三。欽容両三。恩爵両二。樂先両二。日榜両二。舉人中瑞両一。甸侯両一。紹羲両一。興舒両一。心恭両一。在寬両一。魯膽両一。乘乾両一。軾夫両一。統仕両一。良器両一。

寵貤、樽生、光社、光丹、德輔、茂功、生員方彦、助升、福上、允欽、肇東、漢朋、文靈、欽美、亘王、秀夫、集文、懋仁、相佑、監生永茂、次玉、德明、文德、貌先、列五、盛唐、心闊、位顯、鼎柱、名標、如佐、音玉、恒如、道遠、文敞、家龍、孟興、思仲、心竦、殿和、和一、並福、和邦、心拔、君易、世革、茂爲、公興、天石、心對、大放、若宮、葉興、子方、信尖、公正、從多、友鳳、文龍、悦升、心業、士水、秀萬、益先、養賢、廷欽、恩錫、路烈、国蓋、瑞玉、□上、生員位冬、盈實、積光、井用、君慶、生員夢碧、日武、士著、即公、吴正、志定、日完、務勳、迺明、起荆、泰尊、文珍、仁魁、名邦、維雍、質居、權之、見田、祓賢、勛疆、哲□、羽儀、盛邦、高興、保民、文元、□□、仕超、子諒、達葉、紹安、遠猷、玉成、軍用、義征、文愿、御屏、早英、允中、興居、公桄、勇任、介虞、帝猷、熙載、公闓、趣端、有良、天儲、子直、正賓、大辨、大迎、繼善、心意、彩和、德賢、毓發、文輔，以上一百三十五人各一両。

雍正七年歲次己酉蒲月十三日巳時興工，念七日卯時上梁，庚戌年臘月初六日完庵。

本庵坐巽向乾，庚辰、庚戌分金。

**按：**此碑現存霞葛鎮南陂村趙真堂（又名保南院）舊址。

## 一〇九五　趙真堂寺租碑記

趙真堂鼎新，佛像端莊，堂廡森嚴，僧房肅静。舉百餘年所不克舉者，一旦重興於此日，此固山之菓，實神之

靈也。□神□乎廟，廟守以僧，既爲廟而延僧，必爲僧而計食，理也，亦□也。本廟初興，寺租無有，雖隨緣發心，亦不過分米給食耳。□□□分，魯子敬之□終芳；乞假□□，陶元亮之□難兑。沿求，暫事也，非恒道也，可一時不可久遠也。幸吾族中信侯、而救二公之裔不吝□，慷慨樂捐，而無德色。且從此而捐金者，咸輻輳而鱗集焉。是田雖未及連陌，而伊蒲香積，不□無米之炊；金雖未有羡餘，而布□青溪，無俟沿門之乞。因是法鉢相傳，波羅比籟，琉璃常曜，鐘磬時鳴，廟貌長新，磐石永固。山之□也，神之靈也，自此一日而千秋矣。慧光上人亟請于予，予辭而不得，於是爲序。

佛弟子生員林定邦董沐叩賀序。

庠生信侯林公喜捨寺租田一段，坐址田心溪子，皆大小五坵，受種一石二斗，科實租八石三斗正。

邑賓而救林公喜捨寺租田一段，坐址庵□子，帶水塘二口，大小坵數不計，受種一石二斗，實租八石三斗正。

勸首林大璉三兩，勸首林心燦三兩，信士林畹相二兩五錢，太學生林宸二兩五錢，勸首林仕祥二兩五錢，勸首生員林天孝二兩，信士林義發二兩，和□信士鄭爲珍兩五，勸首林心端兩五，勸首林從英兩五，勸首林心板兩五，信士林益晁兩五，勸首林仕翁兩五，信士林鳳亭兩二，信士林箕兩兩一，信士林惠明兩一，信士林在寬兩一。

信士林正卿、信士林可子、勸首生員林斌仁、信士林曾明、信士林寅賓、勸首林日邦、信士林道遠、信士林瀾若、信士林遵度、信士林文苑、生員林光揚、信士林孟駒、信士林達明、信士林可玉、信士林南金、信士林子餘、信士林統仕、信士林新南、信士林種玉，以上各銀一兩正。

生員林光揚喜捨關聖帝、關太子、周將軍三尊。信士林茂□喜捨花公母二尊。信士林益晁喜捨左尊大佛一尊，帶阿難。

信女林門廖氏仝孫世勇喜助銀一兩，又仝男賫、孫勇捨田一坵，坐址火塘圳唇，受種斗三。

勸首林勛□倡立寺租田一段，坐址黄沙庵邊，大小一坵，受種五斗，實租五石正。

雍正九年歲次辛亥季秋穀旦立。

按：此碑現存霞葛鎮南陂村趙真堂（又名保南院）舊址。

## 一〇九六　重修福星庵合境緣碑

嘗謂民藉神而康泰，神賴民而顯揚。故人民祀神，國家之大典也。半徑雖僻處山陬，亦必有人民焉，亦必有社稷焉，故建立福星庵。由來日久，棟宇頹廢，規模非昔。爰兹壬子年鼎新，非欲增先人之舊制，亦不過壯先人祀神弘規焉耳。幸住持僧托鉢斯土，爰集勸緣，祇躬募勸衆信捐資，隨其多寡，以爲土木之資。不旬日而工費遂成，故謹勒諸石，以誌不忘耳。

勸緣：國𡥉謝斯成拾兩。生員謝奇捷伍兩。信士謝承啟六兩。信士謝承收伍兩。謝元勳叁兩。謝宗慈二兩。謝宗答二兩一錢。江任察一兩正。謝带一兩。江河一兩。

信士：謝孟賢伍兩。承歇六兩。宗勇三兩。承達二兩三錢。宗署二兩一錢。國楚二兩一錢。廷詔二兩。宗馨二兩。宗帝二兩。元紹二兩。廷荣二兩。廷杭二兩。士律二兩。廷栽一兩九錢。用生一兩八錢。承念一兩八錢。國森一兩六錢。德裕一兩五錢。承接一兩五錢。宗洽一兩五錢。国拔一兩五錢。士卿一兩五錢。善餘大錢二員。承養大錢二員。國寔大錢二員。宗合一兩三錢。徐之一兩二錢。明遠一兩二錢。宗健一兩二錢。宗億一兩二錢。承幸一兩一錢。奇逢一兩一錢。特凡一兩。晦生一兩。友文一兩。承海一兩。宗教一兩。永烏一兩。安之一兩。天德一兩。競修一兩。天祥一兩。尔佳一兩。義明一兩。承强一兩。承九一兩。宗霸一兩。朝俸一兩。文治一兩。

月廷喜庵地八尺。国挺一兩。宗廉一兩。宗璉一兩。宗唐一兩。宗珂一兩。宗述一兩。國凑一兩。宗篇一兩。士帥一兩。謝門張氏廳石一條。

緣首：住持比丘源錫。本庵坐甲向庚兼卯酉分金。

雍正歲次壬子孟冬吉旦仝立。

按：此碑現存官陂鎮半徑村福星庵。

## 一〇九七　重建長林寺碑

長林之爲寺也，名美制精，施弘瀘□。夫非道宗師、子可公力哉？〈下缺〉謀改建，惜未就而歸。幸如弘師□菩提，復苦别非，□□□募化〈下缺〉無□殆見。榱棟雖非，而規模如故；□界犹是，而靈爽弥昭。都人士咸〈下缺〉而子可公善始于前，亦如弘師諸善信善成于後也。余□□信斯言也，於是乎碑。

生員張□朝六兩。信士張贊禮公五兩〈下缺〉。

檀越主張子可公八兩。孫華、時、聖、雅、言，三兩□錢。孫媳葉氏二兩，姚氏一兩。曾孫鼎帥三兩，太學生鼎範、鼎嚴、勸緣鼎□各一兩，鼎□二大員，鼎丕一兩。玄孫永顯一兩，太學生永嘉三兩。

旹雍正壬子年初冬穀旦，邑庠張發先盥手謹撰。

本寺坐癸向丁，庚子、庚午分金。住持僧如弘立。

按：此碑現存官陂鎮林畲村長林寺舊址，模糊不清。

## 一〇九八　重修龍光庵碑記

龍光一古刹也，昉於明。泉石丘壑，擬勝東林，由來舊矣。明季一修，果報如故。迄我朝又多歷年，頹像、檐瓦、石模，幾難復誌，觀者感慨久之。旹雍正甲辰冬，僧募施從鳩厥工，擴前人所未擴，梵宇焕然，益□□□法而□□□源，金蓮湧秀，則磅礴融結者龍也，瑞凝普映者光也。種福不艾，伊誰力乎？僉曰：『微諸檀那之力不及此。』故道□□□□刻之石，以垂不朽云。

重修龍光庵，今將姓名開列於後：

募化緣首信士張士標、僧净如。

邑賓張德爲助艮十兩，捨田五斗種，坐庵前溪垻（同治十年□原田原畝一畝正，收谷人納）。明朝信士張太乙公給樑柱十二枝，田五斗種，田坐樓□後。

信生龔韜捨艮二十兩。國學陳英略助艮六兩四錢。信生張元朝助艮五兩三錢。貢生張廷深助艮五兩。國學張士顯助艮五兩。邑賓張士偉助艮五兩。國學張士龍助艮三兩。信生張准祘、張士俊、邑賓張爵升、國學張士英、張林勇、張元勳、張廷成各助艮貳兩。信士張士霸、張見、張廷年、張層各助艮貳兩。信士張孔助艮貳兩五錢。國學張廷豪助艮貳大員。信官張元捷助艮貳兩。信士張充猷、張鎬本、張士湧、張古魯、張煌、張尚勇、張自強各助艮貳兩。國學張欽達、張懷玉、張晛輝、張震元、張慶元、張金聲、張廷昌、張士昂、張君鎮、張添和、張廷猶、張芳世、張廷楨、張廷永、張廷揚、張廷輝、張元文、張元彬、張應甲、張弘選、張弘捷各助艮貳兩。邑賓張君和、黄士乾、張惠吉、張君興各助艮貳兩。鄉望張勝昆、張宗顯、張紹殷各助艮貳兩。

信士游厚縱、蔡主熷、□□紹、鍾成玉、張香、張欽華、張而畝、張紹金、張文器、張纘可、張可增、張士恰、張鈌、張凑、張祝、張有緣、張竹、張香拜、張天倫、張錫、張懷曹、張頤可、張士海、張士宗、張士襄、張朝誨、張浮、張鼎帥、張士妥、張士詞、張懋□、張懋、張懋迢、張惟椿、張瑞榮、張淡、張玉軒、張秉中、張廷仰、張瑜、張陣、張廷入、張廷宙、張廷助，以上四十六人各助艮貳兩。張廷适艮四兩。

國學張國魁等捨室仔地下爿三間，後至滴水外石板爲界；信士國蓋、國強、國祥，信官國選，仝魁喜捨。信士張愈奇助艮五錢，捨宅前樓地三間。信女張門吴氏、張門吴氏、張門陳氏、張門李氏、張門涂氏各助艮一兩。

雍正癸丑年蒲月穀旦，信生張致君盥手敬題，住持僧净峰立石。

**按：**此碑現存官陂鎮大邊村龍光庵。

## 一〇九九　重修鎮龍庵碑記

鎮龍庵者，鎮保一方也。稽塔化勝地，基址卓立，星石旋繞，遠呑山光，平挹江瀨，誠形勢特異也。昔明有鄉人希圖此境，而神靈人傑，發和尚坑古蹟，飛鎮塔化，故名『鎮龍』。鎮者安也，鎮斯土以安斯民也；龍者隆也，隆福澤以隆禋祀也。第塔舊跡也，塔化以成庵也。制兩儀、像八卦，中門通斗庚，金生水象也；角門引南徑，通明既濟也。今年久庙舊，神像非新，默化黄心誠、黄維廣募勸，紳衿士庶隨緣樂捐，鳩工新彩，于昔又有光焉。敢曰首緣之力？是眾信之功也。雖眾信之功，實神之助也。勒石爲記，福澤綿遠云。

邑賓江生一公陸兩。國學黄中品銀柒兩。信士黄中榜五兩五錢。國學江瑚五兩正。國學江朝宗五兩正。信士黄毛伯公叁兩。國學黄運拔叁兩正。信士江廷愛叁兩正。信士黄恭正貳兩貳錢。國學黄中立貳兩正。信士郭資瑞貳兩正。信士江秀鍾貳兩正。信士黄嵩齡壹兩五錢。信士黄馥南壹兩五錢。信士林洞儀壹兩五錢。信士江荣海壹兩五錢。信士黄照禄壹兩貳錢。信士黄顯晉壹兩貳錢。信士黄天爲公壹兩壹錢。信士黄士堂壹兩壹錢。信士黄仕壹兩壹錢。信士楊振壹兩壹錢。信士黄桔彬壹兩壹錢。信士江秀爵壹兩陸分。信士黄重華壹兩陸分。信士林盈寔壹兩五分。信士黄恒維壹兩五分。

信士黄土玉、信士江梅馥、國學江煜、生員江子參、信士郭海茂、信士黄秀春、信士郭康成、信士林容青、信士黄際善、信士羅益海、信士黄衍熙、信士黄賢政、信士江廷熠、信士黄華絪、信士楊盛德、信士黄子叶、信士江秀長、信士黄福崇、信士黄愛龍、信士黄世豪、信士田定、信士郭得正、信士楊文殿、信士楊足有、信士林權之、信士黄維攀、信士林欽彩、信士黄宜九、信士邱敬上、信士黄中浤、信士江秀遠、信士江焕奇、信士黄才興、信士江芝巧、信士田君佐、信士楊聘敘，以上共叁拾柒人，各助銀壹兩。

江門信女張氏貳兩、鍾門黄慈助銀壹兩、林門信女張氏壹兩、陳門信女方氏壹兩。

勸首：郭華春五兩正、黄怌愼壹兩五錢、黄遜先壹兩貳錢、黄明政壹兩、張禄溪壹兩、林瑞玉壹兩、林文玉；首緣黄維廣二兩五錢、勸首黄上美壹兩五錢、黄盛最壹兩貳錢、江芝涵壹兩、楊怌寛壹兩。

生員江夏時可謹書。

雍正拾貳年臘月吉旦立。祀庵黄心誠、林時英仝募修。

**按：**此碑現存霞葛鎮莊溪村鎮龍庵，碑額『佛光普照』，碑名爲編者加擬。

## 一一〇〇　頂福宫捐緣碑記（二）

神座，先朝現有石槕壹塊，带脚二條。兹雍正十三年夏月，龍潭百順監生游鳳池喜捨神座竇石、花胎琴脚等石，敬誌。

**按：**此碑現存秀篆鎮頂安村頂福宫，碑名爲編者加擬。

## 一一〇一　石橋廟題刻

『水渡慈航。』乾隆丁巳年秋月，弟子陳明遠敬立。

**按：**此題刻現存霞葛鎮坑河村樓下社石橋廟。

## 一一〇二　鎮龍庵題捐緣田碑記

神靈赫濯，人樂有緣。西疆已鎮保矣，臺郡亦蒙庥焉。故募勸捐金，福田廣置，更登名列，永光誌云。

勸緣黄明廉銀伍兩。國柰游一添叁兩叁錢（未收）。國柰江雄銀叁大員。信士陳二受銀貳兩。信士游文禮銀貳兩。信士陳波美壹兩五錢。信士黄道標壹兩五錢。信士黄士盖壹兩五錢。信士張福溪貳大員。信士江瑞□貳大員。

信士黄惟先、信士黄曲誠、信士黄晃、信士黄昂、信士黄瑲衡、信士黄有則、信士黄釪怌、信士黄公賜、信士

黄竅、信士黄佐、信士黄壬、信士陳世峰、信士黄彪、信士楊井生、信士黄達尊、信士黄成璧、信士黄象、信士吕應、信士黄鼎、信士黄睬杪，以上各助銀壹兩。

首事黄維廣喜助田，價銀五兩九錢正。

募緣：黄維廣、黄怌慎、郭華春、黄遜先、黄盛最、江芝涵、黄明正、林瑞玉、張禄溪、楊利成、黄上美、林時英。

乾隆二年丁巳歲梅月吉旦，住庵僧衍明募修立，佛弟子林介虞謹書。

乾隆甲子九年四月，買粮田一大坵，坐址楊厝坟背，受種三斗；帶湖洋頭圳下一坵，受種二斗三。仝共五斗三，仝科租五石三斗，價銀七十一兩三錢正。清丈並增田畝一畝八分四石八毫五絲五忽。勒石永遠志炤。

**按**：此碑現存霞葛鎮莊溪村鎮龍庵，碑額『帝烈丕播』，碑名爲編者加擬。

## 一一〇三　永豐庵記

蓋聞地以人靈，作廟尚乎翼翼；人以地傑，降福遂爾穰穰。理有固然，不可誣也。大元勝地，有庵永豐，負崇山，踞岩石，四水繞如縈帶，層峦環似郭城。木古泉清，彷佛衹園凈土；煙縹霞緲，依稀鷲嶺遺踪。有庵以來，居是鄉者，享和平之福，耕田鑿井，共譜雅瑟風琴；蒙呵護之恩，化日光天，咸恬出作入息。猗歟豐哉！不亦樂乎？

但歷年既久，不無風雨飄摇，而故址漸傾，惟有鼪鼯棲棟。待復嶸峵於再建，需施藻繪以重新。爰藉仁人，發慈心，以襄盛事；賴多君子，謀修葺，並樂檀施。不日而捐金滿百，一時而鼛鼓弗勝。畫棟雕樑，赫赫焉紫竹林邊佛玉之月輪普照；丹楹圖壁，洋洋乎青猊座上慈容之滿月生輝。且加造禅堂，三身四智，肇祀匪懈；增葉紺殿，六通八解，道法常昭。自是三昧文章，垂之貝葉者永遠；八池德水，播諸方社者豐享。行見春祈秋賽，吹豳飲蜡之休於焉不墜；樂利盈寧，巷舞衢歌之化允矣可風。此固佛靈有赫，亦豈善信無功？爰乃勒石誌名，垂之永久；且以知大元之有永豐，蓋居然豐樂云。

生員江子参敬撰。

勸首江益美一両二錢。副緣江興元二両五錢。

副緣：江文葉一両二錢，江仲湑一両二錢，江拱之一両二錢，江畧文一両二錢，官曰麟一両一錢，吳國瑞一両。

信士江紫筠八両。信士江德安五両。太學江錫爵三両二錢。信士江珍奇二両五錢。信士江妙玄二両三錢二分。

信士江兆炤二両二錢五分。信士江哲謀二両二錢。信士江在公二両二分。信士江叔度二両一分。信士江乘耕二両。

信士江周山一両八錢。信士江濟門一両五錢。信士江鳳□一両五錢。信士官□者一両五錢。信士江晉賢一両三錢。

信士江義荘一両二錢。信士江晉荅一両二錢。信士江英林一両一錢三分。信士江元宦一両一錢二分。信士江賓公一両一錢。信士江希達一両一錢。信士江岱雲一両一錢。信士江純玉一両一錢。信士江旭照一両八分。信士江楚寶一両七分。信士江席宥一両七分。信士江文□一両六分。信士徐葉巨一両六分。信士江葉怡一両五分。信士江帝榮一両五分。信士江維祥一両三分。信士官懷山一両三分。信士江秉立一両二分。信士江若麟一両二分。信士官殿軒一両二分。信士官聖從一両二分。信士官中嶽一両二分。信士江兆殷一両二分。信士江英聯一両二分。信士江義克一両二分。信士江遜京一両二分。信士江□軒一両。信士江□渡一両。信士江成壹一両。信士江心懷一両。信士江達伍一両。信士江義旃一両。信士江君創一両。信士江殿元一両。信士江文□一両。信士江君福一両。信士江懷玉一両。信士江□天一両。信士江錦章一両二錢。邑賓江輝宇一両。信士吳□珍一両。信士江瑞文一両。信士江兆豐一両。信士吳迺琪一両。信士官起揚一両。信士官亮幹一両。信士官袞且一両。信士江世琬一両。信士吳□伯一両。信士李布存一両。

永定□□生助銀壹両。埔邑曹俊業助銀壹両。埔邑李崇壽助銀一両。

本庵坐丁向癸兼午子，丙午、丙子分金。

乾隆貳年歲次丁巳孟冬穀旦吉立。

**按**：此碑現存太平鎮元中村永豐庵，碑額爲『永豐庵記』『報以介福』。

## 一一〇四　五通宫水利示禁碑

詔安縣正堂加一級紀録二次王，爲懇天循例示禁以全國課民命事：

據監生黄□遇、黄世敏，生員黄時可，陂首黄悦清、黄曰上、黄瑞河、張世恒、黄上桂、黄壽享、黄維祖、黄雲中、賴斌等，具呈前事，詞稱：『八政惟食居先，四民以農爲重。食出於農，田資乎水。隄防不築，安問起舞之商羊？堰石傾頹，休怪爲虐之旱魃！遇等目覩前弊，無奈鳩工整理。石陂之灌田甚多，河東西之民命寔寄，所係匪輕小也。上年呈給示禁，蒙歷任爺臺恩准炳処，而水流故道始終不改。詎不法棍徒，敢放柴樹過陂而衝裂，或毀陂而網魚，或斷圳而絶流，貽害連鄉，課命難給。乞循例給示嚴禁，以儆頑徒，庶陂永固，國課有供，民命可活。』等情到縣。據此，合行示禁：『爲此示諭諸鄉人等知悉：嗣後務須凛遵法紀。如有故放柴樹沖毁以及破陂圳網魚，竭涸水道，許陂首人等指名赴縣具稟，以憑究處。各宜凛遵毋違！特示。』

乾隆七年四月。

**按**：此碑現存霞葛鎮五通村五通宫，碑名爲編者加擬。

## 一一〇五　歷朝敕封天后娘娘祀典牌匾

宋徽宗宣和四年，立廟，賜額曰『順慈宫』，蠲祭田税。

宋高宗紹興二十五年，詔封崇福夫人。

宋高宗紹興二十六年，特恩加封靈惠夫人。

宋高宗紹興三十年，加封靈惠昭應夫人。

宋孝宗淳熙十年，加封靈惠昭應崇善福利夫人。
宋光宗紹熙元年，特晉封靈惠妃。
宋寧宗慶元四年，加封助順靈惠妃。
宋寧宗慶元六年，恩封一門。
宋寧宗開禧改元，加封顯衛妃。
宋寧宗嘉定改元，加封護國助順嘉應英烈妃。
宋理宗寶慶改元，詔封助順嘉應英烈協正妃。
宋理宗寶慶三年，加封靈惠助順嘉應慈濟妃。
宋理宗淳熙改元，加封靈惠協正嘉應善慶妃。
宋理宗開慶改元，晉封顯濟妃。
元世祖至元十八年，冊封護國明著天妃。
元世祖至元廿六年，加封顯祐天妃。
元成宗大德三年，加封護聖庇民天妃。
元仁宗延祐元年，加封護國庇民廣濟明著天妃。
元文帝至順、天曆年，加封輔聖庇民顯祐福濟徽烈明著天妃。
元文帝至順元年，賜廟額『靈慈宫』。
明太祖洪武五年，敕封昭孝純正孚濟感應聖妃。
明成祖永樂七年，加封護國庇民弘仁普濟天妃。
明崇禎癸酉年，宣封護國齊天聖后明著娘娘。

大清康熙十九年，総督姚、將軍施奉命征臺，助勝。
大清康熙二十一年，欽差禮部郎辛齊御書香帛祭告。
大清康熙二十三年，敕封無極上聖天后娘娘。
大清康熙三十九年，奉旨編入祀典，各省春秋致祭。
大清乾隆二年，敕封護國庇民妙靈昭應福佑群生天后娘娘。
乾隆十年桐月鐫。

**按**：此匾現存南詔鎮南關街朝天宫。

## 一一〇六　保護九侯岩憲示碑

詔安縣正堂加一級姚，爲懇□全□恩賜憲示以便勒石永靖□□事：

據僧□□具禀：前□□□竊惟九侯山爲詔邑名勝之區，歷朝建□□佛宣經，頌聖祝□□□□□及國朝歐陽爺□□重興，景色□美於先代〈下缺〉入寺内，付僧培□□□以助香灯。歷〈下缺〉三月十二日□□□審，看得九侯岩乃詔邑名勝之區，山中□□□□□□□□□以培養竹木。雍正十二年，前縣〈下缺〉内，付僧掌管，以助香灯。本年四月，有附近居民□□□□□□□□不服，具禀到縣。□案查訊〈下缺〉杖以儆。其山中竹木，聽僧掌管，□□□□遠近居民不得作践，如違禀究收府，遵依附卷立案等因。兹據前禀，合再嚴禁：『爲此示仰閤屬紳衿□□人等知悉：嗣後如敢在九侯岩香灯地界之内任意□採竹木等項及縱畜作践，或被住持指禀，或被練保□聞，定行究處不貸。凛之慎之，毋違！特示。』

大清乾隆拾壹年伍月　日給。

**按**：此碑刻於金星鄉九侯山崖壁，碑名爲編者加擬。

## 一一〇七　重修詔安文廟記

南詔學宫立自勝朝嘉靖間，今二百餘年矣。遞修遞廢，最後趙公復繕之，歲久剥蝕。乙丑，姚侯斐園自南靖調詔，視學拜謁，憮然告余曰：『國家右文重道，廟貌所在須彬郁焉。今釋奠之地，規制未協，非典也。余將以治靖者治詔。』丙寅五月朔，集紳士會議，大興土木，不數月而廟貌煥然一新。移十哲之座，視四配而雁行焉，便行禮也。廣左右黌門，以受爽氣，伐石而顔其上，右搆閣如左，紫微之氣與奎璧之光互爲輝映。高櫺星門，用磚甃其兩旁，内外玲瓏，恢拓軒爽，南嶽排闥送青者，盡挹諸襟帶間。又念崇聖祠湫隘，庭下不踰數武，無以爲駿奔地。夫祭川先河，示有本也。豐其子而儉其父，於禮安乎？闢其南爲前堂，視舊制而大備，堊其牆垣，丹其榱桷，雅與廟稱矣。侯歷任五邑，尊崇文教，朔望集邑之秀者，於明倫堂而課之，講解若臯比師。兩庠之士薰其德，而善良者駸駸乎有日上之機。學宫之興也，必有聯袂而應者。余職任司鐸，仰萬仞之宫牆，願與都人士心切向往，以無負侯作興意也。

按：此碑未見，碑文見於民國詔安縣志卷十六。作者萬師珙，晋江人，乾隆八年任詔安縣學教諭。姚侯循義，乾隆七至九年知南靖、十至十三年知詔安。

## 一一〇八　重脩詔安帝廟誌

帝以忠義俎豆於天下，疊受誥封久矣，豈獨詔邑人氏景仰已哉！雖然，人皆欽其忠義之堅，而莫知其學問之遠也。自夾谷之會，宣聖攝行相事，曰：『有文事者必有武備，有武備者必有文備。』請與左右討，忌以遄至，會所巳遇禮相見。于是却萊兵，誅優侏，文武互用，欽功節哉。□□其彊起者，欲現其罡烈，載續春秋，志在襃晁之褒、斧鉞之威著，已而且股肱王室，業績也□然無疵焉。故曰『忠不可兼』，禮教也；『之死靡它』，詩教也。盖其忠義奮發，皆其學問之□鎔而助之，所以文建業，爲□得鑲重建然。

詔邑城西帝廟之建，由來已久。一脩于嘉靖邑侯龔公，再脩于該處□□□□□□□□□多久□經本邑侯姚公、鎮侯黄公甫下車，謁廟，見其蟠踞龍脊，□□人劉氏所薦，□□□□鴻鵠之志，尚集紳衆軍民人等鳩工重建。于丙寅七月興工，至丁卯九月竣事。執于□□□□□□□□□啟忠□□以礪學問詩書可焉。甲胄干戈可爲禮樂，其自兹允文允武，〈下缺〉。

□□邑人楊大鴻敬撰，林廷芳敬書。僧禪陶、林廷璉同捐。

乾隆拾貳年　月　日。

**按**：此碑現存南詔鎮縣前街外武廟，字迹風化後幾經丹漆塗描，誤改誤導較多。作者楊大鴻，詔安人，雍正十一年進士，官至河南歸德知府。

## 一一〇九　朝天宫界址憲示碑

大老爺費示禁：

溪沙尾朝天宫崇祀天后元君，護國庇民，爲歷代所褒封，國朝所加敕，春秋祀典煌煌。其廟前左右暨戲臺地，係沈姓明仁、春德喜捨，不容有所侵佔而衝塞也，明矣。因被土豪沈勝、沈院、沈寺、沈富、沈岳、沈卓如、沈丁等搆築侵佔，壅塞明堂，士女往來維艱。此誠神人所共憤，官法所不宥，以致生監、社衆暨約、練、保等僉呈本縣。到此踏勘，果係不堪，飭令拆毁，清還舊址。但恐日久不無覬覦再築，仍諭丈量弓步，使東西南北立明界限，以杜後日侵佔壅塞之弊，勒石永禁。

弓步開列：自廟左蝦鬚巷口起，至東鋪滴水止，共量貳拾捌弓半。廟尾北鋪滴水起，至南鋪滴水止，量明拾壹弓。廟右滴水起至東鋪滴水止，共量貳拾捌弓半。横中央溝邊墻界起，至北鋪滴水止，量明玖弓。蝦鬚巷口至南溝邊止，玖弓。

具呈生監：沈軒元、薛陵、沈啓賢、沈云記、沈大向。

社眾：沈神、沈就、沈裕、沈五、沈保、沈漢、沈達三、林榮祖、薛日晃、施于驥、吴起雍、陳奇漢、陳奇權、陳志遠、許捷。

約、練、保：□□、沈呈芳、吴天、沈志道、沈石、沈耀華、謝振明。

□頭：沈禄、許補、張振、鄭佛、何通。

乾隆拾肆年捌月　日。

**按**：此碑現存南詔鎮南關街朝天宫，碑名爲編者加擬。

## 一一一〇　龍潭家廟修路碑記

溯昔墘尾道途往來若織，咸稱周道如底。兹因洪水冲毁蕩平，反致鱗齒。爰約子姓，捐金修整，共勤其事。姑序名勒石，非曰能盡其責，以期後人善爲继述云。

太學生若海出銀貳員正。飲衍公銀壹員正。庠生吉人公銀壹員正。庠生節瑲公銀五元正。身符公五両五錢。儒學正堂廷陽公貳員。翼明公出銀壹員。近齋公出銀貳員正。

大祖義勇千户游諱前溪公銀拾貳両正。邑賓右泉公銀拾貳両。庠生肇所公銀壹元正。邑賓美中公銀叁元正。石攻公銀壹元正。薆茹公銀叁元正。若周公銀貳員正。宗水公銀壹員正。引林出銀叁両正。太學生雲中銀壹員。盛林銀壹員。基帛銀壹員。太學生篆珍銀壹員。庠生爰琴銀壹員。太學生兼二銀捌錢。貢士世基銀貳員。歲進士楚材公叁員。太學生時蒼銀貳員。太學生公培銀一両。九昭公銀壹員。光庭公銀壹員。友雀銀壹員。太學生五鳳銀壹員。楚七銀壹員。輝遠銀壹員。啓晨壹員。井侯壹員。乃兼壹員。重炬壹員。重明壹員。德音壹員。德容壹員。盛巨壹員。太學生昕若壹員。兼三壹員。太學生兼五壹員。武儀壹員。倫秀壹員。

太學生文璘二錢一分。太學生文上二錢六分。光旦三錢。世耀三錢。亦聡三錢。秀夫三錢六分。愛日三錢六分。用光四錢。德夫五錢。革三五錢。重音三錢六分。利坭三錢六分。以新三錢。十閒三錢。用智二錢三分。聖傳二錢三分。瑶卿二錢。諧音二錢。燦德錢五。夏珍錢八。耀先二錢。永之二錢。慈若錢五。秘萬錢五。鳴玉錢五。貳拾伍人共計捐銀六两八錢五分正。

心翼、容輝、心仁、敬之、燦文、盛光、詔音、定居、元卿、祖傳、若先、永楊、徹宗、乾若、耀常、晃若，拾陸人各出銀壹錢正。

乾隆十九年二月十九日建。每員七錢六分正。以上共銀捌拾五两叁錢壹分正。

**按：**此碑現存秀篆鎮陳龍村王游氏龍潭家廟，碑名爲編者加擬。

## 一一一一　重修趙真堂緣碑

凡物之相傳不替者，皆有爲之前焉，亦有爲之後焉。『莫爲之前，雖美弗彰；莫爲之後，雖盛弗傳。』二者之相須，顧不重哉！若我趙真堂前斌老諸公，自己酉□□鼎建，美哉輪奂〈下缺〉第歷久而風雨飄摇，殆同□室，無□繼之，何以光復大觀？□□乙亥暮春之初，有□寺諸信善仝住僧□□，不惜□□瘁力，誠心募緣，合境樂助，不日而捐金二百有奇。此固神靈也，抑亦人之□焉。隨鳩工□□□□復焕□□□尊佛安然，法鼓喧天，蓮花遍地，士女同沐神聖之庥，民物共拜趙真堂之庇，咸叨景福于無疆矣。工竣，問序于余，余不辞固陋，爰撰以記云。

貳拾玖工，共銀伍兩六錢。

南陂林族捐金者名勒于石，以垂永遠。

勸首德徽。乾隆貳拾年歲次乙亥姑洗之吉。

**按：**此碑現存霞葛鎮南陂村趙真堂（又名保南院）舊址。

## 一一一二　採捕免税憲示碑

福建漳州府詔安縣爲採捕照例免征、漁民甘棠誌德、勒石永垂以昭久遠事：

案蒙本縣主正堂加三級秦批：據郭照等具呈前事，蒙批：『查詔邑漁船採捕，向無征餉之例。即近奉將軍憲出示曉諭，止令經由汛口請驗，毋許混越，亦非飭令納税，何得輒以征餉爲詞？』等因。嗣蒙移委管銅山等口税務府稟，奉將軍憲批：『仰將該口安字漁船、利字艚船出入醃鮮魚貨，無論多寡，仍遵舊例辦理，毋得故違，嚴飭遵照。』移縣曉示。隨蒙本縣主正堂加三級秦查照移内奉批出示：『嗣後凡有採捕船隻所載醃鮮魚貨入口，無論多寡，遵照舊例，永免徵税。』等因，曉諭示禁。

乾隆貳拾年梅月，通縣衆漁民立。

**按**：此碑現存南詔鎮南關街朝天宫，碑名爲編者加擬。

## 一一一三　嚴禁胥役勒索憲示碑

詔安縣正堂加三級秦，爲援例請禁、懇恩一視同仁事：

乾隆貳拾年八月初六日，蒙護理福建分巡巡海汀漳龍道事、漳州府正堂加三級紀録五次奇批：據本縣商漁船户沈興、郭良、林連、許佛、劉舜、林奏、林筹、郭捷等具呈前事，詞稱：『竊惟船隻修造，例有成規。凡外洋巨艘新造、比造，理應赴縣稟給料单，方敢興工。至于内澳有盖、無盖之釣艇，及遭風損傷板片、割補塞漏，槩從民便，毋庸稟給。所有規禮，經奉憲禁革除，不許澚保胥役騷擾，通行已久。惟龍溪、海澄二縣悉遵例禁，毫無滋累，而漳浦、詔安二縣不遵憲例。是以上年浦民廖映等援照溪、澄二縣之例，呈請禁除。蒙准示禁，案據即如溪、浦、海三縣，商漁樂歸，鼓哺昇平。無如興等一縣詔安、銅山二澚，俱属内河採捕商漁，僅有本縣主刊刻安、吉、利、港、

寧、脚六號船隻，並非外洋巨艦。有一二船如遭風傷碍板片，湾泊在灣，割補枋片塞漏，屢被奸蠹漳潮司役胡嘉、江添等藐違憲例，每隻索礼錢三百文。又從慫則聽其動工修補，不遂即誑稟蔽陷，頓使遠邇商漁忍駕破船，而愿沉苦海，不敢湾泊而修補也。泣思憲禁森嚴，豈容奸蠹違例病害，商民待斃？相率匍呈亟除弊害，恩准照例示禁，孱蟻得生，舟船共戴。』等情。蒙批：『仰詔安縣查禁具報。』等因。

蒙此，除行漳潮司查禁外，合行示禁：『爲仰闔灣大小商漁船户人等知悉：嗣後新造、補造，仍照例稟給料单。其餘或遭風損傷，或年久枋片朽爛，割補塞漏，概從民便，免赴該司給单。倘有胥役滋擾勒索，許即據實稟究。該船户等亦不得藉端私造，致干察究。各宜凛遵毋違！特示。』

乾隆貳拾年捌月拾陸日給。

**按：**此碑現存南詔鎮南關街朝天宫，碑名爲編者加擬。

## 一一一四　重修鎮龍庵碑記（二）

亭臨霞水，庵號『鎮龍』，藉塔化而顯精靈，吞山光而隆保障。呵護惟神，典祀須僧。法懺金剛，元非圭竇可誦；蒲團鐵脊，又非枵腹堪支。憑旧址增其式廓，因善果新種福田。禪食有資，僧乏芒鞋之苦；雲灶可办，釋普甘露之膏。仰良緣于眾力，發善願乎群英。緣田樂施，馨香永垂百世；孔方不吝，寺租建立萬年。琉璃燈輝，昭一輪皎月；寶篆香騰，成五彩祥雲。同沾塔化之庥，共沐登瀛之澤，各恩叨景福于無疆也。於是乎書。

庠生江國英公伍兩。國學江朝東公六員。國學江朝璉公四員。信士楊文參公貳員。信士黄士發公貳員。信士黄遜元公壹兩。涂元質田一斗種。國學江煜銀六員。信士黄安之六員。信士涂元舜五員。信士涂宗光五員。國學江朝宗四員。貢生江漢清四員。信士黄耀明四員。壽賓耆黄秀春三員。信士黄利安三員。信士涂元闔三員。信士林捷英三員。信士黄選□三員。信士黄聘尊三員。信士黄国光三員。信士黄顯萬三員。涂一布貳兩。涂定之兩捌。郭宙達

兩陸。黃明政二員。張文齋二員。黃盛崇二員。國學黃中立二員。黃馥南二員。江隆達二員。國學黃選拔二員。黃德崇二員。黃參政二員。國學黃功炎二員。信士涂成□二員。黃榮隆二員。黃勝儒二員。張惟具二員。黃友崇二員。張南天二員。林捷魁二員。黃国興二員。黃善尚二員。黃葉尊二員。林世價二員。黃義尊二員。黃功灼二員。黃功具二員。信士黃功漢二員。

江芝泮兩三。楊通明兩三。黃象清兩三。黃聲濃兩二。黃能先兩二。黃宜九兩一六分。江廷愛兩一。謝廷浦兩一。黃有涵兩一。黃鎮儀兩一。黃君荐兩一。鍾朝選兩一。鍾正課兩一。黃桔彬一兩五分。田列伍一兩五分。郭聘達一兩五分。郭志亮一兩二分。黃會儒一兩。涂美璧一兩五分。黃立真一兩。涂子猛一兩。黃載中一兩。黃如山一兩。張列攀一兩。林士鈷一兩。張利邦一兩。張仍璧一兩。涂紹魏一兩。黃天緒一兩。黃選棟一兩。張益芳一兩。張義行一兩。黃中湴一兩。黃國尊一兩。鍾彥聖一兩。張名就一兩。黃時進一兩。黃選朴一兩。林捷元一兩。黃耀清一兩。鍾門黃氏男曰芳一兩。張器賢一兩。

涂元賀田一坵，坐址田心伯公前，租七斗，實畝三分五厘。買田一坵，坐址下葛洋米梭坵，帶大路上一坵，共種三斗，租三石，米一斗，價銀八十五員，實畝一畝四分五厘六忽。

緣首：信士黃育生銀三兩。信士黃永謙銀三兩。黃鄂贍一兩五錢。郭智能一兩貳錢。黃禮存一兩貳錢。張足懷一兩一錢。楊利成一兩一錢。涂珍其一兩一錢。涂周賢一兩一錢。涂珍璧一兩一錢。林瑞玉艮一兩。江芝涵艮一兩。鍾悅清一兩一。黃綿之艮一兩。鍾日登艮一兩。

乾隆二十二年歲次丁丑梅月吉旦，住持僧真寬，詒翌樓黃元璧拜撰。

**按**：此碑現存霞葛鎮莊溪村鎮龍庵，碑額『寶刹生輝』，碑名爲編者加擬。

## 一一一五　文昌閣碑記

□文昌閣□□□□□□□□□□也，天□存之，地亦宜然也。莫高于山，而山有凹缺，有藉于臺閣之建以補之。然不得其時，縱有人與□力，亦未若□□□□山城一□勝地也。山環水遶，龍局叶古。因上右側有山缺，微罕及之此地，有不足資人事之克修。昔我都督□公思，在山缺中窓建塔，翀□然踵之，以壯□观。事已復□有所不逮，厥後又度此大坪崗上，建閣于兹，亦法良意美，復不成而中輟。積歲月之□□□先志□□□缺憾之□□也。

丁丑秋，幸遇明□□□魁□先生指示，族衆群議捐金，人各踴躍助力。鳩工庀材，爲三層疊上□□，而文峰閣成，敬奉文昌、魁斗、玄壇元帥于其中焉。夫事不經積累于前，亦難締造于一旦。今日之閣，何創之易也？盖時至事起于斯，而集其成。期缺者補缺，□□城□其美矣。登其閣也，山川增色，雲物焕彩，儼然峰呈異秀，而奎壁騰輝。異日群沐神庥，人文蔚起；登瀛洲，入鳳閣，□□乎羽儀之瑞；興旂常，奏元勳，□□□鎖鑰互相輝映。可于此閣之成，覘其槩焉。今將名列于左。

特授榮禄大夫□□公助閣盖一完，又衆神各加潤色。

誥封武□大夫□□□生□遇銀十兩。

特授榮禄大夫□恒三十兩。太孝生世敏十兩正。太孝生世捷十兩正。太孝生國辟七兩五錢。信士建中公六兩正。太孝生世宗六兩正。太孝生世榮五兩一錢。介賓士乾五兩五分。廷孝五兩。瑞□五兩。瑞久五兩。世琚三兩□錢。貢生世斗五員。士盾二兩一錢。清一公、悦沅公、世洪、世宅、世回、生員開甲各三兩。有成三員。瑞化三員。国曹三員。日上二兩。士粒二兩。瑞河二兩。士猛二兩。世滿二兩。篤信二員。心如二員。国涓二員。生員時可□員。先助一員。海一、淑賢、元和、元會、世志、世珊、士□、□□、□謙、国□、国祖、恂向、国助、成才各一兩。運□、□□、□成、元昆、□□、元正、朋從、有占、日典、鋭新、瑞仁、□□、居五各一員。□□七錢。鳳居七

錢。日德五錢。士天五錢。香君五錢。

貢、監、生員□□捐艮五兩。

乾隆歲次丁丑年葭月吉旦。

**按**：此碑現存霞葛鎮五通村五通宮，已斷爲兩截。

## 一一一六　本縣主林公奉憲革除灰窯德政碑

惠民之政有二：興利也，除弊也。興利難，除弊尤難，除數十年豪猾宿弊則尤難。除數十年豪滑宿弊，見諸下車數月，蓋曠古罕見矣。東關，福、廣通衢。沿溪一帶，土豪填塞水旁，築爲灰窯，累累相望。每煙光蒙蔽，行人過客目迷口啞，窯旁居民以薰蒸死焉。夫殺人者死，律有正條；而窯霧殺人，獨脱法網。殺人而免於死，是遭殺者慘更甚；於凶人者，罪尤浮淤大憝也。乾隆十七年，前邑侯秦憲飭嚴禁，務令移置，而巨猾狡計，多方延遏，居民痛心疾首如何也！申之以邑侯，重之以憲禁，而無如何焉，則終聽其毒氣薰蒸，日鄰於死矣。嗚呼哀哉！

乾隆二十六年，邑侯林公，諱彩雲，號其聰，潮州海陽人，署篆兩月，愛民禮士，頌聲載道。民喜其命之□□□□□之害，請除於公。公惻然關情，下令除之。土豪聚謀，兾延以免，而公稔知其弊，不令延也。沿溪灰窯即□□□，所迫近民居者，移置別處，並不許蓋築爲鋪，以礙水道。數十年爊蒸之害，一旦消除。於是居民踴躍舞蹈□□□舉手加額，以爲自今而後，死灰其不復燃矣。噫嘻！公涖詔數月，而豪猾宿弊一旦剔清，□□之□□□□□公久涖此土，吾詔之民不尤幸歟！是役也，民不能忘，爰壽諸石，以比甘棠之詠。

賜進士第出身、江南太平府繁昌縣知縣陳天揩頓首拜。賜進士第、吏部觀政陳丹心，賜進士第、吏部觀政林名世，仝頓首拜。賜進士第許名標頓首拜。舉人吴葉芳、楊英華、林光殿、林傅芳、林雲從、方延基、許開士、吴疊元、林國棟、林開先，仝頓首拜。

闔邑生、監：許作楫、林從龍、楊奠南、胡夢巒、林嵩、林克珍、翁勉昌、林起駿、林開業、林光□、林文榮、朱耀明、林如彪、林殼鋭、沈懋進、鍾雲龍、林逢盛、江兆鳳、沈砥柱、李國樑、林文叢、葉茂春、黄延昌、李文苑、林軒昂、林太極、林槐茂、沈元寬、許大力、林豪傑。

乾隆二十六年歲次辛巳荔月穀旦。

**按**：此碑現存南詔鎮東關街東嶽廟。

## 一一一七　重脩永豐庵碑記

大元中之有永豐庵也，輪囷離奇，殻灵赫濯，葢数百年於兹矣。粤稽往制，創者何人、修者何人，世遠年湮，欲問其事，而故老皆無在者。越乾隆丁巳，鳩集眾志，增前人舊制，肇造禪房。碑記宛在，詳哉其言之。迄今二十餘載，風雨飄摇，棟折榱崩。發眾信之慈心，荷神庥之默助，補葺重修，不數月而告蕆。規模如故，廟貌更新，視從前造作又何多讓耶？至於功德報施之説，惟達三昧者陳之，余何必贅？第以事之不容泯没者，爰書厥石，以垂永豐之名於不朽云。

沐恩弟子生員江長清敬撰。

信士江迺寛銀十員。江周山銀八員。江興元銀三両。江成一銀三両。江君賜銀三両。江遜魁銀三両。江君創二両五錢。江乃立銀三員。江惠彩銀三員。江仁加銀三両。江曰從銀二両。江心懌銀二員。江仲河銀二員。江日峻銀二員。江恩錫銀二員。江君福銀二員。生員江漢濯銀二員。生員江長清銀二員。吴耀隠銀二員。吴漢亭銀二員。江厚珍銀二員。江拔俊銀二員。江彩軒銀二員。江國珍銀二員。江濟朋銀二員。江哲謀銀二員。江右尹銀両三。江象天銀両三。江首占銀両二。江迺安銀両二。江慶多銀両二。江懷玉銀両二。江匡参銀両一。吴奇珍銀両一。江仲魚銀両一。江萬從銀両一。江振聲銀両二。江焕序銀両二。江惠湯銀両二。江紫若銀両二。江葉怡銀両一。江珍奇銀

両一。江秉立銀両一。江維祥銀両一。江日賓銀両一。江穎之銀両一。吴鱗伯銀両一。吴希容銀両一。吴顕之銀両一。吴暢之銀両一。徐進文銀両一。吴惠居銀両一。徐欽上銀両一。江君範銀一兩。江濟桑銀一兩。官煥陽銀一兩。江曰足銀一兩。江文琳銀一兩。江君儀銀一兩。江恬斯銀一兩。江象九銀一兩。江時行銀一兩。官善因銀一兩。官妙理銀一兩。顏心鏡銀一兩。林茂春銀一兩。江烈五銀一兩。江資源銀一兩。江慧明銀一兩。江亦芳銀一兩。江廷封銀一兩。江心求銀一兩。江心喜銀一兩。江曰可銀一兩。江兼一銀一兩。江廷舉銀一兩。江茂裘銀一兩。江時可銀一兩。江弁可銀一兩。江淑音銀一兩。江味可銀一兩。江君作銀一兩。江君初銀一兩。江威士銀一兩。江宅商銀一兩。江物成銀一兩。江燕山銀一兩。江益倉銀一兩。江玉賓銀一兩。江世睦銀一兩。江義克銀一兩。江日將銀一兩。江毓清銀一兩。江軫光銀一兩。江善圖銀一兩。江瑞臨銀一兩。江永吉銀一兩。江國守銀一兩。江應上銀一兩。吴恩周銀一兩。楊□白銀一兩。江君立銀一兩。黄欣餘銀一兩。黄永隆銀一兩。黄思賢銀一兩。江用奇銀一兩。江朝序銀一兩。江養潛銀一兩。江遇可銀一兩。江吴天銀一兩。江心輿銀一兩。江欲成銀一兩。江美瞻銀一兩。江淡可銀一兩。江君賢銀一兩。黄士巧銀一兩。江世坐銀一兩。黄子巡銀一兩。永定陳乾生銀一兩。埔邑張進如銀一兩。陳畬朱文衍銀一兩。和邑葉士莫銀一兩。雲霄翁陸美銀一兩。

總緣首江名駒銀三員。副緣官思遇銀両八、吴君實銀三員、江天才銀二兩、江仲湛銀両二、江道醇銀二員、江興周銀二員、江傾千銀両二、江學山銀二員。

乾隆辛巳二十六年五月初九午時興工，九月十一日午時入火，念六日寅時完庵大吉。

按：此碑現存太平鎮元中村永豐庵。

## 一一一八　九侯禪寺重開鐘銘

九侯禪寺重開，住山僧思□募建。乾隆壬午年臘月吉旦。

按：此鐘現存金星鄉九侯山九侯禪寺。

## 一一一九　重新泮池記

文廟爲崇聖之地，亦斯文命脉之基也，其制不可以或略。泮水爲文廟堂口，芹藻茂則人文焕發。余讀思樂之詩，不禁爲之三致意焉。邑之文廟肇自前明，歷年久而修葺亦屢，惟泮池欄檻多以木爲之，數載輒朽壞，澣濯難禁。前侯姚公心焉惻之，捐俸爲紳士倡，斂醵經理，繚以泥垣，闢牕其半，制亦云善，而青烏家獨有閉煞之嫌。戊辰歲，遂請前任費侯更新之，廟貌較舊制進六尺，兩旁拓寬亦如其數，規模備極宏敞，而欄杆、照牆、巷門、引堦竟以經費不敷草草置之，竟令泮水長此污濁。秋闈多蹶，人竊於此咎焉。

癸未春，予偕陳公謀曰：『科名之隆替，固關運會；泮水之污濁，則我輩責也。木檻易朽，必易石而後可。』乃相與謁邑侯張公、學博二黄公而商之，則皆欣然樂從。因作啓勸捐，得番鏹九百有奇而經營之。石檻高各六尺四寸，週圍計長三十五丈四尺。圜橋舊爲董事誤折，今更造之，其制較前倍精，計長五丈三尺，寬九尺。其餘照牆、巷門、引堦以及明倫堂前所忽置者，皆爲之修理完備，共費七百餘金，而其餘撥爲書院經費。

是役也，二學博親同紳士到處勸輸，用力獨瘁。經始於乾隆二十八年八月，竣於是臘。董其事者，則許君作楫、胡君廷彝、林君克珍、沈君成、林君太極、陳君抜梅、方君斐然、沈君壯璣、沈君光鋒、沈君青選、林君文叢、許君帝鑑、沈君西湄、沈君長青也。

按：此碑未見，碑文見於民國詔安縣志卷十六。作者林名世，詔安人，乾隆二十二年進士，曾任山西猗氏知縣。

## 一一二〇　邑侯張公濬溝碑記

詔之縣治，惟東關最爲窪湿。盖其水自東溪出海，而於北關分一支入壕渠。至東南界，爰濬三溝以洩之：一由

炮臺下，從舊布街、溪沙尾而洩；一由橋仔頭，從沈厝市而洩；一由新店旁，從許厝寨而洩。三溝之中，惟炮臺下一溝洩水爲多，其次莫若橋仔頭一溝。盖两處之溝，多架舖店于其間，人跡輻輳，則泥沙易於堙淤。每當夏雨秋露，漲流壅塞，自大街至東嶽、炮臺下一帯地方，幾如陸沉。居民當汛洪浸之苦，未嘗不傷心於極，衈之無人也。

本縣下車以來，登城環視，按其形勢，頗熟悉于胸中。政治之暇，召諸父老而問之，道及浚溝之事，莫不懽欣鼓舞。或稱此溝自前任莊爺經發舖户自行開濬，然弗躬自勘驗，則或從或違，徒塞其責而已，而於事終無濟也。本縣到此□□炮臺下一溝至石碑前止，其溝两旁俱係砌石涵，如其石而□深焉，爲事猶易；惟自石碑後以□溪沙尾两旁石砌，俱爲豪强居民潛移，此濬之所以難也。且沈厝市後一溝至朝天宫後，亦多□强民塞狹矣。本縣務令必闊六尺、深六尺。凡舖户有一仍前砌狹，或私自壅塞者，則惟保、練之罪是問。

惟時父老告余曰：『公之制可云盡美盡善矣。然得于一時，而不垂於後世，保無人而復淤□？』余曰：『是用勒諸貞珉，限練、保三年督清一次，□則見官治之。』嗟乎！□□爲令□渠以利民用，余□□□清渠以兑民溺，區區之政，敢云已德？亦欣使後之司是土者，知民溺之苦，而諒余之心也云耳。因爲数言以記之。

乾隆二十九年歲次甲申孟春，文林郎、知詔安縣事、靈山張所受誌。

**按**：此碑現存南詔鎮東關街東嶽廟。

## 一一二一　天后聖母本傳牌匾

天后，莆林氏女也。始祖唐林披公，生子九俱賢。唐憲宗時，九人各授州刺史，號九牧林氏。曾祖保吉公，乃邵州刺史藴公之孫九州牧圉公子也，五代周顯德中爲統軍兵馬使。時崇自立爲北漢，周世宗命都檢典趙督戰高平山，保吉與有功焉，棄官歸隱于莆之湄洲嶼。子孚承襲世勳，爲福建總管。孚子維慤，諱愿，爲都巡官，即后父也。娶王氏，生男一，名洪毅；女六，后其第六女也。

二人陰行善，樂施濟，敬祀觀音大士。父年四旬餘，每念一子單弱，朝夕焚香祝天，願得哲胤爲宗支慶。歲己未夏六月望日，齋戒虔贊大士，當空禱拜曰：『某夫婦兢兢自持，修德好施，非敢有妄求，惟冀上天鑒兹至誠，早賜佳兒，以光宗祧。』是夜，王氏夢大士告之曰：『爾家世敦善行，上帝式佑。』乃出藥丸示之，云：『服此，當得慈濟之祝。』既寤，歆歆然如有所感，遂娠。二人私幸，曰：『天必錫我賢嗣矣。』

越次年，宋太祖建隆元年庚申三月二十三日，方夕，見一道紅光，從西北射室中，晶輝奪目，異香氤氲不散。俄而王氏腹震，即誕后于寢室。里鄰咸以爲異。父母大失所望，然因其生奇，甚愛之。自始生至彌月，不聞啼聲，因命名曰『默』。

幼而聰穎，不類諸女。甫八歲，從塾師訓讀，悉解文義。十歲餘，净几焚香，誦經禮佛，旦暮未嘗少懈。婉孌季女，儼然窈窕儀型。十三歲時，有老道士玄通者往來其家，后樂捨之。道士曰：『若具佛性，應得渡人正果。』乃授后玄微秘法，后受之，悉悟諸要典。十六歲，窺井得符，遂靈通變化，驅邪教世，屢顯神異。常駕雲飛渡大海，衆號曰『通賢靈女』。越十二載，道成，白日飛昇。時宋雍熙四年丁亥秋九月重九日也。

乾隆二十九年歲次甲申桐月刊。

**按**：此匾現存南詔鎮南關街朝天宫。

## 一一二二 東嶽廟憲示碑

特授詔安縣正堂加五級紀録五次陶，爲乞恩示禁等事：

本年叁月拾貳日，據東関保林彩、林邦彦稟称：『詔邑東嶽廟係宣講聖諭之廟，嶽神係闔邑保障之神，所関甚重，不可褻瀆。近被附近居民竟將嶽埕晒晾粟粒，嶽内壇弹棉花，并有無籍棍徒聚集賭博，以及病丐投宿，種種污穢。若不稟明示禁，神人靡寧。』等情。據此，查東嶽廟宇理宜清净，以妥神靈，豈容污穢！除飭保巡查前項聚賭棍徒，

嚴拏稟究，并驅逐遊丐往來外，合行示禁：『爲此示仰附近東関居民人等知悉：嗣後爾等不得仍在廟埕晒晾粟粒，并於廟内壇弹棉花穢褻，及縱容子弟燃點火燭，致有不測。倘敢故違，許該練、保立即指名稟究。該練、保等如敢藉端滋擾，察出究懲不貸。各宜凛遵毋違！特示。』

乾隆叁拾壹年叁月貳拾陸日給。

公諱浚，號讓泉，安徽滁州人也。涖詔多善政，不能遍及，但此禁除污穢，便民好惡，誠爲樂只君子、民之父母。下令日久，不無廢弛。闔邑人等於是勒石，永禁不朽云。

**按：**此碑現存南詔鎮東關街東嶽廟，碑名爲編者加擬。

## 一一二三　丹詔書院記

朝廷重士右文，辟雍鐘鼓規制特詳。其於各省書院，復賜帑金，多方造就。惟下邑政繁，爲令尹者欲仰體作人而日不暇論。故士有束髮儒修，自謂此事匪異人任，一行作吏，忽忽忘之，此其故難言矣。詔之有丹詔書院，昉於有宋。其時理學昌明，如雲漢之昭回，如江河之莫禦。閩尤道學名區，直稱鄒魯，何論濂洛？斯地實爲南詔埸，尚知景行前哲，留心向學。書院之建，其聞鵝湖、鹿洞之風而興者與？元明以來，承繼無人，遂令廢墜，莫尋故址。

我朝文教覃敷，洋溢中國，山陬海澨咸沐薰陶。乾隆甲申，靈山張公莅詔，下車以來，勸學爲首務；與學博三山黄公，鄉紳林公名世、陳公丹心，仗義勸捐。於是紳士輸金、獻埭、捐田，接踵相接焉。因舉許君液金、林君克珍、林君軒昂、胡君廷彝、林君太極、楊君英南、許君作揖、沈君高山、林君文叢、陳君拔梅、沈君增美、沈君壯璣等十二人董其事。卜宅城南，拓舍學左，堂廡壯麗，學舍周廣，仍顔曰『丹詔書院』。

且夫建樹之功，難於圖始，尤難於永終。當張公之陞諸羅、黄公之遷彰化也，使接任者簿書重而文學輕，則有基莫繼，善後末由。惟滁陽陶公，爲明經鴻儒，踵厥任，喜興學之同心，於將成之際捐助千緡，俾功成緒就。而紳

士益輸租踴躍，以裕膏火，是又文教一大昌明之會也。旋見敬業樂群，互相切劘，果行育德，蔚成大儒，上無負聖主之作人，次無負令尹之造士，不亦休哉！

張侯名所受，陶侯名浚，黄學博名長茂。

**按：** 此碑未見，碑文見於民國詔安縣志卷十六。作者楊黼時，廣東大埔人，雍正十四年進士，時爲丹詔書院山長。光緒漳州府志載張、陶各於乾隆二十七、二十九年知詔安，民國嘉義縣志載二人各於二十九、三十二年遷諸羅，二志吻合。故本文中乾隆『甲申』應爲『壬午』，作者或將張、陶二侯莅年混淆。另黄長茂三十年遷，故此記作於三十或三十一年。

## 一一二四　羅星塔碑

蓋聞天空用補煉石，斯稱地漏，堪塞砥柱。乃傳興師創始，自昔有焉。矧斯地之有羅星宫，由來舊矣。今則易而爲塔，豈好爲多事哉！昔之宦者有云，謂此可作坊表，恍若鎖鑰，然不果。因築□宫以垂名，非得意也。越数十年，而若者塔著，若者亭聞。噫！是既然矣。爰憶先志而宏先事，□公租亦啓私囊，感成□亦樂戚助。鳩工磊石，不數月而塔成焉。效層峦以聳翠，匯百澗于無窮。東望□和，西感惠愛，飛鳳藏龍，出没隱見。春與諸峰争麗，夏與蔚木競奇，值秋夜月，雪白風清，各領其趣。人之爲歟？工之力歟？塔之靈也。按其事跡，由其址，神加二座，厥後瑞氣薰蒸，地靈人傑。羅宫之形雖易，而羅星之名得斯塔而愈以傳云。

元村江日峻謹誌。

陳粲蔭公銀五百兩。完一公孫在中公塔一坵。総首道中三兩。劝緣捷夫二兩。劝緣旭昭二兩。景春公三兩。松山公三員。松桂公三員。完一公六員。在中五十兩。感周公五員。□□公三兩。勝居三兩。子效三兩一。魯之二兩。益隆二兩。宣亮二兩。士曉二兩。朝粲二兩。懷泉兩九。德□兩九。連成二員。国□二員。乃縁二員。悦寧二員。□儀二員。雅章二員。寔夫兩四。有隆兩四。玉山兩四。定一兩四。圭衡兩三。□光兩三。岳成兩二。纘成兩二。

節夫兩二。華容兩二。文成兩二。□箕兩二。明安兩一。体寛兩一。濱海兩一。荣衣兩一。進京兩一。益夫兩一。親成兩一。性純兩一。文抛兩一。文一兩一。弥子兩一。朝福兩一。良佛兩一。用□一兩。静友一兩。希玉一兩。亦浪一員。亦加一員。亦朗一員。亦輝一員。朝對一員。朝學一員。耀□五文。□成四文。朝湖四文。文廚兩文。天心一員。天鴻一員。□□一員。

**按：**此碑現存霞葛鎮坑河村樓下社金環寶塔，碑額『羅星宛現』，碑名爲編者加擬。

## 一一二五　金環寶塔戚屬樂助緣碑

由小宮而成塔，鼎建由來，志之詳矣。顧名以金環者何？蓋取金刹飛空環繞，此境一大壯觀。上插雲峰，下臨碧澗，真勝概也夫〈下缺〉則所爲倒映樓閣者，實是作鎮名區云。是爲記。

文峰江浩然敬撰。

信士江啟墩公六兩。沈□昭六員。江文慶六員。江□成三兩六。江成□三員。張□元三兩。張廷籃二兩。邑賓江□□公二員。生員江浩然二員。江統垂公二員。張鼎宇公二員。江士□二員。江悦紹二員。江珍□二員。黄世曉二員。賴斯屋二員。江政敷兩二。廖懷周兩一。林□□一兩。林天增一兩。朱文華二兩。劉石生一兩。

羅器精公、江文璋公、林士順公、羅任修、江子用、沈文通、田虎潛、羅回朗、廖勝豐、江士租、黄元添、黄元巧、廖秀千、廖世樸、賴勝萬、江文劉、廖世壇、林世甚、林名願、賴輝南、沈維巨、廖廷騫，上廿二人各艮一兩。生員張秀文公、邑賓張有獲公、江良弼公、張德將公、黄維果公、江永奠、吴家添、江世爪、江文信、廖宗璧、江以汲、江士偉、江國丕、林其敬、江俊思、江世醮、廖承憑、鍾士孝、沈□□、沈□□、賴□□、許□□，以上各□□。

乾隆三十二年歲次丁亥瓜月穀旦，生員江浩然敬書。

按：此碑現存霞葛鎮坑河村樓下社金環寶塔。

## 一一二六　重建霞隱寺碑記

嘗思神賴寺而威靈，寺由人而創建。我祖張諱日升公，立身端方，自安處世，樂善好施。康熙癸丑年，置赤竹坪田拾□屋場等項，内田租伍拾石□捨入霞隱寺。丙寅年，寺被狂風損毁，田被洪水流衝，寺毁田壞，時將神像、田租俱移入在□爲香燈。樂乃日升公之曾孫也，仰體我公好施于前，難忍霞隱終毁于後。田雖荒蕪，坵段尚在。雍正乙巳年，始□力□山□廣開，費金一百餘両，以致緣租有歸。寺雖傾圮，基址猶存。爰是募化樂助，□其舊□繪塑慈悲佛祖金貌，□煌□□。施者不計報復，然而佛光普照，俾人物得以安阜者，□無或爽之理也。宜以壽諸貞珉，期堪永垂不朽。謹將名次列序：

勸首張其樂增銀二拾員正。信士林盛山公助銀拾員正。庠生林信侯公助銀伍員正。邑賓黄皇欽公助銀三員正。信士黄學鄉公助銀三員正。庠生林欽其公助銀二員正。邑賓江楚波公助銀二員正。信士張文玄公助銀二員正。信士江文炆助銀二員正。

太學生廖盛李、太學生廖廷鎬、太學生林欽典、信士張文貌公、信士黄国惕、信士蔡世帖、信士卓世雄、信士游厚培、信士張廷伴、信士林名析，以上各助銀一両正。太學生江朝宗、太學生廖紹金、太學生廖廷鈺、太學生廖君倉、太學生廖君翕、太學生廖君儉、信士張貞惠公、信士張進東公、信士黄榮育、信士黄士漢、信士黄廳□、信士黄国察、信士黄国擎、信士黄文音、信士陳文興、信士張文齋、信士張士天、信士張朝蔭、信士張元旭、信士鍾良詩、信士涂源曹，以上各助銀一大員。信士林殷瓚公一両。

緣化：太學生張□珍助銀一両正，太學生黄□捷助銀一両正，太學生林元彩助銀一両正，太學生林国拔助銀一員正，信士游国棱公助銀一員，信士李冑牒助銀一員，信士張心躊助銀一員。

涂門游氏助銀二員正。張門葛氏助銀一両正。張門江氏助銀一両正。林門江氏助銀一両正。張門鍾氏助銀一員正。

化首張其樂。

乾隆三十二年歲次丁亥仲冬穀旦建。

**按：**此碑現存霞葛鎮霞村霞隱寺，碑名爲編者加擬。

## 一一二七　追報堂家規

宗庙者，報祖德也；家規者，昭深謀也。德盛宗庙靈，謀善家規肅。我族追報堂之立，惟□□□□□德衍下有五世于兹矣。群昭□穆，毋失其倫；以□以享，各禀祀業；但□人衆，不無異志。爰立□□□世世子孫敬守勿替焉。蓋追報堂者，坐南向北也；分金放水者，定向也；高深闊狹者，定□□□脩整務必仍舊，家規一也。

夫隆祖祠必昌後裔。丁槕者，後裔所從出也。元宵于是□□□□□□人□定未出月者，隨他意焉。至若新婚，又丁槕從出也。例如之者，在衰絰□焉，亦不論□□□□□□到祠，上敬祖，下敬宗，不到誣其祖矣，何以能育？家規二也。

至若過繼立嗣，美□□□□□□□，豈無譜哉？非啟昌公派不取焉。昭穆混，断不可。家規三也。

然後之昌，必受□祖之蔭□□□□□□□之□安得不講焉！而背山乃衆人私下山界居多也，付公會禁，樹銀十抽三，公得七〈下缺〉安塟不得侵乱，家規四也。

若夫祖德隆，子孫盛，則又在蒸嘗起也。五福〈下缺〉寡必求衆願，恃頑者鳴鼓攻、不分胙，家規五也。

他若敢獨□干〈下缺〉也，百里夷、百里蔡放之，非無謀也，鳴鼓攻、不分胙〈下缺〉德也，不與祭，不待□而痛，且與□紀〈下缺〉之數勿拘，以外断不得入，家規七也。

〈上缺〉事之容，繩繩祖武，萬斯年而曰子有後〈下缺〉。

乾隆三十三年歲次戊子三月。

按：此碑現存霞葛鎮井邊村江氏追報堂。

## 一一二八　重修永寧宮緣碑

嘗觀景之勝也，神斯托焉。此地上列層巒，下臨曲澗，位高而望遠，竊疑鷲嶺蓬萊，恍惚遇之。先人依此營工，由來久矣。迄雍正甲寅，新其制，拓其規。數十年來賴神靈呵護，士女咸安，永寧之名實昉諸此。惟神靈亙古常昭，廟貌及今而頓變，倘不再加修葺，幾失鳥革翬飛之美。茲幸諸檀那輸誠捐金，鳩工任事，行見洞宮璀璨，而丹艧黝堊輝映。驅想冥冥漠漠中，當有撫景欣然，所爲呵護以安士女者，其澤應加新也。又奚必移浮圖於海外，如古寺傳奇，始信效靈之有藉哉！是爲序。

生員江浩然敬撰。

勸緣張世種二兩。信士張君倉銀十元。張士派三兩半。張承茶三兩三。國學張時茂三兩一。張世經三兩一。國學張盛李公三兩。張鹿容三兩。張世本三兩。張世楷三兩。張宗習一兩。田天審一兩。信生張君翕銀二元。信生張君儉銀三元。張承馨銀三元。張世楫銀二兩。張世滸銀二兩。信生張世泮銀二兩。張世仲銀二兩。張世燕銀二兩。張承嵩銀二兩。張世案銀二元。張士羅一兩。張世踦銀二元。張世墨銀二元。張世務銀二元。張承倡銀一元。張門江氏男崇兩半。張承奇兩半。江以優銀兩二。張士蘭銀兩二。張寵錫公兩二。張承運兩一。江士充一兩。張士安一兩。張士貴銀一兩。張門蔡氏男涓一兩。江以快銀一兩。張宗約銀一兩。江士杪銀一兩。江士奉銀一兩。江士鹿銀一兩。張宗坤銀一兩。張宗出銀一兩。張士海銀一兩。張乃安一兩。張世諭一兩。張世作一兩。張世洋銀一兩。張世總銀一兩。張世洽銀一兩。張世院銀一兩。張世居銀一兩。江門楊氏男旅一兩。張門江氏男泖一兩。張世苑銀一兩。張世衷銀一兩。田世曆一兩。張世潺銀一兩。田先利銀一兩。張世科銀一兩。張世曆銀一兩。張世順銀一兩。

張世龕一兩。張世監一兩。張世補一兩。張世面銀一兩。張承則銀一兩。張世容銀一兩。江心對一兩。張承祧銀一兩。張承兼銀一兩。

大清乾隆三十五年歲次庚寅九月穀旦。

**按：**此碑現存官陂鎮彩霞村三山國王廟。

## 一一二九　本社募修僧室碑記

本廟更新有年，僧室懸宕未修。今有首事沈容、許作棟、沈宰、陳世珍、許承恩、許蘊若、林角等商議，出而募修，旬日之内而功告成。延僧住持，香火長新，神光永耀，垂祐靡既矣。

邑賓沈容喜銀肆員。信生許作楫、林軒昂、邑賔許作棟、陳世珍、李智、陳延瑞、許蘊若、秋埔湖、李淵、李淡、李滿，以上俱出銀二員。大坪陳輝楊等喜銀二員。信生胡延□、謝蘭馥，太學生許文標、林文邁、陳宗華、許宗綸、董天招、董天培、謝玉藻，邑賓許光裕、許文鍈，信士阮助、吴阮使、沈宰、吴福、陳會、周石、許珍、沈斐、胡其禄、許澤民、林淑青，嘉當郭忠、林角、黄有溪、阮伯崑、李補、康邁、郭孝、許清瑞、朱天送、許士突、許六、李苯、李華、許二、許豪千、林協、李赤、李貴、葉朗、許啟謨、翁隨、許韜、柳媽保、沈快、陳佛賜、張嶧岩、羅達章、吴意，以上俱出銀一員。吴子荣等出銀一元。

乾隆三十六年歲次辛卯蒲月立。

**按：**此碑現存南詔鎮東關街開漳聖王廟。

## 一一三〇　白石陂勒恩碑

竊謂八蜡之典，特重坊、墉。陂溝，其遺制也，資眾功尤深且美也。白石陂糧田六十餘石種，因水份不均，陂

溝圮荒。十餘年來，慘不忍言。茲太學生沈維新公仁慈爲念，簽協力首事，立約議定水份及一切規條。厥恩甚鉅，是宜勒誌貞瑉，而凡諸與事鄉老亦並垂石上，以志不朽云。

首事：鍾乾宜、涂成、沈俊民、沈士鍾、沈君榮、沈思賢、沈克方、沈克宋。

旹乾隆歲次壬辰年季春穀旦。社子美、登陽樓、白石、大份四鄉仝立。

**按**：此碑現存白洋鄉白石村白石庵。

## 一一三一　鎮龍庵題捐碑

〈上缺〉信士涂□艮廿二兩□□。□□□□艮三兩正。黄士邦艮一兩三□。信生黄功□公一兩二□。涂□□艮一兩三□。□□□艮一兩二□。黄□炳一兩一□半。黄□□一兩一□。黄□□一兩□正。□□□一兩一□正。□□□一兩正。□□□一兩正。□□□一兩正。□□□一兩正。黄□□二員。信生林□盛一員正。信生張桂□一員正。黄廷崇一員正。信生張□□二員。涂踐奇一員。霞□□一員。□□□一員。孫介福一員。黄安之一員。黄義尊一員。張益□一員。張□傑一員。黄□□一員。黄□利一員。鍾曰廣一員。張名就一員。張位□一員。江□□一員。廖□□一員。林益濤一員。張德標一員〈下缺〉。

緣首：黄業□二兩，黄壽尊、張〈下缺〉。

乾隆三十八年歲次〈下缺〉。

**按**：此碑現存霞葛鎮莊溪村鎮龍庵，殘缺不全，碑名爲編者加擬。

## 一一三二　重修上龍庵緣碑

位定一尊，首推乎上；靈偕四畜，莫重于龍。是庵以上龍名，誠以其位置獨高，精靈畢萃，爲天下寡双之福境

也。設梵居而脩象教，昔既有其成模；禱求必應，允爲鄉人所利賴。第歷年久遠，不無傾圮之憂，而又以本境物力不足，未敢遽言修復。幸蔡諱義公與住持静動和尚同心募化，由境内以迄他方，各樂傾囊。一柱一椽，咸資檀那之助；片磚片瓦，無非善信之金。鳩工任事，而是庵遂告成焉。俱見丹楹刻桷，廟奕奕者勢常尊；塑像繪圖，靈昭昭者神愈顯。是不特上龍之名可以永傳於不朽，而慈雲徧覆，亦將廣濟于無窮矣。因其請序，聊綴數言，使各緣姓字皆得並登于石，殆亦不没人善之意也乎！

生員江浩然盥手敬書。

張天祐公銀三十員。蔡天義両弍。蔡士臘十六員。張元懷五員。蔡天雉五員。蔡心長四員。蔡門黃氏男徐四員。張應沬四員。蔡心船三員。張應堅三員。張廷凡三員。蔡心錫三員。蔡士同三員。蔡宗聲三員。張門劉氏男楓三員。蔡宗廩二両。張士瑠二両。張文集二両。劉可章二両。蔡門賴氏男浪両七。

張朝麻、蔡心知、張門陳氏男旁、張廷歇、蔡国利、張李福、張士並、蔡門吕氏男稱、張士調、張朝噴、蔡士廩，以上各二員。劉可蓮両五。蔡司曹両三。蔡文戢両三。張廷育両二。張朝□両二。蔡宗殺両二。蔡宗巷両二。蔡士□両二。蔡宗人両二。蔡天獅両一。張朝胡両一。蔡心燦両一。蔡士輔両一。蔡宗嚴両一。

張聖練、張士鎗、張朝丹、蔡宗連、張元功、張元帖、蔡文恥、劉光讚、張朝揚、張廷鳳、劉光賜、蔡門張氏男節、蔡志賢、蔡士我、蔡士瑋、蔡成林、劉可蘇、田士俸、蔡獻爵、張門黃氏男讓、張元來、張国朝、蔡士聳、張元貞、蔡士□、劉光輝、蔡門張氏男沅、張国庇、張宗□、張国安、蔡国烸、張天層、鍾士竹、蔡士龍、蔡□茶、蔡士朝、蔡士抱、劉可享、劉門蔡氏男□、蔡士學、蔡獻□、蔡士尋、蔡門蔡氏男貢、蔡士建、劉可請、蔡宗包、張士豪、張士發、張聖庄、蔡□□、劉可文、張元果、蔡天送、張廷藍、張朝印、蔡士佳、劉天錫、蔡士□、張門黃氏男宇、張朝書、張士棁、張士梯、蔡宗隆、張門林氏南佳、蔡宗易，以上各銀一両。

邑賓陳天致銀五両。蔡士扶一員。蔡友囡一員。劉復一公園一塊。劉晚公園一塊。劉生公園一塊。

主持僧静勳。乾隆三十八年歲次癸巳菊月　日立。

按：此碑現存官陂鎮陂龍村上龍庵。

## 一一三三　重修上龍庵緣碑（二）

陂頭鍾寧來公喜助銀二十二大員，大扛樑一對，又大樹兩枝。

乾隆三十八年歲次癸巳秋立。

按：此碑現存官陂鎮陂龍村上龍庵。

## 一一三四　詔安縣批結廟地憲示碑

本縣主大老爺陶，勘後批結衆等□武生互控廟地一案，勒石以垂萬世。據呈祖地七間，今詞内所開八間□□□□。本縣勘得孫家園邊榕樹亦□□界，所勘之□□爾祖歌頌功德，非衆情願，無怪□武生□□遵諭將所勘之榕樹三株，照□入公，不得□伐，致啟訟端。

何天、林□、黄□、□□、何□、黄□、沈□、賴□、關□、鄭嫣生。

乾隆三十九年立。

按：此碑現存南詔鎮北關街真君巷福德祠，碑名爲編者加擬。

## 一一三五　禪林室題捐碑

邑賓陳在中喜助禪林室兩間，带過廳石一完，仝妻華氏助□魚一圓。

太孝生陳秀紳助禪林室地一所，带鈴鐘一枚。

太夅生陳秀拔□子〈下缺〉。太夅生陳□龍助鐘鈸一副。

乾隆四十一年冬月吉立。

**按**：此碑現存霞葛鎮坑河村樓下社石橋廟，碑名爲編者加擬。

## 一一三六　横山祠記

我鄉之號爲大元也，有横山作鎮焉。往來行人多會于此，因闢地而建福德祠，由來舊矣。緣前經改造，尚多遺議，於是鳩集眾志，捐金攻石，不數月而廟貌焕然聿新，屬予作文以誌之。予观夫横山勝狀，在西南一方，崇嶺茂林，清流映帯。履斯土也，游目騁怔，宛成巨观矣。神靈赫濯，鍾英毓秀，所以綿福德于無疆也，其在斯乎？爰書姓字，以垂休光于奕世云。

生員江長清敬撰。

江恩錫二兩。楊仲安二員。江永德一員。黄欣如一員。黄永隆一員。江瑞先一員。太夅江玉音五錢。江惠彩五錢。太夅江天清五錢。江仁□五錢。黄思賢五錢。江国宗□□。江會一三錢九。江乃加三錢八。江夅山三錢八。江會两三錢八。江廣財三錢八。

太夅江恩□、江子展、江軫光、江子昭、江田從、江宗約、江欽文、江振聲、江子厚、江君賜、江曰足、江演可、江拔俊、江国珍、江永德、江敬天、江廷封、江乃立、江淑音、江續□、江首占、江乃安、江瑞臨、江德惠、江期勛、江建立，以上各三錢六分。江国手三錢五。江頃千三錢五。江效先三錢五。江惠萬、江益芳、江廷舉、江元芳、徐進文、許進乾、吴顕之、吴聖及、吴成坤、吴善兼、吴度財、吴傑夫、吴起元、吴暢之、吴行之、吴禄之、吴德乾、江聖乾、江榮光、江象德、江居業、江資元，以上各三錢二分。江厚珍、江秀春、江右文、江君贈、江維賢、江物成、江郁廷、江哲機、江欲彩、江象坤、江永淑、江尚卿、江永業、江浴兼、江永利、江瑞河、江天思、

生員江長清、江国運、江應送、江成一、江君創、江永善、江廷選、江廷吉、江鑽夫、江兼一、江宅商、江時可、江賢善、江共長、江珍賢、江美占、江乃行、江乃齊、江若然、江曉然、江應皇、江宜春、江欲成、江成可、江君作、江君和、江兼三、江乃静、江特凡、江沬之、江聖從、江仁居、江君賢、江君錫、江永和、江盛伍、江復生、江萬生、江盛都、楊仲科、楊玉榮、楊名譽、江遜眾、江善舉、江世妙、江利新、江仲魚、江列五、江善邑、江豫三、江令居、江耀金、江世華、江㒷周、江殿元、江漸可、官瑞金、江習劄、江文端、江文淡、江義天、江善緒、江軌常、江国修、江象天、江拱福、江應好、黄成章、江象耕，以上各三錢正。

緣首：邑賓江天驄二員，吴漢基五錢，江心求三錢六，江毓清三錢六，官文照三錢六，江令昭三錢六，江雲從三錢六，江弁可三錢六，江汝極三錢六，江性德三錢六。

乾隆丙申四十一年仲夏之月吉立，文峯江會□敬書。

**按**：此碑現存太平鎮元中村永豐庵。

## 一一三七　重修鎮龍庵碑記（三）

鎮龍庵、亭皆一方柱砥也，而亭下有神□佛祖準提之座在焉。盤〈下缺〉于癸巳重脩，而忽廢于丙申洪水。眾等誠心樂助，不日而成。論〈下缺〉終不替云。

信士涂永福公助銀弍兩五錢。信士黄国光助銀一兩二錢。張維興助銀一兩二錢。吕祥佐助銀一兩二錢。鍾積□助銀一兩一錢五。國學黄中立公助艮一兩一錢。國學黄葉国助艮一兩一錢。黄名饒助艮一兩正。信士張圭玉助艮一兩正。張進□助艮一兩正。黄安之助艮一兩正。林□□助艮一兩正。鍾有惕助艮一兩正。張廷睍助艮一兩正。張四□助艮一兩正。黄金天助艮一兩正。下萬鹽記艮一大員。鄉賓林帆先助艮一大員。信士黄友崇艮一大員。張利邦艮一大員。江祺範艮一大員。林介福艮一大員。張仍璧艮一大員。林聖宗艮一大員。江世□艮一大員。黄文□艮一大

員。黄耀明艮一大員。黄義典艮一大員。張尚之艮一大員。黄哲尊艮一大員。張名就艮一大員。黄獻萬艮一大員。黄永芳艮一大員。林仁之艮一大員。楊名榜艮一大員。黄永交艮一大員。林美益艮一大員。信士張旌儒一員。黄道尊一員。黄新生一員。黄悦中一員。江清晏一員。廖承忠一員。黄桃岸一員。黄□□一員。黄足一一員。江德仲一員。黄全台一員。鍾曰答一員。張德標一員。黄全序一員。鍾可瞶一員。張創成一員。黄全龕一員。黄功煖五錢六□。黄生餘五錢二〈下缺〉。

緣首：涂德明艮一兩五錢。鍾悦清艮一兩五錢。

勸首：張義行艮一兩。黄壽尊艮一兩。黄奠□一兩。林以□□員。鍾□□□□。黄〈下缺〉。

江□□□員。江□□、江□助艮五〈下缺〉。

乾隆四十一年歲次丙申〈下缺〉。

**按**：此碑現存霞葛鎮莊溪村鎮龍庵，碑名爲編者加擬。

## 一一三八　嚴禁加課漁鹽憲示碑

特授詔安縣正堂加三級紀録五次記功二次楊，爲勒石示禁以杜弊竇事：

據漁船户沈成等呈稱：『生長海濱，採捕爲活。凡有大小採捕船隻，分季别爲大春、冬海，届期遵例按額領配課塩，前去採捕醃醎，成例已久。緣本年三月内，各照常例領配課塩外，司哨等復欲每隻船加配伙食塩三石。不已匍呈，蒙批：「據稱該舘於常例之外，欲加配伙食塩三石。雖爲裕課起見，但未免加征滋擾，候即諭止。」續據再呈，爲恩准勒石杜弊除萌。』等事前來。查漁船出口，領給魚塩，以資醃醎。至另發伙食塩三石，前據具稟，業經諭飭禁止。准即抄録原批勒石，示杜弊竇。除批飭外，准即勒石示禁。須碑。

乾隆肆拾叁年伍月　日給。衆漁船户呈首：沈成、閔伍、林連等仝立。

**按**：此碑現存南詔鎮南關街朝天宫，碑名爲編者加擬。

## 一一三九　重建明倫堂並創尊經閣記

孟氏曰：『學則三代共之，皆所以明人倫也。』故凡建立文廟，即有明倫堂，亦使人顧名思義，敦厥實行，非徒出入是堂，規陳编，飾綺説，以就有司之程度而已。然而五倫莫備於六經，未有經不明而知倫者。朝廷崇聖教，垂訓學宫，於各府州縣頒六經、諸史若干卷，亦欲俾諸生得所誦習，使知堯舜之道不外孝弟，聖賢之學莫重人倫，科舉之學尤其末焉者也。

吾邑文廟與明倫堂，自有明嘉靖間建置以來，至今二百餘年，屢圮而屢修。我朝乾隆十二年，邑侯姚公見學宫茂草，始重新之。未幾，費侯又重拓之。而明倫堂牆壞木朽，歷數載而莫舉，且藏經列史之閣亦憒憒而罔念及，弟子員幾視爲具文而不究心。邑侯劉公下車伊始，謁聖之餘，週圍四視，即慨然有振興之意，謂堂傾須再造，而經當貯閣以尊之。爰捐資俸、創規模，擇謹厚之人而任之。鳩工者、庀材者，量基址，度高卑，棟宇榱桷焕然一新，髹漆粉飾，巍峨光潔，兩閲月而告竣，儼然與文廟前後輝映。此非徒一時之巨觀，誠萬世之曠典也。後之人入斯堂而明倫物，登斯閣而讀經史，服聖訓而修身制，行之不敢苟者，孰非沐我侯之德澤也哉？

侯名嘉會，字禮田，號熙堂，北平人。

**按**：此碑未見，碑文見於民國《詔安縣志》卷十六。作者陳丹心，詔安人，乾隆十九年進士。邑侯劉嘉會，乾隆四十四、四十五年任。

## 一一四〇　重修城隍廟碑記

詔城隍廟址于城西之衢，昉于前明嘉靖間，拓于國朝康熙五十三年邑侯馬公。其間歷任賢侯，或脩或補，皆因陋就簡，規模狹小，且又年久，多傾圮剥蝕。詔紳士庶，謀欲請當道而重興，不果。乾隆四十三年戊戌夏，邑侯劉

公承天子命來視篆，甫下車，謁城隍，見廟宇頽然，而謂曰：『城隍者，民之保障也。且古聖王以神道施教，五祀之設，明有尊也，示有親也。矧城隍以保民，明威赫赫，大典煌煌，顧可忽乎？』遂以鼎新爲志，捐俸罰鍰，鳩工度地，命諸董事者因舊制而增廣之。爲楹九，爲間三，中爲正座，翼以兩翬，下于門廡旁建置齋宿。而侯又于其中增置拜亭，爲神蔽風日，昭其敬也；移東西廊六科臣像于正座之旁，示一體也。另買民間地一座以拓照牆，又于外門廡埕地低者填之，堤之以石，而大觀具矣。斯役也，取材伐石，陶瓦磚，施丹雘，自乾隆己亥三月興工，迄庚子二月告竣，共費金錢一百七萬九千有奇，視舊制倍蓰什伯。詔紳士庶，咸頌我侯功德于不衰。

蓋官以莅民，神以護民。民志不攝，無以厚民之情；民財不阜，無以厚民之生。我侯自莅詔以來，興利除弊，勤勤惓惓，曰：『無使吾民吮血于豪猾，無使吾民空杼于蟊賊，無使吾民橫索於包賠。』以故政清人和，訟獄寢息。既建尊經閣，復脩鄉賢祠，而又殷殷斯廟，非僅爲吾民之水旱疾苦祈禱計也。理發之爲愛敬，氣稟之爲知能，過墓思哀，入廟思敬，感於不自知耳。城隍者，民之血氣心知周流無間，即在于是。尊君親上，爲善去惡，陽以化之于人，陰以移之于神。民志攝則民風淳，民生之命脈益安，國家之金湯永固。然則侯之所以保障乎斯民也，至矣。

侯諱嘉會，字禮耕，號熙堂，直隸順天正黄旗人，由貢生出宰，歷試有聲。建廟之後，又告諸紳士，欲爲詔邑構造塔峰，以振文物，作人雅意。故其令子炳華，本年己亥恩科應順天鄉試，即登賢書，蓋爲保障之報也。因爲之記。

賜進士出身、湖南寧遠縣知縣、署零陵縣事、治年家眷弟陳丹心撰文。

乾隆四十五年歲次庚子三月　日穀旦，闔邑紳衿士庶仝立。

**按**：此碑現存南詔鎮縣前街詔安城隍廟。

## 一一四一　南壇廟題捐碑

信士景、信士好、揮使□、信士苗、媽克、登、廣西標密、孔、丹、鯨、居、問、信士成家、梓、清和、位清、

捷、漢綬、協、糙、乞生、士魁、哈、天、位、獻琛、士黄、苞、欽、德、忠等、適、天佑、丙、廷昌、潮、發、選、詠、永豐、永盛、發朮、吏員廷貴、烏、福、勸、三發、美如、全、龍，以上各捐銀一元。

己亥年慶成建醮，各捐□□□□。祠堂社捐丁口錢三千五百七十文。東里社捐丁口錢三千文。南壇社捐丁口錢二千零六十文。□□社捐丁口錢一千九百五十文。后寨社捐丁口錢一千七百二十二文。南苑社捐丁口錢一千一百文。新興社捐丁口錢一千二百六十文。和興社捐丁口錢七百二十文。玄壇社捐丁口錢六百三十文。□□社捐丁口錢五百七十六文。書學社捐丁口錢五百五十二文。園上社捐丁口錢五百十六文。□□□事捐銀四百文。

緣銀費用不敷，首事拾貳人各捐銀錢：信生可受捐銀一元，信官良捐銀一元，吏員次中捐銀一元，信生丕章捐銀一元，信生士□□□□，信士榮捐銀一元，鄉賓振銓捐銀一元，鄉賓肇遜捐銀一元，生員鶴興捐銀一元，信生長春捐銀一元，鄉賓志道捐銀一元。

首事：信生可受、武信佐郎、吏員次中、信生丕章、信生邦、信生榮、舉人天階、信生□□、信生長瑞、信生澗源、信生亞□、信生長春、信生仁寧、生崇浚、信生板茅、鄉賓士銓、鄉賓聿遜、鄉賓志道、信生振銓、信生國棟、信生□□、信生士晃、信生士榮、信士俊桐、信生其泮。

乾隆四十五年四月　日穀旦。住持僧春園偕徒朝檜仝募建。

**按**：此碑現存南詔鎮東城村南壇功臣廟，碑名爲編者加擬。

## 一一四二　趙真堂修築碑記

佛光普照，神靈赫濯。始于漢朝，建于唐君。延及清帝，崇祀尤隆，通都州邑，各立廟宇。我鄉南陂，創建庵堂，名曰趙真，由來已久。風清俗美，閭族咸和，□□敢忘？年深月久，全堂毀壞，神像殊形，不便觀瞻。誠心樂助，復增修制，式焕規模。修正東廊，更濟文帝，科甲聯登；新築西廊，將祀昭祖，財丁兩旺。捐金數百，名勒於

石，以垂永遠。

勸首信士：林授欽、德豐、周伍、調尚、正川、欽典。

承用公六十五元。明遠公三十元。庠生信侯公三十元。邑賓而拔公三十元。成肅公三十元。信生宸居公十二元。信生元榮十二元。仁厚公十元。穆德公十元。簡之公十元。邑賓貞一公十元。庠生及成公十元。庠生奎亮公十元。信生日輝公十元。信生授封十元。畹值公十元。献之八元正。農官鳳亭公六元。恭落公六元。信生授和六元。邑賓心亮公六元。心洪六元正。信生中桂六元。義發公六元。種玉公六元。協宜公六元。朝錫五元。繼丏五元。正治五元。信生振和五元。勤實公四元。信生授荣四元。璧先四元。邑賓校先四元。国章公四元。信生君裕四元。信生元彩四元。華之四元。信生元達四元。碧之公三元。孿如公三元。邑賓讓者三元。仲明三元。信生授建三元。郁文公三元。信生讓三元。崇閣三元。義儒三元。信生首魁三元。參化三元。汝桓三元。介福三元。益清三元。上交三元。晦之三元。丕拱三元。

□孝公二元。德明公二元。致文公二元。心悦二元。尚東二元。召道二元。益定二元。信生日秀二元。明之二元。德先二元。珍之二元。聖猷公二元。秉成公二元。任之二元。生員時中二元。期依二元。視若二元。聖宗二元。国典二元。貢士明達二元。意順二元。聖器二元。乃鍪公二元。列荣二元。仕恕二元。烈原二元。汝褰二元。汝繕二元。邑賓挺之二元。達川二元。意花二元。義山二元。意鼓二元。潛夫二元。信生元利二元。信生陳堅二元。信生元盛二元。宜安二元。蘭清二元。愈棹二元。美義二元。配乾二元。德輅二元。實公二元。良梁二元。信生德統二元。信生德絆二元。信生德亘二元。信生德良二元。信生德芳二元。

信生授芳、浩豐、心質、仕攀、名份、淑安、名統、名畝、心錐、心遂、埜瑞公、子成公、用享、德秀公、□尊公、烈秀公、益聞公、輝享、用皎、任龍、魁良、會奐、進尚、友清、周尚、王相、忠尊、實居、期拥、良和、文居、藍彩、期凡、文隘、期炮、期象、趣□、天元、期肚、勛巷、文永、天相、廷杞、周乾、期録、空興、如金、

期丕、問軌、荣廷、名都、期春、永南公、永調、恒之、永源、乾齊、国發、子春公、漸文公、次悟、雲峰、汝發、超極、超義、慈□公、若一、仕登、仕□、桱渏、□奥、若達、位元、欽成、火□、起調、起二、乃親、乃□、汝山、汝雄、策先、名諧、汝凛、佩玉、汝典、汝鈸、仕赫、仕斫、仕登、仕□、署之、□□、以凌、継□、奠興、札□、盛波、謙之、積豐、□岸、和之、義全、益杭公、上倉、上良、殷明公、上調、□淍、□□、□□、□□、德□、盛□、盛遷、烈□、德兼、德□、德□、監單、豐斤〈下缺〉。

乾隆四十七年歲次壬寅葭月吉旦。

**按：**此碑現存霞葛鎮南陂村趙真堂（又名保南院）舊址。

## 一一四三　重修鎮龍庵記

山川盤鬱之勢，結而爲寺庵。地靈而鍾，即神靈所歆，而民庶富盛，人文蔚興，莫不由于此也。詔邑二都有鎮龍墹，由來舊矣。其地于平洋曠野之中，萃然特起。尾蟠巨麓，首注清溪，左右前後奇石負土而出者，不可勝數；加之嘉木美箭，周于四隅，此固天作地生，永爲西疆之保障者也。昔人築庵于此，制八角，設二門，節棁欂櫨各有制度，天工人力兼擅其奇。是以神明赫濯，常顯威靈；紳衿士庶，咸沐神庥焉。

雍正甲寅間，曾爲修葺矣。年經久遠，漸即圮頹。緣首黄壽尊等倡義募捐，衆皆樂助。于壬寅年冬十月，因其故制而更新之。舊楹以木、門以土，今俱以石，備輪焕之美，加丹艧之塗。越癸卯年夏五月，工乃告竣。缺者補、舊者新，廟貌赫奕，寶像莊嚴，誠洞天福地之府，豈僅爲中流砥柱已哉？嗣是神蔭之福，申錫無疆，行見富庶日增，人文日盛，而此方之食報正自靡涯云。

和邑生員陳時和拜撰。

中尊佛，邑賓黄翼墀公修，每年香谷一大斗。左尊佛，邑賓江生一公修，每年香谷一大斗。右尊佛，邑賓涂雙

淥公修，每年香谷二大斗。五顯帝，黄斯待公修，每年香谷一大斗。觀音娘，黄輯五公修，每年香谷一大斗。白衣娘，黄希聖公修，每年香谷一大斗。

普彌一身，張寅昭公修。羅漢一身，江以上公修。羅漢一身，黄容素公修。金童、玉女二身，黄輯五公修。羅漢一身，龍頸賴旭皇公修。羅漢一身，陳亦謙公修。羅漢一身，鄭林胡公修。羅漢一身，楊錦如公修。

邑賓江生一公十二兩。邑賓黄維廣公十兩。張宜升公六員。邑賓江道生公五兩。國學黄中品公五員。涂永福公四員。黄藝苑公三兩。邱榮上公三員。黄安之公三元。張利邦公三員。張益芳公三員。張郁宝公三員。黄天爲公二兩。國學黄中立公二兩。陳玉怡公二兩。黄士傑公二兩。江子深公二兩。江聯魁公二員。陳榮佩公二員。陳習之公二員。鍾確直公二員。黄声清公二員。張君弼公二員。張茂華公二員。黄茂之公二員。張尚之公二員。林謙之公二員。張胤賡公二員。張生如公二員。林殷明公二員。江以上公一兩。江振声公一兩。江梅占公一兩。黄欲正公一兩。黄心竦公一兩。黄李進公一兩。黄心暢公一兩。黄企喬公一兩。張列攀公一兩。林益海公一兩。黄寘賢公一兩。黄魏光公一兩。涂積夫公一兩。黄君越公一兩。陳華金公一員。黄近光公一員。鍾正上公一員。

邑賓賴敷魁十員。邑賓涂紹魁八員。信士黄善賞八員。信士黄義尊八員。國學黄功炳八員。國學黄華國八員。國學黄名饒八員。信士黄任遠七員。信士黄象清六兩。黄友崇五員。黄育生五員。國學黄功淡五員。國學黄功熊五員。國學江砥柱五員。信士黄禧榮三兩六錢。黄文耀三兩三錢。國學黄功熷三兩三錢。信士黄永芳三兩。黄元定三兩。黄温如二兩八錢。國學江世偉三員。信士李華明三員。林聖宗三員。涂定之三員。信士張盈璧三員。張義行三員。黄隆光三員。江乃尚三員。張名就三員。林益清三員。張步雲三員。郭志亮三員。張仁任三員。涂有金三員。張升泮三員。涂豪士三員。黄國珍三員。涂如松三員。涂德裕三員。黄挹清二兩五錢。鹽館陳務、陳仕二兩三錢。黄達可二兩三錢。鹽館林明光、沈文遠二兩。林永調二兩。林界福二兩。黄天爵二兩。國學江流光二兩。黄廣業二兩。黄耀明二兩。信士楊品敘二兩。信士黄慶夫二兩。黄士升二兩。黄殿居二兩。陳士住二兩。邑賓江秀聚二兩。

信士林以清、國學林德統、生員江河、信士陳漢臣、江世利、陳惠川、林上有、黄友成、鍾有惕、李子安、廖進芳、涂謂坤、黄時進、黄道尊、黄英捷、黄生餘、黄續先、林行可、黄廣愛、黄悦中、信士廖国旺、楊興快、黄亮照、黄象煇、黄雲容、黄能可、黄欽賜、張拔凡、黄心恪、黄益宗、江繼光、黄心和、黄朝宗、黄賓彩、黄朝典、黄守一、楊魁生、田瑞廷、江美、廖坦、陳君易，以上四十人各助艮二員。林以明、林閏新、江輔臣、黄蟾攀、廖能榮、江次孟、江國佐、黄毓楒、黄閏丹、郭策勳、江撮、江娘騫，以上十二人各助艮一兩五錢。黄任弘、黄列彩、鍾盈倉、林繼榮、鍾永一、林實夫、張聖道、楊正對、黄越常，以上九人各助艮一兩三錢。黄貫柱、林文光、黄乃常、黄乃恒、邱華祖、黄乃耆、江遜作、黄特精、江遜粹、黄配江、鍾可一、鍾勤一，以上十二人各助艮一兩二錢。賴萬炣、黄正之、黄仁衷、黄善勳、黄定安、黄配亨、黄望邦、林德代，以上八人各助艮一兩一錢。

信士賴榮可、國學鍾圖興、信士黄彬蟾、生員江抱文、信士黄俊程、黄永合、黄体乾、黄鎮儀、黄捷尊、楊姜望、江英眾、張九壽、賴遠奂、張開生、江子序、江子藏、江文朝、林序五、黄連坤、田子美、江上謝、江子州、黄居五、江承棠、廖朝訪、黄君華、涂紹基、賴斯穆、張文聯、陳国謀、林周榮、楊通明、林乃攀、信士黄新生、林帝岸、黄文獻、黄用允、黄維濃、涂名金、黄郁盛、黄国用、黄漢傑、黄清璧、江遜錐、黄義之、黄耀光、涂定侯、黄国藏、黄維純、黄乃僅、黄維周、江宜可、黄象容、黄承基、黄能友、楊具調、陳波榮、黄列光、涂道賢、黄配乾、林惠渡、黄哲照、江遜旱、涂宇賢、林元遠、黄令行、黄衡音、楊宗台、黄西聖、張清紹、黄溢流、黄民透、楊正初、張威容、江遜超、江遜珍、江遜浩、林廷詔、林廷鉅、江有筆、江德嵩、江遜忍、江修焕，以上各助艮一兩。信士陳會倉一員，江思誠一員，江檣一員，郭善友一員，鍾永藏一員，鍾有轉一員。

緣首：黄業尊十員，涂德明六員，黄曉葉四員，林上水四員，張統一四員，黄道岸三兩，黄声榮三兩，黄名標二兩，江聚興二兩，林次梧二員，涂瑞珍二員，林以室二員。

紀緣：楊宗標二員，黄壽尊一兩，黄成之一兩，黄殿尊一兩，黄功仰一兩，江遜菴一兩，郭宙達一兩，鍾可照

二兩，鍾曰答二兩。

乾隆四十八年歲次癸卯蒲月　日吉旦立。

**按：**此碑現存霞葛鎮莊溪村鎮龍庵。

## 一一四四　重修五通宮碑記

鄉社之有廟宇，所以庇人民、隆祈報而慶盈寧也。故徑山之麓有五通宮焉，由來尚矣。地居其勝，神昭其靈。凡托在宇下者，莫不禋祀維謹，拜禱必誠。是以受□□□享茲福祉，而且□生俊傑，奮績鷹揚，神錫無涯，洵不誣也。廟宇舊址基□□柱□□□□□翼飛□□前人規模誠宏達也。迨星霜已久，風雨漂搖，不能無頹毀之憂。五十年前，黃母一品夫人林氏□闔鄉士庶捐資重新。當時董其事者，太學生黃諱世敏公、邑庠生黃諱時可公，虔誠襄理，調度有方，□其□料□□□□題六百餘兩。工竣之日，恰如其數，無贏無虧。此固經營之密，亦默佑之徵也。自修以後，神靈愈赫，獲□彌□□□□□□□□□麟□□□□名標虎榜，神人協應有固然已。迄今歷有年所，牆壁漸頹，□□□□□鄉士□□□□□□□齊心，闔□傾□題緣□共□醵金一千餘兩□□□□加倍，而工費亦□加多□□在□寔同□□□□□□□□□□□惟□人效其誠，神□□□他日之獻瑞呈祥，必更有加於昔。其所以庇人民、隆報應□□□□□□□名勒貞珉，以昭來者。是爲序。

總緣首黃世國助銀五兩。

特授榮禄大夫黃靖公助銀壹百員正。太學生黃國乾助銀五十員正。鄉賓涂宗光助銀四十員正。庠生黃必中公助銀□□員正。誥贈武顯大夫黃必遇助銀二十員正。信士賴見田公助銀二十員正。太學生黃世懷助銀二十員正。特授閩粵南澳總兵官黃世桓公助銀二十員正。太學生黃世□公助銀十五兩正。鄉賓黃廳助公喜銀十五員正。信士涂光助銀十五員正。信士涂宗□助銀十五員正。信士江連可公助銀十五員正。信士黃元常助銀十三員正。信士江□穀公助

銀十二兩正。太學生黄世立助銀十員正。信士黄國□助銀十□員正。太學生黄國暢助銀十員正。信士黄國盛助銀七大員正。信士黄國煓助銀六兩正。太學生黄世回助銀五員正。太學生黄國乾助銀六員正。太學生江世壹助銀六員正。信士黄心日助銀五兩一錢。太學生黄國邦助銀五兩正。信士黄心雷助銀五兩正。信士黄元合助銀五兩正。

太學生黄國□、信士黄國□、信士黄國□、太學生黄國□、信士□□□、信士□□□、信士□□□、信士黄□□、信士黄□□、信士黄國□、太學生黄□□、信士涂成秋、太學生黄國安、太學生黄國□、信士黄□朋、信士涂□□、信士黄□□，以上各銀□□□。

大清乾隆四十八年歲次癸卯冬月穀旦立石。

**按：**此碑現存霞葛鎮五通村五通宫，碑名爲編者加擬。

## 一一四五　通隱室題捐碑

通隱室，皇清特授榮禄大夫黄諱靖公捐資鼎建。

乾隆四十八年歲在癸卯臘月，子孫重修。

**按：**此碑現存霞葛鎮五通村五通宫，碑名爲編者加擬。

## 一一四六　重修龍光庵碑記（二）

庵以龍光名，誌靈昭昭也。此庵建自明隆慶丁卯年，距今清乾隆戊申年二百二十三載，廢興修葺，明以前尚矣。迄清雍正乙巳再修，花甲已週，丹青刊落，父老觀之，有太息者。太學廖廷哲、廷盛、文明、文彩，信士文永，太學生大詒、佳言等人，合言于鄉曰：『是歲不修且壞。從來慈慧門室，類皆玲瓏牖户，乃以光潤龍升，圍繞天龍。矧龍光之靈昭昭，像貌漫漶，得無情哉！』衆信樂助，心發菩提，無廢前人，無□後觀。鼎興于陽夏，竣工于仲秋。修

龍光以繼白馬，甚盛也。固由董事之竭誠，實藉神佛之呵護。爰歷敘興築，臚名以志不朽。記其事者，庠生廖朝瑑也。

信士張子可公助銀十五元。太學生張廷陸助銀十元。信士張明東助銀五元。信士張廷集助銀二元。歲進士張廷杰公助銀七十元。邑賓張國升公助銀十五元。太學生張懷倫公助銀八元。信士張廷袍公助銀五元。信士張德文公助銀三十六元。庠生張廷栻公助銀十五元。太學生張廷佐公助銀八元。信士張玉軒公助銀五元。信士張輝軒公助銀八元。太學生張廷永助銀十三元。太學生張廷成公助銀五元。信士張刈臣公助銀三十元。邑賓張德爲公助銀二十元。信士張振之公助銀十二元。太學生張廷輝公助銀五元。信士張湯蒼公助銀八元。信士張德寬公助銀二十元。信士林承付公助銀六兩。邑賓張廷達公助銀五元。太學生張廷清公助銀十二元。太學生張士顯公助銀二十元。信士張太乙公助銀十元。信士張大任公助銀五兩。太學生張廷昭公助銀五元。

太學生張廷敬助銀二十元。太學生張弘朝公助銀二十元。太學生張廷藝公助銀二十元。太學生張元彬公助銀二十元。壽官張道公助銀十九元。信士張鼎諫公助銀十元。信士張朝望公助銀十元。敕贈武信佐郎張林勇公助銀十元，又舍右邊神座石一完。太學生張弘捷公助銀十元。太學生張永瑞公助銀五元。庠生張壯猷助銀五元。信士張乾亮公助銀五元。信士張時相助銀五元。信士張言賓公助銀五元。信士張文珊公助銀五元。信士張世琛公助銀五元。信士張紹宫公助銀四兩。信士張源蒼公助銀四兩。

邑賓張爵升公助銀六元。信士張明波公助銀六元。太學生張廷茂助銀六元。信士張沖天公助銀六元。信士張雙山公助銀六元。太學生張廷哲助銀六元。信士張元奇公助銀六元。太學生張元芳公助銀六元。太學生張元達公助銀六元。信士張元經公助銀六元。信士張思賢公助銀六元。信士張源錫公助銀四元。信士張永掌公助銀四元。信士張時煌助銀四元。庠生張盧煌公助銀四元。信士張廷焕公助銀五元。信士張文癸公助銀四元。太學生張廷芳助銀四元。信士張士宗公助銀四元。太學生張文欽公助銀四元。太學生張大用助銀四元。太學生張鳴遠助銀四元。太學生張奇秀公助銀四元。信士張日升公助銀四元。誥贈奉政大夫張光顯公助銀三元。信士張子澮助銀三元。信士張郡侯公助

銀三元。太學生張廷祥助銀三元。太學生張廷游公助銀三元。信士張廷倫公助銀三元。信士張廷敦助銀三元。信士張襟正公助銀三元。信士張明盆助銀三元。太學生張廷器助銀三元。信士張元標助銀三元。信士張文眼公助銀三元。信士張善答公助銀三元。太學生張元略公助銀三元。信士張元居助銀三元。信士張時序助銀三元。太學生張元高公助銀二元。信士張文潺助銀二元。信士張道軒助銀二兩。信士蔡文活助銀二兩。信士張文□公助銀二兩。庠生張太成公助銀一兩九錢。信士張訊昭公助銀二元。信士張子灌助銀二元。信士張源文助銀二元。信士張源芳助銀二元。信士張時筆銀二元。信士張時賜銀二元。信士張林助公銀二元。太學生張廷閏公銀二元。太學生張廷盛銀二元。信士張明藟公助銀二元。信士張明收公銀二元。信士張廷通公銀二元。信士張君泉公銀二元。信士張明敦公銀二元。信士張起化公銀二元。信士張起仰公銀二元。信士張文瀾公銀二元。太學生張文緒銀二元。太學生張文炳銀二元。太學生張文綸銀二元。信士林君佑公銀二元。信士張廷登公銀二元。信士張世井公銀二元。信士蔡日生公銀二元。信士鍾時福銀二元。信士張世典銀半兩。太學生張元徐銀半兩。信士張廷訓公錢一千。邑賓張天悠公銀兩一。信士張來玉公銀兩一。太學生張弘輝公銀一兩。太學生張文燦銀一元。

張明潰公、張廷在公、張明秋公、張若深公、張維托公、張傳芳公、張廷斗公、張舜賢公、張心潔公、張廷舉公、張元臣公、張有算公、張廷墩公、張有倦公、曾文俊公、張時應公、林君亨公、張元鉤公、張坦之公、張其元公、張文刊公、張廳猜公、張拔進公、曾文位公、曾文啟公、張廷楷、張天郁、張福卷、張福安、張時慶、張福和、張士杞、張時臘、張文壽、張廷優、張天盧、賴世天、張心英、張心清、張文俠、張公國、張文國、張文楹、張文畝、張文偉、張元劍、張世律、張朝賜，以上各助銀二元。張文詣公、林世禄公、林時樂公、張文祖、曾文大、曾成維，以上各助銀兩二。

張從區公、張起猜公、張士對公、張廷韜公、張士材公、張協和公、張廷收公、張廷仗公、張天潔公、張文爐公、蔡文院公、張宗種、張時登、張賢五、張時業、張時珠、蔡日勝、張廷來、張廷漸、張廷營、張宗悦、張文題、

張文曹、張起宗、張維甘、張維排、張天養、張天正、張文睿、張光陞、張光升、張元順、張元傍、張元良、張士泮、張心齊、張文鄒、張文集、張文熉、曾文器、張美雅、張美闖、張美孔、張世調，以上各助銀一兩。

張君賢公、張上居公、張漢賢公、張元侵公、張曲嶸公、賴世推公、張廷秉公、鍾國德公、張希遠公、張廷戒公、張廷度公、張有律公、張文豪公、張希聖公、張石蔭公、張心耀公、張文傑公、張廷榻公、張文取公、張士臘公、張文捐公、張世收公、張文疊公、張世漫、張有桑公、張元湯、張世勢、張廷屈、張時發、曾文興、張佳駒、張時男、張睦錐、張士布、張時金、張時遠、曾文晚、曾文輝、張士庚、廖國上、盧鼎公、張文潺、張世敘、張世西、張廷育、張廷諾、張文紐、張文床、張廷濟、張心實、張士遞、曾文成、張士蕩、張明津、張文瑞、曾世強、林君和、蔡旭、鍾世參、張旺、張心周、張文緩、張汝將、張世暢、張元銅，以上各助銀一元。

大清乾隆五十三年歲次戊申冬月穀旦立。宅主張廷清，主持僧真茂。

**按：**此碑現存官陂鎮大邊村龍光庵。

## 一一四七　龍光庵功德碑

上祀堂張道文公喜捨大柱一枝。邑賓張欽岳公喜捨木瓜五個。張周寧公捨左邊神座前粗石條一完。太學生吳德泮公捨花頭瓦三百二個。

臺灣題捐銀數、名次開列于左：

信士張榮旭公助艮十二元。信士張奇情公助艮十二元。信士張奇俊公助艮十元。信士張周徹公助艮八元。信士張煥庵公助艮七元。信士張宗拈公助艮五元。候選知州張時濟助艮四元。信士張天接助艮四元。信士張成韜助艮三元。信士張文森助艮三元。信士張有炳助艮三元。信士張宗洞公助艮二元。信士張廷巷助艮二元。信士張廷墻公助艮二元。信士張宗呌公助艮二元。信士張廷傍公助艮二元。信士張世君助艮二元。信士張文仁助艮二元。信士張世

曉助艮二元。信士張世且艮二元。

信士張官福、信士張周潤、信士張世焕、信士張国來、信士張朝雷、信士張朝免、信士張朝解、信士張朝福、信士張詩話、信士張廷遞、信士張朝愷、信士張廷調公、信士張文炮、信士張世楚，以上各助艮一元。

乾隆五十三年歲次戊申冬月穀旦立。

**按：**此碑現存官陂鎮大邊村龍光庵。

## 一一四八　分水關大士庵碑記

吾閩關名分水者二：其界信州，徐惟和詩『地盡辭閩嶠，山窮見楚州』是也；其在漳、潮之交者，則建於天啓初，邑侯周公本卓、鄉先生介庵沈公爲之也。繚以城垣，週百十九丈，高丈有七尺，内搆北向佛廳一座。對面舊有官廳、營房，因風雨損壞，移居佛廳右邊。先是，海氛不靖，此地崇山峻嶺，迤邐南北，飄揚出没，綠林充斥，遠近苦之。此關既設，近則琉璃、紅花，關隘星羅碁布，遠而蒲葵、萬松，又遠而仙霞等關，雄控犄角；重以鷲嶺開路，寶筏渡津，斯人復生如來世界矣。

近因風雨剥蝕，禪舍侵頹、荒葛□塗，其何以堪？副公吴君慨然以更新爲己任，又得好義諸君醵金從事。經始於丁未十一月，其明年小春告竣。堂前後凡兩楹，其旁各□三楹，皆仍舊址而拓其制。改造大士，更塑金甲、伽藍及羅漢十八級於兩旁。堂構宏麗，寶相莊嚴。枌榆咫尺之地，蘭若改觀，法雨慈雲時興，長松翠竹相掩映，真足保障大千，蔭護三界，豈僅庇一方、寧一邑哉！按邑乘，周公宰吾邑時，百務兼修，介庵先生復□□力行義舉。茲副翁能繼周侯爲之賢□，而董事諸君戮力襄事，其聞介庵而興者歟！

副公名一鳴，温陵人。董事則千總趙公□龍、李公園猷、黄公廷舉、沈公希遠、沈公儀也。

鄉進士、揀選知縣葉學海撰，鄉進士、揀選知縣林夢椿篆額，郡學生沈丹青書。

乾隆五十四年桂月　日立。

按：此碑現存深橋鎮上營村汾水關大士庵。

## 一一四九　重建分水關觀音亭碑記

詔安營副總府吴諱秀捐銀五十元。詔安縣正堂姚諱永年捐銀五十元。原詔安縣正堂曹諱建中銀二十元。署詔安營副總府吴諱國麟銀十元。紅花嶺守府王諱得貴捐銀二十元。署中軍府吴諱一鳴捐銀二十五元。原署中軍守府趙諱飛龍銀二十元。署中軍守府楊諱雲龍捐銀六大元。題陞提標守府方諱崑捐銀十二兩。布政使司理問李國猷捐銀二十元。督捕廳董諱安捐銀十元。原右廳湯諱國賓捐石鼓。右部黄諱國保捐銀十兩。左部陳諱秉志捐銀六兩。左部黄諱金捐紋銀六兩。左部阮諱世英捐銀五兩。鎮標左曹陳諱恭順二元。黄崗左廳古諱□□二元。

玉山十五元。順源銀十元。麗源十元。順茂銀十元。永裕十元。珣昌銀十元。陞記十元。贊興銀十元。裕源十元。隆裕銀十元。景陶十元。和泰銀十元。

外司：王青龍三兩，黄云標二兩，郭攀龍二兩。

額外司：謝國佐二元，林尚雄一兩，林楊陞一兩，謝國陞一兩，順裕捐銀十元，恆升捐銀十元，碩興捐銀十元，泰源捐銀六元，□吉捐銀四元，寶山捐銀四元，豐□捐銀四元，廣生四元，平濟四元，碩豐四元，萃豐四元，鹿泉四元，同仁四元，恆茂四元，陳明鄉四元，許炎四元，許□□二元，德源二元，泰勝二元，錫□二元，□□二元。

董事：職員沈儀捐花邊銀二十大元，監生沈熙□捐花邊銀二十元，監生黄廷舉督建、捐銀二十元。

理數不敷銀九十八元，黄廷舉坐捐。

乾隆五十四年□月立。

按：此碑現存深橋鎮上營村汾水關長樂寺。

# 一一五〇　重建南詔威惠王廟碑記

功臣威惠王，建自前朝。莫知何年，舊原淺狹，内低與外等。歲庚戌，因洪水漲入庙内，泛殿，水退，衆議改建，增其舊制，易坐向，加内填高數尺。議定，恩貢生沈颺、生員謝捷登、戴大捷、劉鴻業等鳩衆隨力題捐，共襄厥事，不三月而庙貌改觀。此雖人爲，實神使然，董事者不敢以爲功也。唯是題捐姓名，不可不勒石以彰厥善。

署詔安營中軍府余登龍捐佛銀貳拾元。候選直分州李國猷木瓜料。候選州左堂郭大年佛銀捌元。太學生董天招捐銀肆元。職員沈兆龍等捐銀三元。陳道捐中梁。葉武捐飛魚錢肆千。沈烏痣捐銀壹元。俱光社太學生沈光淡捐銀貳拾貳元。林福瑞等捐石門石扁，另銀陸元。太學生劉國銀拾柒元。太學生劉國培捐拜亭石柱，充銀拾伍元。蔡□等捐上廳石碇，另福捐佛銀貳元、炎銀壹元。鄉賓陳使、鄭蘭俱捐銀□元。涂修、陳舍、陳營等俱捐銀拾叁元。蕭韜捐銀玖元，另上廳柱聯壹對。太學生許琅樹、許奇俱捐上廳石柱，俱捐佛頭銀貳元、捐錢拾貳元。誥贈奮武校尉孫紀榮捐銀拾元。張維捐銀玖元、佛銀壹元。李五捐銀玖元。許乞捐銀捌元、佛銀壹元。許元光、捷俱捐銀柒元。劉國域、鄭四、商泉、庠生沈志成、謝雲鴻俱捐銀陸元。蕭梅捐花佛銀陸元。康次達、鄭榮、許泉前俱捐銀伍元。太學生陳士紀捐銀伍元、錢壹百柒。蕭智捐佛銀伍元，另捐香爐。黄紅、李獅、陳宗俱捐銀伍元。

許南捐銀肆元半。周合、阮捷元俱捐銀肆元。鄭湧捐銀三元半。庠生謝捷登、謝清、林佳興、徐國柱、江平、馬興、李榜、王振、陳嚴、翁賢、洪資、吴瓊、許福禄、田松純、許愛珍等，鄭斌，俱捐銀三元。郭珍、許登俱捐花佛三元。林鼎銀貳元半、錢貳佰肆。劉斌、曾茂捐銀貳元、錢肆佰。商旦、張中俱捐銀貳元半、□錢貳元、錢貳百。吴牛粽等銀貳元、錢一百六。恩貢生沈颺、何臻、許立、陳闊、陳門顔氏俱捐銀貳元。林恩生佛銀貳元、錢壹佰陸。陳泉花佛銀□□。陳承祖、藺隆俱佛銀貳元。王萬、蒲峻、林爐、謝尾、沈恭、劉寬，俱捐銀壹元半。楊實銀壹元、錢肆佰。劉漢銀壹元、錢叁佰肆。林媽求、徐院俱壹元、錢貳佰肆。林赤商補銀壹元、錢貳佰。庠生吕廷

標、郭疇、王登銀壹元、錢壹佰陸。沈招錢壹千。葉標錢玖百肆。王雷錢玖百。

陳將佛銀壹元。許揚佛銀壹元、錢壹百。李發、林保、陳斌銀壹元、錢捌拾。張榮、黃尚、沈深、商明敬、商華、謝木、謝滿、周隆、謝漏、謝敬、林果、陳敬、許佳、謝梅瓊、謝亦崇、沈三、陳博、林悅俱捐銀壹元。陳奏、許鎮、沈石、蕭博、陳白、許烏、高安俱捐佛銀壹元。鄭泮錢捌百。林觀保錢柒百。謝旺錢陸百肆。□□錢伍百。沈福、蔡得恩錢伍百陸。沈善錢四百九。林泰山、許育四百八。韓旭錢四百五。陳寅、周溪俱四百四。鍾烏錢四百三。官色錢四百二。沈波、陳啟恩、謝結、王勇錢四百。□□捐佛銀一元半。洪潭捐佛銀一元、錢二百八。外委沈大興、許宗俱捐錢三百八。黃鉄捐錢三百六。洪海捐錢三百四。鄧謨、衛門陳氏、辜細、徐扁錢三百二。劉斗捐錢三百一。林樟捐錢三百。謝喜、許九、沈爐、朱檜、林金、呂莫、太學生許廷瑞、陳顯、余天送、陳鎮侯、劉棟、洪衍、陳義俱二百四。

陳天生、張梅俱錢二百四。游黃、陳冬、謝董、潘逸俱錢二百。辜四、沈德、朱貴、陳舉、鄭贊、陳榮、鄭壇、鄭棟、陳芳、沈公惜、林胤、劉丹、王富、吳香俱錢二百。蕭卯捐錢一百三。田□捐錢一百二。江節、葉全、沈善、陳笏俱錢一百。謝緝、陳降、陳圭、涂泮、黃禮、曾果、徐鳳、林養、許岱、阮彥、許取、盧善、劉爵、劉振、張深、吳鄔、江闊、魏梓、鍾籍、黃伍、許潮、蕭蓮、劉晃、劉鄒俱錢八十。吳薦捐錢四十。許天生錢一百六。郭嚴捐銀一元。生員許耀椿喜石鼓一對。

董事：張紀榮、郭聘廷、黃尚、許愛珍、李榜、蔡炎、洪潭、鄭蘭、阮奏、馬興。

一共捐花佛銀四百六十四元半。一共結錢五十九千三百七十四。

一共総計銀并丁口錢、銀拆錢共費錢四百六十五千四百二十七。

乾隆五十五年歲次庚戌玖月□日。

**按**：此碑現存南詔鎮北關街威惠王廟，碑名爲編者加擬。

## 一一五一 福善庵緣田碑記

立捐字存記人監生吴玉振：竊惟人敬神誠心一點，神佑人獲福無疆。振前家門多艱，叨蒙佛力庇護，有求必應，鑄鼎銘鐘無可銜報。爰是克勤克儉，粒積私創，現有田一百坵，受種五石一斗，坐址□□等處；另大㘭坑田一湖，又本庵右邊園一圍，捨爲福善庵衆神佛座前香火之資，交付主持慧元和尚收掌，粮米收割完納。振日後子孫不得生端私自討回，主持僧等亦不得藉端私相典賣。爲此仰希神佛普照，祈求合家吉昌。勒石永記，勿替引之。

一田，坐址柑山，大小廿一坵，受種四斗。

一田，坐址虎頭山，大小六坵，受種四斗。

一田，坐址虎扒樹，大小五坵，受種二斗。

一田，坐址鬣尾，大小五坵，受種五斗。

一佃田，坐址宜林，大小四坵，受種三斗。

一佃田，坐址上墘，大小七坵，受種四斗。

一佃田，坐址上墘，大小七坵，受種四斗。

一田，坐址葵嶺大㘭坑一湖，受種三斗。

一佃田，坐址溪尾庵仔，大小二坵，受種三斗。

一佃田，坐址鐵□坑，大小拾貳坵，受種五斗。

一佃田，坐址林湖泒，大小五坵，受種五斗。

一佃田，坐址虎扒樹，大小廿二坵，受種五斗。

一佃田，坐址海滸土地公廟邊，大小四坵，受種四斗。此條石榴洞香燈。

一佃田，坐址本庵右邊山脚，大小四坵，受種四斗。

大使公千秋作福演戲。

乾隆伍拾陸年歲次辛亥葭月　日立石。

**按**：此碑現存梅洲鄉梅南村福善庵。

## 一一五二　關帝坊題刻（二）

廟坊因風雨損壞，監生黃廷舉捐修。乾隆五十八年四月　日。

**按**：此題刻現存南詔鎮縣前街外武廟前關帝坊石柱。另一根石柱在旁邊的西亭寺擴建圍墻時被墻體合圍埋嵌。

## 一一五三　禪林室重修緣碑

生員廖清德助艮二元。江效敦公艮三元。邑賓林朝錫助艮二元。邑賓張名溢公艮二元。信士張廷巷助艮二元。張門陳氏男馨艮二元。信士張上渊助艮二兩。信士張士事助艮两半。信士江應漩助艮两半。信士賴斯堡助艮两半。林承開公助艮一元。信士宫霸助艮两二。信士林汝匿助艮一元。信士田元撰助艮一員。

張純如公、吏員李一晃、張宗初、信士張國寧、林厚靖、林承絹、張承緩、張承弄，以上各一元。邑賓江耀潜公、張世種、江士向、江門陳氏男□、張承黄、江士恕，以上各艮一两。

太李陳秀拔助艮三元。陳基同三两。貢生陳飞龍三两。沈維后、太李陳秀紳、陳基凑、陳基合，以上各二元。陳二過二两。信士賴昌鋭艮两一。信生林元荣艮一两。信士張承□艮一两。信士江應治艮一两。江士□捐棹一枝。陳日鎮、陳日高、葉日黄、陳日元、陳門江氏男□、陳日添、陳日相、陳日□、陳日□、陳基正、陳門張氏男□、陳基□、陳基□、陳基如、陳□伸、陳春秋，以上各艮一元。陳□艮两半。陳日歛、陳日巧、陳日光、陳日明、陳

基湯、陳基□、陳基□、陳□□、陳□□、鍾日山、廖庭騫、陳基□、陳基□、陳基完，以上各艮一两。

乾隆五十九年仲秋吉旦。勸緣：陳道中、陳日企。

**按：**此碑現存霞葛鎮坑河村樓下社石橋廟。

## 一一五四　朝天宫捐地碑記

沈桔祖派下孫定恩、遜賢、日升等捐僧室地三間。

生員沈崇凌等喜捐地三尺。

**按：**此爲二碑，現存南詔鎮南關街朝天宫，碑名爲編者加擬。

## 一一五五　永豐庵增修碑記

蓋聞：『莫爲之前，雖美弗彰；莫爲之後，雖盛弗傳。』念永豐庵會諸神以崇祀，爲闔社之保障。先年創建，後復增修，固已各極其美盛矣。第物换星移，經今三十餘載，垣墉榱桷漸有傾圮之虞。倘不再加修葺，將風雨漂摇，鼪鼯棲棟，何能永沐休光乎？爰籲衆捐金，鳩工治事，規模仍舊，庙貌增新。行見丹雘黝堊，寶像輝煌，想冥冥中當必有撫景欣然者，其美盛更何如耶？是宜勒石，以垂不朽。他若士女之永寧，室家之豐樂，胥賴神靈呵護，惟崇奉者自領之。是爲序。

沐恩生員江斌敬撰並書。

信士邑賓江□□□□□□□□□。

信士江宗興銀廿五員。江綿材銀廿二員。江月升銀廿一員。邑賓江瑞先銀二十員。太李江朝珍銀十八員。江子厚銀十七員。江明庇銀十六員。邑賓楊仲安銀十五員。太李江日華銀十三員。太李江天瑞銀十二員。江會两銀十二

員。江孔修銀十一員。邑賓江曰從銀十員。江華三銀十員。江德彰銀十員。江雅姿銀十員。黄有成銀十員。江惠褒銀九員。黄乃常銀八員。江輝廷銀六員。江明穰銀六員。黄乾爲公六員。江明旺銀五員。江子昭銀五員。江會烈銀五員。江捷升銀五員。江厚珍銀五員。江軌常銀五員。江類思銀五員。江美占銀五員。江元曜銀五員。江會然銀三員。江紹文銀三員。江惠萬銀三員。邑賓江心喜銀三員。江獻禄銀三員。江粲可銀三員。江永德銀三員。江善緒銀三員。江元亮銀三員。江元韵銀三員。江物成銀三員。江時可銀三員。江信貞銀三員。江利澤銀三員。江義兼銀三員。江建立銀三員。江聖極銀三員。江君曰銀三員。江純儀銀三員。江秀尊銀三員。楊懷寬銀三員。江曰常銀三員。江振哲銀三員。江哲方銀三員。江利光銀三員。黄國月銀三員。江習夫銀三員。江元用銀三員。江佑文銀三員。黄承醉銀三員。

江聖具銀二員。江會明銀二員。江坦如銀二員。江特凡銀二員。江心巧銀二員。江會燔銀二員。江德孚銀二員。江欲成銀二員。邑賓江學山銀二員。江雲從銀二員。江特音銀二員。江華族銀二員。江萬可銀二員。江拔穎銀二員。江象圖銀二員。江拔崧銀二員。江天送銀二員。江輝香銀二員。江輝曜銀二員。江翠儀銀二員。江元潔銀二員。生員江斌銀二員。江射光銀二員。江宗海銀二員。江心安銀二員。江特俊銀二員。江瑞河銀二員。江永貞銀二員。江元芳銀二員。江列器銀二員。江萬生銀二員。江永寔銀二員。江乃依銀二員。江象輝銀二員。邑賓江君創銀二員。江君賜銀二員。江會三銀二員。江日從銀二員。江石書銀二員。江瑞年銀二員。江利新銀二員。江淑儀銀二員。江俊天銀二員。江特受銀二員。江區處銀二員。江清遠銀二員。江西從銀二員。江誨及銀二員。江居業銀二員。江寔英銀二員。江宗約銀二員。江熙正銀二員。江善傳銀二員。江會謀銀二員。江居荣銀二員。江乃静銀二員。江善舉銀二員。江君送銀二員。江哲枝銀二員。江居龍銀二員。江仲仁銀二員。江善求銀二員。江静如銀二員。江應廣銀二員。江式彬銀二員。江特因銀二員。江旭素銀二員。江仁厚銀二員。江文參銀二員。江應獎銀二員。江廷詔銀二員。江廷熙銀二員。江華廷銀二員。江曠周銀二員。江統一銀二員。江攀桂銀二員。江白彩銀二員。江會海銀二員。

江協郡銀二員。江瑞興銀二員。江安居銀二員。江永裕銀二員。江世赫銀二員。江秀林銀二員。江拱立銀二員。黄宗連銀二員。江達済銀二員。江永蓄銀二員。江新謀銀二員。

江維禎銀一員。江声文銀一員。江曰來銀一員。江拔耀銀一員。江品格銀一員。江著明銀一員。江昔之銀一員。江締思銀一員。江式脩銀一員。官士君銀一員。江亮加銀一員。江應成銀一員。江元和銀一員。江永玉銀一員。江神力銀一員。江盈筐銀一員。吴德俊銀一員。江兼三銀一員。江粹之銀一員。江用謀銀一員。江步錦銀一員。江應緑銀一員。江水生銀一員。江明客銀一員。江内居銀一員。江次乾銀一員。江象鳳銀一員。江焕素銀一員。江容飛銀一員。江輝忍銀一員。江永烈銀一員。江朝索銀一員。江達理銀一員。江友梅銀一員。楊世倫銀一員。官味兼銀一員。江世忠銀一員。江利沼銀一員。江集成銀一員。江乃茂銀一員。江永淑銀一員。江声勝銀一員。江達音銀一員。江彩章銀一員。江乃寔銀一員。江文輝銀一員。江乃齊銀一員。江妙芳銀一員。江永利銀一員。江乃易銀一員。江元穎銀一員。江肅容銀一員。江緝光銀一員。江湧泉銀一員。江惠加銀一員。楊日升銀一員。江心啟銀一員。江純質銀一員。江仲勤銀一員。江鳳亭銀一員。江次光銀一員。江在之銀一員。江象天銀一員。江應純銀一員。江紹文銀一員。江帝袍銀一員。江繡龍銀一員。江毓光銀一員。江乃勝銀一員。楊世寿銀一員。江仕懷銀一員。江奇勳銀一員。江勤篤銀一員。江次渊銀一員。江名升銀一員。江秘升銀一員。江益可銀一員。江魏僯銀一員。江玉書銀一員。江應輔銀一員。江迅烈銀一員。江世陳銀一員。江潤廷銀一員。江拔倫銀一員。江君則銀一員。江廷吉銀一員。江漸可銀一員。江朝約銀一員。江廷選銀一員。江悦安銀一員。江元迅銀一員。江国棟銀一員。江心明銀一員。江聚興銀一員。官文詔銀一員。江上俎銀一員。江應愛銀一員。江維藩銀一員。江類珍銀一員。江佑恩銀一員。林玉珍銀一員。官文敬銀一員。江賢德銀一員。江賢經銀一員。江鑚夫銀一員。江明實銀一員。江明書銀一員。江遇鳶銀一員。江遠揚銀一員。江乃鼎銀一員。江效脩銀一員。江漸明銀一員。顔文求銀一員。江性和銀一員。江田行銀一員。江明否銀一員。江元助銀一員。江子昂銀一員。江義方銀一員。江朝潘銀一員。江足三銀一員。顔文興銀

一員。江世覔銀一員。江都尊銀一員。江宴鹿銀一員。江茂甫銀一員。江世果銀一員。江群英銀一員。江及三銀一員。賴文賛銀一員。江世討銀一員。江廷音銀一員。江鳳廷銀一員。江立效銀一員。江乃求銀一員。江世立銀一員。江仲衡銀一員。江時曾銀一員。江乃足銀一員。江青憐銀一員。江應蕩銀一員。江灼立銀一員。江濳龍銀一員。江受慶銀一員。江尚華銀一員。江尚德銀一員。江世錫銀一員。江德音銀一員。吴用之銀一員。江世希銀一員。江元經銀一員。黄皇舉銀一員。江明稍銀一員。江哲經銀一員。徐德秀銀一員。黄承等銀一員。吴德火銀一員。江乃遵銀一員。

永定頼遠禎銀弍元。平和朱明幾銀弍元。龍岡余春海銀一元、陳翰成銀弍元。

総緣：江郁廷銀二員。副緣：太孳江文祥銀二員，江會昭銀二員，江禄生銀二員，江性德銀二員，江欽文銀二員，江維賢銀二員，江友善銀二員，江習礼銀二員。

嘉慶丁巳二年五月二十卯時起工，七月廿二卯時進火大吉。

**按：**此碑現存太平鎮元中村永豐庵，碑額爲『增修碑記』『萬福攸同』。

## 一一五六　護濟宫緣田碑記

本社沐恩太學生沈輝炳，偕侄潘中，因祈禱長男劍沖鄉試中式有應，兹將紅坑田二坵，土名湶井石墩，受種一斗二升，遞年租二石七小斗，爲夫人媽香燈田，付住持僧掌管收租，日後毋許典賣。

嘉慶二年正月吉旦立石。

**按：**此碑現存南詔鎮北關街護濟宫，碑名爲編者加擬。

## 一一五七　慈雲寺緣田碑記

本社沐恩太學生沈輝炳，偕侄潘中，因祈祷長男劍冲鄉試中式有應，兹將紅坑田一坵，土名石墩，受種一斗二升，遞年租二石七斗，爲佛母香灯田，付住持掌管收租，日後毋許典賣。

嘉慶二年正月吉旦立石。

**按：**此碑現存南詔鎮北關街慈雲寺，碑名爲編者加擬。

## 一一五八　修造南山大峰記

山可爲乎？曰可，書曰『爲山九仞』。爲山有道乎？曰有，孟子曰『爲高必因邱陵』。聖賢之道，有餘則損之，不足則益之。因其自然之迹，繼長增高，用力少而成功多，非矯揉造作而爲之也。然無力者不能爲，有力者又不欲爲，有力而欲爲又不知所以爲，皆不足爲者。

前明邑侯黎公，以邑中文教未昌，欲於大小南山各建塔其上，以助文峰。石基已定，尋以他去中止。厥後，鄭侯僅以土培其小者，大峰則仍置之。然自是科第已稍稍蟬聯而起，誰云形勢之説概不可信耶？雖然，更有進焉。昔蘇允明作木假山記，因及其家三峰説者，謂以中峰之魁岸踞肆者自况，而以旁侍二峰方其二子，隱然寓以卑服尊之義。今吾邑科第即稍稍蟬聯繼起，而其間賤妨貴、少凌長、小加大者，得毋南山二峰培其小而置其大之咎耶？

嘉慶丁巳，邑人以建塔、培龍、修峰三事爲議，請於鞠侯，侯許之。庠友林君建昌，力足以有爲，慨然以修造南山大峰爲己任，即黎侯舊址，實築厥土，下寬頂鋭，頓成聳秀之觀，復捐貲以襄塔事。一年之中，三事俱舉，林君是役倡之也。後世堪輿之術盛行，其指畫天地、支離五行八卦，説多奇中，於是吉凶禍福中於人心，輾轉而不可解。要皆善自爲謀，求其出不貲，則以造一邑之福之大，尤非尋常堪輿之所能知矣。夫爲山爲高，聖賢之事也。

按：此碑未見，碑文見於民國詔安縣志卷十六。作者葉觀海，詔安人，乾隆五十四年拔貢，主講丹詔書院。

## 一一五九　修露臺廟門牌坊記

嘉慶二年又六月，柯輅由永定教職奉調司訓詔安。抵任之明日，恭謁文廟，周視殿廡。見露臺西畔傾壞，石檻損折，櫺星三門木扇皆朽；外庭泮池兩邊護以石柵，東西設兩門，有石棖而無門扇；下馬牌内鄰附作踐，庭中攤曬五穀，泮水則澣衣滌器；照牆以外地窊，多積雨水；東西騰蛟、起鳳二木坊亦欹側朽壞：非所以肅廟廷、致尊敬也。爰謀紳士，合力整葺。露臺則砌修之如舊，櫺星三門、外庭東西兩門暨照牆外二木坊則造木重新黝堊丹雘，用肅觀瞻；照牆窊處悉培土平坦，以便行人；東坊易以興賢，西坊易以育才，取有關學校之意，輅僭書而木刻之；東廡後入學之門，皆易朽爲新，上之直匾書『儒學』二字，敬録朱子聯句，鏤版懸之兩棖，前未有也；學中牆壁，磚瓦損者修之；朱子祠門亦采色整理；嚴禁作踐、曬穀、澣滌等事。

是舉也，縻制錢九萬一千四百七十文。邑紳士樂成之，而勸捐、董工則輅實任焉，是輅責也。始工於嘉慶三年戊午正月五日，以三月念五日告成。書此以謹告後來之職是者。

按：此碑未見，碑文見於民國詔安縣志卷十六。作者柯輅，晋江人，嘉慶二年任詔安縣學訓導。

## 一一六〇　建祥麟塔並修峰培龍記

嘉慶丁巳夏，族孝廉沈丹青延諸紳士於明倫堂，以治城巽方舊未建塔、南山大峰故址前明黎侯培之未竣、近時教場龍脈掘傷成坑，三者皆闔邑要工，謀次第經理之。包、柯二邑博曰善。又公請於鞠邑侯，侯亦樂捐俸爲倡。旋得施者金三千有奇，自戊午二月至己未六月而塔告成。維時邑庠林建昌以修南山大峰爲己任，邑庠李朝東、上舍王履謙、朱國泰、鄭士橋以結龍脈爲己任。期年之内，三事俱舉，可無一言以紀其盛？

余惟塔者，西域浮圖也，我其從禪教乎？然貞觀間慈恩寺建雁塔，而韋肇及第，題名其上，後遂沿爲故事。將樂志引堪輿家言，巽方建塔，富有千囷，而貴當極品。我其惑形家言乎？不知四象之内，東曰仁，西曰義，北曰幽，南曰明；仁主牛，義主殺；幽爲鬼，明爲人；生氣盛則榮，人氣盛則生。儒者之道，於生氣則長，於人氣則增之，凡以法天地之自然，而助其所不及。况爲山九仞，語通爲學，而龍脈之培，以後天補助還厥本來，是乃吾儒實用，固非惑青鳥之説、從佛氏之教也。塔建於東南獵洲山，山故名麒麟。先是興造庋石、祥光閃爍者，久之因以祥麟名塔。塔計七級八角，高八丈八尺，周圍如其高之數。虛中玲瓏，石磴盤紆，登臨其間，振衣千仞，流覽靡窮，其龍脈蜿蜒，而南山突兀而起，皆標異競新於寶塔之前。語云：『不一勞者無永功。』將事之初，畏難而阻者不乏人，非具卓識有爲之才，不撓物議，鋭意興復，豈能聿觀厥成哉！丹青有志，將大有建豎於當世也，即以此卜之矣。

與丹青同事者，則孝廉林夢椿，貢生葉觀還、許時猶子一沖，生員林炳臣、沈石勳、沈志清、林建昌、李朝東，監生黄廷舉、沈國揚、朱國泰、沈光憲、沈朝良，吏員沈儀，督造郭可慶、李遇、蔡卯，其人均堪不朽。其樂輸姓名，另有鐫碑。

按：此碑未見，碑文見於民國詔安縣志卷十六。作者沈絢，詔安人，曾署理直隸故城知縣。

## 一一六一　重興龍山岩記

龍山岩，有明徵君林邁佳先生蓍圖処也。徵君因明季棄舉業，當天啓丙寅年，士彦薛先生、石齋黄先生、蒼巒張先生選勝開山，築爲蓍室。于時洗心彌綸，故石齋扁曰『柄裕堂』；于時延師求教，張公蒼巒扁曰『龍山書社』。後值革運，庙即□□。逮順治丙申，徵君嗣子諱時修啟邑侯歐陽公、宫保府吴公，捐金修葺。□海氛未泯，復啓兵災。嗣是而古□□□□□荒穢，百餘年來久無議興者。林叟亮和，徵君六世孫也，偕弟朝敬，董族捐資再造。鄉人士亦欣欣樂助，共襄厥成。時□□丁巳秋興工，越庚申春落成。嗟夫！是山之廢興屢矣。雖徵君之名不因

□□□□□□韵昌風典，此奇岩秀壑千秋萬□□□達□輝映也。山耶人耶，兩相鄭重，夫豈偶然者哉！是爲記。

林崇廣公銀二十元。庠生信侯公銀十五元。庠生及成公銀十五元。烈和公銀十七元。華元公銀十元。達加銀十一元。成肅公銀十元。信生元荣公銀十元。心拱銀十元。周尊銀十元。蘭居銀八元。烈楷公銀七元。名箍銀七元。步蟾公銀六元。彩芳銀六元。明遠公銀五元。恭修公銀五元。庠生章孝公銀五元。莊毅公銀五元。義發公銀五元。晦之公銀五元。定畿公銀五元。善儒銀五元。名妹銀五元。特滋銀五元。意順公銀四元。賢冠銀四元。用明銀四元。寵貤公銀三元。會東公銀三元。芳和公三元。韵喧公三元。益章公三元。友清三元。元彩三元。萬倫三元。品稽公三元。誠之三元。列武二元半。受封公二元。宜安公二元。視居公二元。信生受和二元。朝遠二元。汝鈴二元。信生德科二元。信生德尊二元。節先二元。耿先二元。增先二元。廷水二元。期午二元。瑞荣二元。林門廖氏男汝月二元。策元二元。列崑二元。列瑞二元。朝荐二元。汝乾二元。約加二元。□□二元。□□二元。□□二元。□□二元。德□二元。厚□二元。□□二元。堅□二元。德□二元。□契二元。

叠期公、文錫公、□□公、寔劝公、效節公、□□公、□□、黄□、名友、汝椿、上廩、德潛、用和、堅吴、□隆，以上各艮元半。監生□清公、□居公、□賢公、□□公、□□公、任之公、□文公、公□公、義山公、意之公、端東公、粲向、信生德華、文和、宣陽、宜先、百安、娘欖、天驢、□光、列荣、玉□、仕江、汝垂、厚靖、汝□、汝鏂、章和、汝鑽、汝人、邑賓右升、上畯、上向、欽廣、仕柱、汝托、□□、□□、益荣、信生元□公、信生元和公、信生德振公、信生德統、益清公、静寧、秉樹、聖謙、上□、大□、元明、貝靖、玉□、□□、□□、□東、荣□、大和、愈高、愈桱、愈群、愈竹、天捷、魂佑、振天、德統、德理、德点、德宣、豎傑、□順、豎荣、德灘、献彩、豎彩、名鉄，以上各艮一元。

嘉慶庚申年三月吉旦立。

**按**：此碑現存霞葛鎮天橋村龍山岩寺。

## 一一六二　慈雲寺議約碑

本社信生涂周尚，緣舊屋有后門二口，面向廟埕，今改后門爲前門。社衆僉議：周尚捐銀壹百員，以爲重修廟宇之費，嗣後不得侵佔廟地，社衆亦不得遮塞門路。議合勒石，永遠存炤。

嘉慶七年十月　日，闔社公立。

**按**：此碑現存南詔鎮北關街慈雲寺，碑名爲編者加擬。

## 一一六三　太平宫題捐碑

我社有太平宫，崇祀佛母，有求必應，廣濟無邊，由來久矣。而逢聖誕，未有演戲，殊非盛典！邇來義舉一倡，葵忱各發，闔社捐戲，争先恐後。每逢聖誕，特奉三齣，以祝無疆。嗣將神德頒賜衆信，皆觥籌交錯，以飲壽酒，無非佛母之福也。因以爲序，以垂不朽云。

謹將樂捐芳名開列：

游百世公銀五元。高祥遇助銀五元。游奠邦助銀五元。游正揚銀三元半。游守科助銀三元。游昆山助銀三元。游守緒助銀三元。游光業助銀三元。游朝選銀三元半。林日昇助銀二元。林推炷助銀二元。游厚諭助銀二元。游繼天助銀二元。林祖德助銀二元。監生游來庚助銀二元。監生黄宗昇助銀二元。李有枝助銀二元。監生游元統助銀二元。游玉清助銀二元。黄世林助銀二元。張朝贈助銀二元。游國璉銀一元半。

游文白、曾瑞蘭、生員游速清、游耀林、游□都、職員游大俊、游守磊、游繼發、黄昌見、邑賓游秩予、職員游乘云、職員游選才、黄昌喜、監生黄昌武、生員黄紹珠、增生林擎霄、游世階、游世億銀壹中員。職員游□運、游濟丹、監生游厚綽、游廣興、監生游仰中、監生游中興、游顯魁、游華標、邑賓黄世烜、游朴中、黄世忱、游厚

杞、林廷杖、游佐龍、劉楝、游宗導、監生游龍飛、生員游大昊、游壬助、游□雙、觀音會、游六妹、張完、監生游含、章程、林姿玉、游文者、黄云根、游焕齋，以上各助銀壹元。黄紹祖公、游復之公、監生游烈尊公〈下缺〉。

嘉慶捌年歲次癸亥二月吉立。

**按**：此碑現存秀篆鎮埔坪村發里社太平宫，碑名爲編者加擬。

## 一一六四　本社香燈碑記

本廟更新有年，香燈延久未置。今有首事緣聖王改造龍袍題捐，剩銀買园壹坵，受種叁斗餘，坐址花墩，土名狗□坑尾，東至沈家园、南至园墩、北至沈家园、西至沈家园爲界。衆等商議，永爲聖王香燈，神光普照，垂祐無疆矣。

首事：信生沈翰、許清瑞、吏員鄭屋、信生劉伍、貢生董藝、謝檀、信生許光、信官趙飛龍、許炎、陳經、信生康檀、陳等、許尾、陳豫、陳味、陳合、信生陳璧。

嘉慶玖年歲次甲子桐月吉旦立。

**按**：此碑現存南詔鎮東關街開漳聖王廟。

## 一一六五　龍山岩題捐碑

庠生林及成公艮八元。信士明遠公艮二元。成肅公艮二元。信生啟明公艮二元。因尊艮三元。列尊艮三元。大曠艮二元。玉新艮一元。乾如艮一元。汝勉艮一元。汝聖艮一元。用明艮一元。娘先艮一元。丕威艮一元。儒訓艮一元。

嘉慶丙寅年仲冬。

**按**：此碑現存霞葛鎮天橋村龍山岩寺，碑名爲編者加擬。

## 一一六六　重修溪雅天后宮題捐碑

嘉慶十一年六月十五日卯時重修。

首事：鰕銀拾伍元。兜銀伍元。本銀伍元。茂銀肆元。念銀叁元。梓銀叁元。而銀貳元。珦銀貳元。□銀壹元。烏番銀壹元。乘銀壹元。金銀壹元。盧銀壹元。謀銀壹元。歐厝結銀弍元。江銀壹元。宋銀壹元。

貢生秀鏢銀陸拾元。逢吉銀陸拾元。監生秀鍈銀貳拾元。邑賓順淑銀貳拾元。邑賓成哲銀拾伍元。邑賓士晃銀拾伍元。南銀拾伍元。疊銀拾貳元。長銀拾貳元。蔫銀拾貳元。應援銀拾貳元。監生道□銀拾元。監生秀□銀拾元。邑賓志道銀拾元。岠銀拾元。梓銀拾元。裕銀拾元。上園國銀拾元。捋銀捌元。宅南砌銀捌元。賜銀捌元。前江陽銀捌元。宅北時銀捌元。監生秀鎔銀陸元。三銀陸元。愛銀陸元。祖賜銀陸元。譜銀陸元。誼銀陸元。監生秀錦銀伍元。納銀伍元。捋銀伍元。塔銀伍元。慍銀伍元。訓銀伍元。蟄銀伍元。毓銀伍元。監生斯元銀肆元。生員廷光銀肆元。岱銀肆元。啟明肆元。器銀肆元。西甲崑銀肆元。當銀肆元。傑銀肆元。官銀肆元。懇銀肆元。包銀肆元。賢銀肆元。石成銀肆元。華銀肆元。招銀肆元。禄銀肆元。目銀肆元。檽銀肆元。度銀肆元。眾銀肆元。謙銀肆元。琰銀肆元。沛銀叁元。杕銀叁元。攜銀叁元。眼銀叁元。環銀叁元。榜眼叁元。隻眼叁元。乾元銀叁元。崔銀叁元。棓銀叁元。櫰銀叁元。上園純銀叁元。西甲攔銀叁元。□銀弍元半。晡銀一兩正。邑賓士雄銀弍元。生員榕銀弍元。養銀弍元。進福銀弍元。柱銀弍元。河雅務銀弍元。綏銀弍元。金銀弍元。古仙寨銀弍元。西甲運銀弍元。河雅江銀弍元。水銀弍元。繆銀銀弍元。錐銀銀弍元。宅中巳銀弍元。養銀弍元。番銀弍元。昇銀銀弍元。速銀弍元。仙銀弍元。□銀弍元。宅中練銀弍元。宅南齊銀弍元。

**按：**此碑現存橋東鎮溪雅村天后宮。

## 一一六七　西關武廟香燈田園碑

西覺寺關夫子廟宇，原有少尹張公老爺□捐四都大嶼洋香燈租稅，致被前住僧□變賣哉！社眾□□銀兩，别□□近田園，永爲供養關夫子香燈之資。今因□住僧□啟禍胎，輒行重索佃儀。是以社眾議逐，另僉舉收掌田園租稅，止許住僧遞年查收，供奉燈課資用。至田園佃户，倘有退耕賴交，務須會明社眾，議招承耕，住僧不得擅自更改，再啟弊端。但世久年湮，難免弊竇，合將大廟香燈田園坐落、坵數、種□逐一鐫石，以備查考，永垂不朽。

一，白井巷口田，大小九坵，捌斗種。

一，染沙華表交盤坑路下田，大小捌坵，伍斗種。

一，西路西坑村超坑田，大小拾坵，伍斗種。

一，本廟西覺下園壹段，肆斗種。

一，白井巷口園壹段，壹石貳斗種。

嘉慶拾貳年拾壹月，社眾職員沈建唐等。

按：此碑現存南詔鎮西關街武廟。

## 一一六八　福星庵重修緣碑

信生張景陽公銀三十員。信生張秀賢公銀十員。信生陳秀拔銀八員半。貢生張見龍公銀八員。恩進士張廷傑公銀六員。信生林宸居公銀六員。信生黄国辟公銀六員。信生張青祥銀六大員。信生張時受公五大員。信生張德潛公銀五員。邑賓黄廳助公銀五員。信生林元荣公銀五員。信士江兆照公銀五員。信士蔡令聞公銀五員。誥封奉政大夫、晋封昭武大夫張震元公，信生黄選拔公，銀三員。信生張盛李公銀三員。信生張麗賢公銀三員。信生張純如公銀三員。

信生張士錫公、鄉進士張從龍公、歲進士張似和公、信生張士英公、信生黄国安公、信生黄輝祖、信生林承開公、信生林置州公、信生張時美公、信生張振聲，以上各艮三元。信士林畹□公二兩。信士林兆永公二兩。誥贈武顯大夫黄必遇公、信生張廷輝公、信生張荣若公、信生黄世獎公、信士黄曰上公、信生張廷□公、信士張孔授公、信生張遇春公、信士張懷玉公、信士張国現、庠生江漢濯公、庠生黄浩、貢生張顕揚、信生吴德堯、信生張彬文、信生張国興、信生張經猷、信生張士講、信生張凌雲、信士羅言鸞、信士張士錐、信士張承潔、信士黄心煨、信士張時陌，以上各艮二元。信士張士貫一兩□二元。国亭生張朝紀公、信士張瑞六公、信士黄崇文公、邑賓張光宗公、黄沙墟增壽堂、信士張士傑、信士張心滘、信士蔡士本、信士張秀粘、信士張宗寧、信士張承洛、信士張宗自，以上各艮一兩。

信士張韻和公、信生黄国田公、信士張顕龍公、信生張希俊公、信士張濟春公、信士張次鳳公、邑賓張叢萬公、信士江君倉公、信士江而策公、信生江献瑞公、信生江世壹、信士江明秀、信生張日輝、信生張捷元、信生張焕然、信生張文賓、信生張特犀、信生張奇英、信士張朝斗、信士張朝輝、信士張国孟、信士張天受、信士張国權、信士朱維衣、信士張国□、信士張国軒、信士張廷芝、信士張廷水、信士張□□、信士張□□、信士張□□、信士林□□、信士張□□、信士張□□、信士張□□、信士張□□、信士張□□、信士張□□、信士張□□、信士黄□□、信士江□□、信士張□□、信士張□□、信士黄□□、信士張□□、信士沈□□、信士張□□、信士張〈下缺〉。

嘉慶十三年二月穀旦重修立。

**按：** 此碑現存官陂鎮半徑村福星庵。

## 一一六九　福星庵整修緣碑

石圭公銀十三元。石樹公銀十二元。邑賓巽源公大柱一枝。邑賓殿邦公九元二錢。信昭公銀八大元。業尊銀七

元二錢。江永隆公六元七錢。歲進士張似和公男士梢銀六元。邑賓謝悦衷公五元。謝文賓公銀五元。邑賓謝荣攀五元。謝文龍銀五大元。信生謝斯成公四元。謝文上公銀四元。謝瓊英公銀三元七錢。謝聯輝公三元一錢。謝成章銀三大兩。林晦之公銀三元。信生張士顕二元。庠生謝奇捷公三元。謝測淵公銀三元。江達之公銀三元。謝恩眷銀三元。謝益嘉銀三元。謝亮輝銀三元。謝亮芳銀三元。江盛轉銀三元。謝尊伍公二兩。謝衍章公二元一錢。信生謝必愈公二元。謝愛溪公二元。邑賓在思公二元。謝遥臨公二元。謝用周公二元。胡穆銀二大元。謝德流公二元。邑賓達先公一兩五錢。謝文真公一兩五錢。謝應春銀一兩五錢。謝德愈公一兩二錢。江衍聖公一元五錢。謝哲昭公一兩二錢。謝文居銀一兩二錢。謝怌可銀一兩二錢。謝立端銀一兩二錢。謝孟駒銀一兩二錢。謝育文銀一兩二錢。謝友集銀一兩一錢。謝元進銀一元二錢。黄華宇公一兩。黄際雲公一元。黄国煓銀一元。謝乃茹一兩六錢。謝道純公一兩。謝維□公一兩。邑賓謝震居一兩。謝賓巨公一兩。謝遂生公一兩。謝心查銀一兩。謝盛中公一兩。謝壬生銀一兩。謝會友銀一兩。謝如璧銀一兩。謝君贊公一兩。謝際權銀一兩。江朝最銀一兩。邑賓謝德輝一兩。謝茂才銀一兩。謝盈州銀一兩。謝元菠銀一兩。謝旭泉公一元一錢。謝君咨銀一元一錢。謝鳳書銀一元一錢。

謝荣璧、江匯河、謝磷□、謝□龍、謝任総、謝焕朝、謝丹林、江荷公、謝心哲、謝元臣、謝文若、謝萬如、謝利邦、謝列金、謝會宗、謝成州、謝仁佳、謝亮垣、謝秉中、江盛桃、江日綿、謝懋動、謝君献、謝亦甘、謝湯萬、謝穎州、謝秉剛、謝秉文、謝性和、謝聚雲、謝性良、謝助之，以上各艮一元。

劝緣：益嘉。□□：謝如璧、江盛轉，僧舜長。

嘉慶十三年歲次戊辰花月穀旦重修。

**按**：此碑現存官陂鎮半徑村福星庵。

## 一一七〇 護濟宫緣田碑記（二）

太學生沈輝炳，因祈求嫡孫生員殿鰲入泮有應，兹願將田一坵，受種一斗，带水堀灌溉，坐址上陳，土名東絞，遞年租二加六斗，九斗眷教練夫人媽香燈，永遠住僧不得變賣。

嘉慶十七年十一月吉日立。

**按**：此碑現存南詔鎮北關街護濟宫。

## 一一七一 南山寺樂捐寺田碑記

詔安有南山寺，自明迄今，亦越有年矣。其寺鍾南嶽之峰，廟貌蔚然深秀，佛之爲靈昭昭也。四方之人到寺祈〈下缺〉佛祖以及羅漢諸神，歷年久而金身未免不甚光熠，見者不無重光焕彩之念，因是相率樂捐。粧佛費外有餘剩〈下缺〉貢生沈大茂、太學生沈士玉、信士沈馥園等，將餘剩銀項買寺田貳斗種，以爲住僧妙金奉佛之資。然此固神靈之赫濯，亦人心之感恩好施也。爰將所捐姓名併所買之田坐址，刻著於石，以垂千古不朽云。

舉人沈元選等捐艮貳拾大元。貢生沈飛鵬捐艮貳拾大元。太學生沈調陽捐艮十一元。貢生沈作楫捐艮十大元。太學生沈一蘭派捐艮八元。邑賓沈勒釀派捐艮八元。太學生沈其樑捐艮六元。太學生沈文成捐艮五元。太學生涂秀茂派捐艮五元。太學生涂坤祖派捐艮五元。副總府沈邦興捐艮四元。都閫府沈邦安捐艮四元。貢生沈邦柱捐艮四大元。州同沈邦基捐艮四大元。歲貢生沈一藻派捐艮四元。太學生沈士玉捐艮四元。太學生沈國泰捐艮四元。太學生沈學海捐艮四元。邑賓沈士欣捐艮四大元。中憲祖派捐艮三大元。舉人許曹華捐艮三大元。太學生沈文盛捐艮三大元。太學生沈日榮捐艮三元。邑賓沈守樸捐艮三元。邑賓涂順□派捐艮三元。信士沈友蒲捐艮三大元。信士沈益平捐艮三大元。舉人沈金標捐艮二大元。舉人涂廷光捐艮二元。貢生沈琨光捐艮二元。貢生沈爐光捐艮二元。太學生

沈應魁捐艮二元。太學生沈音遇捐艮二元。太學生沈鴻猷捐艮二元。太學生涂秀鍾派捐艮二元。太學生涂秀鎂捐艮二元。職員沈勤捐艮二元。職員沈大謨捐艮二元。端和祖派捐艮二大元。邑賓瑞慎祖派捐艮二元。信士沈遜明捐艮二元。信士沈寬淑捐艮二元。信士涂訓捐艮二元。信士涂俊捐艮二元。信士涂長捐艮二元。信士王宗英捐艮一元。信士涂南捐艮二大元。信士阮西侯捐艮二元。貢生沈振宗捐艮一元。信官沈香捐艮一元。太學生沈克顯捐艮一元。太學生沈清沂捐艮一元。太學生宋溶捐艮一元。生員莊簡派捐艮一元。生員沈天成捐艮一元。職員沈應舉捐艮一元。登仕沈清河捐艮一元。邑賓沈國泰捐艮一元。邑賓沈用材捐艮一元。邑賓涂士晃捐艮一元。邑賓涂志道捐艮一元。奉先堂捐艮一大元。信士沈向日捐艮一元。信士沈天河捐艮一大元。信士沈季仰捐艮一元。信士沈地捐艮一大元。信士沈赫聲捐艮一元。信士沈振範捐艮一元。信士沈是三捐艮一元。信士蜀亭捐艮一元。信士沈山亭捐艮一元。信士沈軼輪捐艮一元。信士沈仁玉捐艮一元。信士沈藝夫捐艮一元。信士沈國欽捐艮一元。信士沈毓英捐艮一元。信士沈佛生捐艮一元。信士阮氏隨捐艮一元。信士涂奉經捐艮一元。信士涂時捐艮一大元。商船户沈協別捐艮四大元。商船户金順勝捐艮四元。商船户金程裕捐艮四元。商船户涂榮茂捐艮一元〈下缺〉。

計開：

寺田二坵，坐址庵邊，受種二斗，帶水□一口，東至阮家田爲界，西至園爲界，南至山頂爲界，北至沈家田爲界〈下缺〉。

象頭村阮家聘祖派下，遞年納渡船香燈粟二石五斗；湖祖派下，遞年納渡船香燈粟三石；棋祖派下，遞年納渡船香燈粟一斗。

嘉慶拾柒年陽月　日立。

**按**：此碑現存深橋鎮大美村南山寺，碑名爲編者加擬。

## 一一七二　重修長林寺碑

張子可公銀拾伍員。貢生建傑公銀陸元。宅北□義公銀陸元。□□武翼大夫勤文公伍元。信生士顯公銀四元。鄉進士国安公、鄉望勝冲公、歲進士廷鈺公、生員張馨、信生廷任公、信生廷知公、信生青興公、信生廷銘公、信生聯芳公、信生沈□景、信士□文□，以上各三元。

信生張永公、君和公、信生廷清公、信生弘捷公、信生国琦公、信生汝翼公、生員張開、信生述先公、信生廷敬公、信生廷陸公、振文公、□升公、懷□公、信官必先、上□公、信生朝南、信官朝良公、□□張林勇公、信生聲揚、酉、年、貢生顯揚、生員奇才公、信生克昭、信生聯登、信生望元、信生国寧公、知棹、国號、世兩公、玉樹、□歡、家□、家讀、□賓、水湖、元順、明枝、士材、文大、国顯公、萬質、吴籌、邑賓謝悦公，以上各弍元。

德爲公、培公、道光公、贊禮公、懷玉公、紹瑜公、紹富公、東公、克□公、士怡公、貌公、信生維先公、信生国全公、冬、熙陽公、潤恩公、国海、周思公、信官觀德、榮成公、信生克明公、榮居、德五公、信生克紹、朝砌、国良公、信生啟泰、廷猷、仲成公、□德公、□家□、信生德潛公、福遠公、国茅、朝酧、浸潤、佛利、邑賓□珍、建孟、廷育公、廷興、信生彬文、国考、国周、士紹、水旺、信官日彰、生員魁□、信生維□、国奬、国長、文典、日携、士宗、世卯、森林、世午、士奕、士對、朝谷、世忠、廷賓、家□、□良、伊哲、宗□、莊□、萬□、吴龍、吴起、吴戎、□天、陳隨、吴濟、□可公、游德周、李宗朋、貴永、陳猛耿、劉光盛，以上各一元。

嘉慶癸酉年冬穀旦，住持僧仁講立。

**按：**此碑現存官陂鎮林畲村長林寺舊址。

## 一一七三　重脩武廟樂捐芳名碑

詔安縣正堂鍾諱師唐捐銀伍拾兩。儒學正堂林諱得震、儒學□□□諱承□、漳州同知方諱鵬舉、督捕廳陳嘉生各捐銀拾元。詔安營副總府馬諱良棟捐銀拾元。中軍府吴諱會戴捐銀肆元。巡檢□焜龍捐銀肆元。花司廳黄諱大旺捐銀貳元。種德堂、舉人許夢華等捐銀拾元。舉人江葆先捐銀伍元。□□□沈國棟捐銀伍元。監生何長清捐銀壹元。信士胡薦捐銀壹元。本邑倉科、庫科、税科共捐銀貳拾肆元。本邑六班共捐銀陸拾元。本邑捕快班共捐銀拾元。

誥贈儒林郎沈士華祖派捐銀貳佰貳拾伍元。誥贈武信郎劉□□祖派捐銀肆拾貳元。武信郎吴鵬鶴祖派捐銀壹拾伍元。監生許建業捐銀拾貳元。王席濟祖派捐銀壹佰肆拾叁元。董鳳津捐銀叁拾肆元。監生陳士英捐銀壹拾肆元。許尾結捐銀壹拾貳元。鄭吉瑞祖派捐銀壹佰貳拾貳元。鄉賓李廷芳捐銀貳拾肆元。監生康國楨捐銀壹拾叁元。鄉賓嚴振華捐銀拾貳元。貢生許禹嘉祖派捐銀柒拾伍元。監生商振祥祖派捐銀貳拾壹元。舉人許沅蘭祖派捐銀壹拾貳元。鄉賓謝世鏞捐銀拾壹元。職員陳志道捐銀陸拾叁元。廩生謝天逵祖派捐銀壹拾捌元。鄉賓劉欽捐銀壹拾貳元。翰林林倬雲捐銀壹拾元。監生黄廷舉捐銀壹拾元。張文郁捐銀壹拾元。許純厚祖派捐銀肆拾捌元。監生沈廷標、友躍、連鯉捐銀壹拾陸元。監生張廷瑞捐銀壹拾貳元。

**按：**此碑現存南詔鎮縣前街外武廟。知縣鍾師唐，嘉慶十六至十八年任；教諭林得震，嘉慶十二至十六年任。廟修於十八年，林得震當爲前任教諭。

## 一一七四　重修武廟喜緣碑

聚德堂、鄉賓徐世寬、徐必文、監生謝長恩、監生陳文傑、職員謝騰高、監生許宗海、監生沈國楨、許士泉、蔣寬、沈邦贊、洪順胤祖派，以上各捐艮九元。監生謝世顯、監生許長清、監生吴啓基、葉次雲祖派、黄捷三、林

火、鄉賓許玉卿、郭梅，以上各捐艮八元。鄉賓鄧寵榮、監生謝志道、監生吴啓祥、職員黄鐘玉、生員許耀椿等，以上各捐艮七元。外委郭大鵬、郭彪、監生許元椿、郭攀、楊振壎、監生林達璋、鄉賓陳得憲、林九、孫寛、職員林炳章、陳玉、朱□頂、李牒、生員許愛蓮、職員鄭廷選、許□、許尼姑，以上各捐艮六元。

監生陳士寛、職員陳良玉、李學、鍾□、鄉賓黄名芳、郭世榮、許德祖，以上各捐艮五元。例贈修職郎翁旭若、職員陳脩、鄭受，以上各捐艮四元半。州同郭大年、監生謝允輝、監生許士均、監生許廷玉、署中軍守備趙飛龍、吴應鳳祖派、許媽傑、陳六會、郭璉、阮伯祖派（加半元）、陳五、鄭烏、陳章，以上各捐艮四元。生員王平、監生許秉哲、監生沈若海、監生許光、監生許大瓊、職員林嘉興、何天平、鄉賓戴大捷、鄉賓許恩榮、林雲開、謝進、沈占、陳甚祖派、林岱、吴賓、胡雨、鍾烏、李振南、涂元龍、陳天衢、吴馬、康茂、許才、陳招、郭逢、盛柒、黄敏、千總許奪元、郭錠、沈誦、林丹梅、沈嵩石、沈永齡、許進生，以上各捐艮三元。

生員何準、陳壬、許保、黄子、吴員、黄作謀、黄振，以上各捐艮二元半。舉人謝慶安、貢生黄良佐、生員江廷柱、生員許九齡、外委吴光燦、信官沈兆希、陳皆、許威、監生沈有孚、涂八、林友和祖派、許文、陳智、林白、吴天助、謝魁若、蔡名芳、許綀、沈葉聲、許明瑞、葉宜榮、黄媽寧、顔和尚、吴贛、蕭烈、江乞，以上各捐艮二元。生員林炳臣、生員許炳光、鄉賓沈連城、監生陳偉、鄉賓林其泰、鄉賓鄭廷耀、鄭章使、鄭漢南、鄉老陳卿、蕭烏記、阮志成、高海生、邱結、董畝、董風、傅訓、吴堯、□□、陳扁、李諒、鄭張、陳添、高料、曾海、沈奏、張志仁、吴天送、吴德然、陳永芳、梁紹勳、楊鼎臣、田懷、郝宗、陳定、王榮、陳福、郭晃、何舉、沈萬、陳禄、王續、許深、劉喜、林日曷、蕭二、沈爐、李獅、沈旦、謝清、蕭樸、商旦、陳龍、許總，以上各捐艮一元半。

廩生謝瑞安、生員林翰、生員李謀、監生許泉、楊得、鄉老鄧烏顯、鄉老陳七、鄉老黄賓、朱傳生、吴士貴、張紹、陳習、張計、林瑞、許水、康萬、魏章、田良、楊祖、魏國、陳仁、林清、陳媽賜、鄉賓許元海、林阡、許西玉、許仁九、陳果老、康果□、鄭賓、高滿、許範、沈濟、鄭天、黄澐、陳歐、王添、吴國、沈潛、陳才、林菲

亭、郭廷技、鄭景、許水、周承宗、許守、許紹、許古、許尾、許伯、林美、謝喜、劉紅、阮里、張中、陳笑、沈昆、陳希五、鄉老沈張、鄉老許和尚、許窗、沈世、劉寬、商鮮、陳孔、陳宗、吴來、陳春、林傳、謝榮、陳猷、許鵠、陳劍、許協、郭櫟、葉求、職員羅保觀、謝麟使、張營、曾藝、林日生，以上各捐艮一元。黄維、許江各捐二元。江和尚捐艮三元。監生沈友奇捐艮一元。長發樓林中書祖派捐艮拾陸大元。吴天助、陳七、陳輕、許士均、沈廷標、許夢華、許媽保、沈若海、王益謙、高際睦、謝孝基、東城村沈丹書捐艮拾陸元。楊門張氏捐艮拾元。

董事：戴大捷、鄧烏顯、許和尚、許綿灼、許世雄、董良佐、李大斌、黄作謀、沈友直、阮暹、沈飛鵬、黄賽、沈張、蔣覺、陳文傑、劉鑾、陳志道、吴光燦、王鳴鑾、吴仁勇、鄭文進、鄭占苑。

嘉慶拾捌年菊月　日，城内紳衿士庶等仝立。

**按**：此碑現存南詔鎮縣前街外武廟。

## 一一七五　北帝廟碑記

我詔邑舊號南詔所，明嘉靖年間始置縣，改易今名。縣之東路東関社，爲一関之保障，有嶽帝、北帝二廟宇。其東嶽帝之廟，位東路之中，官民相共迎春，于是而迎焉；北帝之廟，位東路之北，凡歲時伏臘以及禱雨禳災等事，皆與嶽帝而並行，即関外之人亦有時于二廟乎祈禱。此雖東路一関之保障，而實通邑生靈之所荷賴也。

原夫北帝之廟之所自昉也，自前明甘肅巡撫林諱日瑞公建置文峰，始構堂而祀神靈。爰及皇朝，世遠年湮，堂宇不無毁壞。乾隆四十年，里人丁丑科進士林諱名世公因其毁壞，而同衆捐修，再築前廳。四十八年，壬午科舉人李諱國梁公、太學生林諱飄香公又同衆捐題，順擴興築後樓。林姓東里祖裔派捐屋地二間，以成廟貌，俾得張皇端正。

但廟宇雖然端皇，而廟前店鋪横沖直射，未爲全美。故嘉慶十九年，舉人林殿颺、林榮光同社衆等議捐題拆築，各歡欣踴躍，奮發善心。又捐金契買店鋪，拆築方圓而再築之；鋪又逐年議税，交付住持香油、齋糧之費。猗歟美

哉！何事之隆也！夫廟宇修而神靈妥，神靈妥而居民安，而且山川之秀媚，足以名嘉瑞而起人文，年是豐而物是阜，將神人之得以共樂斯土也。是豈不雍雍熙熙，而慶於以無窮哉！因歷敘以誌。

嘉慶二十年歲次乙亥蒲月穀旦刊石。

**按：**此碑現存南詔鎮東北街玄天上帝宮。

## 一一七六　北帝廟樂捐芳名碑

樂捐芳名：

林世蓮祖派下殿邦、殿颺、殿選捐銀五十元。林素堂祖派下建国、葉国、興国捐銀二十六元。庠生林鳳藻、貢生林象儀偕侄續合捐銀二十六元。朱合順捐銀二十四元。太學生楊紹書捐銀二十六元。吏員朱錫璧捐銀二十元。林興祖捐銀十六元。吕慶德堂捐銀十五元。舉人林榮光捐銀十一元。貢生鄭建綿捐銀十元。庠生李朝東、貢生李朝選共捐銀十元。貢生沈縉捐銀八元。貢生林嘉説、林嘉猷捐銀七元。州同沈沂捐銀六元。碩興行捐銀六元。太學生林希陶、貢生蒲長榮、林宴禄各捐六元。林大香、林大勳捐銀五元。廣生當、謝欽、庠生沈文軫、庠生傅錦祖派下、太學生劉培輝、宗文衡、沈萬各捐銀四元。太學生林葉春、太學生林世法、鄉賓商思、黄盛溪堂、黄鳳、吕昆、陳葉、林士俊各捐銀三元。太學生蒲長莊、朱絲、鄭光遠各捐銀二元半。太學生林飄香、太學生林世榮、太學生林卜吉、太學生林士英、太學生林世和、鄉賓蒲奮飛、林讚、宗學義、陳銃、林以莊、黄聳、吴嚷、鄭英、蘇義、黄地、黄順、陳榮各捐銀二元。金興號、鄉賓蒲長榮、蒲瑞和、蒲長坦、林金、周天生各捐銀一元半。

德茂當、義盛當、太學生沈祐、庠生沈夢龍、貢生林玉斗、貢生李克亨、太學生謝恩□、太學生林国□、太學生沈正□、太學生林嗣□、太學生林機□、太學生蒲長□、太學生林紹□、太學生蒲長□、太學生李克□、庠生林竹齋、廪生林渊、庠生林国璋、庠生朱瓊林、庠生黄在中、庠生林珠光、庠生馬上錦、鄉賓陳志生、鄉賓林兆芳、

鄉賓林廷蘭、鄉賓林啟賓、鄉賓鄭振文、蔣覺、陳房、林春光、謝敏、林闊、朱炎、朱結、蔡昂、方烈、林寅、黃拱、林溪、黃細、林柱中、泉盛號、蒲長坤、蒲長陞、蒲瑞璜、蒲長茹、蒲瑞理、林玉清、沈朝棟、黃輝紹、江青峰、陳国宝、李來修、謝太山、黃名芳、朱康氏、林曾氏、林張氏、吴沈氏、崔賀、張継、謝瑞、黃陞、陳福、董畝、刘漏、汪科、汪日、吴順、游赤、林銘、朱成、黃振、陳成、陳會、沈光、潘紅、陳棵、宗周、宗□、黃瑞、林印、朱寧、黃維、翁饒、林隨、楊輯、林桂、陳齐、楊海、林令、陳漣、楊希、傅□、楊亀、黃炮、陳長、黃鉞、楊岩、謝鑣、陳憨、郭泰、沈登、康態、江開、吕初，以上各捐銀一元。張興順、朱慶盛、張湍源、蒲長芾、李玉泉、林涂氏、林崴、鄭煥、陳慶、鄭煌、陳結、鄭理、林潘、張啟、沈洒、吴桃、陳賜、陳標、黃麟、林芳、許昊、楊興、李昌，以上各捐銀一中元。

一，東路頭邊第二間鋪，一連三間；一，庙前厝，一座二落；一，西汛地邊舖一間；一，西后巷第二間厝一座。其逓年厝、舖之税，付住持收管，不許私胎典賣前與；其佃户亦不得拖欠分文，違者呈官究治。

嘉慶二十年歲次乙亥蒲月吉旦。

董事：太學生林光玉、林文鋭、陳房、朱結、宗學義、林威、太學生林生賢、林光鴻、林闊、鄉賓蒲奮飛、陳鋭、黃聳、謝敏、黃振鳳、朱泫、林讚、林柱中、朱新、方烈、林春光、蔡昂，住持密□，仝立。

按：此碑現存南詔鎮東北街玄天上帝宫，碑名爲編者加擬。

## 一一七七　重修霞隱寺碑記

從来名山勝境，不乏留題□禋祀佛祖□□□勝者，□對千仞之群山，受両□之□水，此霞隱寺之大观也。地靈人傑，永受鴻庥。但星霜久歷，瓦簷將傾，捐金鼎新，更覺輪奂。宜列厥姓字，以垂古寺之碑云。

邑賓黃煌欽公助銀四元。庠生林信侯公、信士黃孝鄉公、信士林盛山公各助艮弍元。太孝黃世捷公、太孝張君

倉公、太𡚒張君翕公、太𡚒張君儉公、太𡚒林欽典公、太𡚒黄国辟公、信士黄国馴公各助艮一元。太𡚒張廷鎬公、太𡚒張紹金公、太𡚒張廷鈓公、邑賓黄廳助公各助艮一两。信士李選瑞、黄心□、吴□慶各助艮二元。黄承樂助艮二元半。保福庵舜禪師奉艮八元。張云鄉、黄国饒、李胄𡚒、黄心語、李福儉、黄承敏、李家杰、張革京、李因北、李瑞徵、李耀光、卓文年、李惟聖各助艮二元。張青善助錢一千。黄承騫助錢一千。太𡚒江世壹、信士黄心萬、蔡荣儉、林天艷、□□□、林天藹、張華守、黄承闔各助艮一元。太𡚒張盛李公助艮一元。

嘉慶二十年菊月吉旦。

**按：**此碑現存霞葛鎮霞村霞隱寺。

## 一一七八　本社香燈碑記（二）

本廟更造聖王龍袍捐金餘資，議買園壹坵，受種貳斗八升，坐址普庵村，土名水港尾，東西南北各至劉家園界；又園壹坵，受種貳斗半，坐址普庵，土名嶺頭，東西至許家園界，南至劉家園界，北至路界。衆等勤勞勤用，置足聖王香燈，神而明之，福無疆矣。

董事：信生沈□、信生許爲、信生許依、信生許溪、吴慈、信生許朝、劉耕、□□□、吏員趙吉、鄭萬、吴員、□□、鍾啟、許□、信生陳德、陳味。

嘉慶二十四年歲次己卯荔月立。

**按：**此碑現存南詔鎮東關街開漳聖王廟。

## 一一七九　慈雲寺緣田碑記（二）

大子美村邑庠生沈炳文，字星嚴，因祈求應願，於康熙貳拾年間喜捐粮田肆畝柒分五厘五毫陸絲貳忽，受種柒

斗有奇，酬答佛母鴻恩。其田肆坵相連，俱宿字號，坐址洪厝寨前，土名喜吉坑，俗呼緯骨坑。佃耕早、晚收粟，概付住持僧收取，以爲香燈齋糧之資，令其世世相承，不得變易。合該勒石，以垂久遠。尚有叙議，另鐫於板。

道光元年歲次辛巳五月穀旦，施主長房、次房派下子孫仝立。

按：此碑現存南詔鎮北關街慈雲寺，碑名爲編者加擬。

## 一一八〇 重新太平宫碑記

我篆有太平宫古□□□宫，威靈赫濯，有求必應，由來久矣。現宫廳漶漫，宫巷門摧殘。因演祝觀音聖壽，見者感發，一声倡起，葵忱各傾，捐金輒以百計。兹涓吉旦，以便興工。門外石坪要起而大之。門前一橋勿違古制，要高用梁，要底則用銑練，□度相連，無任漂流。是爲序。

謹將各處姓名開列于左：

待贈游百七公助銀拾弍大元。監生游植廷公助銀柒大元半。生員游耿光妻張氏助銀柒元。太封游鼎玉公助銀五元正。游盈倉公助銀五元正。游聖雪公助銀五元正。游宏材公助銀四元半。監生游飛鵬公助銀四元正。黄仰賢公助銀三元正。林鳳台公助銀三元正。游文紫公助銀三元正。游皇也公助銀三元正。游喜之公助銀三元正。游声奇公助銀三元正。吕十九公助銀三元正。游萃鳳公助銀三元正。監生吕書吉助銀三元正。游應元助銀三元正。

游大十公、游梅峰公、汪固踰公、游度周公、監生游光朝公、監生游列尊公、生員游三捷公、葉篤士公、李開仕公、貢生游宗程公、戢員游振邦公、游厚緒公、邑賓游意恭公、游勝巨公、黄世昇公、游維壅公、羅三計公、監生林日昇公、邱仲莫公、羅仁山公、游生予公、生員游出群、監生黄緒昌、監生黄廣馨、邑賓游国鉡、黄重録、監生江鴻、監生游輩春、林姿玉、貢生游耀彩、游乃積公、游守許公，以上各助銀弍元。

游升彫公、黄昌敏公、江文科公、游厚速公、游仲生公、監生游光祖公、邑賓黄昌鏘公、游士務公、監生黄宗

昇公、監生游雲峰、監生游登元、游華凌、貢生李有光、監生游元統、游舟濟、監生游板賢、游順河、游国認、游兆勇、黄奕奇、游国霈、李世饒，以上各助銀壹元半。

觀音會、林擎霄、生員游友俊、監生游龍飛、生員黄孔聰、生員游鴻逵、監生游聯輝、監生游萬選、生員游乘雲、監生游捷陞、生員林朝錫、職員游鴻材、監生游裕烈、監生黄庭選、貢生游有成、邑賓黄焕光、生員游勝梅、職員游厚璜、監生游朝選、監生黄国英、職員游遠章、游十三公、游見溪公、游褒及公、待贈游殷奇公、貢生游立雪公、監生游應捷公、監生游元宗公、游昭萬公、游永熙公、游厚讀公、游焕齋公、游十八公、邑賓游秩予公、□□游書用公、邑賓游継天公、黄体經公、邑賓游東乾公、江永尊公、黄昌樹公、游抱真公、邱子發公、江文正公、游秀齋公、貢生林夢花公、邑賓黄發鋪公、游遂凉公、游百式公、邑賓黄世烜公、游拔群公、游宗額公、游位尊公、黄秀峰公、游宗諒公、監生游国華公、游時苗公、監生游子眾公、黄重選公、游玉清、職員游厚棟、黄世林、游世品、邑賓林雅□、職員游典品、游世抱、游三□、生員林廷栯、游守焜、游厚勳、職員游繼祖、邑賓黄昌鮎、游厚帥、監生游焕光、游世枕、游国綽、游中旺、黄雲根、游世英、游守贈、游宗盛、游維瑱、游世鐺、職員黄昌窓、游顯寧、游□魏、游德正、游世笋、游国結、游帝伏、監生游廷佐、張應龍、游国猛、林祖德、黄木助、游元生、黄重薦、游世奇、黄昌檸、江東林、九龍會、游世億、游復之公、游宗得公、邑賓黄昌海公、游洸遠公、游玄感公、游陳德公、游盛旲公、游宗臘公、游律益公、游福千公、游友當公、游宗惠公、林尚吉公、黄遜若公、游厚集公、游厚居公、黄志士公、黄永真公、游厚涯公、游世杪公、游世本公、游發居公、游宗發公、游世鎮公、游国露公、游守誌公、游寧章公、游世羽公、游国顯公、游国釗公、游世垗公、佾生游典源公、游国彩公、游国□公、游世團公、游国録公、游世元公、庠生邱秦金公、游福佞公、游士據公、李廣先公、黄重疊、游昌發、游永茂、游厚祀、游世拔、游世旺、游似苗、游天喜、戢員游厚恍、戢員游安之、戢員游金榜、游月天、劉傳書、黄昌見、游世室、江文畫、游世厚、游典芽、游世□、游守捷、黄重斉、游国浲、游厚盃、游国性、游国鍀、黄重来、游兆香、呂蕃

絆、游国銮、黄發闔、黄世月、游国□、黄世晃、游宗訓、游岡詥、游德訏、游祖望、黄世穀、卓士光、黄祖陵、游兆燕、游典省、游朝華、黄奕循、江文協、黄昌山、游宗雙、游鴻溪、黄祖錫、游国鑰、黄世喟、游德助、黄世經、游世昌，以上各助銀壹元。

道光元年歲次辛巳桂月穀旦。

**按：**此碑現存秀篆鎮埔坪村發里社太平宫，碑名爲編者加擬。

## 一一八一　龍光庵佛祖千秋功德緣碑

龍光庵佛祖之爲靈昭昭也，緬慈雲法雨，鄉里人民咸沐恩波，歷年演戲祝壽，由来舊矣。但功德既甚宏深，崇報亦期久遠。日下費用煩重，每歲捐緣不及料理。爰鳩衆信題銀，立買緣租，將所利息裨貼慶祝費用，庶永遠恒足。一時神靈有赫，人心樂助，兹將題捐姓名勒石以誌云。

董事：廖紫生、貢生廖世鋭、国斈廖祥光、信士廖秀陵。

邑賓張益垣公捐艮七十元。貢生張廷傑公捐艮六十元。国斈張元遠公男国斈時春公艮五十元。

張道招公捐艮十元。張太乙公捐艮十元。張振之公捐艮十元。邑賓張錫垣公捐艮十元。邑賓張賓垣公捐艮十元。邑賓張欽岳公捐艮十元。邑賓張欽荣公捐艮十元。庠生張基聖公捐艮十元。邑賓張德爲公捐艮十元。邑賓張德寛公捐艮十元。邑賓張德尊公捐艮十元。張德佑捐艮十元。張德文捐艮十元。国斈張士顕公捐艮十元。国斈張元達公捐艮十元。国斈張国馨公捐艮十元。庠生張廷栻公捐艮十元。張廷録公捐艮十元。勅贈武信佐郎国斈張林勇公捐艮十元。国斈張廷敬公捐艮十元。国斈張廷永公捐艮十元。国斈張廷茂公捐艮十元。張冲天公捐艮十元。国斈張元彬公捐艮十元。張先声公捐艮十元。国斈張奇緣公捐艮十元。国斈張文質公捐艮十元。国斈張文彩公男貢生世鋭捐艮式十式元。国斈張文修男国斈世芳捐艮十元。張聘先公男国斈世會捐艮十元。張鋭先公男貢生世明捐艮十元。国斈張

元頁捐艮十元。国孪張文俊。盛捐艮十元。張拔進公男文開捐艮十元。国孪張大用公男国孪永昌捐艮十元。国孪張大受公捐艮十元。張盛儀公捐艮十元。国孪張肇元捐艮十元。国孪張掄元捐艮十元。庠生張爲邦公捐艮十式大元。

張象陽捐艮六元。邑賓張德升公捐艮五元。張輝軒公孫等共捐艮五元。国孪張廷輝公捐艮五元。国孪張廷藝公捐艮五元。国孪張廷昭公捐艮五元。国孪張廷陸公捐艮五元。張懷若公捐艮五元。張懷安公捐艮五元。国孪張元振捐艮五元。国孪張世莫捐艮五元。張象美捐艮四元。国孪張世瑞公捐艮三元。国孪張国香公捐艮三元。国孪張宏朝公捐艮三元。張世緒公捐艮三元。張道順公捐艮式元。張紹官公捐艮式元。張應玉公捐艮式元。庠生張文惠公捐艮式元。張維吉公捐艮式元。張義鄉公捐艮式元。張子敬公捐艮式元。国孪張廷技公捐艮式元。張達有公捐艮式元。信官張元捷公捐艮式元。国孪張元芳公捐艮式元。張盈九公捐艮式元。張仁邦公捐艮式元。国孪張文欽公男国孪懷宝捐艮五大元。国孪張文儀公男国孪世漬捐艮式元。張翰雲公捐艮式元。張世男捐艮式元。張義英公捐艮式元。張世賚捐艮式元。国孪張世美捐艮式元。国孪張世捷公捐艮式元。張世饒公捐艮式元。国孪張世耀公捐艮式元。張世景捐艮式元。国孪張世珍捐艮式元。国孪張世泰捐艮式元。国孪張世達捐艮式元。江文居捐艮式元。張紹金公捐艮式元。張協和公捐艮式元。

国孪張惟賢公捐艮一元。張利金公捐艮一元。張元本捐艮一元。張文隱公捐艮一元。国孪張文楹捐艮一元。国孪張文樞捐艮一元。国孪張世寧捐艮一元。張仁興捐艮一元。張世磋公捐艮一元。張世開公捐艮一元。張世迓捐艮一元。張時泮公捐艮一元。張文涵公捐艮一元。国孪張善述公捐艮一元。国孪張憲章捐艮一元。国孪張鎮邦捐艮一元。曾世強捐艮一元。張時用捐艮一元。張廷鏈公捐艮一元。張子擬公捐艮一元。張心典艮一元。

置田壹段，坐址吴坑村関刀洋，受種四斗，年科實租谷十三石，帶日新户畝四分正，每年納雞米錢式百文。

又置田一項，坐址吴坑関刀洋，田一大坵，受種一斗三管，年科實租□石二斗，帶文興户畝二分正，每年納雞米錢七十文。

大清道光元年歲次辛巳菊月　日穀旦立。

按：此碑現存官陂鎮大邊村龍光庵。

## 一一八二　英濟宮重修碑記

姑婆祖英靈顯赫，庇佑鄉民，四方崇敬。相傳明嘉靖年間，倭寇侵擾，雲、詔一帶生靈深受其害。當其攻莆美城時，姑婆祖顯靈助戰，倭寇敗逃。當此之時，其侄孫張純適任山東巡撫，上奏其事。皇上感其英靈濟世，不同凡女，遂追封爲英濟夫人。莆美鄉民喜獲此訊，歡呼雀躍，於是集資擴建其廟宇爲英濟宮。姑婆祖英靈惠及梅洲吾尾房之子孫。莆美親人更以姑婆祖墳上長成樟木，分賜吾房雕像。於是吾房英濟宮香火日盛，四方香客絡繹不絶，爾來二百餘年矣。今日重修，特立此碑以記之。

大清道光二年歲次壬午年桂月，英濟宮立石。

按：此碑現存梅洲鄉梅北村英濟宮，係近年翻刻。

## 一一八三　南興樓關帝廟臺助緣碑

從來成兩大之業者，宜配兩大之休；垂百世之勳者，當隆百世之祀。公，唐之終南山進士也。當日者，忠愛固結于君民，真誠交孚于上下。及其没也，猶能以藍袍徵明皇之夢，自謂臣能除天下虛耗之孽。爰詔吴道子圖之，勅賜三府，故隆其號，則曰『伏魔』；大其封，等諸侯伯。感威靈永赫，直與覆載同無疆；精氣長存，儼貫古今而不没。歷宋元明，以及我清，薄海内外，莫不尊親。其立庙世祀，俎豆馨香以報其德者，曷可勝數？矧我陂頭，乃一脈苗裔，尤親被垂佑之恩乎！爰是鳩衆喜捐，合臺、唐共成其美，創立庙宇，永賴靈長，以誌不忘，以垂不朽云。

今將喜捐名字勒之于後：

寧來公丁仔助銀叁拾員。永嗣公助銀弍拾員。東湖公助銀拾弍員。貢生美士公助銀拾弍員。仲倫公助銀捌員。語裕公助銀捌員。劉氏祖媽助銀陸員。橋翰公助銀陸員。紹聖公助銀陸員。子和公助銀陸員。日進公助銀肆員。朝守助銀肆員。邑賓君亭助銀叁員。大房公助銀弍員。樓下公助銀弍員。正鳳公助銀弍員。明魏助銀弍員。昭是助銀弍員。進乾公助銀壹員。孫澄助銀壹員。世請助銀壹員。世愛助銀壹員。泉鄰助銀壹員。世脚助銀壹員。明驍助銀壹員。水寶助銀壹員。高陞助銀壹員。水鶱助銀壹員。攸哲助銀壹員。

道光弍年壬午中秋穀旦吉立。

**按：**此碑現存官陂鎮陂頭村南興樓關帝廟。

## 一一八四　南興樓關帝廟喜助緣碑

上屋公助銀拾伍員。春臺公助銀拾弍員。庠生應肆公助銀柒員。庠生元謨公助銀伍員。天增助銀伍員。孫升助銀叁員。昌明助銀三員。仲倫公助銀弍員二毫。篆章公助銀弍員二毫。

邑賓士坤、廻瀾、孫愚、叔琬、天貫、邑賓良收公、天明、文標公、心悦公、攸皦、迅雷、顯軒，以上各銀弍員。孫山銀一員二毫。攸鑑銀一員一毫。

即淮公、受軒、步蟾公、必應、叶酌、文軒、士龍公、郊達公、朝贈、審聞公、仲華、天思、名山公、天問、元□、孫晚、世□、良猷、名海公、元東公、叶吉公、君宴、有明、錦荣公、叶傳、萬春、盈楻、信傳公、益武、盈箱、季傳、懷畧、朝□、名軒、華軒公、在强公、朝郁、欽玉、朝□、名萬、世枋、礼輔、風軒、仲丕公、華瑞、朝庵、名揚、益詠、慶廉公、順安、名振、世許、天綱、朝濃、志滎公、君建、仲理公、天境、天嶺、天軒、廷齊、朝船、近賢、伯輝、衷謀、天廉、攸詣、礼壯、日新、爲都、士盡、世鞏、世興、心明公、攸創、世培、時浪、方紡、懷興、文輝公、必澁、世升、礼果、礼和、天恭、攸遠、月如公，以上各銀壹員。攸天助銀壹員。国逢、世岳、照在、

攸識，以上各錢三百。士贍、世斗、世翁、文正、天雲、士新、士便，以上各錢弍百。攸衡錢一百。仁河錢一百。

道光弍年壬午仲秋穀旦吉。

按：此碑現存官陂鎮陂頭村南興樓關帝廟。

## 一一八五　重修開元院碑記

我篆昔建開元院，分漳郡之神靈，表開元之故號，赫声濯靈，于今数百年矣。自乾隆丙子重新以來，桁桷柱龕一槩頹圮，神靈無所依庇，鄉社何以康寧？爰集九案人捐貲，依前時遺址，換石柱，裝神像，内外整理，歷数月而成。此由神靈之默佑所致，亦見眾信之樂助堪嘉。合將捐金姓名勒石，以垂不朽。是爲序。

監生黃廣馨仝男捐銀伍拾壹元，申銀叁元。監生呂書吉捐銀叁拾元，申銀伍元。監生黃紹昌仝男捐銀叁拾元。李宗淑捐銀貳拾元。黃祖恩捐銀拾伍元。監生黃國英捐銀拾元。邑賓黃昌輝公仝男捐銀拾元。黃弈齊捐銀拾元。邑賓黃世炟捐銀拾元。李世鐃捐銀拾元。黃昌簽捐銀拾元。黃昌見捐銀拾元。黃昌敏公捐銀拾元。黃重録捐銀拾元。李宗垣公捐銀拾元。黃世裕公捐銀柒元。黃祖賜捐銀陸元。

邑賓黃昌鏘公捐艮伍元。黃世雅公捐艮伍元。黃昌盃捐艮伍元。黃重軒公捐艮伍元。黃經邦捐艮伍元。黃世林捐艮伍元。黃天送捐艮伍元。黃文瀾捐艮伍元。黃祖德捐艮伍元。黃重楊捐艮伍元。黃重壘捐艮伍元。嶺下四世祖捐艮四元。黃昌鏡捐艮四元。黃昌國捐艮四元。監生黃廷選捐艮四元。黃昌胄公捐艮四元。黃重鋭捐艮四元。邑賓黃昌聰捐艮叁元半。黃禮生捐艮叁元半。五帝爺會黃奇鳳公、黃世龍、監生游曉光艮叁元。黃世啁捐艮叁元。黃世綢捐艮叁元。黃世鼎公艮叁元。黃世經捐艮叁元。黃世教捐艮叁元。

黃昌□、黃昌樹、黃拳生、黃鴻飛、黃世簞、黃重烹、黃鍾英、黃重洋、李先焜、黃喜生，以上各貳元半。黃世舉貳元貳。黃世甜貳元一。黃世團、黃重誇、黃重冐、黃重爲、黃重酬、黃戊生、黃重恩，以上各貳元。

黄世□艮叁元。黄世論艮叁元。黄昌隆艮叁元。黄昌構艮叁元。黄昌楊艮叁元。黄昌廉艮叁元。黄昌保艮叁元。黄勤修公艮叁元。黄重枕公艮叁元。黄重督艮叁元。黄重齊艮叁元。黄禮昭艮叁元。黄重鈕艮叁元。黄重葵艮叁元。黄石□艮叁元。吕詳顔艮叁元。黄世有、黄世顯、黄世籌、黄國儒、黄世穀各貳元。

監生黄茂先公捐艮伍元，又助香田一坵，坐址過澗大路下，科租一石二斗正。

黄仰賢公捐艮拾元。黄洪山公捐艮八元。黄夷山公捐艮八元。黄鑑泉公捐艮八元。黄西池公捐艮七元。李東乾公捐艮伍元。游心一公捐艮四元。黄賜□捐艮貳元。背□三世祖捐艮貳元。前屋三世祖捐艮貳元。龍嶺下三世祖捐艮貳元。黄景峰公捐艮一元。

黄奕純、黄世及、黄世蔭、黄世積、黄世料、黄世呈、黄世上、黄世晴、黄世贈、黄秀鳳公、黄昌麟、黄昌書、黄昌□、黄昌歆、黄昌輋、黄義朋、黄重鄭、黄重釵、黄義節、黄昌擎、黄其生、黄岳生、黄昌芮、黄昌湖、黄重鑽、黄重睿、黄朝榮、黄昌位、黄昌洪、黄昌□、黄重鉐、李先炉、李有淑、李宗田、吕蕃榴、吕祥専、吕祥偉、黄化龍、黄昌椿、黄□□、黄□□、黄□□、張□□、游□德、游□□、江士□、江琛林公、羅百□、黄□□，以上各貳元。

黄重帥、黄重選、黄重核、黄義炳、黄重來、黄世晁、黄昌帕、黄昌柳、黄昌□、黄觀潤、黄昌滚、黄重致、黄重解、黄昌□、黄重間、黄嚴達、黄義衡、黄昌序、黄世表、黄求寧、黄世月、黄重□、黄昌□、黄重寔、黄重鑑、黄義鍾、黄重田、黄重閔、黄重鏡、黄重□、李□□、李先軍、李上楚、李有扇、李神助、吕詳仁、吕蕃酙、吕蕃蘇、黄重順、黄義淵、蔣文琛、黄世域、黄世存、黄□□、黄□□、黄□□、黄□門、黄重□、黄重增、李有川、李有勝、李先□、李先總、李成瑞、李先世、李先□、吕銜□、黄昌明，以上各壹元。

黄昌高、黄重儒、黄重近、黄重溯、黄春服、黄重錦、黄萬祥、黄重喬、黄相□、黄相檄、黄相見、黄松生、黄昌遇、黄娘來、黄成生、黄昌賽、黄海□、黄昌□、黄昌閏、黄□元、黄世準、黄世涓、黄世恭、黄世常、黄昌杭、黄昌齡、黄昌煖、黄昌重、黄昌家、黄昌梧、黄重適、黄德勝、黄昌潔、黄□□、黄□□黄□□黄□□、黄□

壽、黄□□、黄昌聽、李有樣、李先□、李先璨、李宗□、李有機、李有彩、吕蕃送、吕蕃來、吕詳更、黄成之、黄重瑞、黄重增、黄重□、黄娘□、黄世□、黄重登、黄重貝、黄重坑、張恩賜、游厚昇、游厚榜、游厚向、黄重揚、黄義□、黄昌枘、黄神恩、黄昌檢、黄義翁、黄昌□、黄重誇、黄昌齒、黄義諫、黄重省、黄水濴、黄昌尖、黄世深、黄世榮、黄奕門、黄世樓、黄世愈、黄世祧、黄世□、黄昌尚、黄世易、黄世平、黄世三、黄昌寧〈下缺〉。

五帝爺會黄昌潔仝衆人一元。黄昌静、黄昌楓、羅仁海、監生游焕光、黄天龍各一元。黄國英一元二。

五帝爺布會監生游奠邦、邑賓黄昌聰等艮二元。黄世楷助艮二元。

道光二年重修，董事弟子：黄兼二、生員黄孔昭、黄友容、黄似梅、黄重創。

按：此碑現存秀篆鎮焕塘村黄屋垻開元院，碑名爲編者加擬。

## 一一八六　重建龍山碑記

重建龍山，都人士樂捐牌：

信生沈惟珠助銀十五元。信生沈騰飛助銀十二元。張尊聖公艮十元。信生沈朝珍公艮十元。信生沈邦彦公艮十元。邑賓蔡宗声公艮十元。信生陳基發公艮八元。貢生張廷傑公艮八元。信生張大推公艮六元。田瑞坤公艮五元。邑賓陳懷之公艮五元。邑賓陳洪五公艮五元。沈惟果艮五元。信生沈維偉艮五元。沈德臻艮五元。沈拔虎艮五元。邑賓胡宗嚴公艮四元。誥封奉政大夫加封昭武李新春艮十元。

廩生蔣成公六元。信生宗嘉公六元。邑賓欽典公六元。信士晦之公三元。信生元荣公三元。林茂肅公三元。畹頻公三元。兆永公三元。声遠三元。畨□公二元。惠□公二元。正明公二元。盛議公二元。成之公二元。信生衆□公二元。上丙艮二元。東六艮二元。直無公二元。仲□公二元。德項公二元。興邦艮二元。謝祖會一元。

巔□公、□之公、出□公、□之公、□維、□□、□成、□脩、尊之公、登之公、□樂公、家盛、□清、樂永、

張□、承□、寧〈下缺〉。

道光二年花月。

**按**：此碑現存霞葛鎮天橋村龍山岩寺，下部碑文風化難辨。

## 一一八七　龍潭家廟題捐碑記

龍潭祖祠建自隆慶壬申，数百年來，前人脩理者屡矣。事多費繁，公項不敷。昔有散借銀一千餘員，衆孫念及祖德，願以借約還公。茲祠内外有廢墜，公議題捐修整。自本處以及四都、台灣，共捐銀数百餘員。爰於道光辛巳，抄牌位以防後來，修塘園以去壅蔽，砌石陂以蓄財源，補龍脈以旺生氣，築峰峦以育人文。皆以族内数千丁工贊成美舉。所捐銀費后悉贖烝田，以增祀事。延至癸未冬，廢者舉，墜者興，制仍舊而衆鼎新，諸事完備，建醮告成，迓神庥以彰祖德。約略数言，以垂不朽。合將捐題名字開列于後。

牌簿：台湾一本，光詒一本，奎光一本，賢友一本，雲從一本。

十一代孫光詒謹誌。

五世祖公會出銀二十員。近察公會出銀四十員。邑賓舟岑公叅麟會出銀二十員。邑賓秉衡公銅鐘會出銀二十員。邑賓秉衡公會出銀二十員。監生大川公出銀六十員。監生聯登公出錢三十三員。監生光緒公出銀三十員。監生致中公出銀三十員。監生光業公出銀二十七員。監生光祖公出銀二十七員。邑賓世泵公出銀二十五員。使参公出銀二十五員。朝衍公出銀二十員。監生開運出銀十六員。林英出銀十五員。監生雄飛公出銀十二員。監生聚成十二員。貢生有成出銀十二員。邑賓文朋共出銀十一員。監生金鱗公出銀十員。士欣公出銀八員。東中公出銀八員。茂春公出銀八員。監生致和公出銀七員。燧奇公出銀七員。監生兼二公出銀六員。監生時登出銀六員。世妹公出銀六員。監生世俊公五員。貢生冠群公出銀五員。出群出銀五員。戢員天錫出銀五員。惠宗公出銀五員。監生焕光公出銀五員。

嘉藜出銀四員。監生盛巨公出銀四員。台灣公佑公出銀四員。行暢公出銀四員。監生元達公出銀三員。公佑公出銀三員。毓哲公出銀三員。玉和公出銀三員。監生希程公出銀三員。監生紹宗出銀三員。監生良輔出銀三員。監生公培公出銀三員。邑賓世昗公出銀三員。紫善出銀三員。監生錦聲公出銀三員。監生朝斌出銀三員。

廪生在申公、戝員潭□公、公福公、監生石璘公、公還公、監生啓運公，銀三員。特賢、龍錫公、聖餘公、世奢公、世淵公、士帕公、聖□公、紹龍、祖優、監生登豐公、□江、生員光詒、石福公、監生達才公、健得公、戝員遇珍、士文公、文從公、監生鼎玉公、象然公、愈生公、生員奇彦公、就日公、戝員日勿，以上各捐銀二員正。

思成公、受華公、三貴公、鰲峰公、石寿公、潭養公、永□公、士永公、德慈公、馨材公、德榛公、观錫公、監生大經、盛德、應運、益峰、祥文、文璉、戝員扳峰、監生聯璧、戝員源淥、献明、天培、戝員昗周、東璧、潭發、祖丟、敦仁、戝員惠金、紹賢公、監生書可公、龍昗、榮賔公、乃宗公、監生子雲公、文翼公、監生成材公、武一公、監生育鼎公、仁奉公、四都娘生、娘賜、監生光国公、思継公、継夏公、官朝公、衍義公、聖南公、桓侯、耀生公、項來、文鍾公、祖遠公、戝員世馨、連生、拱北公、宗文、国維公、和陽永茂公、心侯公、德許、戝員華宗、佾生義公、楚七公、捷茂，二列各出銀一元正。

**按**：此碑現存秀篆鎮陳龍村王游氏龍潭家廟，碑名爲編者加擬。

## 一一八八　重修東嶽廟題捐碑

大清道光四年重修東嶽，樂捐芳名：

詔安縣主蘇捐艮二百两。誥贈奉政大夫林世連捐艮三百元。誥贈儒林郎林世燮捐艮二百五十元。州同林世潆捐艮二百元。朱合順捐艮二百元。州同林華春捐艮一百。州同沈懷玉捐艮一百元。中軍府張□捐艮一百元。貤贈武信郎蒲澤秀捐艮一百元。貢生楊元恒捐艮一百元。仕渡邑賓沈士欣捐贈寺田二斗三種，又艮十元。貢生蒲長荣捐艮六

十元。餉當許廣生、餉當陳平裕、餉當許合餉、生員沈漼，以上各捐艮五十元。監生鄭士香捐艮四十元。賜進士侍衛武翼大夫林龍光捐艮三十二元。貢生林嘉猷、監生沈正中、劉伯鳳派、邑賓蒲瑞和，以上各捐艮三十元。生員傅錦、監生林振興、生員林舟楫派、林本立、林本俊，以上各捐艮二十四元。監生林璣斗捐艮二十二元。岸上誥授昭武都尉沈邦安、北門外州同傅大椿、監生林錫恩、監生陳步階、監生汪企東、監生蒲長流，以上各捐二十元。邑賓蒲長坦捐艮十六元。林祖德捐艮十五元。北門内監生劉國圻派下、林郡、林錫記、貢生李克亭、監生林紹徽、監生林克鎔、監生林溥、監生吴士魁、岸上貢生沈焜光、仕渡貢生沈鵬里、邑賓朱登標、林政、林有、陳榮、萬利號，以上各捐艮十元。宫口海関林安國、白石貢生沈席珍、邑賓方守和、邑賓林嘉謨，以上各捐艮八元。傅明遠捐艮七元。監生林之驥、林泉、黄振鳳、李維炎、林慶，以上各捐艮六元。林士荣、許壽明，以上各捐艮五元。東城監生沈之瀚、上園村沈君政、城内邱瑞周、城内邱浦吉、石門監生許秉哲、新店街許景珠、沈國相、生員馬上錦、生員林珠光、監生朱國藩、監生鄭光遠、監生林應泰、監生林耀西、邑賓鄭長發、黄振韻、吴士芳、林日、方士成、方倬雲、吴廷桂、翁承烈、吴國楝、林崇德、林户輝、楊龍德、楊龍光、蒲秋、李旺、邑賓楊尚金，以上各捐艮四元。

城内貤贈中憲大夫沈惠和捐艮十六元。監生林國柱、林逢年、李來修、沈登，以上各捐艮三元。霞河楊大車、上陳村陳陛、厦寮何闖、城内許光、城内許明、城内陳資、城内吴海、城内中孚當、溪沙尾江永合、溪沙尾陳崇、新店街許興盛、東路墘信生沈大德、夅人林開先、夅人林紹先、廪生王際平、生員林如彪、監生李克珊、監生林星斗、監生沈定國、監生林嗣爵、監生林文渊、登仕郎劉尚浩、邑賓謝國梃、邑賓蒲長坤、邑賓朱國珍、葉碧雲、沈福海、陳全、林甘、宗泰義、江春峰、林成瑛、黄頂峰、夅人林乘恩、蒲利、林振發、林周、沈國佑、陳稱、鄭欣、林簡捷、劉立生、楊陙柱、謝連、陳火、汪科、黄慶、張華、章黄鳥、鄭殻、林石泉、李克、沈邦江，以上各捐艮二元。魏丑捐艮一元半。

永定李衍福、東沈例授文林郎沈朝柱、城内生員王宗質、城内監生徐必哲、仕渡監生沈瑞麟、北門監生許懷謙、

仕渡沈佛水、五都李輔、上湖胡鑑亭、樟仔脚沈樘、上陳村陳笋、西潭吴傑、官洋頭楊娘檀、橋頭街林永茂、城内蔣角、二溪雅林元亨、二溪雅林元鎌、二溪雅林湛、西沈沈孝古、東路墘沈福、北門關國、溪沙尾魏公惜、二溪雅徐尚、半天廟黄合利、貢生吕鏞、生員林珠斗、生員林山斗、生員林高華、生員林射斗、邑賔林啟瑜、邑賔潘光殿、楊廷恩、張祖卿、鄭焕、張敬承、鄭鳳、沈大頭、朱結、林振、林茂、江開、沈輝、李權、林歆、林世涵、林遠懷、沈肇基、林欽、鄭松、李苞、林買、林鐳、林石虎、林雍玉、林樟、楊光春、林汪、朱虎、林正木、林禄、林紅、林令、郭池、邑賓林桂、林振起、林德仁、林清光、林逢荣、林滿州、李有光、林西河、甲州邑賓陳最、溪沙尾沈牛、蒲碩、黄岳，以上各捐艮一元。

福泰捐艮廿六元。大子美沈淡夫、監生林文理、茭墩頭奮武校尉何國勇，以上各捐艮二元。

董事：進士劉時勇、貢生林象、邑賓蒲長坦、監生林璣斗、監生沈懷玉、邑賓林國珍、監生林初鳴、監生蒲瑞環、監生林浦、傅金仁、監生林玉柱、生員劉錫馨、蒲美彦、宗孝義、生員沈鈞。

**按：**此碑現存南詔鎮東關街東嶽廟。

## 一一八九　碧湖庵樂捐題名碑

□□授昭武都尉沈邦安捐艮十二元。

□瑞号捐艮六元。順源号捐艮六元。景陶号捐艮六元。永裕号捐艮六元。貢生許禹嘉捐艮六元。貢生沈大烈捐艮六元。順裕号捐艮四元。恆順号捐艮四元。合順号捐艮四元。監生沈□□捐艮四元。生員□維吉捐艮四元。生員沈舉龍捐艮四元。董事監生沈文翰捐艮四元。董事生員□覺捐艮四元。貢生沈□□捐艮三元。

錫記号捐艮二元。福泰号捐艮二元。方恆順号捐艮二元。陳長發号捐艮二元。貢生沈得善捐艮二元。貢生沈□□捐艮二元。貢生張雨翔捐艮二元。監生沈國興捐艮二元。監生沈鴻猷捐艮二元。監生林浩然捐艮二元。信士趙

兒吉捐艮二元。信士沈烏豬捐艮二元。信士沐漢□捐艮二元。信士吴□□捐艮二元。信士林□□捐艮二元。□□□□、監生沈懷寅、監生沈國□、監生沈□萃、監生楊振壎、監生陳媽圓、監生沈□桂、監生朱國篤、生員沈殿港、鄉賓陳茂□、鄉賓沈文□、信士沈□花、沈□文、洪江、許通、邱瑞国、黄山、沈叶陽、沈春德、沈鼻、沈參、沈俊、吴蟳、賴猛、吴衛、吴擇賽、鍾于艷、吴□、吴于光、吴掩之、吴燦、吴水谿、吴待、吴忠、吴詩、吴谷、吴節、吴素、吴慶、吴成、吴森、吴位尊、吴惠鄉、信女王門沈氏、王門吕氏、王門吴氏、王門□氏、王門吴氏，以上各捐艮一元。

崇茂号捐艮一中元。信士林四英捐艮四□。信女王門沈氏捐艮四□。王門陳氏捐艮四□。

考湖通鄉捐銅錢十七千八百二十文。萬回通鄉捐銅錢五二千文。東山通鄉捐艮一兩六錢六分。

道光五年陽月穀旦。

**按：**此碑現存深橋鎮考湖村碧湖庵内右側墻壁中，碑名爲編者加擬。

## 一一九〇　石橋廟重修緣碑

信士江效敦公艮三員。信生林元榮公艮二員。信士林宜安公艮二員。信士江而策公艮二員。張門黄氏男□□艮二員。信生張光祖助艮二員。信士張慕略助艮二員。信士江利溶公艮員半。

信士張盈堂公、信生張約如公、信生張國泰公、信生江利川公、邑賓張名益公、林物之公、江會烈公、江利濟公、張麟書公、張睿謀公、江含光公、黄神閣公、信生張茂校公、張楚卿、信生張上瀾、信生張慶堂、江拔崧、江敬賓、張門江氏男上沐、生員賴□男上棟、張門沈氏男□、張門林氏男□□、黄門張氏男□科、賴昌聰、林振零、江進財、張廷所、黄世聖、張國統、林丕媚、官有水，以上各艮一元。

陳究一公艮□元。信生陳秀拔艮十八元。陳日似艮五元。陳基福艮五元。陳基惟艮三元。陳基助艮三元。陳基

益艮三元。陳日昌艮二元。陳基興艮二元。陳基恩艮二元。陳泰□艮二元。陳泰乾艮二元。

陳門胡氏男基璠、陳基契、陳基比、陳基至、陳基□、陳泰志、陳泰徒、陳泰琴、陳泰清、陳泰仟、陳泰將、陳泰准、陳泰濃、陳泰捐、陳泰孟、陳泰□、沈元份、陳晚順、陳興祈、陳興木，以上各艮元半。

陳基灼、陳日焦、陳基昂、陳泰祝、陳興益、陳興聰、張士賓、沈元融，以上各艮一元。

勸緣陳基照艮六元。勸緣陳基如艮五元。勸緣陳泰賞艮三元。勸緣陳泰瞻艮二元半。

道光伍年□冬立。

**按**：此碑現存霞葛鎮坑河村樓下社石橋廟，碑名爲編者加擬。

## 一一九一　東嶽廟憲示碑（二）

調署詔安縣正堂加十級紀録十次記大功三次徐，爲嚴禁棍徒在廟滋擾以安神靈以肅廟宇事：照得東岳廟崇祀大帝，爲全邑保障，聲靈赫濯，惠澤群黎，理宜謹敬供奉，以安神靈。訪查該處廟内，每有一種棍徒，聚賭、酣酒、睡卧、喧嘩，任意滋鬧，寔堪忿恨。除飭差驅逐外，合行出示嚴禁：『爲此示仰所属軍民人等知悉：爾等應知廟貌爲神明靈爽所憑，當存敬畏，以荷嘉庥。嗣後務須恪遵示諭，毋許在廟聚賭、酣酒、睡卧、喧嘩、褻瀆滋擾。倘敢不遵，許紳耆練保人等指禀赴縣，以憑嚴拿究治，决不姑寬。毋違！特示。』

道光五年肆月十二日給。

**按**：此碑現存南詔鎮東關街東嶽廟，碑名爲編者加擬。

## 一一九二　太平宫聖誕演戲題捐碑

蓋聞：神之靈者人傑，敬之盡者神歆。我太平宫佛母殸靈久著，歷年演劇慶祝千秋，自昔爲然。然有爲之前則

美固彰，有爲之後則盛愈傳。于是衆信樂爲捐金，用置田業，每逢聖誕，加奉歌舞，恭祝無疆，以昭誠敬。猗歟！〈詩〉曰：『磬筦將將，降福穰穰。』其斯之謂與？兹將各姓樂捐芳名謹誌，以垂不朽。

生員游耿光公妻張氏助銀拾伍元。待贈游百七公助銀六元。游十三公助銀九元。游梅峰公助銀拾貳元。游十八公助銀一元。游大十公助銀二元。邑賓游前山公助銀三元。生員游東川公助銀一元。太封游鼎玉公三元。貢生游立雪公一元。監生游盛彩公四元。監生游烈尊公三元。游壬助公三元。

游宗彫公、游厚集公、游宏材公、游世團公、江文科公、游守貯公、林廷桷公、監生黃紹昌、游明玉、游世品、呂相魁、游中旺、黃朝陽、游天喜、游三思、游三河、游復之、監生游奠邦、監生江鴻、黃奕齊，以上各助銀二大元正。游厚涯公、職員游金榜、游乃積公、江永遵公、職員游厚恍、黃祖陵、游厚勳、黃成光、游昌發、江文湛、游昌來、寿官游典貽、游世傑、游韻昭、游長發、游榮魁，以上各助銀一元半。

游成述公、游宗芝公、游書成公、游厚讀公、生員游紹沫公、游擎一公、游灶生公、邑賓游永貴公、黃重枕公、邑賓游秩予公、游世元公、李世饒公、江文正公、邑賓游國鋅公、游國鈾公、游帝錫公、游龍德公、黃世騫公、黃昌鏡公、游厚選公、游宗程公、游日照公、游奕軒公、游應捷公、游厚爵公、游厚懷公、黃世壽、游來興、游列尊公、游月英公、游厚益公、游厚品、游世杪公、游守詑公、游中英公、游國録公、監生游廷選、黃世朝、監生游朝華、縣□沈雅、職員黃層廷、職員游厚杏、游厚升、游厚畝、黃祖德、游帝贈、游厚璜、黃重桑、游三奇、游厚雷、游世家、游彩傳、黃重楊、游兆勇、游雲居、林廷禄、游國鑑、游國□、黃昌見、游守慶、呂祖幇、江傳生、黃昌三、黃重帝、黃世月、游世□，以上各捐銀壹大元正。游世枕公、劉娘志助銀一大元。

陳利濟、黃世晭、黃宗献、黃昌养、游厚武、游欽之、游積發、黃成生、黃重定、游順河、游声奇、黃祖英、游世厚、游世奇、游世謙、游天選、游守魏、游守楷、黃昌宝、游守□、游守□、游守嘉、邱□傳、游守朋、游興魯、游順平、黃世經、游維祖、李有樿、游兆正、林賢曆、游升堂、游公球、游公霖、賴世成、柯連、黃昌佑、游

娘旺、游厚㒷、游鳳欽，以上各捐銀一中元。

道光乙酉年秋月吉旦立。勸緣弟子游中旺、游三河。

按：此碑現存秀篆鎮埔坪村發里社太平宫，碑名爲編者加擬。

## 一一九三　鎮龍庵捐書資碑

守府、元□各艮十元。宗海公、欽爵公各艮五元〈下缺〉田宗貴公、進白公、子千公各艮十元。亦〈下缺〉公艮三元。濟仁公、淡雲公、有成〈下缺〉我倩公、焕彩公、通和公、拔群公〈下缺〉楊大章公艮卌元。國學步雲艮廿元〈下缺〉涂汲泉公艮十元。邑賓双湘公艮十元。波〈下缺〉鍾鎮密公艮二元。新泉公艮五元〈下缺〉元□公、紀常公、廷芷公各艮二元。上〈下缺〉重珍公各艮一元。

張達文公艮十二元。文成公艮十元。官石壁文艮五元。謝興之公艮二元。黄廷賜公、思〈下缺〉廖□春公艮二元。黄全伍公、啟先〈下缺〉。

鄉賓□楚宝、□□居公、和鄉捐田租額，于戊辰年衆人集議〈下缺〉每月會課，賞筆三十枝；進舉者，賞艮四元；登科甲者，各賞艮十二元。

道光五年歲次乙酉。

按：此碑現存霞葛鎮莊溪村鎮龍庵，殘缺不全，碑名爲編者加擬。

## 一一九四　福星庵築修緣碑

邑賓謝石坟公式十元。庠生游耿光公十五元。国斈陳秀拔艮十元。張景楊公六元。国斈張次經公六元。林仕祥公五元。邑賓謝殿邦公四元。国斈林宸居公三元。国斈江希聖公、国斈江文潛公、国斈江羽儀公、邑賓江世濟公、

江清漣公、江永隆公、国孝林元榮公、林軾夫公、国孝張震賢公、邑賓謝在思公、邑賓謝悦農公、謝應懷公、国孝謝聯升、国孝謝成周、国孝張国平、国孝張凌雲，以上各艮弍元。謝君賛公元半。張承業壹元三。邑賓江全仕元弍。

江盈行公、江遜篤公、江恬然公、江遠清公、江協懷公、江居壹公、江湍文公、張廷傑公、江希肯公、国孝黄選授公、謝德烈公、謝慶佳公、歳進士江觀□、邑賓江□環、邑賓江域□、国孝張域□、国孝張遺乾、張上晴、張時耀、張廣勝、張時程、□□□、□□□、□□□、□□□、□□□、□□□、許□息、江□會、江修□、許懷谷、陳基酙、江□永、江尊永、許□密、謝庚生、謝酌庚、□□□，以上各助艮壹元。

邑賓謝巽源公助柱一枝。

臺灣：謝神熳公四元。謝宗養三元。謝朝共弍元三。謝恩眷公、謝得威公、謝灼然公、謝宗菠、謝士禄、謝士取、謝朝並、謝得順、李萬、林計、江士封、田亦金、謝朝春、謝宗庥、謝拔龍、謝宗夫、太和堂、謝文成，以上各艮弍元。林畹楮公助艮二元。謝士會、謝士凹、謝士鐃、謝士□、謝士□、謝文素、謝官賜、謝士錦、謝元寧公、謝士炎、謝焕深、謝朝蓋、謝宗欽、謝朝境、謝朝□、謝公、謝朝□、謝朝□、謝文□、謝元□、謝元□、謝興左、謝元□、謝朝才、謝□□、謝神題、□□□、謝日杲、謝九周、張士弍、謝士移，以上各艮壹元。

道光歳次丙戌年季秋吉旦立。住僧宏義。

**按**：此碑現存官陂鎮半徑村福星庵。

## 一一九五　開元院神誕演戲題捐碑

我篆昔建開元，崇祀列聖，赫声濯靈，由來久矣。迄道光壬午年重修，内外整理，宝像增新，列聖益顯其威靈，眾信彌沾其福澤。特佛母華誕，未有梨園慶祝，何以壮声靈之赫濯，以护鄉社之康寧乎？爰集眾信捐貲，留心生放，以爲歴年慶祝之需。今將題捐姓名開列，勒石以垂不朽。是爲序。

監生黃廣馨捐銀拾壹員。監生黃祖恩捐銀拾貳員。監生呂書吉捐銀拾員。監生黃紹昌捐銀伍員。職員黃昌聰捐銀叁員。黃文瀾捐艮叁員。黃祖陵捐艮叁員。黃祖德捐艮叁員。黃祖賜捐艮叁員。黃國陵公艮叁員。黃寢燕公艮叁員。黃娘錫捐艮叁員。黃世龍捐艮叁員。李開仕公艮叁員。黃昌見捐艮叁員。邑賓黃重桑捐艮叁員。生員黃孔昭公艮叁員。黃世經公、黃海生公、黃哲文公、黃有才公、黃國惠公、黃昌盃公、游林賢公、黃陳德公、黃國標公、黃國英公、黃昌擎公、呂西池公中艮二元。

黃禮生、黃成生、黃世晁、黃世積、黃世團、黃世蔭、黃乃侯公、李世饒公、游尚林公、黃重實公、黃化龍公、黃廣奮公、黃昌佑、黃昌湖、黃永能、黃昌赫、黃昌櫳、黃昌静、黃世綱、黃重鑽、黃昌課、黃昌尚、黃重鐃、黃昌簽、黃重田、黃廷秀、黃世敖、黃世□、黃朝榮、黃世論、黃鍾英、黃蘭芳、黃世協、黃義翕、黃仙用、黃金會、黃楢生、黃義淮、黃昌齒、黃昌請、黃重帝、黃重揚、黃似梅、黃重録、黃世及、黃昌寶、黃喜生、黃重孝、李先認，以上各艮貳員。監生黃廷選、黃世孝、黃昌灘、黃昌遠、黃世甜、黃國芙、黃重汰、黃重督、黃泉生、黃天送、黃□□、黃重壘，以上各艮一員半。

黃順安、黃昌卷、黃世晭、黃祖隆、黃昌山、黃世哲、黃昌孝、黃昌業公、黃世料公、鄉賓黃焕光公、黃根河公、黃儲林公、黃重□公、黃重稍公、黃取才公、黃換成公、張恩榮公、黃□能公、黃紹祖公、黃□□公、黃世□、黃義濕、黃重誇、黃重籛、黃世樓、黃世谷、黃昌椿、黃宏目公、李宗滿、黃娘妹、黃金會、黃衛武、黃鴻飛、黃□富、黃昌統、黃公盛、黃昌笠、黃娘隨、黃重添、黃昌□、黃昌位、黃□□、黃□□、黃奕桃、黃昌嵩、黃昌格、黃昌柳、黃昌蔭、黃娘安、黃承耀、黃義諾、黃重順、黃瑞羅、黃重□、黃魂勇、黃昌洪、黃重洋、黃榮根、黃重郎、黃有奇、黃興升、黃昌核、黃重鋭、黃昌聽、黃玉湖、黃永昌、游賢等、游德□、江娘助、游應□、黃成珠、黃灶生、黃重顯、黃昌讃、黃世彦、黃世有、黃世時、黃世映、黃世算、黃□□、游展甲、黃錫榮、黃會嘉公、生員游錦章、黃昌□、黃□□、黃昌□、黃□□、黃□□、黃世淼、黃□□、黃□□，以上各助艮一元。

勸緣弟子：監生黄祖恩、監生黄義紀。

道光七年歲次丁亥菊月穀旦吉立。

**按**：此碑現存秀篆鎮焕塘村黄屋垻開元院，碑名爲編者加擬。

## 一一九六　重興長林寺碑

張子可公在台孫文養艮四十元。陳質直公男聯科艮十二元。誥贈奉政大夫光選公艮十元。信生朝陽公艮八元。信生林元榮公艮五元。信生陳秀板艮五元。象陽公艮五元。国學廷芳公艮五元。世選公艮五元。永龍公艮四元。信生元貞公、邑賓志高公、信生廷清公、信生榮光、貢生廷傑公、信生彬文公男秘、士林、天助，以上各三元。

子文公、世珍公、定坤公、先声公、元迹公、国學大□公、信生察光公、貢生頤楊公、国學遠遊公、貢生聲揚公、信生維翱公、邑賓君和公、邑賓士賢公、信生廷永公、邑賓德爲公、信生遠聲、信生安惠、信生祥光、信生肇元、鍾雅義公、佐領□林湧公、国學士顯公、信生青英公、信生朝南公、国學苑敬公、信生廷鋮公、信生聯芳公、信生苑高公、信生聯登公、信生爵升公、邑賓□□公、信生□□公、文□、世福、時馬、国□、陳士磋、□□□□公、如南公、閏充公、協和公、仁邦公、国彛公、君發公、振之公、文質公、世建公、協卿公、上贈公、世份公、信生士榮、信生士達、歲進士廷鈺公、信生紹瑜公、生員迴瀾公、信生文彩公、貢生世鋭公、清□、永揚、德貽、□德、家當、三省、家全、維耀、心湧、□□、朝初、国務、□□、家□、水□、信生国泰、信生永昌、信生世榮、世□、士竹、世順、世□、吴林、国□公、□炎公、維□公、陳志用、許懷文、楊国時、劉君亭、胡叶維、吴公願、国□、国□、娘□，以上各一元。

道光丁亥年冬穀旦，住持僧仁講立。

**按**：此碑現存官陂鎮林畲村長林寺舊址。

## 一一九七　重興丹詔書院碑記

從來民之秀者升之於學，其尤秀者升之書院。書院者，興賢育才之地也。閩之有書院，自南宋時同文書院、考亭書院始。詔安之有書院，自紹定間周申創造丹詔書院始。其時尚未設縣，衹稱南詔場。周申一縣尉耳，猶以興賢育才爲先務，學者稱焉。厥後或廢或興。至乾隆甲申間，靈山張公、滁陽陶公相繼宰是邑，拓地建於儒學之東，仍名『丹詔書院』，沿紹定舊稱也。書院之舊有租穀也，師生講肄、束修、膏火之所取資也。核舊冊，曰六峒村山田租，徵歲額百千有奇；曰鶴□坂埭田租，曰東橋村海埭租，曰厚廣村海埭租，共徵歲額百四十餘千。顧此二百餘千者，束脩出其中，膏火出其中，折除歲費出其中，勢必餼廩不敷，絃誦漸弛。及其久也，官以董勸爲具文，吏以侵漁爲利藪，莅此都者居然寓武城之室，偪處此者幾將壞晉館之垣。好音不嗣，蓋六七拾年於茲矣。

道光戊子，余調宰是邑。念夫書院之不可久荒也，學業之不可殖將落也；親師取友，型仁講讓，使皆不犯於有司也；植田疇，教子弟，以仰副國家作人之化，宰官之職也；爲善於鄉，資富能訓，是鄉先生及巨家所有事也。爰以倡捐之議，進紳士而詢之，僉曰：『公將有造於茲土。胥保惠、胥教誨，公之恩也，民之福也，都人士所願聞也。』未幾，而捐金者、捐田者以千百計、以巨萬計，不數月而重興書院之舉已駸駸有成。

今夫有廢有興者，時也；有利有弊者，勢也。時，難得而易失者也；勢，可暫不可常者也。因其時而作興之先，甲所以取更新；因其勢而利導之後，庚所以宣揆度。書院之廢久矣，積弊多矣，爲今之計，將使弊永革而利久興，則莫如清釐舊額，使按籍可稽。經理新捐，必擇人而任，稽厚廣埭田。其地濱海，海潮沖塌，歲額不登，爰乃委員勘築，以紳士董其役。既竣事，視舊制增高廣逾倍。其新捐者，置田若干畝、□若干畝，歲入穀價若干緡；綜賦入賦出之數，參互而考之，物揭而書之，擇紳士之公正者而董之。籌善後，使永遠可尊；立條規，俾將來能守。

是役也，興修於戊子之冬。將圮者拆而更之，稍固者葺而理之。院以內爲室、爲軒、爲亭、爲池，暨學舍二十

餘區。樫栢之舉，咸一時新净。落成日，進諸生而語之曰：『古之立學者，先論秀而後書；升秀士者，國人所衿式也，公卿大夫之先資也。問秀士何學，學爲大人而已。後日之大人，今日之秀士也。書院者，養秀士之區也。聘經師、人師，以爲多士法；嚴其課程，而資之膏火，俾諸生誦肄業習，以涵養性情、變化氣質。庶幾，以善其身者善其鄉人，使一鄉之中無害群之馬，是秀士多即莠民少，亦以匡余所不逮也。是則余之所厚望也夫！』

既勒石，諸題捐、董事者例得備書。因條列其姓名、捐數，並歲額租息，別刊於碑。

**按：**此碑未見，碑文見於民國詔安縣志卷十六。作者陳盛韶，湖南安福人，道光三年進士，時任詔安知縣。

## 一一九八　上龍庵題捐碑

乾隆癸巳年，蔡所好公喜助地基□□。

信生陳秀拔艮三十元，助粧協天聖帝一座。鍾寧来公艮廿二元，换扛樑一支，又大樹二枝。張景陽公艮十三元。貢生張廷傑公、張理尊公、張有声公、信生張青錢各艮十二元。張善祈公、張重賢、高門張氏男進成各艮十元。信生張彬文公艮八元。張上贈公大樹二枝。信生張萬選公、張特群公、蔡德萬公、張建萬公、張元案、張廣勝各艮七元。張廷鎬公、信生張廷興公、張爵升公、張遠光、張西璧公各艮六元。張雅士公、蔡文虛公、張玉軒公、張敦直公、劉隱德公、張育萬公、蔡心秉、信生張廷鈺公、張睿謀公、張廷邦、張紹河公、張子可公、張德趨、張德威公、張信傳公各艮五元。安遠林荐艮二元，茶一箱。信生張快然公、張典廷公、信生張朝桂、信生張泛龍各艮四元。張崑山公、蔡士同公、張菜賓公、信生張朝端公、邑賓劉紹南公、邑賓張叢萬公、信生張朝謀公、張昔賢公、張盈科公、劉天錫公、張士銛公、信生張有用、張承茶、張国泚、張文坃、張承豁、張国記、張国軒、張石帥、張文篤各艮三元。貢生張青雲公艮三兩。

張益箴公、張国涇、張观言公、張欽爵公、蔡步雪公、蔡宗饒、蔡宗廩公、張礼福公、邑賓劉可幸公、劉可蓮

公、張廷塹、張聲遠公、張意歆公、方士堅、信生張遠賛、信生張時鳳、張国號、張益源公、張国雉公、信生張奇英公、張宜鏘、信生張朝紀公、信生張朝配公、張廷吟公、張西成公、信生張廷永公、信生張廷茂公、信生張廷敬公、江特清、信生張士顯公、游厚暖、鍾義橋、信生張選清、張承鳳、張理時公、信生張信翕公、信生張君蒼公、信生張君儉公、謝宗廉公、邑賓謝在思公、黄立守、張世錦、信生張有光、許秀公、張爵一公、張惟比公、張栄中公、張贈萬公、張在朝公、張簡文公、蔡悦夫公、蔡德英公、張君量公、張爕和公、張国樽、張士奔、張純衷公、張衍泰公、張国權、張遜蒼公、張聖居公、張国燎、邑賓張廷任公、張国源、張崑湖公、張渭洋、張逸良公、張欽吾公、蔡德彩、張功輝公、蔡哲新公、蔡踰海公、張會都、張君尚公、張次寬公、蔡文謨、蔡世品、張和音公、張承就各艮弍元。黄志衮、劉益龍公艮二元。貢生張支駒公艮一元五。蔡永安錢一千。

張士貫、張次鳳公、張義生公、林厚欣、蔡宗耽、張遜雄公、張象陽公、張經資、蔡廷幹公、蔡宗夾公、蔡耀協公、張惟登公、劉福善公、生員張迪括、蔡獻彩公、張国炪、劉傳註、張欣萬公、蔡心井、劉悦珍公、張時可、蔡日安公、信生張廷治、張士連、張廷送公、張德潤公、張達升、蔡拔伍公、黄富箱、蔡元及、張淮源公、信士張遠清公、張爲天公、張国獎、蔡宗蚕、蔡遂迺公、張元高公、信生張廷藝公、張垣山、張葉邦公、張敬福公、劉石星公、張上賓、張立夫公、張承揖、張祖基公、張士托、張士搆、蔡士贊、張德章公、張達才公、張上問、蔡宗榖公、張立標公、張娘旺、張子祧、信生張時光、田総公、羅成□公、蔡尊五公、張心威、信生張廷昭公、蔡義臣公、張時理、張欽藝公、信生張安惠、張福筵公、黄功取、張廷作、蔡意舉、黄文選公、張皇錫公、蔡心問、謝炬烽、張天送、張洛寬公、張国砸、生員張應開、張国瑾、張乘資公、黄賓巍、邑賓吴君立公、張漢水、張世獎、張餙濃、謝仁佳、張利器、信士張盛興、劉傳長、張演九公、蔡心籍、王有通、官有水、邑賓蔡君威公、邑賓張廷廪、李魂助公、張時栽、張世畓、信生張士講、蔡德威公、張栄銚、張維閑公、蔡宗巷公、信生張国寧、張會東公、張道升公、張士院、安溪林若、張藴玉公、蔡宗録、張象美、張文贍、張順成、張心順公、張承秋、信生張朝仕、謝揄元、

邑賓謝悦衷公、張崇萬、張永裕公、張承禩、張国勤、張特才、會事信生張文侣公、張玉汝、張荣滂、蔡娘送、張秀利、蔡顯南公各艮一元。

庵運坐丙向壬，丁巳、丁亥分金。

道光十年歲次庚寅二月興工，至十月　日吉旦。住持僧通美。

按：此碑現存官陂鎮陂龍村上龍庵，碑名爲編者加擬。

## 一一九九　重修本爵萬公祖祠碑記

萬祖師，豪傑人也。棄俗歸禪，保真養性，自築静室，在其兄本爵公祖祠之後，曰『後室』，講經説法，派衍四房。自明迄今，年逾二百，墻垣傾圮，理宜葺修。時有八代孫舜彬、舜應同□勸合各房給銀修整，棟宇焕然。此我祖師豪傑之靈所默爲鼓舞乎？抑性真之自然得以長存乎？爰立石以志之，各房給銀之裔孫亦與有榮焉。

大房厦營廟□□祖師裔派給銀十元。二房八代孫節志給銀五元正。三房高隱寺賢照晟祖師裔派給銀七十七元正。四房雲來寺賢性德祖師裔派給銀三十元正。

本祠坐乾向巽兼戌辰，用丙戌、丙辰分金。

道光十年歲次庚寅季秋重修。

按：此碑現存官陂鎮下官村萬古廟。

## 一二〇〇　龍光庵信士助緣殘碑

國學張□彰公男明□捐銀十元。□□張益誨公男□□捐銀十元。張奇勇捐銀二元。張□宙捐銀一元。

□□張□陽公男世懋、孫生員昌明捐銀十元。國學張世□捐銀十元。國學張濃公男時眉捐銀十元。國學張國春

捐銀十元。國學張國□捐銀十元。張秀□捐銀十元。國學張□□公男貢生文善公□元。□□公、母音公捐銀貳拾元。張水□捐銀十元。信士張□聖公男信生大綸公捐田一坵，坐址七星石前，遞年科租穀三石。信士張義英公男信生時捷、時養捐銀十元。信生張永茂公捐銀十元。

道光壬辰年菊月。

道光拾貳年季春置田一塅，坐址塘下角車尾，田□坵，貳斗種，帶□墩下高坎漘田，一斗四管種，遞年共科租谷拾石正，帶文典户畝九分五厘正，每年納雞貳隻。

**按：**此碑現存官陂鎮大邊村龍光庵，碑名爲編者加擬。

## 一二〇一　重修鎮龍庵碑記（四）

黄益之公六元。黄総文公五元二角。林敦和公五元。張順親公三兩。黄詳之公三元五角。国癷黄明如公三兩半。黄友白公三元。黄洄瀾公三元。黄氣清公三元。涂没三公三元。黄益清公三兩。国癷黄国光公二兩五錢。黄登雲公二兩五錢。黄財豐公二元一角。江遜健公二元。黄大醇公二元。信士黄民□艮三兩。信士黄金哲艮二元。黄民永艮二元。黄民魂艮二元。黄志海艮二元。黄全俻艮二兩。黄全胤艮二兩。

林對南公二兩。林智睿公二兩。黄朝宗公一兩五錢。黄開玉公一兩五錢。林継荣公一兩五錢。黄致真公一兩三錢。郭志爵公一兩二錢。黄屢和公一兩二錢。林益清公一元。江遜湧公一元。黄桔彬公一兩。黄白玉公一兩。黄朝魁公一兩。張達中公一兩。江希箋公一兩。江典居公一兩。江献銚艮二兩。江修釪艮二兩。黄民悦艮二兩。黄超兩艮一元五角。林汝昇一兩五錢。林愈載艮一兩五錢。林延堂艮一兩五錢。江善烓艮一兩五錢。江献嘉艮一兩五錢。江希宝艮一元。江修轉艮一元。黄立諒艮一元。江修淮艮一元。黄志治艮一元。張□禄公一兩。江謚居公一兩。黄翠和公一兩。黄吞江公一兩。黄平林公一兩。張聖興公一兩。黄鼎新公一兩。黄步堂公一兩。黄易寬公一兩。

張青員、張青時、林德楮、林德崇、林延會、張士閣、涂宗坐、黄民璧、黄名玥、林愈煒、黄民蟾、黄立説、黄礼表、江献絅、江献蒼、黄超及、黄超説、黄立諢、涂日進、黄立鴻、林汝巍、黄立諗、林豎醮，以上各助艮一兩。

勸緣：黄公英、涂宗繪、黄民從、黄立晁、黄民睹、江脩略、張士坤、黄民査、黄立詩，以上各助艮一元。林水生艮一兩。林富艮一兩。

林立邑記。道光拾伍年歲次乙未蕤賓月。

**按**：此碑現存霞葛鎮莊溪村鎮龍庵。

## 一二〇二　龍光庵中元緣碑

龍光庵佛祖之至靈也，慈雲普濟，法雨廣生，恩周世界，德感幽明。慶眥中元，冀流登于勿替；募緣□□，□久遠之□□。□捐金而樂助，爰勒石以誌云。

董事：國孝張祥光、國孝張國美、信士張日迎。

邑賓張益垣公捐艮二十一元。國孝張世瑞公男國孝國春、生員清、孫明經，捐艮十二元。貢生張廷傑公捐艮十八元。國孝張廷永公捐艮九元。國孝張盈飞公捐艮九元。國孝張文質公捐艮九元。國孝張時春公捐艮九元。張象陽公捐艮九元。邑賓張志高公捐艮六元。國孝張士顯公捐艮六元。張冲天公捐艮六元。張鋭先公男貢生世明捐艮六元。張義英公捐艮六元。國孝張掄元公捐艮六元。國孝張祥光捐艮六元。

邑賓張錫垣公、邑賓張賓垣公、張輝軒公、國孝張林勇公、國孝張宏朝公、國孝張廷敬公、國孝張廷昭公、國孝張廷藝公、國孝張廷枝公、國孝張廷茂公、張道列公、國孝張國香公、張國馨公、張維聡公、張純吾公、張懷若公、張會河公、庠生張廷栻公、張熙彩公、國孝張奇緣公、張先力公、國孝張文雅公、國孝張文修公、張聘生公、貢生張元集公、國孝張元□公、國孝張元□公、國孝張文□公、國孝張元□公、張象□公、國孝張□振公、張必涓

公、張□雜公、國孝張文受、□□□□、國孝張迴欄公、張璧元公、張瑞美公、張瑞濃公男生員矩光公、張世欽公、張士簡公、張勤求公男時□、張會川公、國孝張世象公、國孝張世恭男□□、國孝張世達公、張英□公、張文□公、張世□公、張世□公、□生張□邦公、張□□公、庠生張光□公、國孝張□述公、國孝張乘昌公、張文育公、張文□公、國孝張國□公、張□□公、國孝張□□公、張□□公、張□□公、國孝張國□公，以上各捐艮三元。

置田一段，坐址坡里，受種六斗，科租十八石八斗正，原田□□一畝弍分正，雞米二件。

置田一段，坐址鳳尾絆，受種八斗，科租十七石六斗正，原田□畝一分正，雞一隻。

置田一坵，坐址庵邊垻，受種七甃，仝科租弍石正。

置田一段，坐址金柄畬，受種四斗，科租五石正。

道光十五年春月　日立。

**按**：此碑現存官陂鎮大邊村龍光庵，碑名爲編者加擬。

## 一二〇三　重修聖王廟樂捐芳名碑

庠生謝魁文捐佛艮四百元。監生許元仲捐佛艮三百元。例贈文林郎許宗海捐佛艮三百元。州同陳慎軒捐佛艮一百廿元。吏員陳登科捐佛艮一百廿元。貢生鄭延錦捐花邊一百元。監生許長清捐佛艮八十元。監生蘇捷勳捐石獅一對。貢生張而翔捐佛艮六十元。監生許士均捐佛艮六十元。監生吴捷鋒捐花邊六十元。監生許世雄捐花邊五十元。東厝寨社裔孫捐花邊五十元。溪南西門社裔孫捐花邊五十元。埔上社裔孫捐花邊五十元。邑賔陳廣鄉派下捐佛艮四十元。信生謝崇安捐花邊三十元。溪南北門社裔孫捐花邊三十元。監生陳登魁捐花邊三十元。職員沈淳捐佛艮三十元。邑賔沈容祖派下捐花邊二十八元。震陽樓裔孫捐花邊二十四元。監生董希孟捐花邊二十二元。太坪湖祖派下裔孫捐花邊二十元。監生陳英之捐花邊二十元。貢生陳名達捐花邊二十元。陳兆琦捐花邊二十元。監生許長泰捐花邊

十六元。許襟三捐花邊十六元。聚和號捐佛艮十六元。上里社裔孫捐花邊十六元。陳明揚捐花邊十六元。陳嘉猷捐花邊十六元。溪南南門社裔孫捐花邊十五元。許冠鰲捐花邊十五元。監生康敦樸、邑賔許綿遠、李長泰、陳文彬、陳騰、新厝社裔孫，以上各捐艮十二元。薛居仁捐花邊十一元。監生徐必興、監生林登雲、庠生許錫機、監生鄧漢星、監生許志金、監生陳玉成、吴麗源號、許孝□、蕭津、陳輝、監生陳恙、陳釆南、陳捷，以上各捐艮十元。鍾媽思捐花邊三元。陳向捐花邊三元。陳元量捐花邊三元。

監生許世勳、監生謝志誠、監生張發祥、庠生黄金臺、陳慶、許媽賜、陳秉鉅、王吉、鄭養，以上各捐艮八元。廩生胡純修、下里社裔孫李結、陳明德，以上各捐艮六元。周光、監生吴肇厚、曾地、許志寬、許成章、鍾尔獻、陳上珍、陳紹祖各捐艮五元。監生許志鋑、生員謝連標、許九、康香、陳棕、江火、監生沈友直、庠生謝鳴謙、庫房、税房、擇日楊易簡、沈參、陳水、廩生陳兆鳳、陳旺、陳中、監生陳文傑、陳日春、陳成喜、陳鳴岐、陳枝洋、林村裔孫各捐艮四元。鳳岡潮裔孫捐艮廿元。庠生董疊、許明、謝勇、吴□、涂哮、李材、沈細、□美、許致、顔和尚、陳權、陳澗、陳球、陳全、陳春侯，以上各捐艮二元。庠生陳絓、効用吴□、許敬、張□□、江味、謝□□、許菊花、徐□□、林省，以上各捐艮一元。

董事：監生許延桂、監生吴肇厚、貢生張而翔、吏員陳登科、沈普、貢生許鳳喈、庠生謝鳴謙、監生許志録、監生許景文、庠生許錫機、吴長庚、監生許大章、貢生鄭延錦、監生許維楨、庠生謝魁文、貢生許景輝、廩生胡純修、監生許登清、庠生謝奎文、監生沈友直、許佳。

道光拾伍年歲次乙未荔月　日吉旦立。住持僧普苑仝立石。

**按**：此碑現存南詔鎮東關街開漳聖王廟。

## 一二〇四　重修永豐庵緣碑記

尝謂事必謀諸久遠，業必本於積聚。我元中立庙永豐，崇祀佛祖，每歲仲春慶祝聖誕，歌陽春，唱白雪，以視古之擊鼓吹豳而神人以和者，殆無以異焉。顧用度不一，支費必有由歸。董事者每於各鄉動行化緣，而人情輕財重義，亦每踴躍争先，無有難色者。固風俗之淳厚，亦以見法雨慈雲化被無方，而眾信皆歡也。歷年相承勿替，而議者輒以爲特一時之計，非久遠之謀；祇散合之方，非積聚之術。不若重加題捐，别置租畝，庶無煩董事之劳焉。果也一唱百和，眾情翕合，不數月而集狐成裘，遂至数百元。爰置租畝，立石爲記。庶幾自是以後，民康物阜，人和年豐，則所以定久遠之謀、廣積聚之術者，不已明德馨香而降福無疆也哉！謹將捐題姓名開列于左：

沐恩生員廖一枝敬撰。

信士江妙對公銀二十員。信士江維九公銀十五員。信士田珍衛銀十一員。信士江有忍銀十大員。江弼耀公銀八員。江昔夫公銀五員。江秉立公銀五員。太孝江永傳公銀五員。江利澤公銀五員。江敬漿公銀五員。江達時公銀五員。太孝江荣耀公銀五員。江惠然公銀五員。江淑容公銀五員。太孝江文祥公銀五員。江永晶公銀五員。江裕桓公銀五員。太孝江永拔公銀五員。太孝江玉音公銀五員。江維賢公銀五員。江玉亭公銀五員。江坮三公銀五員。江声著公銀五員。江欽文公銀五員。江利澤公銀五員。江利澤公銀五員。江啟葉公銀五員。江亂如公銀五員。江群英公銀五員。江元勤公銀五員。江遜乾公銀五員。江元興公銀五員。江子昭公銀五員。江妙對公銀五員。江御鑾公銀五員。江永貞公銀五員。江心厚公銀五員。江雅姿公銀五員。江元潔公銀五員。江秉礼公銀五員。江益彰公銀五員。江遜振公銀五員。江妙對公銀五員。江鳴岐公銀五員。江元勤公銀五員。江元勤公銀五員。江賢隱公銀五員。江心純公銀五員。江朝潘公銀五員。江会生銀五員。江受佳公銀五員。江鋭鋒公銀五員。江任和公銀五員。官士賓銀五員。江盛泉銀五員。江象山銀五員。江勝和銀五員。江佑庚銀五員。江有捋銀五員。江清音銀五員。江怌謙銀五員。

江周廷銀五員。江瑞生銀五員。江廷依銀五員。江應約公五員。江有辭銀五員。江名揚銀五員。江希泉銀五員。江廣運銀五員。江區處銀五員。江□鳴銀五員。江賢助銀五員。江致藏銀五員。江慎餘銀五員。江積盈銀五員。江希荣銀五員。江鉄通銀五員。江拔崧銀五員。江致迎銀五員。江步順銀五員。江顯達銀五員。江若堆銀五員。江春笑銀五員。江声揚銀五員。江心廣銀五員。江汪漢銀五員。江話餘銀五員。江恨鑽銀五員。江盛裘銀五員。江致献銀五員。江餙業銀五員。江朝台銀五員。江譜称銀五員。江從繩銀五員。江類效銀五員。江視遠銀五員。江荣封銀五員。江安如銀五員。江潤身銀五員。江乾三銀五員。江德文銀五員。江伴之銀五員。江縮語銀五員。江浩如銀五員。江應音銀五員。張氏男應鑽銀五員。江楓準銀五員。江充則銀五員。江心慈銀五員。江嫣萬銀五員。

一項，坐址奕安楼面前，田二坵，租三石五斗，帶畆一分。

又一項，坐址奕安楼面前，田一坵，租二石，帶畆三分七厘。

一項，坐址石垻坡，田六坵，租六石三斗，帶畆一畆五分。

一項，坐址坎下面前洋，田四坵，租四石八斗，帶畆九分五厘。

一項，坐址甲柱盂上村洋心，田一坵，租三石，帶畆五分。

旹道光二十三年歲次癸卯荔月吉旦立。沐恩弟子林宗海敬書。

按：此碑現存太平鎮元中村永豐庵，碑額『慈光普照』，碑名爲編者加擬。碑上『江妙對』『江利澤』『江元勤』均出現三次。

## 一二〇五　重修永豐庵緣碑記（二）

信士江勝耀捐艮十九元。江致藏艮十五元。江朝餘艮十三元。江勝和捐艮六元。江象山公艮六元。江妙對公艮六元。江朝仁捐艮五元。江敬漿公艮五元。江鳴岐公艮五元。江德文公三元半。江維九公艮三元。江慎□捐艮三元。江拔崧捐艮三元。庠生江漢濯公艮三元。江致献捐艮三元。江清音捐艮三元。江怌謙捐艮三元。江喜榮捐艮三元。

江名揚捐艮三元。江紹雍捐艮三元。江話餘捐艮三元。江宴華捐艮三元。江受進捐艮三元。江弼耀公二元半。江潤身艮二元半。江魁元捐艮二元。江榮耀公艮二元。江心寧公艮二元。江步順捐艮二元。江餙業捐艮二元。

江餙舟、江應搖、江明頂、江廷依、江致通公、江善受、江君曰公、江盛裘、江啟葉公、江魂光、江瑞生、江元興公、江應箭、江湧泉、江受漳、江受延、江受温、江受福、江心廣，上各捐艮二元。太斈江永傳、江宜化、江達秀、江福全、江君佐、江朝欽公、江曰常，上各捐艮元半。江希泉、官士宝各艮二兩。

江益禪、江勝荘、江類效、江孔修、江荣錦、江守坤、江孔平、江慎飲、江旺春、江區處、江引伸、江妙修公、江征吉、江積盈、江硃娘、江時庇、江□啼、永定周掌元、江象輝公、江博之公、江廷音、江量曦、江帝□、江車珍、江時海、江近之公、江瑞年公、江璇璣公、江伴之公、江乾三、江視遠、江玉香、江永烈、江永南、江永標、江錦爵、江天中、江弼清、江實續、江紡惟、江春光、江希元、江惟光、江用謀公、江蘭魁、江鹿鳴、江縮語、黄乃常公、江惠周、江声揚、江斈全、江意投、江益福、江大有、江清談、江譜稱、江子昭公、江永旭公、江輝耀公、江瑞芝公、江品懷、江田玉、江名芳、江善作公、江受文、江荣寿公、江受可、江位南、江朝典、江乃立公、江象圖公、江亂如公、江純如公、江神佑、江元首、江應效、江水士、江參不、江彩文、江浩如、江足如、江傑英、江存志、江清如、江賢穴、江達謙、江納淮、江乾爲、江文正、江朝生、江賢居、江永貞公、江惠烈公、江右庚、江曠周公、江心慈、江心佐、江心安、江明佳、江豫立公、江意維、江娘主，以上俱各捐艮一元。

光田賴似可捐銀二元。永定余生長捐銀二元。大埔邱文連捐銀二元、曹永荣捐銀一元。

總緣官承鋽捐銀二元，副緣江朝□捐銀三元。副緣：江朝貯捐銀三元，江從義捐銀三元，江受和捐銀二元，江妙祈捐銀二元，江妙景捐銀二元，江荣封捐銀二元，江賢助捐銀二元。

道光二十五年歲次乙巳六月十三日未時興工，九月念一日卯時進火大吉。

**按：**此碑現存太平鎮元中村永豐庵。

## 一二〇六　龍光庵重修緣碑

神靈斯産人傑，人傑彌顯神靈。龍光庵尊神，其最靈也。緬自乾隆戊申年修，迄道光丙午年，於時未久，其廟堂依然如故。第左片外簷挑手朽壞，瓦蓋頽陷，衆信觀之，皆言翻蓋重修，極省工而亦儉費。爰是集議董事，題捐緣銀。一時神靈顯赫，人心樂助，涓吉修理。既無廢前代修葺之功，復再見後人重新之易，且兼右片室仔一應連工修整。神庥廣被，伊誰力乎？皆衆信誠心之力也。故將捐銀姓名立石，以誌不朽云。

邑賓張益垣公助銀三十元。貢生張廷傑公助銀廿五元。國學張文彩公助銀十五元。信士張鋭先公助銀十三元。國學張士顯公助銀十二元。國學張廷敬公助銀十二元。國學張時春公助銀十二元。邑賓張錫垣公十元。邑賓張賓垣公助銀十元。邑賓張德寬公助銀十元。國學張文質公助銀十元。信士張象陽公助銀十元。信士張義英公助銀十元。國學張掄元公助銀十元。貢生張世鋭公助銀十元。貢生張世明公助銀十元。國學張世泰公助銀十元。邑賓張欽榮公助銀八元。邑賓張德文公助銀八元。國學張廷永公助銀八元。國學張大受公助銀八元。信士張元聡公助銀六元。信士張子可公助銀六元。邑賓張志高公助銀六元。國學張元彬公助銀六元。

庠生張基聖公助艮五元。信士張德佑公艮五元。庠生張廷栻公助艮五元。國學張廷茂公助艮五元。國學張廷藝公助艮五元。國學張廷聡公助艮五元。國學張光貞公助艮五元。國學張元寬公助艮五元。信士張時鳳助艮五元。國學張國馨公助艮四元。信士張振之公助艮四元。邑賓張德爲公助艮四元。信士張贊礼公助艮四元。邑賓張廷賜公助艮四元。國學張振声公助艮四元。國學張文盛公助艮四元。信士張悦先公助艮四元。國學張弘捷公助艮三元。國學張廷輝公助艮三元。國學張林勇公助艮三元。國學張文修公助艮三元。國學張文俊公助艮三元。都閫府張日暉公助艮三元。國學張元音公助艮三元。庠生張光選公助艮三元。信士張澈明公助艮三元。庠生張振昌公助艮三元。信士張誦明公助艮三元。信士張輝軒公助艮三元。

邑賓張純惠公、邑賓張式文公、信士張信臺公、信士張維聡公、邑賓張德尊公、國學張廷陸公、信士張沖天公、邑賓張文鼎公、信士張先声公、信士張欽萬公、張廷録公、張瑞軒公、國學張元勳公、庠生張元朝公、國學張大雅公、庠生張起鳳公、貢生張鳴鳳公、國學張大詒公、邑賓張文明公、邑賓張元賓公、張佑先公、邑賓張德升公、邑賓張爵升公、邑賓張華升公、國學張弘朝公、貢生張元善公、庠生張文惠公、張象美公、國學張策勳公、邑賓張文升公、張振是公、張國僅公、張維助公、張盈美公、國學張榮光公、國學張世美公、張秘學、國學張世耀公、張會川公、張友充公、張升良公、張祥光、張冠三公、張文総、張廣瀾公、張廷調、張丁南，以上各助艮貳元。庠生張式虛公、庠生張淬成公、張怌若公、張時椿、張怌安公、張叶卿公、張大任公、張金光、張士通、賴文環、賴元敏公、張裕謙，以上各助艮壹元。

宅主張恭生助艮十元。大清道光廿六年歲次丙午陽月穀旦立。

**按**：此碑現存官陂鎮大邊村龍光庵。

## 一二〇七　重修威惠王廟題捐碑

外社：陳重駿派捐銀拾肆元。陳長發捐銀拾貳元。監生陳金魁捐銀肆元。貢生陳振祥捐銀肆元。舉人沈承英捐銀貳元。舉人沈聰章捐銀貳元。武生謝道來捐銀貳元。□金成捐銀貳元。舉人許門沈氏捐銀貳元。商炎捐銀壹元。陳棕捐銀壹元。

本社：鄭□標捐銀貳拾元。貢生吴捷峰捐銀拾肆元。監生沈國英捐銀拾四元。監生孫洽捐銀拾四元。鄭雲衢捐銀拾貳元。監生李士馥捐銀拾貳元。楊振盛拾貳元。監生郭倬雲捐大銀拾元。吴篤捐銀捌元。郭敷捐銀肆元。謝濟英、錢人篤、陳通、陳隆，以上各捐銀叁元。武生許魁標、邑賓阮步雲派、何三寅、林啟元、陳順、孫詔、吴闊嘴、陳鈺、吴望、□□□捐銀貳元。增生劉長濟、監生楊□□、監生涂洪山、楊趕、鄭秋、楊居南、嚴開、吴子、鄭芬、

商明、鄭□□、許錫乾、德玉、李朴、許錦、陳岳、黄□、何尊、梁□、沈□、許長、劉炬、涂揚、張瑶峰、鄭扁、陳錦、陳□、孫艷，以上捐銀壹元。

咸豐元年陽□月□日。董事：生員鄭聯標、廪生陳文、鄭雲衢、陳斌魁仝立石。

按：此碑現存南詔鎮北關街威惠王廟，碑名爲編者加擬。

## 一二〇八　趙真堂修築碑記（二）

廣大普照，神靈□□。我族南陂□□趙真堂，年深月久，以致毁壞，不便觀瞻，誠心□□□□□修葺捐金芳名勒石，以垂永遠。

勸首林世盛十二兩。鑒臨十兩。隆惟十兩。隆首十兩。□□□兩。□林三兩。□□□□。世□二兩。念晨一兩。鑒截一兩。芳燕一兩。芳漸一兩。

林北成公三十兩。德捧二十兩。畹植公十五兩。義懷公十五兩。夫朝十二兩。誠雅公十兩。邑賓元瑞十兩。宜安公八兩。豎同八兩。奎亮公六兩。萬元公六兩。軾夫公五兩。種正公五兩。錢曲公五兩。維孟公五兩。文和公五兩。雲河公五兩。声元公五兩。声有公五兩。義和公五兩。素黄公五兩。德慶五兩。念養五兩。豎敏五兩。頁一公三兩。心亮公三兩。明秀公三兩。宸居公三兩。守道公三兩。盛姬公三兩。開臘三兩。榮景三兩。正川公二兩。惠□公二兩。實寬公二兩。敏質公二兩。受福公二兩。仲元公二兩。仁展公二兩。特宣公二兩。德力公二兩。念昌二兩。念徒二兩。念妹二兩。隆閔二兩。隆晶二兩。隆藏二兩。金成二兩。聖□二兩。聖益二兩。隆致二兩。隆補二兩。開因二兩。芳海二兩。芳歲二兩。益榮公兩半。利用公兩半。金問一兩半。隆再一兩半。承開公一兩。

仁厚公、照林公、恬如公、茂成公、明遠公、成前公、承正公、君藝公、挺之公、珍之公、受遠公、元榮公、穩先公、寅遠公、益清公、明亮公、正衡公、對明公、汝□公、墠□公、春元公、濟濂公、香林公、士□公、□□

公、思□公、武民公、尚元公、□立公、深□公、□田公、先官公、□之公、□林公、盛德公、□□公、□□公、□□公、□永公、□□、沈□、四□、世□、世□、世古、陞秀、□煙、衙吉、□隨、□歷、武樑、□□、□□、暨□、暨日、暨桂、暨名、暨深、武元、日福、姬□、隆袖、隆祧、隆旅、隆吉、娘書、□□、産望、□旺、火□、□長、娘□、盈訓、芳粟、芳豈、芳閔、芳□、芳兹、芳星，以上各艮一兩。□□□□三千文。

咸豐六年歲次丙辰十月吉旦。

**按**：此碑現存霞葛鎮南陂村趙真堂（又名保南院）舊址。

## 一二〇九　重修溪雅天后宮題捐碑（二）

咸豐八年六月廿三日亥時重修上樑。

首事：爾游捐銀伍員，瑞秋捐銀四員，楊大章捐銀拾弍員。

監生□山捐銀肆拾員。監生大榮捐銀貳拾肆員。壬捐銀貳拾員。監生志義捐銀拾陸員。念捐銀拾伍員。監生學孟捐銀拾貳員。監生璜捐銀拾員。監生義發捐銀拾員。仁捐銀拾員。貢生大芬捐銀捌員。監生福深捐銀捌員。監生學周捐銀捌員。水捐銀陸員。瑞徽捐銀肆員。九香捐銀陸員。□□捐銀陸員。九蕾捐銀陸員。□□捐銀陸員。□□捐銀陸員。物□捐銀肆員。留□捐銀肆員。虎獅捐銀肆員。火鼎捐銀肆員。監生子官捐銀肆員。監生應援捐銀肆員。武生瀛洲捐銀肆員。武生國香捐銀肆員。監生學肅捐銀肆員。元順捐銀肆員。□□捐銀叁員。添吉捐銀叁員。□□捐銀叁員。壬癸捐銀叁員。公□捐銀弍員。□捐銀弍員。承光捐銀弍員。清捐銀弍員。安捐銀弍員。拱捐銀弍員。縣捐銀弍員。營捐銀弍員。□順捐銀弍員。成□捐銀弍員。□□捐銀弍員。□捐銀弍員。聯捐銀弍員。光盛捐銀弍員。庶捐銀弍員。香捐銀弍員。出捐銀壹員半。志元捐銀壹員半。樂生捐銀壹員半。朝鳳捐銀壹員半。錦籃捐銀壹員半。冷捐銀壹員半。□威捐銀壹員半。查捐銀壹員半。□武捐銀壹員半。□□捐銀壹員半〈下缺〉。

按：此碑現存橋東鎮溪雅村天后宫，碑名爲編者加擬。

## 一二一〇 重修鶴立亭樂捐芳名

武生沈啟榮捐銀十大元。太學生沈景文捐銀五元。太學生沈榮文捐銀四元。信士沈星河捐銀四元。

月塘楊姓捐銀八元七二。充類祖派下捐銀六大元。下埔北良祖派捐銀四元。□山静恬祖派捐銀四元。懷德堂派捐銀三元五角。太學生沈國英捐銀四元。太學生沈玉華、太學生沈占□捐銀五元。信士沈若素捐銀四元。太學生沈若臨捐銀三元。邑賓湯祖派捐銀三元。太學生沈希全捐銀二元。太學生沈慶春捐銀二元。太學生沈嫣尤捐銀二元。太學生沈讀捐銀二元。尖嘴坑社捐銀三元六角。惠宜祖派捐銀三元。信士沈□捐銀二元。洪明宗捐銀二元。沈禦捐銀二元。沈樣捐銀二元。沈□柴捐銀二元。沈佳作捐銀二元。沈潤捐銀二元。沈□捐銀元半。沈□捐銀元半。沈紅寺捐銀元半。沈雨捐銀一元。生員沈懋宫捐銀一元。生員沈隆檢捐銀一元。生員沈生花捐銀一元。武生沈得春捐銀一元。貢生沈篤其捐銀一元。太學生沈深甫捐銀一元。太學生沈利捐銀一元。啟基祖派捐銀一元。信士沈誦天捐銀一元。□總□捐銀一元。沈案捐銀一元。沈秀發捐銀一元。永茂當捐銀一元。沈瑕捐銀一元。沈恪捐銀一元。沈立仁捐銀一元。沈西泉捐銀一元。沈苔捐銀一元。沈民捐銀一元。沈闊捐銀一元。沈□捐銀一元。沈家順捐銀一元。沈廚捐銀一元。平濟當捐銀一元。沈錦梧捐銀一元。沈加喜捐銀一元。沈佳貌捐銀一元。沈葉祥捐銀一元。沈農才捐銀一元。沈父發捐銀一元。沈家成捐銀一元。沈坤捐銀一元。沈牙捐銀一元。沈托捐銀一元。篤材禮捐銀一元。沈天恩捐銀一元。沈琳捐銀一元。沈□捐銀一元。沈□萱捐銀一元。沈瑟捐銀一元。沈□捐銀一元。沈神顯捐銀一元。沈□捐銀一元。沈□捐銀一元。德興當捐銀一元。田有生捐銀一元。田有浮捐銀一元。沈□捐銀一元。沈句捐銀一元。沈水運捐銀一元。沈田能捐銀一元。沈米螺捐銀一元。沈閭捐銀一元。沈□捐銀一元。沈之仁捐銀一元。沈□捐銀一元。沈□捐銀一元。沈度捐銀一元。沈瑞捐銀一元。沈怨捐銀一元。沈春捐銀一元。沈佛捐銀一元。沈

紅捐銀一元。沈萫捐銀一元。羅發捐銀一元。洪台捐銀一元。郭朝捐銀一元。許炳捐銀一元。許□捐銀一元。許焕捐銀一元。綿遠祖捐銀一元。沈間捐銀一元。沈雅捐銀一元。沈賽捐銀一元。沈懷捐銀一元。沈鏢捐銀一元。沈□捐銀一元。林誠記捐銀一元。沈□捐銀一元。吴長西捐銀一元。沈□捐銀一元。沈□捐銀一元。沈長□捐銀一元。沈□捐銀一元。沈江陽捐銀一元。沈彬捐銀一元□□。沈鵠共捐銀二元。沈□□捐銀一元。沈□勞捐銀一元。沈種□捐銀一元。沈漢捐銀一元。

貢生席珍祖派喜庵池全座。

董事：太學生沈景文、毓文、慶春，庠生沈懋□，信士游捷□、沈□民、沈□□、沈□□。

咸豐九年歲次己未十月　日。

**按**：此碑現存白洋鄉白石村白石庵。

## 一二一　重修上龍庵碑記

嘗思地靈則人傑，神靈則人康。上龍庵勝地之鍾靈卓卓，衆神之爲靈昭昭也。自道光庚寅重修，迄咸豐辛酉年，于時未久。遞近年風雨异常，其廟堂依然，而右室檐桁摧折，瓦盖傾頹。群謂植福之地，殊非雅觀。僧秀分爰集衆信，題捐銀元，一時人心樂助，涓吉修理。既紹前代重修之志，復見後人修葺之易，乃知神庥之廣被無疆矣。衆信之發願，非偶然焉。兹將姓名立石，以誌不朽云。

信生張盛華公艮五元。張成□三元。張景陽公艮三兩。信生張萬選公、鍾寧來公、寶興爐、張文瞻、張文舜、張然清、張娘群、張祖爝、張元曾各艮二元。貢生張廷傑公、信生張秀賢公各艮二兩。張重賢公、信生張安惠公、張龍伍公、張信純公、張乃受公、福昌爐各艮元半。信生張觀隆公、信生張觀亮公、信生張觀國公、信生張朝桂公、信生張朝謀公、信生張松卿公、信生張日升公、信生張廷永公、信生張廷茂公、信生張心究公、信生張英敏公、張

名叠公、張氣和公、張娘啾公、張德招公、張雁行公、張立夫公、張上玉公、張興廷公、張定方公、張賓□公、張永□公、張玉珍公、張廷份公、張德之公、張守謙公、張忠獻公、張弼显公、張□之公、張瑞濃公、蔡潤之公、蔡一寧公、張達尊公、張德成公、張衍素、邑賓張□萬公、張君烈公、張遠光公、張公賜公、張純□公、信生張秀興、信生張瑞珍、信生張隆平、信生張振基、張玉曾、張文□、張國和、張南金、張文威、張文活、張國恩、張士显、張娘奢、張文泉、張元福、張和□、張荣鎮、蔡意榜、蔡意□、張廷粹、張國称、張上命、張娘立、張宗浙、張良茶、張承辨、張良撣、張仲娘、張文□、張世西、張水河、張心任、張福□、張娘庇、張水養、張福祖、張慶意、張文武、張世□，以上艮一元。庠生張迪哲公、貢生張見龍公、信生張國□公、信生張□□公、張廷品公、張益源公、張君懷公、張時捷、張宗海、張漠水、張時椿、張良完、張士將、張上月、張士落、張神在、張星光各艮一兩。信生張青錢公、張良□、張名頂、張名寛、張承語各錢五百。信生張廷□公、張幹元公、張昆湖公、張魁占公、張聚舟公、張心順公、張奋先公、蔡心强公、張成賜公、張得遠公、張玉令公、張超群、張石帥公、張耀明、張時□、張士盛、張佛水、張時余、張元興、張娘旭、蔡意雷、蔡意榒、張士永、張文熙、張國旋、張良□、鄭安符、張連招、張良扶、張文過、張文彪、張文賓、張玉妹、張國祥、張良槐、張文□、張國俸、張紫氣、張娘達、張□嘗、張金富、張程瑞、張裕海公、張時□、張祥取，以上各半元。

咸豐辛酉年孟冬月　日吉旦立。主持僧秀勳。

**按：**此碑現存官陂鎮陂龍村上龍庵，碑名爲編者加擬。

## 一二一二　石橋廟福緣善慶碑

特授榮禄大夫黄靖公助艮六兩。信生張盛單公助艮五兩。州同賴明珍助艮□兩半。江利溶公助艮三兩。生員江朝會公助艮三兩。武生江中興公助艮三兩。江會聖公艮二兩半。江雲端助艮二兩。信生江養和、信生張濟河、信生

江朝張、張受用公、江朝足公、江效敦公、江而策公、林芳俊，以上各助艮二兩。生員江雲中、信生張永隆公、信生張慶雲公、信生張元享、信生李文珍、信生張壹發、職員李配乾、江象山公、江登世公、江時錞公、江丹魁、江宜彩、江常尊、張初一、江君佐，以上各助艮兩半。信生張国寧公、信生張列素公、信生張純如公、邑賓張名溢公、江會烈公、江拔崧公、林晦之公、林宜安公、張盈堂公、林世昌公、賴昌鏓公、江利川公、江應從公、江定秀公、江含光公、江積成公、江起龍、江時海、江時恭、江時恭、江明寧、江明招、江步九、江斯滢、江登修、江登馴、江東魁、江東笋、江和悦、江應本、江應慘、江篇、江大樸、黄烏、江国抱，以上各助艮一兩。

陳得山公助樑一、桁十二柱。信生陳秀拔公助艮六兩。陳維興公助艮二十兩。信生陳希静助艮三十五兩。陳興苕助艮十二兩。陳朝珢助艮六兩。陳鎮江助艮六兩。陳泰卿助艮四兩半。陳泰蘇助艮三兩半。陳興異助艮三兩半。陳興涉助艮三兩半。陳興爵助艮三兩。陳朝九助艮三兩。陳興炎艮二兩半。陳朝追艮二兩半。陳華三艮二兩半。陳興油艮二兩三。陳興晚艮二兩三。陳泰鈀艮二兩二。陳泰居艮二兩二。陳朝馬艮二兩二。陳泰彪艮三兩一。陳泰敞艮二兩一。陳興明艮二兩一。陳興强艮三兩一。陳興炳艮二兩一。陳朝珍艮二兩一。陳朝經艮二兩一。陳泰隆、陳泰耀、陳泰輝、陳興銀、陳興若、陳興加、陳興斟、陳興永、陳興卯、陳興紀、陳朝□、陳朝章，以上各助艮二兩。

劝緣信生陳登龍助艮十六兩。劝緣陳興賢艮十兩。劝緣陳興譃助艮六兩。劝緣陳興崔艮五兩半。劝緣陳泰澤助艮五兩。劝緣陳興謀艮四兩弍。劝緣陳興貽助艮四兩。

同治七年菊月重修。

按：此碑現存霞葛鎮坑河村樓下社石橋廟。

## 一二一三　重修東関上帝宫碑記

詔廟宇有楼者四，其在城之内者曰文昌閣、曰魁楼，城以外則南関有天后宫、東関有上帝宫，皆俯臨一切。而

巍巍帝座，獨攬山川之形勝：背枕南峰，其西八仙羅列，東北蜿蜒豪廣，峙其右九侯巀嶪如鐻，點燈山則稜稜孤峭、當面矗立，北方水位变成火体。前人築宫受朝，非一隅之見。而其水之自平和大溪度瀧來者，百餘里紆迴演迤，入東溪，夾長湖，一派平行二十五里，遶縣治之北，過東碼頭，南下五里與西溪會，又二十里東注於海。廟在碼頭上方，帝以水灵奠麗於此，爲我民消災歛福者，自前明迄今三百年矣。

刼之行也，有開必先。甲子孟秋，不晴不雨，洪流淹没民居者三旬五至。水界盡，風界生，帝先机示異，而民罔竟。閲兩月，髮逆遂陷漳郡，蔓延至乙丑三月六日，縣城失守，廟亦在灰燼中。蓋運窮数極，神與人同患，固其理也。維時編户流離，乱定之後稍稍還集。過斯庙則頽垣碎瓦委翳荒墟，而后楼猶存半壁。咸謂神所憑依，不容盡泯。然俛仰今昔，未嘗不悼痛於興復之難。里人孝廉方正林公鼪慨然曰：『是吾責也。』己巳正歲首議倡捐，諏吉擇材。父老子弟歡欣踊躍，各隨其力之所能致以自致，雖負販竭誠恐後。迺經始於五月　日，洎八月　日工竣。楼高如舊制，前後若干楹，黝堊丹漆，焕然一新，計費白金千六餘兩。是舉也，趨事効勤，人心齊一，亦德意之感孚、氣机之鼓盪使之然歟！

凡地方舉行公事，有所裨補而民宜之，皆不可不書，於是父老屬記於予。予不敢以不文謝，顧因用自愧焉。曩賊潰時，縣招邑中紳士爲善後計，諸祀庙被毀者以次修葺。獨文昌閣舊爲崇義堂，原非官庙，衆議别建，白於縣。業就公廨廢址畫定規模，與工築作。徒以么麼蝨吏不便己私，浮言爲梗。縣因循不執其咎，浸至太阿倒持，事遂中輟。継起观成，何知異日？懷新憶故，未得忘情。既以爲東関士民幸，而益歎事涉於官，動多掣肘，誠不若出自民者，得以各尽心力，如今天柱又飛光也。噫！廢興有時，登斯楼者，前望後顧，能無感慨係之哉！

邑舉人沈欽文撰。

**按**：此碑現存南詔鎮東北街玄天上帝宫。

# 一二一四　上帝宫樂捐芳名碑

樂捐芳名：

林誠朴祖派下捐艮三十五元。林尚譓祖派下捐艮三十元。歲貢生林爵祖派下捐艮三十元。監生林含潤捐艮三十元。監生林国楨捐艮三十元。貢生林純修捐艮三十元。監生黄閣盛捐艮三十元。謝世棠派下捐艮三十元。沈建銈祖派下捐艮二十七元。生員蒲光輝祖派下捐艮二十六元。童生楊子質捐艮二十五元。貢生傅延珍捐艮二十五元。傅鴻猷祖派下捐艮二十元。

監生沈景泰、楊萬青祖派下、沈兆嵛祖派下、林世法祖派下、監生楊清河、刘冬喜、蒲英從，以上各捐艮十六元。監生林登科、黄聚田号、監生刘振策、監生林瓊草，以上各捐艮十四元。黄振光、朱茂春、許明枝、林日新祖派下、李純厚祖派下，以上各捐艮十二元。黄□、柯海、生員林瑞草、貢生沈伯韓、張中和當、監生傅建槐、監生蒲英傑祖派下、潘佛成，以上各捐艮十大元。

監生林焜、許順㒷号、蒲英羣、林汝南、朱邦彦、朱大㒷、沈華山、李開茂号、許協生号、林合、林聚成号、監生楊綿慶、監生沈世美、蒲士光，以上各捐艮八大元。葉祥符、楊純、監生鄭錫福、許枝，以上各捐艮七大元。監生林瓊、黄錫如、林兆振、監生林来、陳檏、監生林晟祖派下、林掌来、林大头、戢員楊汝培、林来章、楊然、黄果老、陳荣發、陳得春、朱㒷、朱雞、蒲唱、黄祝三、監生林粮業祖派下，以上各捐艮六大元。監生林邁英、林湶、黄企、朱光輝，以上各捐艮五大元。

監生林樹勲、許太和号、蒲邱山、生員林宝樹、監生朱炳文、楊繩武、林錫福、林継周、姚哈、林簡樸祖派下、生員馬近光、黄義㒷、朱兆祥、思泰号、邱朝救、許百禄、許眼、魏藝、沈金生、許城、沈與、沈炳、朱澤、生員林大章祖派下、黄印、楊篤厚祖、陳刋、傅鎮三、蕭猪、施熱、李恩、廪生蒲痕儒、翁希、朱水、阮喜、林春丽、

林艷生，以上各捐艮四大元。

李長茂号、郭昭、林哲、方訓、楊烏佛、沈珠、汪猪、黄香、黄茂、刘鼎、沈鼎源号、明㒷号、謝溪茂号、職員楊春魁、張中㒷号、陳瑞雲号、副魁楊生花、林火生、阮和成号、監生林逢時、黄赤、監生林永泰、林浚，以上各捐艮三大元。林定、周才、黄價、沈守、陳鳶、陳済、李顕、李搭、楊梯，以上捐艮三元。

林學、蒲知、林来、蒲大、董提、黄恭、監生林啟荣、生員楊夢珠、永萬㒷号、沈元英号、吴廣昌号、怡豐号、康裕源号、貢生林天球、監生林之杞、誥封恭人林門沈氏、林文池、怡泰号、董文輝、林木華、朱觀光、監生沈屋、朱杠、林待、林傑、侯头、朱舜、沈搥、林欽、林蟳、林明、蒲砸、楊生、林潮、林振、林恭、嚴監、沈荣、監生蒲天一、悦㒷号、監生林之桂、生員林鶴鳴、廪生林雨、伯爷林大茂、錦盛号、仁德号、林天翮、林来香、生員楊春、林再荣、福利号、陳秋水、陳福和号、監生林大鴻、林五、沈潭、沈租、黄吉、林保、林元、林彦、李金、林錦、沈扶、吴枝、陳湶、陳員、陳舜、陳波、林来、林永福、刘飛山、梁大監、楊炳煌、林大進、生員林旭、林西河、刘水元、傅受炉、楊漢文、沈李礼、吴細狗、陳和息、李宝傳、林国安、林佛琴、林易輪、福昌号、沈媽爱、蒲景泰、刘寧波、黄木、黄水慶、許木、林水来、許卓、吴成，以上各捐二大元。

監生鍾喜奇、荣豐号、刘長禄、陳啟盛、林秋、林香、蒲樟、林爵、蒲步、蒲阿噜、沈盤溪、李貢、林烏龟、林佑、蒲細、林得元、黄得㒷、林佛、郭木，以上各捐艮一元半。楊士、陳胡、林宰、李崇、林貢、蒲福、蒲洪、楊慎、沈于、楊营、林猪、楊振、楊乾、楊林、林葦、林德、戴三、楊来、楊載、楊番、林扶、林四、林待、汪猛、涂杰、黄搥、沈宇、陳金、陳養、林刊、陳萠、林玉、蒲前、蒲魯、朱詠、朱棟、沈真、林三、林述、許劍、陳元、莫甘、沈齊、林炒、周佛、生員楊凖、新益元、彭媽添、赤兔号、慶昌号、協源号、智㒷号、岐陽堂、怡茂号、協隆号、林隆盛号、玉兔号、林蛤蛄、林保賜、楊渭溪、沈載明、生員楊玑、林明通、慶長春、林头、傅南、林鴿、林芬、沈連、蒲溪、胡辰、蒲比、陳汀、林帕、蒲燒、吕柱、林皆、林額、黄鴿、謝金、吴待、陳斗、林容、刘国、

葉喜、陳才、黄損、潘象、沈跈、黄送、鄭石、傅宗、林渌、林善，以上各捐艮一大元。

源合号、發記号、順兴号、平吉号、沈載春、沈載發、林烏缺、吴金龍、潘佛尭、林坪鼻、沈茂芬、林墩額、蒲士志、陳火明、新益記、源記号、成美号、陳媽送、彩錦号、源昌号、沈桂華、中孚号、林門沈氏、蒲英之、朱佛助、林媽喜、鄭佛賜、沈献賓、蕭山鄉、張成宝、黄明朝、林順美、邱金溪、李南山、林阿大、林小鵠、吴狗娘、刘盛、楊梅、楊氣、林池、林接、沈樹、林庚、林六、林聽、吕媽来、合兴号、林五一、林景南、林啟和、德兴号、林成結、朱佛賜、仕字号、蒲品、朱目、楊礼、宗鼻、林孟、林院、林兴、魏盛、川成、吕肉員、林金生、林福全、合源号、秀林号、蒲天沛、林萬字、林招連、林桂阳、陳定、鄭亦、沈其、沈伏、林恙、吴柵、黄保、林寛、楊营、朱門陳氏、林慶餘、蒲太監、林宝田、李三友、林窦嘴、林虎獅、林珠川、李含章、李茂德、沈英茂、鄭江陜、林文克、林大头、刘汰高、林老生、沈媽意、林佑管、林孟津、林開茂、林汝荣、沈春祈、許士、許定、林目、林斋、監生林作楫、楊門黄氏、生員林以藩、楊麗明、林威、蒲粟、魏江，以上各捐艮一大元。

施晃喜庙前厝地一塊。姚盛添油艮一元。翁聽一元。千総林天衢喜頭盔一頂。貢生林純修喜銀肚四元。林熾昌喜銀肚四元。生員沈英喜銀肚一元。沈門刘氏喜朝靴一双。林德捐艮八元。

主事千総林天衢。

董事：監生林国禎、生員朱拭之、生員沈英、監生李榮昌、黄錫如、蒲英群、監生林邁英、潘佛成、林汝榮、涂傑、李顕、林世、許成泰、朱通、楊振、沈潭、林阿大、林彦、陳淥、林杰。

同治己巳八年八月重興。

**按**：此碑現存南詔鎮東北街玄天上帝宫，碑名爲編者加擬。

## 一二一五　上帝宫林衙題捐碑

林衙東里祖派下仝捐，興建廟後樓厝并地壹間。

按：此碑現存南詔鎮東北街玄天上帝宫，碑名爲編者加擬。

## 一二一六　五通宫香爐題刻

同治歲次庚午九年，信士羅三奇施舍石爐一座，入五通廟供養，祈福平安。

按：此香爐現存霞葛鎮五通村五通宫。

## 一二一七　修龍山岩碑

粤稽龍山岩，乃明徵君林邁佳先生創始于天啓丙寅年。迄今世遠年湮，廢興屢矣，不能盡述。當咸豐年間，勸首修葺中止，所有捐金者不知其誰。逮同治辛未年，觀音佛祖發靈，列神顯聖，光被四表，德施萬民，祈禱報應，捷于影響。故四方遐邇，善男信女，莫不朝叩而夕拜者焉。於是捐金修整，都人士亦欣欣樂助，共襄厥成。時維壬申三月哉生明，重修是岩，并築石室。誠心捐金者，名勒于石。爲序。

勸首：信生林桂州助艮三十一両。信生林如和三十両。信生林志成二十両。林海錐十両。信生林隆震六両。林芳選六両。信生林加福□両。信生林安邦五両。林世兆五両。林世超五両。林監益五両。林芳一五両。林芳厝三両。林□桃五両。林芳喬五両。林芳奢五両。林火功五両。□北江流程両半。信生江逢禧兩半。林浩祥一両。以上勸首。

林義怌公助艮二十兩。兆永公十五両。畹植公十兩。信生哲晏公十両。継孟公十両。信生加寬十両。芳坑十両。信生国英十両。誠雅公五両。義和公五両。勇文公五両。守道公五両。信生瑞芝五両。芳花五両。芳鑚五両。容簡

公四両。恭睦公四両。貞一公三両。盛姬公三両。繁華公三両。声元公三両。尚元公三両。萬元公三両。博厚公三両。天保三両。顕清三両。芳傁三両。魂取三両。及成公二両。安簡公二両。欽典公二両。誠山公二両。質恭公二両。瑞和公二両。宜安公二両。木豈公二両。文和公二両。監尊二両。芳歲二両。芳□二両。魂娘二両。芳松二両。荣祝二両。利用公両半。義成公両半。温良公両半。信生国復両半。豎螺両半。□□両半。東咸両半。欽床両半。明惠公一両。明甫公、□□公、義萬公、晦之公、益清公、清香公、益康公、正揮公、任宜公、□貨公、□□公、□□公、魚獻公、勇源公、□來公、拔昭公、佑笑公、清肅公、有凤公、和康公、協巡公、捷忠公、元瑞公、顕賢公、善遠公、慶室公、慶春公、声鳴公、世便、世白、念愿、念轉、念暮、念沁、念詵、念年、譽緞、□經、仝□、廷昌、媛曜、金惠、監□、監瑞、監白、監叩、監出、文厝、開月、開慢、開經、開捷、開世、耀箕、耀嬌、耀郎、□眷、芳雞、芳枋、致和、里仁、芳叩、華江、芳惠、芳寓、芳烈、芳石、芳巧、芳捷、芳波、芳拂、芳時、芳維、芳亦、芳誰、芳繪、生枝、成庇、進福、顕吉、荣宗、荣英、荣矯、荣練、荣馨、永洞公、容杭、荣鍾、荣□、荣約、荣村、荣鑚、荣字、荣坤、荣莫、荣尅、林廖人，以上各捐艮一両。

同治十一年歲次壬申三月　日吉旦立。

**按：**此碑現存霞葛鎮天橋村龍山岩寺。

## 一二一八　重修萬古廟題捐碑

帝君之廟，由來舊矣。但歷年久遠，不無傾頽之虞。于是爰鳩衆議，捐緣重修。衆信等各出丹誠，歡欣樂助。

今將名次開列于左：

信生張登雲公助艮十五両。信生張良達助艮十三両。信生張雲衢助艮十両。信生張□□助艮十両。張文德公助艮八両。劝緣張長朗助艮七両。信生張有用公助艮六両半。張勝杏公助艮五両。信生張一發助艮五両。信生張子開

公助艮五兩。廷品公助艮五兩。信生張盛華公助艮五兩。信生張潛綱公助艮五兩。信生張繼周助艮五兩。方上旺助艮五兩。信生陳希静助艮三兩。張邦畿公助艮三兩半。張日光公助艮三兩。生員張登魁公助艮三兩。信生張觀国公助艮三兩。信生張應川公助艮三兩。信生張秀峰助艮三兩。信生張集福助艮三兩。受用公助艮三兩。張再合助艮三兩。信生張成章助艮二兩半。張有元助艮二兩半。信生張瑞芳助艮二兩半。信生張宗海助艮二兩半。信生張徹成助艮二兩半。信生張光荣助艮二兩半。信生張應時助艮二兩半。

張長連助艮二兩。信生張徹成助艮二兩。信生張允榮助艮二兩。張長達助艮二兩。信生張應時助艮二兩。張名喜公助艮二兩。張永河助艮二兩。張繼刊助艮二兩。信生張玉鳳助艮二兩。張景梵助艮二兩。信生張承思助艮二兩。張荣欵助艮二兩。信生張德敕助艮二兩。信生張垂芳助艮二兩。張箝之公助艮二兩。信生張永義公助艮二兩。州同張鴻澄助艮二兩。信生張維賢助艮二兩。信生張攻玉助艮二兩。張維助公助艮二兩。王心存助艮二兩。在里眾鄉助艮二兩。張君坦公助艮二兩。貢生安仁公助艮二兩。張名文助艮二兩。張近忠公助艮二兩。張會都公助艮二兩。張良憚助艮二兩。張君式公助艮二兩。信生張喜素助艮二兩。張文舜助艮二兩。信生張守義助艮二兩。張味辛公助艮二兩。信生張快然公助艮兩半。張和武公助艮兩半。張国江助艮兩半。張上森助艮兩半。信生江顯愛助艮兩半。張德彰公助艮兩半。張宸居公助艮兩半。張賡華公助艮兩半。生員張友征公助艮兩半。信生張隆平助艮兩半。張聖哲公助艮兩半。張名題公助艮兩半。信生張刻素助艮兩半。張礼尊公助艮兩半。張名叠公助艮兩半。張居所公助艮兩半。張良炆助艮兩半。張名雷助艮兩半。張耀容助艮兩半。

張国落助艮一兩。張士域助艮一兩。張啓佳助艮一兩。源盛當助艮一兩。信生張玉音助艮一兩。張祖霖助艮一兩。張象恭公助艮一兩。張国萬助艮一兩。張勤義公助艮一兩。張和約助艮一兩。張廷增助艮一兩。張衮章公助艮一兩。張名潮助艮一兩。張国艾助艮一兩。萬春號助艮一兩。許魁助艮一兩。陳鳳火公助艮一兩。張成添助艮一兩。許廷禄助艮一兩。張勝章公助艮一兩。信生張益源公助艮一兩。張元養助艮一兩。張懷暢公助艮一兩。張士戴助艮

一兩。信生張德輝助艮一兩。張繼優助艮一兩。張綱質公助艮一兩。張三江助艮一兩。張新興助艮一兩。信生張宗泰助艮一兩。張上且公助艮一兩。張步開助艮一兩。信生張光祖公助艮一兩。張善政公助艮一兩。張世焕公助艮一兩。張良沓助艮一兩。信生張永成公助艮一兩。信生張日春公助艮一兩。信生張礼泰助艮一兩。邑賓張達才助艮一兩。張士洒助艮一兩。信生張向榮助艮一兩。信生張翼軒公助艮一兩。庠生張定江助艮一兩。信生張政剛公助艮一兩。信生張明德助艮一兩。張国氣公助艮一兩。信生張登昌公助艮一兩。邑賓張文順助艮一兩。張遜沓公助艮一兩。張時重公助艮一兩。張大業公助艮一兩。張天牗公助艮一兩。張荣碍公助艮一兩。信生張祖別助艮一兩。信生張有水助艮一兩。信生張政齊助艮一兩。信生張超萬助艮一兩。謝娘發助艮一兩。張善誘公助艮一兩。信生張名立助艮一兩。張名訥助艮一兩。張国□助艮一兩。江永料助艮一兩。張□□助艮一兩。張□□助艮一兩。張□□助艮一兩。張□□助艮一兩。張有柱助艮一兩。張国和助艮一兩。張福本助艮一兩。張栽生公助艮一兩。張美周公助艮一兩。張福安公助艮一兩。張金水助艮一兩。張君霸公助艮一兩。張震元公助艮一兩。張兼六公助艮一兩。張英敏公助艮一兩。李順泰助艮一兩。張程嗳助艮一兩。張永億助艮一兩。張永湖助艮一兩。張時拋助艮一兩。

同治壬申年臘月立，緣首張天槐、張鵬西、張正接。

**按：**此碑現存官陂鎮下官村萬古廟，碑名爲編者加擬。

## 一二一九　重修鎮龍庵碑記（五）

鎮龍宝刹，独擅一方之勝境，神灵其蔭護鄉中士女，由來久矣。承建以來，相繼脩葺，各有成功。近被風雨播淋，歷年已□棟□□□宇毁壞。衆議修整，一時争先赴義，遂成厥事。以此至誠感神，永沐鴻庥也。謹將捐緣姓字勒石于後。

信生黄登輪公助艮五十兩又五錢。信生黄□才助艮五十兩。信生黄子□助艮五十兩。信生黄選考公艮二十兩。

信士黄期河助艮十五兩。信士黄□醜公助艮十兩。信士黄類感助艮七兩。信士黄世安公助艮七兩。信士涂華敬助艮七兩。黄超艾助艮七兩。江桂山公助艮六兩。江岱光助艮五兩。黄啼生助艮五兩。信生黄永昌助艮五兩。黄超遠公助艮五兩。信生江日升助艮五兩。信生江步之助艮五兩。黄敬安公助艮三兩九錢。

黄任權公、黄名貢公、江希直公、黄宣一、黄總焴、黄志達、黄民□、黄易玉公、黄景葉、黄民□、黄毓芳、黄欣從公、江修敷、黄超化、黄吉彬、廪生江希偕公、林蓬淦、林慶，以上各助艮三兩。黄民來、□□府江有聲、江名津、黄志湞、黄期烟、黄生枝、黄□亭、黄穆修、黄□魁公、黄詔廷公、黄嘉猷公、邑賓江生一公、江逵勳公、江遜福公、江遜緣公、江名内、黄賛治、林耀恕、林質訥、黄云世，以上各助艮二兩。

信官黄廷箕、黄□□、黄顯兼、黄民夫、黄超策、黄超惠、黄超院、黄□□、黄超語、黄廷扇、黄民隸、黄□□、黄顯□、黄□□、黄□□、黄□□、黄界□、黄龍正、江名景、黄貴狀、黄優隆、黄□儒、黄立憲、黄立列、黄立禄、黄立恭、黄立奬、黄君德、黄志沖、黄志潘、黄志憙、黄志邑、黄神佑、黄期淮、黄期横、黄□紹、黄□利、黄期□、黄師板、黄娘根、黄水朗、黄顯恕、黄超帶、黄超伽、黄超□、郭清愿、黄耀俊、郭貞、黄超額、黄民桃、黄超龍、黄超暢、黄娘一、黄超榜、黄起孟、黄達群、黄超藏、黄顯琨、黄超著、黄超鑽、黄勝倫、黄□□、黄超□、黄超□、黄顯啟、黄超成、黄水仙、黄超賓、黄超奬、黄民穩、黄民許、黄民涉、黄民範、黄超嵩、黄超篤、黄超雷、黄勝權、黄超丕、黄超同、黄超□、黄敬□公、黄櫟才公、黄超足、黄超誦、黄超堂、黄超秋、黄民穹、黄超歎、黄超□、黄超照、黄威揚公、黄類誦、黄貴渚公、黄配乾公、黄擢同、黄泰和公、黄耀塵、黄翼四公、黄來然公、黄能樹公、黄類□公、黄暢怌公、黄類杰、黄類團、黄類花、黄類器、黄類焕、黄類馥、黄稽真公、黄翼戲公、黄類程、黄永超公、黄榮宗、黄超週公、黄耀□、黄超潮、黄程冬公、黄能豪公、黄雄基、黄民登、黄類泄、黄超□、黄鎘文公、黄超陳、黄超頓、黄超福、生員江融公、江遠虛、江起涉、江正宗公、江典居公、江名蛟、江希往公、江芥宗公、江景氣、江猷嵐、江猷庚、涂六禧、涂□□、涂本傳、涂日宇、涂本振、涂娘順、涂徹海、

涂文舉、涂日有、黄娘定、黄顯樂、黄涯川公、黄民集、黄起昌、黄超養、黄步雲、林耀極、林耀賓、林盛龍、林耀流、林耀門、林耀恒、林耀岳、林耀參、林盛清公、林芳治、林芳誰、林芳佑、林愈轉、林隆右、林愈都、林愈養、張子交、張子力、張敬之公、張陽金公、張子□、張子納、黄超範、葉□對，以上各助艮一兩。

州同江公詩聰助艮十五兩。信生江□□公助艮十三兩。信生黄步追助艮十二兩。信生林宗道公助艮十二兩。信生林義柱公助艮十兩。信生陳希静助艮十兩。生員江繼昌公助艮九兩。生員江榮政公助艮八兩。信生黄亭淳公助艮八兩。信生林世濟助艮五兩。信生江魂義助艮六兩。信生黄廷喜助艮二兩。信生楊明智、□□黄應期助艮五兩。

江榮瑞祖公、李世行公、江□□公、江宜來公、信生江焕文，以上各助艮四兩。田和順、張有然、信生田玉輝、林隆真公、邑賓李興坤、林謝熙公、信士江向泉公、信生江分興公，以上各助艮三兩。□□□、李興□、林重深、林曁園、林考敔、黄□□公、邑賓江興助，以上各助艮二兩。林曁飛、林芳生、林開宛、江虹興公、江同昆、楊旭勳公、信生江朝興、楊大格、□□□、江顯然、信生江顯紅、信生江金陵，以上各助艮一兩半。

江朝足公、江史綏、江玉英、江通訟、江迓畏、江少才、信士江子武、江紹元公、鄉賓江君然公、信生江紹唐公、江德興、江明顯公、江步雲公、江承店、江文炳、江通橈、江應舉、江娘送、江時錞公、江盛穆公、貢生江利川公、生員江雲中、庠生江中興、江作楫、江大墣、江質安、江庇純、江存志公、江明雨、江明招、江善所公、江神力、江壽嵐、江壽聲、江水成、江福正、江壽依、江壽姜、江仁馨公、林芳繪、林生枝、林芳順、林緒碍、林開慢、林世泉、林芳舊、林榮英、林娘權、林国宝、林開斂、林曁輝公、林曁名公、林對明公、林曁茶公、林耀中公、林芳存、李興祥、張上箌、張心詮、黄元然、張松昌、黄元郎、田紹勇、江泰和公、江嘉種公、田娘懺、黄顯安、楊大沛、沈風順、陳前胥、邱位胥、盧一旺、林文紙、田利凉、田真學、田娘琛、黄承筌、霞葛館董蒙生、王之長、坪在張祥取胥、□□張光耀公，以上各助艮一兩。

同治十四年歲次乙亥花月，衆鄉人仝立。

按：此碑現存霞葛鎮莊溪村鎮龍庵。

## 一二二〇　重修武廟緣碑

詔安縣正堂羅諱運端捐貳拾元。詔安縣正堂江諱仁葆捐拾元。儒學正堂王諱克明、督捕廳張諱琭各捐陸元。詔安營遊擊施諱才學捐拾元。中軍府何學成捐陸元。把總許達魁、把總楊文彬、把總許靖海各捐肆元。把總石澄江貳元。中書許師軾捐伍拾元。監生李英捐伍拾元。謝樹德堂捐銀貳拾元。州同陳登魁祖派拾伍元。舉人沈欽文捐拾貳元。州同李華芳捐拾貳元。監生謝珍寶捐拾貳元。貢生李玉山捐拾壹元。貢生沈嗣昭捐拾貳元。貢生謝登□捐銀拾元。州同許謹恪祖派捌元。貢生謝嘉猷捐銀捌元。貢生沈朝輔捐銀捌元。貢生郭授文捐銀捌元。貢生張直摯祖派捌元。貢生吴啓祥祖派捌元。監生許耀光捐銀捌元。監生黄士魁祖派柒元。職員鄭雲衢捐銀柒元。貢生鄭篤進祖派陸元。貢生沈嚴毅祖派陸元。監生吴士章捐銀陸元。

鍾文海、職員萬□□、林福□、沈□□、職員陳□□、田文光、葉仲光、職員謝發祥、陳文麟，以上各陸元。恩貢生沈受書、歲貢生沈煉金、都司張誠惠祖派、貢生黄朝陽、許麟徑祖派、黄永盛，以上各捐伍元。武舉許聯元、武生許清揚、州同吴吉光、貢生許攀龍、監生謝珍穀、監生謝惇、監生許清華、監生許子初、商振祥祖派、陳琢軒、聚珍當、許東圃、許水，以上各肆元。武生沈啓祥捐銀叁元半。歲貢許迪德、貢生陳振祥、貢生黄泰清、監生方天璋、監生許清吉、監生許清光、監生翁建標、監生楊木華、職員陳朝泰、信女楊門佘氏、易金祥，以上各叁元。

許松江、許清水各捐貳元半。舉人劉煜、武舉沈汝舟、恩貢生劉維楨、歲貢生謝劍沖、訓導許聯三、廪生王乃光、增生陳一平、增生沈承謙、縣丞吴天章、生員許黄旌、生員楊家龍、生員陳以璠、武生沈龍英、武生蕭士龍、把總阮廷珍、外委許威勇、貢生許啓元、貢生陳成烈、監生許元英、監生高明遠、監生陳炳星、監生陳廷獻、監生楊成章、監生謝家祥、監生王耀光、監生沈特達、監生許飛光、監生許希點、監生許啓光、監生許承恩、監生沈謙

益、監生吴啓成、監生沈耀春、五品銜沈倫常、職員林仲開、職員鄭炳南、職員許受書、職員許景德、吏員楊壽、信女沈門陳氏，以上各貳元。生員許汝惠、貢生鄭海樹、監生楊景雲、監生吴振盛、監生徐樹英，以上各壹元半。

鄭疊三、沈兆祥、許秉圭、許祥麟、許荣國、許荣宗、沈來水、董龍恩、許廷襄、林加文、沈雷山、張烏記、田有年、楊柳□、商佑、陳臣、沈烏、林佛高、許中、許敏藝祖派，以上各貳元。舉人沈耿光、廪生蔡芹、廪生張星、增生許秀、增生沈思敬、增生郭毓芝、生員沈崑玉、生員許初聲、生員林逢春、生員盛開昌、衛千許國成、武生王之光、武生許珍龍、貢生李邁英、貢生康炳章、貢生許承章、貢生陳鴻平、貢生何其清、監生許溪吉、監生沈克家、監生劉維幹、監生許宗荣、監生黄翔、鄭作雨（肆元）、監生謝濟世、監生□龍標、監生沈明揚、監生張調元、監生郭作揖、監生黄玉藻、監生許瑞光、監生陳盛昌、監生涂錦池、監生許葆初、監生黄鴻儒、監生許飛鵬、監生許國精、監生許天球、監生許監文、監生楊逵璋、監生康三木、額外李□彪、效用陳荣□、効用李平光、職員莫雲祥、職員陳荣欽、職員□濟英、職員許英勳、職員曾鳴瑞、職員沈德、職員沈毅、職員林廷梧、職員阮廷玉、職員蔣有紀、職員何廷璋、職員許汝舟、職員鄭良瀚、鄭熙、許都、許默、許恭、徐鼎、陳岩、沈芝、沈福、沈振、張琴、梁濟、李同、張沛、林樟、董榆、郭祥、陳玉、王天、吴鋮、陳平、黄順、王枝、林福□、田文光、陳荷用、沈玉、林宗相、陳升唐、沈鴻章、許文水、許德來、沈宜甫、李夢珍、許木英、陳文溪、林老生、陳玉鳴、王保和、吴啓明、李百香、陳國珍、許桔軒、廖荣光、許孫辰、沈慶煜、鄭范成、沈□□、葉仲光、□兆慶、吴裕號、許光國、王國昌、徐順興、許花興、許英珍、謝紹祖、張振成、陳馬燈、陳娘生、葉建興、林馬光、鄭振寶、黄媽保、陳波、嚴順、陳兆、胡花、楊尼、康才，以上各壹元。

**按：**此碑現存南詔鎮縣前街外武廟。知縣羅運端、江仁葆各於光緒二年、元年任，故此修應在光緒二年。

## 一二二一　臺灣裔孫承買蒸田園碑

臺灣裔孫成金、振元仝承買蒸田園，記録一碑。

嘗思木必有本，而枝葉方能茂盛；水必有源，而衍派始能遠流。我溪雅前源祖祠與継述堂二處蒸田，被一不肖子孫典賣，以致祖宗失祭。及我回唐謁祖，一聞祖宗之失祭，不覺愀然有不忍者，于是出資承買蒸田，現有幾段，以爲二處祖祠及各坟墓歷年祭扫之費，庶不失木本水源之心。今將蒸田開列于左：

一，買來半徑田四坵，每年科租三石九斗仔正。此租立爲溪雅前源歷年香燭之費。

一，買來藍田樓祖祠門對面中間屋一間，每年稅穀三石仔正。此租立爲継述堂歷年香燭之費。

一，買來藍田樓面前塘蝎嘴田一坵，带畝四分，每年科租六石仔正。

一，買來藍田樓背園一段，每年科租四石五斗仔正。

一，買來道行公地背田三坵，每年科租六石仔正。

此三段之租，立爲我五世祖至八世祖年節忌辰祭扫之費。

另成金買來龍田樓長坵尾田一坵，每年科租四石仔正。此租立爲継述堂春秋祭費。

另振元買黄坭坑鳳地太地前田一段，每年科租十八石仔正。此租歷年踏定三石仔，爲魯傅公祭扫之費；又踏定五石仔，爲前源祠堂春秋祭費。扣除以外，尚剩多寡，立爲庚生公、晋荐公祭扫之費。

又振元代我臺灣剛烈公六大房子孫等買來王屋前墩仔下田一段，带原畝六分，每年科租九石六斗仔正。

又振元仝五叔正登買來純懿公地前背田園五坵，带原畝三分，每年科租四石五斗仔正。

又振元買來田背樓前蛇地崗大路湣園三坵，科租五石一斗仔；又買來龍墩樓新屋背厠池一口，稅錢二百文。

此四段歷年立爲剛烈公、義雅公、純懿公、君从公年節、忌辰祭扫之費。

另振元買來龍墩樓面前田一坵，带原畝一分，每年科租四石五斗正。此租歷年立爲魯傅公忌辰祭扫之費。
另成金買來園一段，在寨裡下路坟。每年税錢一千八百文，立與逮雅公、剛質公、交珩公忌辰祭扫之費。
另成金買來園二坵，在寨裡厝背□屋坟，每年税錢一千二百文，立與義照公忌辰祭扫之費。
光緒三年歲次丁丑三月立。

**按：** 此碑現存官陂鎮光亮村藍田樓，碑名爲編者加擬。

## 一二三二 重修碧湖庵題捐碑

深青橋美與社：許永氣捐一元、許舉明捐一元、許執捐一元、許濟川捐一元，共捐艮一百六十一毛二分。
深青橋中與社：許社捐二元、許細母捐二元、許宝国捐一元、許茂與捐一元、許振慶捐一元，共捐艮一百四十一毛六分。

橋頭山共捐艮四十一毛六分。

萬田上下社：沈春盛捐二十四元、丁永捐二元、沈壽元捐二元、丁水全捐二元、丁雨南捐十四元、林茂連捐十四元、丁旺捐十二毛、丁雨捐一元、丁究來捐一元、丁何豬捐一元、沈水□捐一元、車啞九捐一元、張添桂捐一元，共捐艮二百一十一毛八分。

□□林燿焜捐□□□、丁猛捐十六毛、丁連海捐一元、丁嫣思捐一元、丁長茂捐一元、丁成捐一元、丁萬和捐一元、丁祖捐一元、丁在捐一元、丁贛捐一元、丁成源捐一元、丁源茂捐一元、丁會尚捐一元、丁來福捐一元，共捐艮二百零六毛。

新寨：陳長溪捐二元、沈樣捐□元、陳西捐十三毛三分、陳燕昆捐一元、陳水捐一元、陳□□捐一元、陳木棍捐一元、沈生旅捐一元、張開水捐一元、陳瑞光捐一元、陳義順捐一元、陳綵祖捐一元、鄭桂友捐二元、鄭長林捐

一元、楊蒂捐一元，共捐艮三百四十五毛。

上曾：葉江□捐一元、葉友福捐一元、葉音廷捐一元、葉鏡湖捐一元，共捐艮五十四毛。

東山：沈輕捐一元、沈噗捐一元、沈崇文捐一元、沈武林捐一元，共捐艮九十八毛。

芝蘭里：涂瑞龍捐一元、涂煉金捐一元、涂芋捐一元，共捐艮五十毛。

葉□□共艮二百三十六毛。茭塘尾共艮四十二毛。東□□徐佛捐二元。後溪東共捐艮三十五毛。北關外盛碧捐四元。林家巷林仕杰捐二元。北門内陳麟捐一元。六□樓陳紅□捐一元。東路墘沈炳良捐一元。西潭吴副捐一元。

拜頭山：沈宝太捐一元、吴龍溪捐一元，共捐艮五十二毛。

本社弟子捐艮□百元。庒上□藩捐艮□□。双港村共捐艮七十毛。

新安村：許重繼堂兄弟捐□十毛、許国思叔侄捐二元、許国藩捐一元、許国棵叔侄捐一元、許六藝弟侄捐一元、許祥麟達德堂捐二元、許添㒷燕翼堂捐□十毛。

葦□脚：葉永和捐三元。

按：此碑現存深橋鎮考湖村碧湖庵，碑名爲編者加擬。

## 一二一三　重修碧湖庵題捐碑（二）

樂捐芳名：

城内許永泰喜園根，受種肆斗，收去契艮十元。考湖吴瓊喜園面，受種□斗，收去契艮二十元，坐址庵邊南畔一坵。

茭長尾弟子敬緣：林□大人捐艮二元。林二房冷家長派捐艮二十元。林阿拜一派捐艮六元五角。林三房一派捐一元。陳一派捐一元。涂一派捐一元。林采□一派捐一元。葉泰㒷當捐艮一元。鍾開尊捐艮一元。吴格捐艮一元。增生陳□平捐艮一元。

光緒戊寅年陽月。

按：此碑現存深橋鎮考湖村碧湖庵，碑名爲編者加擬。

## 一二二四　重修碧湖庵題捐碑（三）

樂捐芳名：

舉人沈欽文艮三元。沈祥發号艮六元。沈裕茂号艮五元。沈靈堂号艮三元。貢生沈嘉勳艮三元。陳成發号艮四元。監生吴善守艮□元。舉人沈承勳艮一元。忠泰号艮式元。沈順利号艮式元。林告茂号艮式元。沈鼎源号艮式元。沈乾仁号艮式元。沈志記号艮式元。沈泰來号艮式元。陳寬惠祖艮式元。州同吴吉光艮三元。沈福量艮式元。林恒茂号艮式元。□□來□艮式元。監生李英艮式元。貢生吴国艮式元。陳門沈氏艮式元。沈佛送艮式元。陳天下艮一元。沈振光艮一元。陳英艮一元。林永垂祖派艮一元。陳国均艮一元。協生堂艮一元。監生林廷樹艮一元。生員楊家龍艮一元。楊東常艮一元。悦來号艮一元。楊光美艮一元。沈門何氏艮一元。榮發号艮一元。□□□艮一元。咸亨号艮一元。蔣門林氏艮一元。職員蔣有紀艮一元。沈吉文艮一元。德成号艮一元。合祥号艮一元。永春号艮一元。黄榮桂号艮一元。許敦厚祖艮一元。沈嘉猷祖艮一元。林廷敕艮一元。廪生許秀艮一元。許振成号艮一元。吴埂艮一元。陳錦文艮一元。沈明鄉艮一元。吴国章艮一元。許景沂祖派艮一元。吴鑾艮一元。□□□艮一元。貢生吴一陽艮一元。沈厚艮一元。周説艮一元。沈怌才艮一元。元龍号艮一元。沈有東艮一元。監生林水生艮一元。貢生沈龍勳艮一元。林源裕号艮一元。貢生沈錫智艮一元。林開茂艮一元。沈發記号艮一元。監生葉棟艮一元。葉茂意艮一元。監生陳炳星艮一元。沈門陳氏艮一元。江慶昌号艮一元。許齊春當艮一元。許潮艮一元。□□許雲艮一元。廣成号艮一元。沈門郭氏艮一元。沈金龍艮一元。永成号艮一元。

芝蘭里村：監生涂譩艮□元、涂容貞艮一元、涂天艮一元、涂鞍艮一元、涂亭艮一元，共捐艮□元。

茅仔埔：沈龍艮一元，共捐艮三元。

后陳村：陳天夏艮一元、陳門沈氏艮弍元、陳英艮□元，共捐艮□元。

後尾：舉人沈春照□□□、武生沈良奇□□□、沈員涷祖派艮□□、生員沈鴻儀□艮□□、武生沈麗寬艮一元、沈占鰲艮一元、沈阿娘艮一元，合共捐艮□元。

上陳村：陳盛發□艮四元、陳錦文艮一元，共捐艮□元。

大埔村：沈□□艮□□、沈新艮□□、沈騰西艮□□、沈冷艮□□、沈□□□□、監生沈□龍艮十七元、監生徐東權艮八十元、例貢生徐正連艮三十元、武生高德龍艮四十元、林作楫艮四十元、監生高志生艮二十元、黄太高艮二十元、林阿喜艮十元、田長興艮十元、監生林元保艮十元，共艮□□□□元。

西坑村共捐艮□元。

監生徐水揚艮二十元。監生徐慶元艮二十九元。監生徐榭林艮十元。監生徐登榮艮四十元。監生徐清風偕弟泮池惠艮四十元。徐有福艮十元。吴登能艮□元。監生沈煇理艮二十元。吴紅記艮二十元。潮城許城艮二十元。北門沈春艮二十元。

深青橋前湖社：監生許文先艮二十元、許輩艮十元、許義生艮十元、許雪艮十元、許果老艮十元、許隊艮十元、許案艮十元、許齊艮十元、許筆艮十元、許吉春号艮十元、許順利号艮十元，共捐艮□□□□元。

劉莞艮十元、劉文進艮十元、劉周南艮中元，共捐艮□□□元五□。

深青橋中興社：職員許明科艮十二元、許察艮十元、許振葉艮十元，共捐艮三十二元。

沈鳳寮村：監生朱隸艮十元、監生郭錫艮十元、林箭艮十元、林暹艮十元、林□艮十元、林教艮十元、林仁艮十元。

東城：沈獨坤艮十元、丁淵艮十元、丁滾艮十元、丁沽艮十元，共捐艮三十元。

寨□村：沈妍艮□元、沈茂春艮十三元、沈香艮十元、王佛連艮十元、沈崇艮十元、沈閒文艮十元、沈壽艮十

元、神齊艮十元、沈西艮十元、沈繒艮十元、沈領艮十元、沈膠今艮十元、林樹英艮十元，共捐艮□□□□元。

河田村：沈通艮□□、林聽艮□元，共捐艮□□元。

麻园頭村：□生沈一鑑艮十元、□□沈桃福艮十元、監生沈振福艮十元、監生沈遊上艮□元、監生沈文利艮十元、武生沈□釗艮十元、沈間艮十元、沈合艮十元、沈□恩艮十元、沈員艮十元、沈文貴艮十元、沈果求艮十元、沈好彩艮十元、沈經艮十元，共捐艮□□□□元。

□曾□艮□元、潘長水艮□元、□處□艮十元、許□艮二十元、許軒艮十元、□□艮十元、許用艮□十元，共捐艮□□元。

□□□艮□元、□□□盛艮□元、沈得艮十元、沈斟艮十元、沈入艮十元、沈里艮十元、沈□艮十元、沈汰艮十元、沈銃艮十元，共捐艮□□元。

□人許□□□元、監生許一□□元、監生許宸仁九元、□生許□□□元。許水新、許盟二人□元。徑尾社□元。

葉德誌、葉朗、葉静、葉吕、葉福、□□、□□共捐艮□□元。

監生吴□□、吴禄、□□記共捐艮□□元。

光緒歲次戊寅年桐月穀旦。

**按：**此碑現存深橋鎮考湖村碧湖庵，碑名爲編者加擬。銀額小計數字爲蘇州碼，模糊難辨。

## 一二二五　斗山岩題捐碑

監生有祥捐艮四元。監生國香捐艮三元。貢生照陞捐艮二元。監生善維二元。監生企寬捐艮二元。信士□□捐艮六元。太基祖派捐艮五元。信士永自捐艮四元。汀洋監生鍾子欣捐艮三元。陳厝寨貢生陳紹元捐艮四元。信士□佛求捐艮四元。日明祖派捐艮二元。□□江□捐艮二元。鵠捐一元五錢。聘、仲、報舉、阿二、佛來各捐艮一元。

信士木□、□永□扁、文、□、瑞池、士□、大□、汝桂、永登、□□、□金各捐二元。乞食捐三元。玉維、掌各捐一元二錢。烏記捐二元。羅子□捐二元。龍潭塬林媽先、壽、顬捐二元二錢。水茂捐二元。林克□祖、目、貢生亭、貨、容之□啟明各捐一元。□、阿盆、媽乙、□篙、受□、□□各捐□元。林水捐□元。胡□桂捐二元。江振、江□、吴永元、吴□□、吴春□、吴□春各捐一元。

西山捐艮□元。□桂捐艮□元。□山文癸〈下缺〉，以上各捐艮一元。

光緒五年歲次己夘蒲月。

**按：**此碑現存西潭鎮潭東村斗山岩寺，碑名爲編者加擬。

## 一二二六　重修溪雅天后宫題捐碑（三）

光緒六年歲次庚辰戌月廿二日書。

首事□□捐艮四元。□□□□捐艮廿四元。□□□□捐艮廿四元。□□□□捐艮叁拾元。□□□□捐艮式拾元。□□□□捐艮式拾元。監生□金捐艮拾元。監生逢時捐艮八元。監生□有捐艮八元。貢生大成捐艮六元。監生曉年捐艮六元。祖惠捐艮六元。監生暢嵐捐艮六元。監生逢期捐艮六元。繼德捐艮六元。□生德英捐艮六元。佛旺捐艮五元。水南捐艮五元。學□艮六元。□材艮六元。兩捐艮五元。泉興捐艮四元。章捐艮四元。德發捐艮四元。希周捐艮四元。金坑捐艮四元。喬□捐艮三元。文德捐艮三元。朝鳳捐艮三元。胡□先艮三元。錦□捐艮三元。武生龍光艮三元。信遠捐艮三元。家宝捐艮三元。家風捐艮三元。弄捐艮三元。果老捐艮三元。田成捐艮二元。大海捐艮二元。武生斌國捐艮二元。灣乾捐艮四元。水□捐艮三元。西甲大頭艮三元。南宅有捐艮四元。監生漢瑞艮三元。監生其昌艮二元。印□捐艮二元。□□捐艮二元。啟昌捐艮二元。藍□□□□。娟□捐艮二元。□□捐艮二元。黑極捐艮二元。漢文捐艮二元。朱明捐艮二元。成昆捐艮二元。□□捐艮二元。□□捐艮二元。目古捐艮二元。更

維捐艮二元。花餅捐艮二元。康捐艮二元。讓捐艮二元。孚捐艮二元。侯捐艮二元。畢捐艮二元。恭捐艮二元。木捐艮二元。拿捐艮二元。波捐艮二元。懷濟捐艮二元。火項捐艮二元。西□振盛艮四元。前江昌艮四元。宗生捐艮二元。北社山捐艮二元。海平艮二元。西甲社水泉艮二元。成沛艮二元。媽覔艮二元。烏唇艮二元。□市應、□□□、張庚海、□□□、圭田明經□□□、龍運各捐艮一元。宅水陳甫才〈下缺〉。

**按：**此碑現存橋東鎮溪雅村天后宮。

## 一二二七　西關武廟帝君神像題捐碑

帝君神像題銀芳名：

詔安縣正堂□捐銀七元。詔安營副総府施捐銀四元。詔安縣學正堂王、左堂陳各捐銀二元。詔安營中軍府李捐銀一元。縣鐘汛耑防廳曾捐銀二元。縣城汛耑防廳石捐銀一元。花翎侍衛林天驥敬冕旒一頂。監生沈祖澤敬木像全身。信生林熾昌敬五臟全付。武生沈龍英敬油身五臟全付。衆糖商捐銀八元。陳延禧祖派捐銀八元。沈英烈祖派捐銀七元。林君節祖派捐銀七元。沈濟美捐銀七元。江慶昌捐銀七元。太學生李英捐銀六元。

泰来、天泰、忠泰、鼎源、監生江龍標、監生江天心，以上各捐銀四元。奉政大夫林世連派、五品軍功沈倫常、監生陳勝春、青雲寺、光裕堂、許魁，以上各捐銀三元。舉人沈鏡秋、貢生沈祖文、生員江南春、廩生江涛、沈廣泉派、監生吴士龍、監生沈鴻圖、監生郭朝禧、職員江天恩、悦來堂、同濟堂、順茂堂、協生堂、順吉堂、陳蘭孫、林大茂、胡仕、胡堅、陳間、藏珍、荣桂、集雲、振□、□□□、許立本當、郭紅居、沈媽葵、許奉締、沈余氏、沈水成、沈鳴秋、沈陳氏、沈楊氏、林溪水、南法寺、澹園寺、西林寺、江□、明呉、繡川、林雅，以上各捐銀弍元。鼎昌、陳常、沈富、沈乃、郭孫、楊外、江長、□□□□、武舉□□□、副貢生沈鳳□、恩貢生王乃□、生員范之□、生員胡文□、沈賓、陳文□、生員陳登□、□生葉士□、監生沈從□、監生沈鳳□、監生朱文□、監生

陳盛□，以上各捐銀壹元半。

監生陳時旭、監生楊木華、監生胡永寿、監生許珠樹、職員沈舉、陳玉兔、沈源興、東興泰、許沈氏、孫福興、楊光彩、許瑞美、源泉當、陳福和、沈曾氏、吴士章、涂海銀、許振泉、陳玉成、許水盛、林阿細、林米武、陳時修、張沈氏、林許氏、陳周南、陳大舟、林得勝、郭汝聰、沈春祈、胡暗目、許誠知、楊陳氏、林阿嚕、沈水秋、胡佛藤、盛鵬初、沈逢時、胡朝鳴、江成梁、江文益、沈水象、沈錫尔、葉桂源、楊椎彦、郭股三、陳錫麟、胡楊氏、金竹寺、竹林寺、西雲寺、聖祖庵、沈艷、江獅、黄周、林葉、胡蚶、江斜、陳煮、許集、鍾潔、沈閩、沈崖、莊水、胡僠、盛生、江龟、沈海、方一、胡珠、陳詩、陳仕、江騰、江雲、胡仲、胡明，以上各捐銀壹元。

董事：監生沈清香、生員沈天福、生員胡文豪、生員陳德英、貢生王乃光、生員江南春、武生蕭士龍、生員陳登檢、職員沈祖□、監生楊木□、武生沈龍□、軍功沈倫□、監生楊成□、生員范□□。住持僧雲□。

光緒辛巳年孟秋吉旦。

按：此碑現存南詔鎮西關街武廟，碑名爲編者加擬。

## 一二二八　福星庵整修緣碑（二）

謝升之公助柱。謝孟賢公助樑。謝萬興助艮十五兩。佛祖娘，張盛華公助神。玄天上帝，張亦行公助神。迦藍爺，張英傑公助神。江榮政公助艮五兩。江三畏助艮二兩。江茂清公艮三兩。

宝興炉、張英畏、張水生、謝成計、謝文丁、謝祖生、張財禄、張木助、張□助、謝娘枝、謝枝富、謝水油、謝水碗、謝水錦、謝水清、謝双會、謝朝路、張正敬、張畓周、張娘織、謝元兑、謝春先、謝泉湧、張娘未、張明準、張文孰、張祖瑞、張春敬、張春蛟、張元石、張荣帶、張日穠、張日□、張振末、謝元富、謝双喜、謝生有、謝文黨、謝文□、謝元常、謝元□、謝文針、張耀潘、張周南、張廷耀、張聖助、謝水滿、謝引水、謝文香、張娘

孝、張廷轟、張玉輝、張秀齊公、張名佃，以上各助艮二兩。

張天取、張名携、謝文業、謝文樹、張水旺、信生張安国、信生張寬博、信生張初萌、張祖悦、陳秀拔公、張德潛、張闓助、下永發、江旺助、江話助、江鈞助、朝陽和利宝号、朝陽神仙□蔡国、朝陽許溪合、許銖合、張祖清、張明遠公、江君恬公、江湍文公、江文炳公，以上助艮一兩。

光緒壬午年梅月立，緣首謝永興。

**按：**此碑現存官陂鎮半徑村福星庵。

## 一二二九　福星庵整修緣碑（三）

謝明滄助艮三十七兩。謝娘癸助艮三十二兩。謝永興助艮二十兩。張萬粟公助艮十四兩。張松調助艮十二兩。張秋金助艮十二兩。謝奠居助艮十兩。謝烟荣助艮十兩。張大兗助艮十兩。謝荣茶助艮七兩。張文敏助艮七兩。謝娘九助艮七兩。信生張盛華公助艮七兩五錢。信生張列素公助艮六兩。張文泉助艮六兩。謝朝佳艮五兩五錢。張守貞助艮五兩五錢。謝賽祥助五兩五錢。張文應公助艮五兩。謝士雍、謝永祖、張哔水、謝文程、張玉振、謝酒弓、張金笑、謝魂母，以上各助艮五兩。張明撣五兩。信生張宗海五兩。

張有旺、張世助、張祝明公、張文居、張清艾、信生張有嚴、張賢鄉公、張立助、張文□、張有助、張良杏、張良長、張福仁、謝金美、謝魂春、張娘根、張良束、謝朝宗、張光義公、張金温、張明両、張光庚、張振摘、張魂何、江清連，以上各助艮三兩。張安記、張明相、張秀林、信生張景陽公、張祖献、張英傑、張温厚、張勤教、大興炉，以上各助艮二兩。張元任、張魂劍、張受用、張永楓、信生張慶雲、信生張凌雲、信生張祖貝、張河源、張元山公、張次經、張源茂、張漢傑、張秀拔、張荣□、張上枝、張上路、張水怡、江特魁公、江君□公、謝魂有公，以上各助艮一兩。張日身公助錢□千。

光緒壬午年梅月立。

**按**：此碑現存官陂鎮半徑村福星庵。

## 一二三〇　修龍山岩碑（二）

龍山岩創自前明邁佳林先生，偕石齋黄先生、蒼巒張先生，選勝建閣，奉祀文昌、列聖，以作靈宫。後值革運，庙宇荒凉。逮順治間，邑侯歐陽公重光輪奂，宫保府□公共襄厥成。嗣是隨壞隨修，盖二百餘年於此矣。迨至同治甲子歲，漂摇風雨，地□墻崩。雖畧經補綴，而棟宇未曾□换，不数年而已，瓦裂榱傾。登斯岩者，曷勝遺蹟之感？是以今歲仲秋，仰列聖之英靈，議及重修，衆各欣欣樂助。尤望四方紳士協贊神功，庶俎豆馨香永世不朽云。

信生江荣政公喜助銀壹百両正。州同江茂清公二十両。信生江継昌公十五両。信生江元升公十二両。江分明八両。江魂惨五両。林兆永公六両。信生黄金翰公六両。生員吴是春六両。生員李瓊輝六両。陳希静公五両。張盛兼公五両。賴明珍五両。賴聯開五両。林加寬公五両。信生黄輝祖五両。信生許国瑞四両五。游聯登五両。黄□陞五両。陳厚成公四両。林任惠公三両。林赤從四両。林德然四両。江長源三両。庠生江朝會公三両。庠生江中興公三両。信生江作楫公三両。江圭山公三両。貢生江宴華公三両。邑賓江清漣公三両。江紹唐公三両。信生江誠志三両。田心璾三両。舉人沈士菁三両。游拔興公三両。游捷荣公三両。游德會公三両。陳以璠三両。張秋高三両。張秀其公三両。林經孟公三両。林義□公三両。林木豈公三両。許濟豐三両。林国宝公三両。林荣神三両。林介貞三両。林晦慎公三両。林萬元公三両。林加和公三両。林步观公三両。信生林国思三両。信生林桂州三両。李建侊二両五。

江步雲公、江水成、江朝南、江紹武、信生江隆昌、林芳容、林芳行、信生詹寬裕、張秀□、沈□思、張□原、張勤教、張德川公、賴順珍、田五□、田和順、林宜安公、林海旺、林芳桃、林譽□、林素胡、沈朝珍、信生游成德、游兆香、游振興、游□才、林成難、林火叶，以上各二両。

舉人林天湖、舉人沈三賓、舉人沈国禀、貢生吳一陽、同濟堂、述德堂、林達国、許協生、和昌号、謝珍宝、謝藏珍、陳淮泗、江□□、江山馨，以上各二両□錢。江維光公二両。

江利川、江盛陽、江波洄、江君弼、江日泳、江經通、江旭□、江文炳、江通濟、江建武、江壽勤、江壽声、江通誦、江魂華、江壽依、江壽徐、江壽松、江會昌、江建佑、江之技、江德文、江時相、江向春、江朝德、江時明、江龍泰、江元勤、江兆豐、江朝藩、江灝金、江□檐、黄招正、黄□□、黄步進、黄□聖、黄元□、黄隆結、黄志仁、黄□□、黄紹□、黄任彬、黄統公、黄民珍、黄興然、黄志□、詹立正、詹元□、詹大社、詹登德、□□□、廣德社、沈厚誼、沈開運、沈□賢、張勉詳、張宗海、張公□、張志用、張發魁、張林宗、張□省、張□清、張珠珍、方□灶、張石両、張玉磬、余海潤、田子傳、田文炳、沈文謀、沈耀德、沈火然、田聯芳、李澄清、李春荣、游益光、游益家、江娘捧、武生江泰文、江依律、程美佳公、程乃生公、程成礼公、程載陽公、江希莊公、以上各助銀一両。

共捐銀六百三十両，後□不及五十八千文，緣首江水錦支理。

光緒八年壬午桂月吉旦立。

按：此碑現存霞葛鎮天橋村龍山岩寺。

## 一二三一　三仙姑墓碑記

皇清三仙姑之墓道。

三仙姑者：其一，年二十，官陂張女也；其二，十九、十八，南陂林女也。平生茹素，色相觀空，異地同心，情如膠漆。升遐之日，適鄰村演劇，不期而會，相視一笑，夜投龍獅潭，委脱而去。其時蓋光緒八年九月二十日也。家得報，往視之，顏色如生，遂卜於河灶徑之山而厝焉。數月間，靈異四播，趨而拜者道中絡繹不絶，且咸美其號

曰『仙姑』。噫！奇矣。

光緒九年孟夏月穀旦，新埔監生許近三建立。

**按**：此碑現存霞葛鎮華河村水電站下三仙姑墓，碑名爲編者加擬。

## 一二三二　三仙姑墓題捐碑

生員沈劍青助艮□元。千総林天衢助艮一元。夅人許雲龍助艮二元。陂頭汛守府蕭官章春公助艮二元。監生林廷彩公助艮一元。貢生黄泰清助艮一元。廩生方寅清助艮一元。廩生陳□□助艮一元。職員許国□助艮一元。監生郭朝禧助艮一兩二錢。□□陳□□助艮一元。□□李添□助艮一元。□□謝順福助艮一元。武生曾大川助艮二元。和邑曾萬邦助艮二元。貢生黄步□助艮二兩。貢生游懋績公助艮二兩。信生江廣惠助艮三兩。江魂我助艮三兩。張雍愷公艮二元。張力謙助艮二元。林□潤公艮二兩。

州同賴□珍助艮三兩三。貢生賴順珍助艮三兩。貢生賴捷珍助艮三兩。李洋興公艮三兩。林守道公艮三兩。林可三公艮三兩。黄克隆公艮二兩。黄宝文助艮二兩。黄震群公艮二兩。江廣和助艮二兩。江廣荣助艮二兩。太夅林国宝公艮二兩。林義和公艮二兩。太夅胡登青公艮二兩。太夅游捷荣公艮二兩。太夅游觀国公艮二兩。游耿光公艮二兩。游聯輝公艮二兩。游天相助艮二元。太夅黄日陞助艮二兩。黄耀總助艮二元。江應箭助艮二兩五千。林質陳公艮二兩。林国復公艮二兩。林□晏公艮二兩。江清漣公艮二兩。江帛濟公艮二兩。江分明公艮二兩。黄烈文公艮二兩。涂華敬公艮二兩。陳□静公艮二兩。楊得一公艮二兩。楊大洗助艮三兩五錢。楊天接助艮二元。信生江德喜助艮二兩。黄世禄助艮二兩。太夅徐汝翼公艮二兩。黄絲春助艮二兩。陳打助艮五兩二。埔邑蕭富長助艮二元。江應摇助艮二兩。田和順公艮三兩。田玉輝公艮二元。田子傳公艮一元。楊天惠、楊天□、楊娘帶、楊天概、楊天塩、楊文録、楊秋蓮、楊開元公、楊大繳、楊大恭、楊人迪、楊人黎、楊人孟、黄□道公、黄□芳公、黄茂□公、賴文

隆公、信生徐□馳、吕耀祖公、李我任公、李靖□公、李□□、江日升、江元金公，以上各助艮一元。江明点公、賴泉、徐門許氏映娘、張□軒□□元。江声名二兩。江明問一錢二千。江□合二兩一錢。楊振鼎公一元。楊大□一元。沈□□一兩。許只□一兩。吴永春一兩。張日□一兩五錢。林北艮一兩。田娘琛一兩。田貞□一兩。田光□一兩。田娘□一兩。田心寛一兩。

官陂：張財進□兩。張士□一元。張寳興□元。張□安一元。張上虫一元。張生水、張良□、張清閏、張南金、張石□、張良□、江同箋、江献□、田朝〈下缺〉。

按：此碑現存霞葛鎮華河村水電站下三仙姑墓，碑名爲編者加擬。

## 一二三三　重修鎮龍庵碑記（六）

新整鎮龍庵神像中尊、左尊，江生一公艮三兩。

黄超調助艮十兩。黄志渥助艮六兩。黄嘉猷艮五兩。黄世安公艮五兩。黄譬宗助艮五兩。張秀林公艮四兩。黄容光助艮三兩。黄道達助艮三兩。黄思敬公艮三兩。黄金光公艮三兩。黄志淏助艮三兩。江原易公艮三兩。□□黄靖公助艮八兩。州同江榮政公艮六兩。信生江繼昌公艮六兩。州同江茂清公艮五兩。信生陳希静公三兩五。信生江養和公艮三兩。信生林義柱公艮三兩。信官黄興貴助艮三兩。信士林守道公艮三兩。黄文信艮二兩五。

信生黄金輪公、黄加昇公、黄欣從公、黄鴻才公、黄來儀公、黄文耀公、江貞静公、江圭山公、黄超週、黄有光公、信生江澄清、信生江分明公、信生田和順公、信生黄輝祖公、黄功透公、信生張有聚公、黄成進、貢生賴攀一公、林兆永公、黄類兑、黄耀現、黄超□、黄致欽、黄子壬、黄勝在、黄勝藏、黄超榜、黄超院、黄文光、黄娘歲、黄超揺、賴順真、江魂慘，以上二兩。

楊旭勳公、楊净珍公、盧仕柳公、吕耀祖公、江水神、李世行、黄火□、江名景、江魂我、張召福、張考養、

張魂禄、黄超哇，以上二兩。張石核二兩。信生張聖華公二兩。

黄耀溪、黄耀笞、黄耀怗、黄超福、黄類岩、貢生江規濤公、信生江羽儀公、信生李朝禎公、信生田玉輝公、信生李協極公、信生張寬裕公、江向泉公、江明載公、黄類泄、黄超欲、黄超排、黄超賓、黄勝迹、黄晋馬、黄志淘、黄晋鎮、江起□、林文廷、林耀極、林魂猛、邑賓江特魁公、信生江玉成公、庠生江利川公、林畹植公、林文惠公、信生林授和公、林欽典公、林而括公、林□嵩公、黄絲春公、黄豫光公、黄德智公、信生黄美才公、黄進一公、信生江步之公、江名内公、涂耀祖公，以上一兩半。

黄茂枝公、黄泰和公、黄時生公、黄耀明、黄超惠、黄神□、黄功□、黄超成、黄民範、黄勝權、黄超篤、黄勝帥、黄超丕、黄民秀、黄勝倫、江大樸、河東合鄉、庠生江中興公、信生江作楫公、江朝足公、信生江祥雲公、江文炳公、信生江雲龍公、信生江紹唐公、林□□公、黄耀焱、黄類馥、黄耀拔、黄清光公、黄耀曾、黄江周、黄水音、黄秋和、黄耀□、黄類友、黄宗瓚、黄類岩、江仁馨、江壽姜、江名卜、林芳浦、林開楫、許作霖、林芳泉、林芳存、□□田紹勇、武生江定國、黄娘□、黄超旭、黄双□、黄超著、黄超條、黄超同、黄清瀧、黄超暢、黄耀篵、黄立□、黄志浴、黄娘船、楊明利公、黄貴詘、張受用公、張有燦、林乾爲公、黄步追公、張廷佈公、江廷和、江達□、黄□□、黄詩織、黄著文、黄魂□、江起涉、江献庚、江法□、江達絲、江燮居、江達浮、江達洎、張風招、張子□、張子豈、張晋旺、黄雲春、黄聖中、林耀岳、黄類顯、林娘絲、林耀中、林德遴、林隆真、林開存、林玉珍、林質外、涂良玉、涂容端、涂娘心、涂安孝、黄超猛、黄期□、江應本、江盛親各一兩。

光緒十八年歲次壬辰桂月。

**按：**此碑現存霞葛鎮莊溪村鎮龍庵。

## 一二三四　上龍庵題捐碑（二）

張升高助良二十両。復興炉十二両。蔡容之公十元。信生張盛華公五元。張良壘五元。張金水五元。張定方公五元。張重賢公、張幹元公、張忠献公、蔡火昰、張蓮枝、張萬選公、張利春公、信生張青錢公、貢生張廷傑公、張荣茂公、信生張勤毅公、信生張超群公、張漸德公、張勤敏公、張萬舜、張次寛公、信生張百知公、張文雅公各四元。張仁堂公、張達尊公、張受用公、信生張鵬仁公、張温良公、張元任公、鍾寧來公、張必忠公、張成彩公、張文亮、張叢萬公、張德立公、張成良公、張汝盆、張娘藉、張捷礼、張水運、張存仁公、張有仁、張聚舟公、蔡娘怡、蔡拔魁、張南金、張君式公、張名叠公、張天佑公、張活源公、張金文、張元禅公、張東財、張国訓公、張居伍公、張祖權、張上雖、張士双、張君昌公、張無水、張移桃、張士康公、張進義、張水公、張清掩、張娘托、張明亮公、張承謀公、張金生、張汝盎、張魂盛、張祖還、張元金、張魂釵、張祖常、信生張申沚公、張萬興、張士浸、張上敢、張荣燦、張石生、張申娘、張名寵、張娘送、張先珩、張世吉、廪生張彭年、信生張德彰、信生張源河公、貢生張超萬公、信生張秀賢公、信生張泰亨、張兼六公、信生張廷才、武庠張英春、張夢錦公、張次龍公、信生張尽安公、張心進、信生張英敏公、張鵬音、張耀漢、和記号、張兆純、州同賴吉荣、張魂昌、玉興号、勝泰号、萬昌号、三興号、瑞興号、楊声司、張昱龍、張君賜公、張士蕊、張日點、謝雷之公、杭娘珩、張双開、張先泉、張石金、張火壁、張明鱗、張魂溺、張魂印、張登□、張明匡、張新超、蔡連武、蔡北珍、蔡清犒、蔡南欽、蔡武光公、張一春公、張国安公、蔡園俸公、蔡敬所公、張永君公、蔡拱鄉公、張輝漥公、張清思公、張国和公、張濟寛公、張文景公、張水凡公、張在中公、張若升公、張服興公、張德言公、張德驥公、張紹唐公、張建權公、張文漢公、張文話公、張永昌公、張喜素公、張娘秋公、張祖青、張文荇、張目德、張良泉、張清□、張水宝、張娘惠、張永登、張清□、張清艾、張耀明、張鵬昌、張上祀〈空缺〉。

信生張夢花助艮十二大元。

張氣和公、張秀□公、張元荣公、張承□公、張存聖公、張永安公、張瑞英公、源明号、信生張金声、信生張天雅、信生張玉步、信生張萬南、張善移公、張春畹公、張升源公、張達新公、張瑋還公、張□釧公、張進明、張文嶺、張瑞熙公、張卓如公、張美周公、張遜良公、信生張璠開公、張春豐公、張永宗公、張朝班、張荣賓、張娘□、張火財、張新會、蔡清察、張進火、張火強、張紅桃、張有令、張水蟾、張火木、羅三男、張清昌、張清迎、信生張如驥、張總桐、張世全、張連光、張清威、張文貿、張明江、張成家公、張名柑、張鵰岸、張朝金公、張玉閔、張上甚、張阿林、張江河公、張魂義、張明文、張心濟、張荣泉、張秋來、張偹恭、張宗塗、張登元、張萬法、張光鶯、張鵬樣、張娘金、張魂樹、張玉柱、恭順記、慶昌号、王錫金、張国柱、張祖鋭、張春両、張開罷、張成送、張成雅公、張良東、張聖哲公、江訓強、張火孪、張加玉公、振美号、武記号、萬利号、許芹香、奇昌号、張江□、張松發、陳門張氏、張慕椿、張荣生、張水順、張景雲、張義厚、張永德、張德就、張祖極、張耀李、張火来、張永宝、張金店、張魁占公、張飲義公、張瑞水、張縱文、張程蹤、張魂水、張文显、張清拾、張上參、張名光、源隆号、張□□、張□□、張名□、張承財〈空缺〉。

光緒癸巳年八月重修，吉旦立。

**按**：此碑現存官陂鎮陂龍村上龍庵，碑名爲編者加擬。

## 一二三五　林氏宗祠清丈堂諭碑

欽加同知銜、調補詔安縣正堂加十級紀録十次方，爲給諭立案永遠遵行事：

案据二都八圖一甲林標户户長林客、林□，附甲林文惠户長林爲方、欲摘，附甲林毅修户長□絲，附甲林嶺尾户長聚美，附甲林庵下户長欲□，附甲林毅曠户長自昌等僉呈：『該户粮銀、粮谷現經議立章程，按照派編原額，造

具花户細册，出具切結，呈請出卯，並懇給諭。』等情前來。除批示外，合行給諭：『爲此諭仰該户各家長、各花户等一體知息：爾等上下两忙終將應完粮銀、粮谷，按照後開新定章程，分卯赴櫃輸完，不准短欠絲毫，亦不准在鄉□收分文。每年於上忙開征之前，應將户内花册造送，有無推收，挨次註明，契据亦隨時赴櫃投税，以憑互相稽核，毋得隱匿，致滋弊竇。其各凛遵毋違！特諭。』

計照該家長等禀請章程條欵開列於後：

一，每两粮銀入庫完銀二元三角，每元庫平七二八兑。一，每年粮谷入庫完銀，每元庫平七二八兑。一，粮房規費，上忙開征共銀四元，重二两六錢。一，每年三節礼共貼銀二元一角，重一两四錢七分。一，每年每畝田貼圖礼錢四文。

欽點御前花翎侍衛林天驥家老爺清丈粮畝，并出卯鑒定，相□條欵開列于左：

一，每两粮銀完二元□角。一，每斗粮谷完五角五分。一，每元銀七錢三分。一，每元龍銀作七一算。一，每两粮銀串工錢壹十五。一，每石粮谷串錢七十五。一，每張串工錢八文。一，每户貼經管銀一元。一，換官每户貼錢三百文。一，上忙完六分，下忙四分。一，每年角尾銀一條。一，每年角尾米一條。一，角尾價錢壹百六十文。一，逢二、四、七、九月初十完。一，每年節儀造册，征册秋風謄録，□卯明目刑杖催卯。一，應付項共銀八元，七兑。一，清丈粮田如買賣者，丈弓桒畝，永爲定則。

生員林汝墨、悉園、恕憑，圖承林忠号。

光緒二十三年十月廿一日給諭。

**按**：此碑現存霞葛鎮南陂村林氏宗祠。

## 一二三六　金馬臺産業碑記

古語云：『有其誠則有其神，無其誠則無其神。』可不謹哉！恭維佛母聲靈久著，歷有慶祝。歲值戊戌孟春榖旦，爐前降乩，普施甘露，救災恤難。囑咐捐金，用置田業。每逢聖誕，恭祝千秋，以昭誠敬。兹將樂捐姓名勒碑，以垂不朽。

監生總理吕啓權，童生總理游□敦。

首事李坤江，武生首事游□鴻，首事黄興曉，首事李文墨，首事游文運，首事李謀遠，首事吕黄呈，首事游道流，首事吕昰俊，首事游昌日，首事李關華，首事李應極，首事游火藴。

承奇鳶、奇碣，坐址上寨洋，田一坵，原租六石五斗正。

承游文運，坐址黄屋垻樓堦洋，田一坵，原租四石正。

承游興聽，坐址楊屋嶺，田二坵，原租八石五斗正。

承李魂港，坐址崎番下，田四坵，原租七石正。

承江六，坐址塘唇樓塘墘下，田一坵，原租三石六斗。

承游會川，坐址厚塘洋，田一節，原租四石正。

承游火藴，坐址石車樓面前，田二坵，原租六石正。

承吕承，坐址鴨母坵，田四坵，原租二石二斗正。

承李通經，坐址窠塘，田二坵，原租二石正。

承吕承祥，坐址秀溪塘背面前洋，田一坵，原租六石正。

承吕養正，坐址下山蛇地面前，田一段三處，原租十石正。

光緒二十四年臘月吉旦立。

**按**：此碑現存秀篆鎮河美村金馬臺塔，碑名爲編者加擬。

## 一二三七　金馬臺題捐碑

古語云：『有其誠則有其神，無其誠則無其神。』可不謹哉！恭惟佛母聲靈久著，歷有慶祝。歲值戊戌孟春穀旦，爐前降乩，普施甘露，救災恤難。囑咐捐金，用置田業。每逢聖誕，恭祝千秋，以昭誠敬。玆將樂捐姓名謹誌，以垂不朽。

李天傑艮二十二兩。□□祖艮二十兩。□□□艮二十兩。□□□艮□□兩。游□□艮□□兩。李□安艮□兩。李派引艮八兩。葉□□艮□兩。陳永進艮八兩。詹顯達艮□兩□□。游石生艮六兩。游顯昶艮六兩。游泰□艮六兩。游益廉公艮六兩。游景三公艮五兩。游灶云艮五兩。游祖孝艮五兩。呂九信艮五兩。呂文蔚艮五兩二。游應成艮五兩。游金榜艮五兩。游公邑艮五兩。游德亮艮五兩。游貽椿艮五兩。游德謙艮五兩。李覌章艮五兩。李龍域艮五兩。詹以劍艮五兩。詹云枝艮五兩。呂陳過艮四兩三錢二。游致上艮四兩二錢六。詹顯絶艮四兩八錢七。游顯水艮四兩五錢□。游□經艮四兩。游遠光公艮四兩。游朱□艮四兩。游維縉艮四兩。游如德艮四兩。游□武艮四兩。呂文海艮四兩。詹接昌艮四兩。□顯取艮四兩。黄娘如艮三兩九。詹金榜艮三兩六。邑賓呂是邦艮三兩六。黄祖魁艮三兩六。李家其艮三兩六錢□。黄□慶艮三兩四錢四。黄霓見艮三兩四錢三。游福達艮三兩六。邱家樂艮三兩。邱□濟艮三兩。

游□□、李應□、黄文炳、黄敬過、黄興□、游習□、黄義旺、黄龍見、黄柯見、游茂根、黄仁別、呂娘建、邑賓呂□章、劉世現、邑賓游泮林、監生呂啟權、監生游□□、呂應何、監生游連昌、呂科□、□倉龍、游錫祚、游木撬、監生黄□聯、監生游忠魁公、呂陳娘、黄興翚、呂□聲、游□衍、游守激、監生黄□□、□□游東玉、邑

賓□□公、呂仕安、呂祖□、李五□、游昌日、游文□、呂火生、監生游明志、呂大□、監生游西□、監生李□江、呂黄呈、呂河□、黄□□、李玉培、李謀遠、黄□使、監生李文□、曾彩雲、游□□、呂東□、黄重温、李观□、黄勝□、邑賓黄□龍、□幹濟公、游興都公、游清柯公、游昌秤、游連針、黄茂廷公、黄興巨、游泰川、游光興、游龍□、游□和、黄容牲、黄娘□、監生游景寵、監生游祥在、游早用、黄□□、游□□、監生游□云、黄鴻域、呂有□、黄根使、邑賓游燦然、游盛根、游禎對、監生黄興讓、黄娘□、游永業、黄興權、游容生、黄□進、游国安、游□□、黄顕廷、劉世胆、游□□、游昌□、游□林、游東□、游□□、游□□、游大綱、黄魂寛、武生游科元、游通□、游娘達、游廷文、生員游正昌、游永祥、游公□、黄項聚、游井泉、李□□、游民□、葉□來、游成元、呂双海、江爲章、李□□、游用鑑、游娘禧、李玉□、游□□、游嘉順、呂有長、游特足、游福□、游□□、□□□、□□□、□□□、葉仁□、黄仁□、李天福、呂顕□、李應仁、李□□、李謀波、游金誌、李天□、詹季山、呂和□、呂□□、呂□□、呂□祝、呂潮□、李天□、游昌□、□□□、詹顕□、詹瑞茂、詹永□、詹双社、游□□、游□容、游昌德、游春湯、游善藏、游湯□、游□心、游魂松、游令□、李□□，以上各□□。

大清光緒二十四年十二月吉立。

按：此碑現存秀篆鎮河美村金馬臺塔，碑名爲編者加擬。

## 一二三八　重脩南壇廟題捐碑

長記俊豪祖派捐艮貳佰元。承發號捐艮貳佰元。貢生沈士元捐艮壹佰元。謹厚祖派捐艮五十元。沈神助捐艮卅元。長興號捐艮卅元。瑞峰祖派捐艮廿元。茂記號捐艮廿元。謹篤祖派捐艮廿元。益美號捐艮廿元。英慎祖派捐艮廿元。六宜居捐艮廿元。振發號捐艮十六元。硯光祖派捐艮十二元。篤誠祖派捐艮十二元。寬宜祖派捐艮十二元。沈桂華捐艮十二元。沈長春捐艮十元。福源號捐艮十元。沈雪宜捐艮十元。沈初二捐艮十元。沈益官捐艮十元。沈

天慶捐艮十元。沈水貫捐艮六元。貢生沈健謨捐艮十元。沈建侯捐艮十元。孝友祖派捐艮八元。州同沈維哲捐艮八元。沈佑官捐艮八元。小五安定祖派捐艮八元。沈逢太捐艮八元。沈角螺捐艮六元。沈媽愛捐艮六元。沈順仁捐艮六元。篤慎祖捐艮六元。沈壽拱捐艮六元。監生沈秀康捐艮六元。春崗祖派捐艮六元。大五建彦祖派捐艮六元。沈玉章捐艮六元。文役林誠祖派捐艮六元。沈江官捐艮六元。沈舉官捐艮四元。沈榮官捐艮四元。沈周禄捐艮四元。生員沈耀更捐艮四元。沈樹官捐艮四元。生員沈炳捐艮四元。沈金如捐艮四元。沈馬三捐艮四元。沈海太捐艮四元。沈水官捐艮四元。沈□□捐艮四元。沈源記捐艮四元。沈杞官員捐艮四元。士榮祖派捐艮四元。英敏祖派捐艮四元。阿鵠捐艮四元。沈扁捐艮四元。

沈葵、沈在、沈輝明、沈贈、沈福貞、三角、沈阿貪、洪水、沈福建、楓官、勤敬祖派、雨順，以上各捐艮三元。沈桂林、沈蟶、沈架再、沈統、敦厚祖派、職員沈朝時、杜仲、國德、文宗、源茂、振榮、阿六、沈潛、火榮、春雨、清水、伏水、風炉、家和、沈岑、和生、樹德、袍盛、監生沈其箏、沈洋、淡清、沈寬、耀明、沈招、康明、沈高、順章、沈菑、金雞、沈蛋，以上各捐艮二元。福壽、紹武、沈高、元禧、沈田、墨池、遜恭、沈藍、沈聘、繼盛、沈扁、紅毛、景盛、番蛋、沈煌、沈溪、豐盛、墘□、隆得、端正、沈玉、沈榕、友恭、公惜、紹和、沈谷、茂騰、沈勇、沈暖、逢勠、金寒、百忍、沈財、沈玥、沈礌、紹思、沈琳、順田、媽惜、啟賜、桂賢、沈莒、水宝、振宗、松文、桂生、振家、水玉、家祝、沈周、南山、乞食、沈紅、克諧、丹桂、沈利、水籠、秩宗、□生沈桂□、日宣祖、沈□宗、沈媽惜、沈萬貫、沈點、沈誠，以上各捐艮壹元。

寿桃胥、荣胥、里福胥、香胥共捐□□。二房沈耀隆捐艮八元。

光緒己亥年拾月　日立。

**按：**此碑現存南詔鎮東城村南壇功臣廟，碑名爲編者加擬。

## 一二三九　重脩南壇廟沈族題捐碑

本族内捐金建築南壇廟各名字：

貢生起龍捐艮六十五員。信生士彪捐艮二十四員。信生璀璨捐艮二十一員。信生邦憲捐艮二十一員。信生邦勳捐艮二十一員。信士眉壽捐艮十六員。信士錫光捐艮十四員。信生長瑞捐艮十二員。信生士鶴捐艮十二員。沈門何氏捐艮十二員。信生天遠、信生振光、信生聿傑，以上各捐艮十一員。信生秉璋、信生長林、信生鶴桂，以上各捐艮十員。信生運藝、信生維經、信生鶴樑、鄉賓聿遜，以上各捐艮八員。吴氏捐艮七員。信生廷佐、進士之驍，以上各捐艮六員。信生見龍、信生北陽，以上各捐艮五員。光里信生秉璋捐磚艮五元。信生國興艮五元。信生嗣元、信生達夫、信生家傳、信生援藝、信生圖真、信生其德、信生啓艷、信生丙、沈門鄭氏、山各捐艮五員。州司馬攀龍、信生瑞龍、信生元達、信生廷輔、信生嗣晃、信生其柒、信生士、信生銓榜、信生秉均、信生淵源、信生錫爵、信生秉乾、信生光邦、信生彩彰、信生文英、信生秉仲、信生有章、信生式賓、鄉賓汝梅、鄉賓士銓、信士次，以上各捐艮四員。太白山士雄、信士挽、信士尚瑛，以上各捐艮三員半。信士□□、信士鋸、信生丹墀、信生尚琨、信生志篤、鄉賓聿樞、信士武、信生懋官、信士慎脩、信士賞、信士元葉、信士憲恩，以上各捐艮三員。

鄉賓景彬、信士紹、信士福、信士高年，以上各捐艮二員半。信士曇、信生名榜、舉人天階、吏員秉鈞、信生國樑、信生鶚薦、信生大鶴、信生秉發、信生進昌、信生俊耀、信生俊榕、□□其璋、信生廩、□□得意、信生宜、信生謨、鄉賓啓道、鄉賓向春、信生之煜、信生元樵、縣中鄉賓亦仁、鄉賓廷珞、信士成侯、□□脩、□□□公憲、□□玉藻、岐山、信士奇元、愷之、錫、信士爵、啓方、容、信士振海、信士焕、榮、佳、信士齋南、信士淑、惟元，以上各捐艮二員。信士甘捐艮一兩半。信士歐捐艮一兩一錢半。信生鶴嶼、□□廷顯、信士滑、永耀、□□獻南、信士希揭，以上各捐艮一兩。信生齊、信士妙仝捐室地。信士載、信士憲、信士縝、信士高、信士娘生、信士

溪、信士杜階、信士兼、信士料、信士造、信士□、信士視、信士侯、信士志行、信士顧、銀榮當、信士論、信士語，以上各捐艮一員半。信生崇浚、信士榮生、信士典鄰、信士建勳、信士啟東、信士其耀、信士位三、信士掌、信士春、信士厚、信生智、信士江、信士霖、信士露、信士柱、信士陞、信生茂、信士雨田、信士媽立、信士媽羨、信士尋、信士永、信士信、信士俊、信士年、信士乾、信士恩、信士意，以上各捐艮一員。

**按**：此碑現存南詔鎮東城村南壇功臣廟，碑名爲編者加擬。

## 一二四〇　重修龍山岩緣碑

龍山岩創自明朝諸先輩，廟宇輝煌，規模炳焕。前以如意爲案，後以峭壁爲屏；左有石室，右有蓮座；其中勝景，筆難盡陳。爾來旋修旋壞，其何故也？豈前之修者或有更其古制使然乎？庚子秋，捐金修葺，並請堪輿到岩觀看，云二天井閉氣，宜去其兩廊以通之。姑從其所言，未審有當否。今值工竣，略記數語於□巔，並將諸公樂助芳名臚列于左：

勸緣：生員江賡唐、生員江上峰、江玉應、林娘准、賴有光。

武生江記材捐銀四十大員。州同江茂清公捐艮三十元。生員江賡唐捐艮十六元。□□曾興國捐艮十二元。信生江元升公艮十二元。貢生江應昌公艮十二元。林兆永公艮十二元。邑賓林嘉寬公艮十元。信生陳希静公艮八元。信生江繼昌公艮六元。信生江元英捐艮六元。武生江如生捐艮六元。武舉江光國捐艮六元。信生林步蟾公艮六元。林自昌公艮六元。□鎮黄宸欽公艮五元。武生黄瑞昌捐艮五元。邑賓江飾武公艮五元。貢生江養和公艮五元。□□沈士貴捐艮四元。□□吴世奇捐艮四元。信生黄哲拔公艮四元。武生江景堂捐艮四元。林畹植公捐艮四元。林萬元公艮四元。信生張盛華公艮四元。邑賓楊凈珍公艮四元。□□江隆昌公三元。信生江澄□公三元。信生江君弼公三元。邑賓江□濟公三元。江合歲公三元。江飾皋公三元。貢生黄□飛艮三元。信生黄金翰公三元。黄居正艮三元。黄遠

光艮三元。信生林國思公三元。□□林步觀公三元。林善義公三元。州同賴明珍公三元。邑賓賴順珍公三元。江抱成公二五元。李水道二五元。侍衛林天□二元。江陽壬二元。增生林駿照二元。武舉江朝瑞二元。武舉江寶光二元。武舉江春華二元。武生江鳳聲二元。武生江鳳□二元。

東城沈廉正派、貢生廖俊卿、信生江雲龍公、信生德輝公、職員江寅亮、信生江元成公、信生江分明公、生員江朝會公、江紹唐公、賴有光、江傳新、北門吴世榮、城内許琢如、生員林文惠公、□□林聲元公、職員林加和公、庠生林丹霞公、林介貞、林石泉、武生黄國章、信生黄□□公、貢生黄□□、貢生黄□□、黄□□、黄□□、信生陳登龍公、陳維興公、信生張烈素公、信生張泰亨、庠生沈英姿公、信生沈崇奇、信生沈英華公、陳景沂、田應科公，以上各艮二元。江光前、江升文、賴仕柳公，以上一元五。楊艮峰、賴良瑞、賴代種，上各二元。

江浩然公、江文炳公、江如山公、江文厚公、江玉成公、江遜朋公、信生江朝安公、信生江作楫公、信生江□興公、江娘同、江利川、江瑞生、江洋雲公、江和明公、江象山公、江和增公、江財魁、江利東、誥封林□□、廪生林駿聲、生員林癸、生員林□□、東門林安泰號、逸叟林歡□公、信生林□典公、林□元公、林誠□公、林□□公、林木豈公、林清肅公、林秀□公、林宜安公、邑賓林元瑞公、林文和公、林□四公、林恭□公、林□□公、林□□、林榮□、林水滄、林□従、林昱笠、林□琛、林諭政公、林成肅公、林國寶公、林國□公、林忝修公、林娘瑞、林□□、林石須、林隆□、林□□、林□□、林□□公、林誠□公、林□□公、林□□、林原文、霞葛鹽館相公、北門許紹慶公、信生沈寅□公、信生田心流公、信生田和順公、信生胡正峰、信生胡湛文、信生胡呈張、信生沈惠公、信生沈英光、信生沈運開公、信生張春□公、信生張宗海公、張有□、張玉色、信生黄維嶽、邑賓黄茂村、黄文夜、黄利權、黄顯□、黄國□、黄清洽公、黄元□、黄如□公、黄太□、黄有濂公、邑賓李楚生公、邑賓李海珍公、吴垂裕堂、李□□公、李步獻公、賴代聲、賴百晗、田捷元、黄火足、信生沈日焕公、信生沈朝珍公，以上各捐艮一大元。

田登雲五角。林加福三弍。信生沈純秀公艮一元。信生沈□良公艮一元。信生沈際明公一元。沈文□公一元。沈有賢公一元。沈守中公一元。

龍山社會支艮十五元。共捐艮費後不及艮三十餘元，武生江元林支理。

光緒庚子年仲秋之月　日吉。

**按**：此碑現存霞葛鎮天橋村龍山岩寺。

## 一二四一　重修西關武廟本關題捐碑

重修武廟，本關樂捐芳名：

祖派沈天德捐光銀肆拾元。方德思祖派捐光銀陸拾元。生員江天恩捐光銀肆拾元。沈雍簡祖派捐光銀叁拾弍元。監生沈漢章捐光銀叁拾弍元。陳勤朴祖派捐光銀弍拾弍元。貢生陳遇珠偕男監生泮霖捐光銀弍拾弍元。監生陳國安捐光銀弍拾弍元。江篤厚祖派捐光銀弍拾元。沈東海捐光銀拾叁元。沈誠實祖派捐光銀拾弍元。江流光捐英銀拾弍元。職員林承恩捐光銀拾弍元。胡蚶捐光銀拾弍元。孫象捐光銀拾弍元。貢生沈鎮江捐光銀拾元。監生郭吉成捐光銀拾元。監生許玉璋捐光銀八元。監生江天心捐光銀八元。生員江文翰捐光銀八元。胡妙捐光銀八元。林意捐光銀七元。陳錫鱗偕男生員炳勳捐光銀七元。

生員江一峰、生員江文渊、邑賓林維楨、邑賓胡永清、沈艷、沈秋水、沈國泰、洪天送、沈利、陳傎，以上各捐英銀六元。胡焕章、陳錫爵、沈中秋、陳景沂、沈舉、林明、胡客、陳袍，以上各捐光銀五元。增生江天開、陳韻松、江奇、江静、郭郁、沈孝、林浦、黄福、陳朝恩、陳加作、陳成㒷、陳四季、沈財丁、沈紅春、沈阿血、林永讓、沈荣川、胡春梅、沈木光、沈漢章，以上各捐銀四元。江蚶、盛升、沈慶、江柳、郭泰、沈維、增生江文光、葉權、林東南、黄嗣胡、胡阿大、胡文安、鍾虎西、郭暗目、沈開生、莫冬桂、沈文祈、沈㒷旺、陳佛送、沈順章、

江羊，以上各捐光銀三元。

沈長鹿、沈長寿、沈添財、沈豬牯、沈元閃、沈開濟、江鼠毛、沈水開、江阿世、江火鏡、陳全水、陳継承、陳德清、陳烏記、陳四斛、陳炎生、胡紅狗、陳長和、胡文良、胡朝鳳、許白番、胡荣華、許闊嘴、許福荣、范來泉、方成泰、葉國長、張火六、順吉堂、鄭媽愛、生員范之齊、林添、生員林洪濤、陳郁、生員陳瑞瀾、林福、林璧、沈源泉、許得、職員江天鵬、沈長春、陳玉成號、許扁、江門沈氏、廖蒂、生員陳冠瀛、陳嚴、沈龍江、楊閔、盛德、沈鼻、沈柿、江泉、江軍、江貝、江玉、江長、江炳、江憨、江門、江彝、沈佛來、陳汜，以上各捐光銀弍元。

沈發、陳仁、沈番、陳蛟、沈堯、陳敬、沈連、陳養、陳喜、沈刊、陳芋、沈溪、林蛋、江成、陳海、江佛、陳固、江賓、許爯、江寅、許莫、江含、郭續、江烏、郭醜、江頭、劉珊、江合、黄周、江享、方佑、許朱平、陳子爯、林江水、陳仔香、郭玉鎮、陳水隱、郭良成、陳秋潮、郭小狗、陳彩萍、郭維逸、陳宗文、蕭宝珍、陳冬玉、孫加順、陳介德、盛桂元、陳阿狗、盛大千、陳鵬影、□□聪、盛簭悉、許長水、莊汰高、黄秀龍、楊再送、李清江、□□□、□□□、江阿妹、沈火龍、陳巧思、沈媞娽、陳阿能、沈媽倚、陳老程、沈小蘭、陳光來、沈□□、陳井松、江長脩、陳□乞、江晚盛、陳荣桂、陳蕃慈、郭堯、許門李氏，以上各捐光銀一元。

青雲寺捐光銀七元。西林寺捐光銀弍元。鋤經寺捐光銀四元。澹園院捐光銀弍元。金竺寺捐光銀弍元。郭國珍捐東畔鋪地七間。

光緒辛丑年桂月吉旦。董事：生員江文淵、生員林洪濤、耆老陳韻松、職員胡春芳、貢生沈鎮江、監生許玉璋、生員陳瑞瀾、生員范之齊、監生陳泮霖、監生沈天德、生員江文翰、生員陳炳勳、生員陳冠瀛、貢生方清波，主持僧錦英、□□，仝造。

**按**：此碑現存南詔鎮西關街武廟，碑名爲編者加擬。

# 一二四二　重修西關武廟各關題捐碑

重修西關武廟，各関樂捐芳名：

詔安縣正堂倪捐銀壹佰元。詔安營總府劉捐銀三十元。詔安學正堂林捐銀十元。詔安學左堂胡捐銀六元。□衍田成玉偕男□□并捐光銀七十元。沈長記号捐光銀五十元。吴淡如祖派捐銀五十元。沈世安祖派□寛、□□捐銀三十二元。□□李英祖派捐銀三十元。沈承發号捐銀三十元。沈悦來号捐銀三十元。忠泰号捐銀二十五元。許紹慶堂捐銀二十四元。林□誠祖派捐銀二十元。沈鼎源号捐銀二十元。沈怡順号捐光銀二十元。沈美合号捐銀二十元。沈珠光捐銀二十元。董龍江捐光銀二十元。沈清溪捐銀二十元。林敦倫祖派捐銀十六元。天和号捐銀十六元。許立本堂捐光銀十二元。沈貽經堂捐光銀十二元。林世涵祖派捐光銀十二元。許篤園祖派捐光銀十二元。胡友□祖派捐光銀十二元。黄萃亨号捐銀十二元。

沈廉正祖派、沈佛誠祖派、宗汶川、貢生吴敬德、監生沈達河、貢生沈瑶龍、吴□同、田淑和、何一枝、同濟當、崇茂當、鼎昌當、順茂當、同茂當、平裕當、瑞茂當、沈合順号、沈荣裕号、沈長炽号，以上各捐光銀拾元。同知銜吴國泰、武舉沈金湯、主簿許國河、田伯良、吴益、董□号、閩海關公局、何記先、許焕良、監生沈根鷺、張中和号、涂振泰号、涂瓊成号，以上各捐光銀八元。胡勳様祖派、鍾承遠堂派、侍衛林天驥、監生林陳、貢生吴家禮、衛千總黄瑞書、徐厚德堂号、馬近光、武生許一之、監生陳嘉德、沈有光、陳賢記号、沈泰記号、宜昌号、仁茂号、沈騰記号、廣和号、常泰号、沈福記号、鼎炽号、沈佛收、林玉源号、合順成号、沈裕茂号、何文、洋塘後村、許門沈氏，以上各捐光銀六元。武舉許雲龍、監生張飛鴻、職員陳炳輝、許恒德當、吴秀裕堂、許集雲當、吴包、太和堂，以上各捐光銀五元。

沈光琳、涂允聲祖派、陳□祖派、訓導許良顕、拔貢生張俞、歲貢生吴夢丹、教諭鄭薰、武舉沈慶三、武生沈

建初、貢生許廷障、舉人沈鏡鑾、貢生沈得千、林守正祖派、沈殷德鍾、沈明馨、生員許書、武生沈國堃、職員許士光、廩生涂奎光、貢生林駿照、武生許清光、武生許香若、監生許乘經、監生沈洛、武生何天源、監生沈奪錦、武生吴璧、武生高德龍、監生張光和、監生沈從雲、州同陳廣川、貢生沈楚正、監生沈大勳、武舉許大鷹、武舉葉振中、貢生葉登□、貢生葉駿、貢生林以待、監生王宗濂、武生許得之、武生朱朝發、何永篤、沈遜乾、葉平烈、何成周、李友□、沈鏡波、黄慶泰、蒲開宗、沈宗周、許鏡湖、涂彬、田成章、□春号、合春号、建興号、安泰号、盈源号、永泰号、許同源号、許永春号、朱源豐号、沈萬順号、林駿成号、沈義盛号、吴協春号、新錦成号、許永興号、江集成号、詔和春号、林元龍号、林合興号、阮藏泉号、蒲麗源号、方玉春号、東順泰号、振隆号、綿發号、吴門許氏，以上各捐光銀四元。

涂瑞祖派、沈鼎源祖派、陳永思堂祖派、鄭登洲、貢生蘭士龍、貢生鄭宜三、世襲恩騎尉沈荣錦、□□□□、□□□維□、□□葉國樑、□生謝珍瑞、□□林維誠、□□沈慶嵩、□□吴文德、□生沈裕德、□生沈誦章、□生黄振□、□生陳光斗、□□□□□、監生沈克家、□□□、□□□、李石同、長源号、拾合号、順□号、□□号、□□号、黄銀号、黄□号、許□堂、陳□□、□香号、□□□、李□□、□□□、協□号、合和堂、平成号、沈□□、沈□□号、陳□□、□□□、□□、□□，以上各捐光銀三元。

五品銜陳一□捐廟□□□厝地柒間。

光緒辛丑年桂月吉旦。董事：孝廉馬近光、舉人沈士菁、舉人沈鏡鑾、訓導許良顯、生員李温、貢生許純爐、恩貢生許舟、恩貢生許仕開、武舉許雲龍、生員陳宗虞、武生蕭士龍、武舉沈金湯、歲貢生吴夢丹、武舉沈慶三、教諭鄭薰、拔貢生張俞、武舉沈大順、生員沈彦章、廩生涂奎光、武舉許清潢、武生沈國堃、生員□□□、武生何天源、生員沈□□、□□□□□、貢生□□□仝造。

**按：**此碑現存南詔鎮西關街武廟，碑名爲編者加擬。

## 一二四三　重修大廟西亭南門題捐碑

重修大廟、西亭，南門樂捐名次：

監生沈瓊芳捐艮貳佰元。例貢黃龍江捐艮壹佰貳拾元。例貢林希濟祖派捐艮捌拾元。例貢許景輝祖派捐艮貳拾元。州同張銘捐艮貳拾元。林仰南捐艮拾陸大元。例貢張查執祖派捐艮拾貳元。監生陳勤敏祖派捐艮拾元。例貢許次休祖派捐艮拾元。貢生許英廷祖派捐艮拾元。監生許軒昂祖派捐艮拾元。例貢許啓光祖派捐艮拾元。監生謝登柳祖派捐艮拾元。例貢許捷元捐艮拾大元。監生董騰飛捐艮拾大元。監生董廷璋捐艮拾大元。例貢陳登科祖派捐艮捌元。中書董錫疇捐艮陸大元。州同林金寶捐艮陸大元。

監生許佛賜、鄭炳光、拔貢生張俞、沈雲薄、張鴻舉、李章、許水、王許□、謝繼湘、謝湖程，以上各捐肆大元。監生沈監文、監生許勤軒、監生謝家祥、例貢楊榮，以上各捐艮叁元。職員方漢清、職員李天送、泉州侯同欽、監生沈昌明、例貢許廷玉、監生黃來華、監生沈宗河、泉州魏龍正、監生鄭超香、州同游成德、生員許兆庚、增生謝東潤、武生蕭士龍、監生涂佛明、增生徐見龍祖派、□□許阿孫、增生吴□湘、例貢許煌、許端、沈木、林發、鍾士、陳和、許瑞、許淑、張橋、許日、許石、沈雄、沈紹文、沈鴻溪、謝承泉、許寶蘭、許開茂、許松汪、許阿大、許興號、許湖成、許怡榮、源泉當、許元承號，以上各捐艮貳元。

監生許清海、監生張永貞、監生許□生、例貢許登三、例貢謝良明、監生謝汝南、例貢許財五、例貢何益三、監生董振鄉、□□恒益號、沈杏花村、張慶春堂、許長益堂、許德五、謝錫任、謝軟傳、謝良瑜、李濟□、朱和尚、許木聰、曾良魁、董溪池、許松德、許乾瑞、李就滿、□□□、沈清鴻、許豆柱、許錦興、李文開、陳玉水、陳桂林、許開益、許嫣袍、曾阿記、吴水清、沈永興、沈潔明、許坤助、許來門、許聰逵、薛逢禮、許清枝、鍾梅雲、何漢光、胡竅嘴、鄭坤三、吴溪河、許漢湖、董□□、許彬結、許紅杏、沈長登、張鋼鉦、謝錫□、許水毛、許芋

枹、陳南陽、許天送、許澤、謝德、許樓、許石、許吉、伍逫、許錦、吴宗、沈□、許水，以上各捐艮壹元。

光緒壬寅年十二月，南門衆董事仝立石。

**按**：此碑現存南詔鎮縣前街外武廟，碑名爲編者加擬。

## 一二四四　重修大廟西亭西門題捐碑

重修大廟、西亭，西門樂捐名次：

詔安縣正堂陳文偉捐銀弍拾元。詔安縣營游擊劉志慶捐壹十元。中軍府守備劉三俊捐艮四大元。衆六班共捐艮叁十元。黄永盛祖派捐弍十元。州同陳作霖捐十二元。州同沈國昌捐十二元。例貢沈炳烽捐十二元。監生林維誠捐十二元。守備許斌陽捐艮十元。林天水捐八元。黄慶龍捐八元。例貢吴嘉猷祖派六元。例貢莫雲祥捐艮五元。職員沈從龍捐五元。

監生沈呈東、監生王顯江、監生鄧夢南、沈文濟、沈□貸、許□祥、吴佛水、陳余生、胡振枝、聚德堂祖祠、下洋村沈仰周，以上各捐四元。許三有、許明、許心田、鄭井宝、黄鵠、曾憑濟、仁和号，以上各捐三元。陳春池、陳春潮、陳加作、陳成德、陳尖翠、陳如松、陳陽平、陳盛、許泉元、許坤純、許順吉、許天喜、許玉華、許亀、王鳥、王漢、王石頭、廖立雪、鄭火炉、嚴山香、楊狗母、黄金英、高創、鍾螺、監生沈承思、監生沈鎮邦、監生沈炳章、廪生葵芹祖派、童生陳如金、黄崗張余氏、生員林观宏、溪沙尾沈飄香、郭厝寮徐麗生、大宅沈天佑、西關把總林國昌、龍兜村吴瑞麟、沈有金、沈秋花、沈國𠔿、沈東海、沈柜、沈平、沈地、盧合、涂濕，以上各捐弍元。

貢生沈鳳開、職員許受書、職員陳熙和、陳福香號、陳四明、陳崇正、陳天思、陳大紅、陳武國、陳開祖、陳祥發、陳計明、陳長喜、陳恩、陳成、陳順、許連池、許慶瑞、許秋水、許祖德、許振明、許□□、許四教、許乃泉、許秤本、許坤福、許継、王𠔿、王存、王后、王濟、王格、沈碗、沈鶴、沈懷、沈旺、沈凱、沈梅江、沈江懷、

黃水来、黃煌庚、黃笋、李全、李斌、李寿山、王開泰、王連春、王武柿、林泉長、林瑞麟、林瑞祥、林爵、林順、張新、張螳脚、鄭鳳、鄭旦、方浩元、方茂德、楊阿丑、楊有德、蔡春風、蔡仙、阮雨錫、□□□、胡媽腰、程米騷、嚴虎卿、顔香溪、劉協成、韓水籐、翁毓員、何少圃、吴紅、鍾粒、邱八、葉穗、宝橋葉劉氏、玉墩头何惠，以上各捐一元。

計共捐光艮四百零七元。

光緒二十八年歲次壬寅十二月，西門衆董事仝立石。

**按：**此碑現存南詔鎮縣前街外武廟，碑名爲編者加擬。

## 一二四五　重修大廟西亭北門題捐碑

重修大廟、西亭，北門樂捐名次：

監生李英祖派捐艮八十元。職員陳國平捐艮三十大元。監生吴際隆祖派捐艮廿四大元。職員涂金榜捐艮廿四大元。都司銜沈國堃捐艮十四元。歲貢生吴夢丹捐艮十二元。徐五美堂祖派捐艮十二元。知貴州天柱縣事謝錫銘捐艮十元。貢生郭維綸捐艮十大元。陳豊興号捐艮十大元。職員陳安然捐艮八大元。商五常堂祖派捐艮八大元。鄭親親堂祖派捐艮八元。沈剛廉祖派捐艮八大元。吴德惠祖派捐艮八大元。謝珍寶祖派捐艮八大元。許穆文祖派捐艮六大元。陳名楊祖派捐艮六大元。許恒美号捐艮六大元。陳福和号捐艮六大元。吴期昌祖派捐艮六大元。

許清吉祖派、沈上達祖派、州同許希文、生員沈鍾泗、生員許金榜、黃欽立、許克恭、黃旭、職員葉國龍、職員徐國華、職員許大德、職員許宗嶽、職員吴作金、貢生劉廷琛、監生徐維薪，以上各捐艮四大元。職員陳三餘、貢生許師灝、黃致、黃仁興、監生沈玉并、沈長興、許西泰、許周福、陳吉祥、吴水成、陳振祥，以上各捐艮三大元。貢生鄭廷瑤、生員黃際熙、生員翁正心、武生黃捷聲、監生謝汪祥、監生涂泮池、監生許景福、監生劉雲龍、

職員沈德彰、職員劉桂碧、葉水地、許初桂、陳茄花、葉白水、張海、翁開、陳蓮、劉範、謝啓元、沈宗陽、陳龍慶、許梨花、羅純美、程長慶、葉敬昌、鄭順泗、陳正初、吴文燦、劉大受，以上各捐艮二大元。

貢生陳銘勳、林鍾英、陳開仲、廩生吴夢沂、沈德昭、許丙寅、增生鄭汝梅、謝玉顯、許長福、涂奎文、陳汝霖、蕭飯碟、沈秋良、吴漢池、陳意、沈桂順、吴成良、陳郁、生員沈觀光、劉紹祖、陳汝能、劉卓文、陳和尚、許光、生員陳堂勳、吴際清、林中秋、沈柳亭、阮福泰、陳溪、生員許南坡、鄭成義、陳汝成、沈水祥、謝啓文、陳淡、生員陳夢江、李福春、黄山海、葉永奠、陳心婦、郭淡、五品阮珠玉、張啓元、陳開興、沈南河、黄長庚、陳海、監生沈作甘、郭光祖、黄承發、郭竅嘴、陳大嚦、郭海、職員陳書戎、黄震東、陳文淡、陳若淵、陳成保、陳猛、職員許焕奎、葉芳海、陳門龍、李玉山祖派、鍾寛、商從、洪維祖、吴四傑、沈普、許育丹祖派、楊甲封、阮邦、陳文龍、陳長榮、葉狗、許克家、郭佛本、亮觀，以上各捐艮一元。

總共捐艮五百五十三元。

光緒甲辰年十一月吉旦，北門衆董事仝立。

**按**：此碑現存南詔鎮縣前街外武廟，碑名爲編者加擬。

## 一二四六　趙真堂重修緣碑

兹修神院，既苦心戮力，又兩番渡暹捐收緣金，並南陂仝捐。復增修整，將趙真堂匾升於中堂，門面填寫『保南院』。左廊色妝規模，右土掘低，幾見舊跡。上坪塹短幾尺，照墻伸長二山。週圍石角上重新鱗□，井泉化濁澄清，足見神靈人傑。功成告竣，林族華、洋捐金者名勒於石，以垂永遠。

勸首：六品軍功林焕文。

誠雅公十六元。自昌公十元。達玉公九元。慶倫公八元。邑賓步观公六元。兆禾公五元。誠篤公五元。太學周

英公五元。祥光公五元。愈簽公五元。榮□五元。善忠公四元。芳卯三元五。晼植公三元。清和公三元。清泉公三元。太學桂州公三元。□□三元。質林公三元。恬如公二元。恭悠公一元。恭義公一元。典肅公一元。

論政公、露潤公、太學嘉和公、太學欽典公、勇之公、勤輝公、庠生文惠公、升□公、呈祥公、德聳、榮加、煥山、綻華、張門林氏□□怡方、榮恬、盛姬公，以上各二元。娘火元七。張娘枝元六。榮□元五。張□賞元五。

聲遠公、登新、仁厚公、儉克公、太學後和公、太學受達公、庠生升霞公、君美公、承開公、原隆公、貞一公、任定公、挺之公、論然公、庠生而枝公、□簡公、約□公、明達公、盛積公、和厚公、剛直公、特宣公、□三公、宸□公、義和公、爲芳、盈之公、介貞公、登山公、宜安公、時行公、宸磬公、養元公、見龍公、魂雅公、元榮公、秉正公、文和公、義懷公、萬元公、火□公、得成公、芳鈓公、顯吉公、国宝公、任福、德讓、娘進、木□、水群、奮保、金見、聞軒、火□、榮讓、□□、娘□、水□、魂胆、秋華、水錫、先呈、娘倦、先帖、文嘉、冬根、開武、高升、火鑒、金品、榮興、文興、榮熒、榮梓公、芳□、連昌、□息、榮□、水□、清連、先立、石□、魂清、李□、德□、水新、榮□、佛宇、娘□、榮堂、取火、水反、梅香、欲金、火立、水甄、天生、榮□、□□、火□、水敬、榮定、榮□、□□、魂元、萬泰、芳□、榮都、□□、金春、榮板、榮華、其言、放□、火軸、開准、弘毅公、榮勃、榮港、榮畝、榮隨、水析、榮□、娘□、桃□、国□公、佛意、林僩、火牛、崇茅、玉仁、騰飛公、李水通、鍾祖公、子省、娘三、榮炊、□□、紹熙公、義發公、宜招、□奢、双士、開保、水目、元輝、□□、□□、□□、□□、□□、□□、□□、□□、□□、□□、□□、□□、儉德公、沈光欽各元一。

宣統元年歲次己酉仲烋吉旦立。

**按：**此碑現存霞葛鎮南陂村趙真堂（又名保南院）舊址。

## 一二四七　趙真堂暹邦弟子題捐碑

林族弟子往暹邦誠助緣名勒石。

林榮等助銀壹百弍拾銖。開火拾弍銖。榮常八銖。廷文〈下缺〉。

林榮從助銀壹百銖。榮酒四十銖。榮立十二銖。文瑶八銖。

榮别八十銖。冬水六十銖。榮照五十一銖。欲郡五十銖。拔群四十銖。春枝四十銖。魂才四十銖。召甫卅六銖。

龍溪卅二銖。榮城二十銖。成志廿二銖。欲意廿二銖。

宣統元年歲次己酉月吉立。

**按**：此碑現存霞葛鎮南陂村趙真堂（又名保南院）舊址，碑名爲編者加擬。

## 一二四八　趙真堂鼎新題捐碑

趙真堂鼎新，善信諸君誠心助金者，名勒於石。

太學生黄中昌、邑賓陳丕源、鍾克周原捨之石柱，今捐衆金重修。

生員廖元朗六兩錢。誥贈一品夫人黄門林氏三兩二錢。信士太學生謝斯成三兩。太學生江雄二兩五錢。信士廖朝孔二兩五錢。特授吏部□府州同知余龍川二兩五錢。太學生江朝鉅二兩。信士謝似昌二兩。太學生鍾元魁一兩五錢。太學生鍾士熙一兩五錢。太學生廖元彬一兩五錢。生員江朝寶一兩五錢。信士廖朝謙一兩五錢。信士江叶怡一兩五錢。貢生游憲遴一兩四錢。太學生江瑚一兩三錢。

信士江可樑、信官謝應魁、貢生余源、太學生江煜、邑賓黄士乾、太學生黄懷生、太學生廖爵筂、太學生陳秉奎、太學生余民輝、太學生余春林、生員廖夢授、生員江毅然、生員游起南、生員江中考、鄉望廖廷球、信士江公

山、信士張門葉氏、信士江廷官、信士江秀注、信士江秀鍾、信士江秀爵、信士沈圭、信士廖廷沛、信士陸世耀、信士江余章、信士游士班、信士江興南、信士劉德乾、信士廖廷員、信士楊恬庵、信士廖宮煉、信士廖龍門、信士廖文熙、信士鍾廷棻、信士鍾□士、信士鍾居曾、信士廖特由、饒邑張□條、信士謝維深、信士謝善生、信士謝元執、信士謝廷統、信士廖□□、信士賴□之、信士盧原贈、信士游亭輝、信士廖士康、信士廖元錫、信士廖廷謨、信士賴廷正、信士賴廷鼎、信士江文淮、信士鍾守益、信士廖明志、信士游朝秘、信士田子千、信士田廣衡、信士江文艾、信士江一霄、信士徐必盛、信士廖廷光、信士廖廷輔、信士楊有煥、信士廖士德、信士廖國興、信士江有□、信士江士暉、信士田篤明、信士廖高秀、信士李一先、信士李一魁、信士張和忠、信士李一禄，上七十六人各助銀壹兩。

**按**：此碑現存霞葛鎮南陂村趙真堂（又名保南院）舊址，碑額『佛光普照』。

## 一二四九　林頭村教堂憲示碑

署理詔安縣知事張，爲出示嚴禁事：

照得各國傳教，載在約章，教堂、教民例應保護。乃近來往往有不逞之徒，藉端仇教，苛派捐錢，時有所聞。若不嚴行示禁，民教何以相安〈下缺〉合行出示嚴禁：『爲此示仰闔邑諸色人等知悉：爾等須知洋人來華傳教，俱屬勸人爲善，照約應須保護；而教民亦爲中國赤子，信教本可任其自由，豈可加以歧視？自此次示禁之後，如敢再有藉端仇教，或擄掠教民、毁搶教堂，以及苛派勒捐情事，一經查出，或被告發，定即嚴拏究辦。其教民人等，亦不得恃教妄爲，致干並究。各宜凛遵毋違！切切特示。』

中華民國三年九月廿三日。

**按**：此碑現存四都鎮林頭村基督教堂。

## 一二五〇 重修溪雅天后宫題捐碑（四）

民國陸年重修，碑記樂捐芳名：

地震捐艮七十元。渚舟捐艮三十元。彬老捐艮三十元。寶金捐艮二十元。青客捐艮二十元。來興捐艮二十元。福祥捐艮十五元。徵祥捐艮十五元。水泰捐艮十二元。地□捐艮十一元。舉人兆祥捐艮十元。媽福捐艮十元。松茂捐艮十元。拱來捐艮十元。初興捐艮十元。茂盛捐艮十元。來見捐艮十元。瑗良捐艮十元。成振捐艮捐艮十元。文雅捐艮十元。春潮捐艮十元。兒芎捐艮十元。媽惜捐艮十元。桂佑十元。桂桐十元。瑶池捐艮十元。和尚捐艮十元。璦南捐艮十元。葵□捐艮十元。蒲□捐艮十元。麗□捐艮十元。付□捐艮十元。鑿□捐艮十元。金水捐艮玖元。筆葵捐艮玖元。成家捐艮玖元。貴州、英敏、里媽、益□、神官、欵頭、大頭、懷德、成金、文傑，以上各捐艮八元。茂桂捐艮柒元。抨扁捐艮柒元。文成捐艮柒元。水木捐艮柒元。拱福捐艮柒元。雲霄桃雲捐艮六元。文福捐艮六元。亦非捐艮六元。

長水、水來、鴨江、成字、波揚、水蓮、英葵、連祖、天祝、希周、火紅、大成、媽來、朝鄉、媽顯，以上各捐艮六元。清水、里廣、和尚、紹興、紹平、周舜、金華、媽刊、主裁、水兼、歪□、潤澤、成雅、亭鐘、天平、金吾、沛雲、和彬、木海、金□、媽再、其軍、□水、紅蛋、春江、順進、順勝、班□、水田、三桂、水績，以上各捐五元。雙狀、如火、振□、火星、六核、媽惜、南順、監生渭川、影華、河夕、田全、永言、唐□、永枰、禎祥、生員生金、阿春、士□、永鄉、金寶、良坐、水黨、里魚、□□、阿坤、玉桂、永福、葉桂、生員玉良、錐維、榮立、渚□、水源、三超、六成、金鑲、武見、三陽、桂招、力水、界保、海平、玉文、水閣、水彩、維荇、立獅，以上各捐艮四元。桂水、新炎、姑母、□水、逸□、玉□、和來、江水、當桂、水品、□蕊、清來、文華、清和、媽□、友三、茂生、媽天、阿色、□林、良□、金□、天寶、泰配、振榮、玉田、水□、得順、□□、文盛、招文、清得、玉清、水得、媽儉、元永、千興、清迪、桂□、金〈下缺〉，以上各捐艮三元。武才、□保、□義、成午、加油、瑞□、

心□、清月、玉振、□□、大批、道千、文□、文瑞、秋榮、招得、火經、添發、銅山、水興、水茂、媽抱、□□、永民、萬和、友資、友孝、木張、□箏、金□、金□、阿火、祥運、務民、添得、金文、永健、細紅、和尚、添□、媽□、思深、□□、友道、乃□、貓毛、紹武、水良、大明、瑞真、渡力、進武、成花、肥□、成文、大漢、思治、馬光、心□、福喬、保婦、金□、良之、周三、水順、水清、潮州、水保、流〈下缺〉，以上各捐艮二元〈下缺〉。

董事：舉人兆祥、媽福立。

按：此碑現存橋東鎮溪雅村天后宮。

## 一二五一　重修龍山岩題捐碑

龍山岩，同治時造，自明清間由來已三百餘年矣。邁佳林先生祀靈于此，固其筮室道跡也。有清佛祖顯，重修宮宇，人文以蔚起。至今民國之初，大地屢震，岩宇漸圮。辛酉年，更逢諸善衆信誠心捐助者用作，重整廟貌而焕然一新，斯又人文蔚起，爲之先兆焉。因將名字序次于左：

沈新奐捐銀壹百元。黄門徐氏望貞捐銀六十元。江沅林公捐銀弍十元。江元昌捐銀弍十元。徐□弟子捐銀十六元。□□□明公捐銀十二元。江□□捐銀十二元。□佛□捐銀十二元。張水□捐銀十二元。廪生□天池公捐銀十一元。沈門張氏□成捐銀十元。楊寶賢公捐銀十元。楊水□公捐銀八元。江耀南捐銀八元。江傳克捐銀六元。道員黄春鴻捐銀六元。道員江如玉捐銀六元。榮禄大夫黄靖公捐銀五元。黄耀珍捐銀五元。余阿光捐銀五元。余道南捐銀五元。陳守正公捐銀五元。王源新捐銀四元。廪生沈紹彩捐銀四元。張□□捐銀四元。沈海相公捐銀四元。張門楊氏豈弟捐銀四元。江永□捐銀四元。

黄火汕、黄計、黄列文公、黄崇求公、江廷□、江泉水、江和厚公、黄有崇公、江朝栖公、江朝足公、江存志公、江調元公、江廣惠公、張門江氏、江合和、江合春、江玉宝、江佛香、江萬□、江玉葉、沈大心、江時□、江

睿唐、江飧種、江登元、江東陽、江起對、江應隆、江秉毅、陳成合、江元勤公、江嚮泉公、江德昭公、江象山公、張友直公、陳益成、陳仰宗、張根升、張舉葉、張金梭、張和合、廣泰興、廣福泰、監生江鳳鳴、武生泰文公、永福泰、永福安、王廣合、田裕發、賴欽用、張子過、張名笑、張有義、張財添、〈下缺〉。

首士張天□。

**按**：此碑現存霞葛鎮天橋村龍山岩寺，底部殘缺，碑名爲編者加擬。

## 一二五二　重修龍山岩題捐碑（二）

信生張盛華公助艮七兩半。邑賓欽雲公五兩。良祝五兩。信生宗海三兩半。信生超群公二兩。祝明公二兩。廷玉公二兩。邑賓廷賜公二兩。張信生勤敏公二兩。信生策勳公二兩。名立二兩。信生青餞公二兩。洵水二兩。貢生廷傑公兩半。益垣公兩半。瓊青公兩半。信生君塤公兩半。張信生有光公兩半。英達公一兩。

信生廷永公、信生廷茂公、信生礼先公、邑賓予南公、信生時春公、維助公、時重公、光業公、文言公、属冬公、張廷廩公、群侯公、信生朝桂公、信生朝謀公、廷品公、信生有能公、邑賓達才公、淳睦公、燭革公、選元公、謙寶公、邦畿公、信生德潛公、張子升公、登雲公、金榜、信生大綸、信生左旋、有告、□賢、玉旋、信生有水、和章、常因、南金、祖青、有完、祖献、世哨、宗榜、後□、張雲祥、信生元亨公、貢生翠姿、造睿、魂江、士掌、信生維周、国明、信生祖别、廖從、信生喜素、連招、清杏、宗科、萬鎮、新丁、明楫、舉□、張信生祖權、信生列豪、石文、信生瑞陞、信生瑞伍、信生守義、益理、娘養、良添、張門江氏、鵬羌二兩。詔安廖錫五〈空缺〉。

信生黄金輪公助艮二十兩。氣清公三兩。元白公二兩。全如公二兩。紹遠公二兩。任權公兩半。民蔓兩一。鼎新公一兩。大有公、沖留、黄任遠公五兩。信生永昌公、朝列公、敬安公、廣材公、朝魁公、毓秀公、平林公、朝宗公、民祧、超排、類重、顯招、華源公，以上各一兩。

黃信生鳴時公六兩。達吉公三兩半。顯永三兩。信生元令三兩。文士三兩。茂才兩二。庠生浩祖公一兩。漢清公、祖飄公、永凡、世蓬、文□、黃承烏、信生坦之、信生振群、修詞公、快然公、首謙公、信生美才、信生立□、立須、夅人游肇、游興登、游東海、游衍校〈空缺〉。

田心濟公助艮十兩。量賢公三兩。娘懺二兩。滿堂二兩。有爲二兩。樹德兩半。聯芳兩半。特睿公兩半。裕周公兩半。棱群公兩半。田信生玉輝一兩。和順、子傳公、益金公、和同公、心寬、文炳公、心欲公、應科公、瑞坤公、順南、德香、家芮、吕英華〈空缺〉。

沈勤裕公助艮六兩。仁孝公二兩。生員英姿公二兩。貞惠公二兩。齊賢公二兩。天国兩半。文謀公兩半。信生俊鄉公兩半。開運公兩二。沈信生維賓公一兩。殿元公、錦雲公、濟儉公、仲習公、贊台公、奇泮公、欽玉公、見東公、欽才公、信生朝珍公、信生維偉公、寺中公、沈火燃公、棧兩公、義成公、信之、娘主、大榅，以上各一兩。武生張昌特二兩。張東秋二兩。張子力一兩。張子旦一兩。張士從、張士達〈空缺〉。

信生李興坤助艮三兩半。文珍三兩。安樂三兩。成最二兩。興精二兩。興蠔二兩。舞興二兩。貢生元峰公兩半。澄輝公兩半。勳品兩半。勳□、時見公一兩。興祥、火盛、信生文墨、帝養、掄魁公、信生見龍公、近和公、拔興公、王心存、方上灶、涂日奉、吕義合、吴紹勳、許水、庠生程士亮兩半。志然公一兩。心成公、美佳公、乃生公、成礼公、有道、日勝埸、胡門許氏、蔡明利、徐田、胡水腰兩半。胡良清〈空缺〉。

信生陳君静助艮八兩。名彩三兩二。萬春公三兩。維興公三兩。捷受公一兩。登龍、明月、先声、盈科、清水、彭輝合、詔安林英輝、貢生□厚公助艮三兩八。元魁、百億、百淳、百匡，以上各一兩。楊旭勷公二兩一。楊大派二兩。楊振賢公兩半。楊泓珍公兩三。吕娘五兩半。

**按：**此碑現存霞葛鎮天橋村龍山岩寺。

## 一二五三　重修龍山岩題捐碑（三）

和邑信生陳泰然助銀五两。陳耀宗三两。貢生陳捷鋒二两。葉列斗二两。曾朝鳳二两。曾回二两。陳神校一两。陳熾理、生員陳燦然、陳松節、生員陳沛然、貢生江凌漢、陳順和、陳親仁、陳欽石、葉招財、葉元興、葉淇源、葉進春、葉卓□、生員曾殿元、朱英雄、朱天沛、楊士珍、曾居忠、曾季秀、曾招露、朱祖運、楊開元、楊家味、葉昌俅、吴洞、江惠息〈下缺〉。

紅花嶺総爺何正陞助艮二元。許〈下缺〉。饒邑生員詹登元助艮一两。

詹萬茂、詹經綸、詹從龍、詹福星、詹成就、詹成林、詹其邁、詹登榜、詹金声、詹文寛公、詹春南、陳廷樞、詹元旺、涂閑、詹禹功、詹觀恩、詹名泉、詹立正公、詹瞿東公、詹光開、詹大江、劉英革、劉国本、劉捷陞、張〈下缺〉。

**按**：此碑現存霞葛鎮天橋村龍山岩寺，碑名爲編者加擬。

## 一二五四　重修龍山岩題捐碑（四）

□□□□□□□□助艮二兩。許鈿助艮二兩。

信生江□□□助艮一百兩。□元公一兩。士瓚、壽藍、壽声、壽召、仁馨、水成、娘秋、大井、娘掇〈空缺〉。州同江茂濟助艮三十兩。継昌公十五兩。信生分明公三兩半。信生顯愛三兩。奎山公三兩。顯洪三兩。信生雲龍二兩。信生君弼公二兩。江邑賓清連公二兩。紹盧公二兩。顯沫公二兩。国雄兩半。通批兩半。流漳兩半。文炳兩半。信生羽儀公兩半。希莊公兩二。江邑賓織章、日流公、經選公、維常公、波廻公、協□公、武生騰高公、武生泰文公、生員山秀公、達寮公、師尹公、起禄、起飯、江起尊、達□、献昔、通繇、通誦、承楨、上夕〈空缺〉。

生員江朝會助艮五兩。武生中㒷三兩。信生作揖三兩。雲端三兩。時錞公三兩。貢生養和二兩。魂慘二兩。存

志兩半。生員江斌公一兩。江利東公、冬筍、時水、冬魁、丹魁、仲兩、朝康、定秀公、常尊、棠鄠、大璞、□生利川公、盛楊公、□本、時名、朝貢、生員雲中〈空缺〉。

江朝安助艮五兩。飾武三兩。明貢二兩。先登二兩。州同開基公、信生龍峰公、信生龍文、信生金章、信生德禧、信生步青、信生高耀公、信生栄封、江子昭公、維九公、慶多公、鳴岐公、裕桓公、益禪公、勝和公、秉礼公、遜乾公、紹文公、慎朝、受進、應紡、登鰲、江金忠、時團、時足、火星、象山、德文公、朝仁公、名揚公、璇璣公、国箋公、妙対公、拔崧公、明眸、明坑、明玩、金我、江朝信公、時輔、時巷、時相、時恭、時海、潤貝、時潔、魯玉、明睹、文義、朝囊、聖爫〈空缺〉。

**按**：此碑現存霞葛鎮天橋村龍山岩寺。

## 一二五五　重修碧湖庵題捐碑（四）

重修庵宇，董事：吴捷梯、吴金獅。

深青橋前湖社：許新順捐艮弍元、許六春捐艮一元，共捐艮一百三十六毛六分。

深青橋上爫社：許哂狗捐艮十五毛，共捐艮一百二十一毛。

塘東村：葉源茂捐艮弍元、吴慶源捐艮弍元、黄平德捐艮一元，共捐艮一百零八毛。

沈鳳寮：林俊捐艮二元、林鎮發捐艮二元、朱寄來捐艮二元、朱哮捐艮□元、林海同捐艮一元、林狗捐艮一元、林寿天捐艮一元、林槌捐艮一元、林花矸捐艮一元、林護長捐艮一元、林長發捐艮一元、朱鎮東捐艮一元、朱會捐艮五元、朱厲捐艮六元、林四桂捐艮一元、林水流捐艮一元、沈蝲蜞捐艮一元、沈栄捐艮一元、沈欢長捐艮一元，共捐艮三百四十毛。

郭厝寮共捐艮二百二十毛。

溪南徑：陳源通捐二元、沈佛轉捐二元，共捐艮八十二毛。

后溪西：吴槲官捐艮一元、吴大目捐艮一元、吴紅拾捐艮一元，共捐艮七百三十七毛。

高美寮：吴成木捐艮□十毛、吴水用捐艮二元、吴順捐艮□十毛、吴桂周捐艮一元、吴桂枝捐艮一元、吴成記捐艮一元，共捐艮一百五十二毛六分。

下尾埔：張吃食捐一元。

民國拾壹年拾月穀旦立。

**按**：此碑現存深橋鎮考湖村碧湖庵，碑名爲編者加擬。

## 一二五六　重修永豐庵緣碑記（三）

嘗聞：善作貴乎善成，善始尤貴於善終。歷自乾隆丁巳歲創建，惟念永豐庵会諸神以崇祀，爲我鄉之默佑靡既、申錫無疆也。越嘉慶重修，復及增備，其善成而善終更何如耶？第世遠年湮，棟折榱崩，垣墉傾圮，倘不再加修葺，將風雨漂摇，鼪鼯棲棟，何能永沐休光乎？爰呼衆信，將正田户丁照畝均派，鳩集修葺。規模依照仍舊，廟貌焕然重新。其樂也融融，不已明德馨香而降福無疆也哉！更有士女之永寧、室家之豐樂耳。謹將名姓勒石，以垂不朽。開列於左：

總緣江物華艮十元。

副緣江平治艮五元。副緣江信伍艮五元。副緣江上源艮五元。副緣江錦袈艮五元。副緣江紅兵艮五元。

邑賓江飾武公艮七十元正。信士江存心公艮六十元正。信士江有章公艮五十三元。信士江樹茂公艮四十六元。

信士江寔言公艮三十九元。太孝江德輝公艮二十七元。信士江慎堆公艮二十六元。江永通公艮二十三元。江仁訓公艮二十二元。江欽文公艮一十八元。江優多公艮一十七元。江日盛公艮一十七元。信士江金□公艮一十六元。江如

令公艮十六大元。江利貞捐艮十四大元。江廷巧捐艮十四大元。江致献公艮十三大元。江德喜公艮十三大元。江尽香捐艮十三大元。江朝影捐艮十二大元。江朝翮捐艮十一大元。江朝帝捐艮十一大元。江連甲捐艮十一大元。職員江寅亮公艮十一大元。江如貝捐艮十一大元。江廷黄艮十一元。江朝牆艮十一元。江石枝艮十一元。江宜紳艮十大元。江時格艮十大元。江火架艮十大元。江乾得艮十大元。江長庚艮十大元。江永粟艮十大元。江德昌艮十大元。江魏烟艮十大元。江時摇艮十大元。江仁玉艮九大元。江時鑨艮九大元。江時下艮九大元。江三吉艮九大元。江居氣艮九大元。江時花艮九大元。江宗魯艮九大元。江時探艮九大元。江水榁艮九大元。江瑞生艮九大元。太孛江龍文公八大元。江容□艮八大元。江能得艮八大元。

江楜椒、江及化公、江朝漢公、江廷豚、江得宝公、江飾皋公、江朝鋭、江大德公、江娘舍、江永傍公、江時畔、江弄三、江維九公，以上各艮八元。江水活、江火黑、江廷恭、江魂沐、江開元、江時炮、江魂石、江氣信、江朝福、江象山公、江廷柰、江朝風、江完子、江茂聖公、江三火、江廷鉋，以上各七元。江錦袈、江□取、江火南、江集勸、江朝他、江□□、江□□、江居傑、江清回、江時帥、江時奈、江金法、江清棠、江水條、江魂惨、江時釗、江廷郁、江時拜、江朝尋、江魂元，以上各六元。江水篤、江朝欽、江時傳、江朝□、江廷有、江廷鳳、江朝好、江廷味、江娘□、江物華、江七□、江天喜、江火沌、江根雅、江火紅、江秋元、江時濯、江魂金、江有秋、江濟用、江順得、江金友、江水苔、江廷用、江時軸、江添丁、江朝油、江容光、江水汶、江木国、江水足、江三李、江朝□、江時吉、江廷□、江□□、江有堂、江三桂、江萬坎，以上艮各五元。江魂佐、江米升、江新佳、江火英、江金彩、江石核、江朝賢、江廷銀、江□金、江水晶、江時緞、江東當、江木桂、江五湖、江□光、江遜魁公、江大材、江玉湖、江玉樹、江光明、江丙午、江廷坐、江廷溪、江萬年、江廷璧、江朝炮、江茂盛、江朝霖、江來優、江佛金、江春賽、江蘭凰、江敬尔、江特兵、江娘坤、江水法、江水彰、江朝哖、江萬石、江廷皇、江廷釉、江春賞、江娘佐、江璇璣、江朝賓、江火□、江容佳、江廷開、江取水、江金時、江保梅、江春工，以上艮各

四元。江魂優、江魂来、江援境、江秀邱、江火馬、江春花、江□材、江金□、江金璉、江□□、江廷炫、江娘多、江廷緒、江火焰、江金克、江時□、江朝陵、江恭寬、江朝浜、江萬石、江文雅、江番木、江任鳴、江春絴、江廷狗、江火案、江蔴花、江玉山、江双記、江水萍、江宗□、江玉□、江時□、江□達、江字□、江名景公、江朝□、江朝宜、江時韻、江朝翁、江火隊、江敦礼、江□□、江炬□、江□□、江朝生、江高凹、江大□、江大譜、江元枕、江金具、江子展公、江留荅公、江魂行、江時狗、江啟玉、江仁貌、江阿錢〈下缺〉。

**按**：此碑現存太平鎮元中村永豐庵，與民國十二年緣碑共石接排而刻。

## 一二五七　重修永豐庵緣碑記（四）

尝思我大元之有永豐也，由来久矣。作庙奕奕，上祀五顯大帝，会列座神聖，爲閤社之保障。而五帝赫殸濯靈，自筆降乩，秘發靈符，鑑守各家，人康物阜，士女均安。而董事者每於各鄉動行化緣，而人情輕財重義，踴躍争先者，必在炉前捐金樂助，賴及萬方，而衆信皆歡也。遂及不数日而喜捐大洋数百元，而事告成。爰將喜〔銀〕名字勒碑刻銘，以誌不忘所自云耳。是爲序。

江盈科捐艮五十大元。江朝聚捐艮三十六元。江時汆捐艮三十五元。江達三捐艮三十大元。江時格捐艮十二大元。江珠光捐艮十二大元。江水声捐艮一十大元。江林壯捐艮一十大元。江金鏨捐艮一十大元。江廷勸捐艮一十大元。江沐香捐艮十大元。江長庚艮十大元。江建中艮十大元。江時岡艮十大元。江廷黄艮十大元。陳求甫艮十大元。江鐘期艮八大元。江朝鄭艮八大元。江時蘭艮八大元。江平治艮八大元。

江元昌、江時拜，以上各八元。江錦袈、江時下、江步升、江廷豚、江火乾、江魂元、江春土、江時奈、江火甲、江水晶、江時揺、江開元、江朝影、江廷巧、江清回、江彩巷、江火救、江時肉，以上艮各五元。

江廷柏、江春彩、江春賞、江有漳、江泉源、江天喜、江金友、江清堂、江有杕、江信五、江金招、江順得、

江火□、江源泉、江萬訓、江上源、江魂烟、江廷柰、江金其、江降河、江時炮、江白金、江時緞、江時摇、江廷荼、江魂優、江横財、江紅兵、江根雅、江朝吉、江国成、江二吉、江水尊、江祭力、江福天、江時軸、江廷砵、江石吉、江萬探、江化龍、江有餘、江廷卜、江佐龍、江□中、江明戊、江時珩、江時□、江秋冬、江衍廷、江訓□，以上各捐艮三元。江訓杏、江榭椒、江□□、□□沈甫艮四元。大□林石當艮四元。□□邱礼奔艮三元。□□沈三回艮三元。林色水艮三元。林□光艮三元。沈裕綢艮三元。沈義昌艮三元。

暹邦衆弟子助銀銖名字開刻于左：

江廷岩助銀五十銖。江東進助銀五十銖。江水淼助銀三十銖。江玉枝助銀三十銖。江克□助銀三十銖。江娘金助艮十二。江朝怌助艮十二。江奉璋助艮八銖。江根華助艮八銖。江彩和助艮八銖。江再英助艮六銖。江時定助艮六銖。江石佛助艮六銖。江石梈助艮六銖。江木混助艮六銖。江根武艮六銖。江水作艮六銖。江亞連艮六銖。江朝拐艮六銖。江想水艮六銖。江石我艮五銖。江吉粒艮五銖。江佐琪艮四銖。江成牧艮四銖。江九如艮四銖。江彩良艮四銖。江大巧艮三銖。江明李艮三銖。江大意艮三銖。江餘連艮三銖。江廷梢助艮三銖。江魂粒助艮二銖。江□泉助艮二銖。江火現助艮二銖。江先枝助艮一銖。

江迺寬公修正武帝，艮十二元。江君曰公修右片三清，艮十元。江兆豐公修中尊佛，艮九大元。江紫筠公修左觀音娘，艮八元。江成六公修五顯大帝，艮八元。江孕和公修三官大帝，艮八元。江代榮公修王公媽，艮八大元。江九如公修石岳爷，艮四大元。江名揚公修伽藍爷，艮四大元。江霍光公修白衣娘，艮四元。江周山公修妙爾僧，艮三元。江遜魁公修文武天，艮六元。

民國十二年歲次癸亥八月初四日午時興工，十二月十一日卯時進火，完庵大吉。

沐恩弟子江化□敬撰并書。

**按**：此碑現存太平鎮元中村永豐庵，碑額『福善慶緣』，碑名爲編者加擬。

## 一二五八　長林山牌記

立山界人張子可公派、英讓公派等：

只因長林一帶山界，本是此山係子可公自置己業。因英讓公派裔孫間有多少不知根底，往往在此山頭開凬水，不認子可公派等爲業主，未免滋事。茲因兩造公議：山前有開凬水造葬者，准他在此成祖，以後不准仍蹈故轍，再謀凬水。如有欲造凬水，要認子可公派等爲業主，向他懇求喜歡，亦爲美事；若不喜歡，断断不敢強佔妄葬，致干未便。惟有長林居住者，若非犯碍祖地，准他随處開葬，不敢將凬水賣出外鄉。特此爲据。

英讓公派房長：□□、廷上、廷光、廷文、□□。

中華民國十五年歲次丙寅桐月　日，仝立石碑。

**按：** 此碑現存官陂鎮林畲村長林寺舊址。

## 一二五九　重修西亭寺四城樂捐碑

四城樂捐：

吳夢丹捐廿四元。李端勤祖派廿元。許大有捐廿元。沈瑞東捐廿元。吳克仁祖派十四元。吳正初捐十元。陳泰裕號十元。陳長成捐十元。陳中和捐十元。陳承恩堂祖派八元。陳誠篤祖派八元。吳遜華捐八元。沈子衡祖派八元。許斌揚捐八元。張天保堂六元。謝祖貽六元。鄭親覲堂六元。沈麗生捐六元。陳宏順捐六元。陳安然捐六元。徐國華捐五元。沈若琛、沈阿存捐五元。許玉成、許良元、許冬水、楊益三、陳可舟、沈青榆、郭丕謨祖派下、陳符徽、陳作霖、胡怡芳、林成和、阮大車、黄碧發、徐遜初、涂石生、沈矩源，以上各捐四元。吳勤厚祖長房捐三元。

許雅、許采、陳恩、鄭澤、翁開、許受、薛戇、楊永、鄭海、黄江、徐和、沈儀、徐佛、郭珍、陳士英、李養

塘、沈濯纓、沈裕康、沈子和、康闊嘴、謝明光、涂震泰、許秀輕、許玉昌、田受之、吴秉欽、曾文金、陳求甫、沈冬瓜、林良炳、許半垂、沈多年、楊鎮初、李永泰、許大保、陳登科祖派下、陳桂圃、許惠元、陳厚皮、郭洪澤、陳豬溪、陳永美、沈允綿、沈上清、商振祥祖派下、沈同賢祖派下，以上各捐三元。

許舜南二元半。許永笑二元半。許亦珍、許培穎、許江永、徐兆龍、沈鋭之、楊濟和、高流、沈璟、沈浩、陳目、謝□、嚴虎西、許三友、鄧炳坤、林吉鴻、沈東海、胡開發、陳烏番、陳振耀、沈添成、沈敦睦祖派下、廖俊卿祖派下、沈永籌、沈詠春、沈執夫、徐載添、張振江、謝照庭、陳毛獅、吴耳鉤、徐育、王若蘭、許成祖、吴茂興、邱文香、林山鄉、方茂德、沈國興、許開益、許大庭、許振魁、許德遠、許象六、許文克、許榮欽、許源興、張堯諮、鄭大茂、李再考、黄福昌、謝騰耀、謝郎溪、沈德賓、許錫銘，以上各捐二元。

謝耀明、謝隱山、阮豬高、阮蜜來、沈秋、許庵、鄭眾、黄魁、徐禧、蕭梧、楊榮、許元、李怨、沈頭、許尖、李塢、許豬、蕭蔡、郭惠、許細母、沈從右、鄭天來、沈瓊甫、陳煥章、郭希達、許永熙、吴祥澤、沈加添、陳春江、徐百宜、吴吉鍾、郭耀溪、廖錦溪、陳宗淵、沈成芬、鍾濟枝、蔡耀、陳烏、沈潛、徐慶、許貽借、許德輝、許奇生、許濟清、許明瑤、許夢春、許崇明、許德宗、黄山海、許□納、林國禎、林觀宏、李得金、陳瓊瑤、陳傑三、陳福香、蔡慕顔、蔡有溪、黄淮泗、沈成枝、陳尖嘴、沈毅民、黄金當、林漢清、陳兆祥、莫文煦、許沈氏、沈清溪、王柳光、吴茂之、鄧良碧、陳壽年、陳漏乞、沈長濟、伍紅記、沈山珍、沈仲淵、林茗娘、沈鎮海、許永全、許天送、楊狗母、沈耀駒、許仰南、許大嬰、沈凌雲、黄番慈、吴桂龍、陳文水、黄扁魚、陳長喜、蔡子珍、林赤魚、許貞幹、謝細□、沈育堂、徐烏番、董明祖、徐由甘、許清和、沈文柄、徐成祖、許振茂、謝鎮江、許□螺、許啟文、許道立、鄭江淮、泉興號、謝耀章、林寶壽、許番楓、許海雲、徐貞祥、許芝帆、許鏡池、李瑞麟、許啟書、李成加、許如江、謝交樞、許耀坤、許旭初、謝天來、何友仁、許紹港、許如六、許達光、許大佛、沈添丁、許金江、許鏡生、許名山、謝登文、謝會宗、黄欽榮、陳開興、涂秀卿、許天溪、張金殿、許嫣嬌、陳桂朴、

許瑶之、沈旭初，以上各捐一元。許筒一元半。

北門街洗石碑工資銀十四元。沈錫玉、陶金友、沈耿六、沈水竿、吴水旺、孫瑞蘭、葉成，以上各捐半元。

善男信女：林漢欽捐十元。沈焕文捐五元。吴金順捐元半。項耀堂捐三元。康得三元。康槌三元。黄小福、吴興順、吴王氏、林胡氏、吴廷幹、何合豐、吴祖成、黄□，以上各捐二元。林秋陶、沈啟明、許大鼻、沈得勝、沈榮和、陳諮培、老順利、何明林、沈後進、沈蔡氏、陳金玉、沈儉、鄭漢、沈坤，以上各一元。

民國十六年丁卯十二月重修。鄉社董事、震泰號。

**按**：此碑現存南詔鎮縣前街西亭寺，碑名爲編者加擬。

## 一二六〇　重修聚德堂家廟記

我聚德堂家廟創建於前清同治十一年，距今已五十有六年矣。派雖三分，溯本原，實一脉。自有斯庙，族誼彌敦。因多年歷受風雨摧殘，損壞不堪。遜初等忝在孫子，出爲提倡，乃推舉董事，鳩欵重修。幸祖之灵及人，人念祖之心切，親親之情殷，使一層工作於最短期間樂告厥成。從此庙貌重新，春祀秋嘗，我祖來格之日，其即怡然含笑之時乎？我孫子登斯聚斯，一堂濟濟，重整團結精神，策進民族，並追而思，有以揚者以有顯，蝉联鵲起，克紹箕裘，而共保斯庙斯族於勿替，則尤我祖之所希望也。是爲記。

録刊家庙列祖主位：

開漳太始祖：考輔國將軍本順公、妣一品夫人匡徽唐氏，考竭忠將軍睦怨公、妣一品夫人〈空缺〉氏，考竭忠將軍光彦公、妣一品夫人正慧陳氏。

城内神主：永春祖、醇厚祖、誠篤祖、勤守祖、近中祖、寬厚祖。

仙塘神主：先化祖、逢源祖、納菴祖、素菴祖、篤信祖、孝德祖、敦仁祖、端厚祖、端和祖、英達祖、剛毅祖、

儉素祖、樂善祖、篤誠祖、英敏祖、創垂祖、淳篤祖、清吮祖、寬和祖、確菴祖。
岩塘神主：世習祖、春賜祖、長寅祖、春藏祖、長覓祖、長溢祖、永雍祖、永梧祖、長進祖、長荆祖、世舒祖、永朝祖、成畿祖、春錦祖、春庇祖、佳清祖、佳榜祖。
各処神主：信菴祖、貞菴祖、喬烈祖、閔彦祖、敬賢祖。
西門神主：廷遴祖、双溪祖、仰溪祖、英鋭祖、振任祖、孟魁祖、敦慤祖、箕陳祖、侖五祖、侃慤祖、誠慤祖。
北門神主：梅隱祖、慎睿祖、穎斋祖、端列祖、敦林祖。
西坑神主：雋亭祖、慎勤祖、英敏祖、剛敏祖。
郭厝寮主：敦朴祖、朴直祖、朴誠祖、秉權祖。
青山神主：有青祖、太邱祖、明濟祖。
芝蘭里主：侃毅祖、遜卿祖。
西埔神主：寬裕祖、興茂祖、敦厚祖、謙恭祖、慎勤祖。
胡嶺神主：孟盛祖。
本家庙另建祠口南巷，廚房内外兩間，計十三槽，归大宗直接管理，内設炉灶，可偹祭祀之用。
中華民國十七年葭月。董事：遜初、源遠、丕謨、夢三、樹香、達初、冀初、子懷、致侯、金福、起東、煉金、登瀛、夢蛟、振波立石。

**按：**此碑現存南詔鎮西門社區涂厝巷徐余涂聚德堂。

## 一二六一　重修泰山宫樂捐芳名碑

存志沈忠捐一百元。沈水江二十元。沈國龍捐四十元。沈小捐三十元。沈四教堂派四十元。沈日升捐二十五元。

沈德求祖派二十元。沈順成祖派二十五元。沈咸玉捐二十元。沈鎮江捐十元。沈儉捐二十元。沈國香捐十四元。沈伯修祖派捐十元。沈英禎祖派捐十元。沈寶池十元。沈崇茂號十元。沈介祖派十元。吴泮池捐十元。沈阿鳴捐三十元。沈寶捷十元。沈濟卿十元。沈益居十元。沈鹿十元。沈快來十元。沈□十元。沈仰□六元。沈炳陽六元。沈順騰六元。沈水湧六元。沈克義六元。沈捷六元。沈兵六元。

沈祥瑞、沈花□、沈加通、沈媽橋、沈秀全、沈朱英、沈紹成、沈養生、沈紹金、沈順安，以上各捐八元。沈石庭六元。沈巷西六元。沈養塘六元。沈月德六元。沈海堂六元。沈水秋六元。沈泰武六元。沈秋哥六元。沈□□六元。沈山來□元。沈水守五元。沈心擇五元。沈□和捐十元。沈合文五元。沈懷木五元。沈桂瑞五元。沈貴貴五元。沈財生五元。沈亞細五元。沈楊江五元。沈添受五元。沈□隆五元。沈南五元。沈□五元。沈桂五元。沈鄭民五元。沈瑞捐五元。沈蕭捐五元。沈克復四元。沈振元四元。沈許養四元。沈林細四元。盛欽五四元。李兩生五元。鍾水永五元。阮國平五元。許碧隆五元。姚清溪五元。沈水添五元。沈古文五元。沈鎮坤四元。

民國乙亥捌月吉置。同修董事：沈忠、沈捷三、沈振龍、沈水湧、沈水德等。

按：此碑現存橋東鎮東沈村雙屏山泰山媽廟，原碑數字多爲蘇州碼。

## 一二六二　上龍庵題捐碑（三）

張活源助国幣〈空缺〉。福興王孝南、陳朝合、張国固助国幣壹仟弍佰元。張大淡助国幣叁佰伍拾元。和興炉助国幣弍佰元。張宗標助艮壹佰六十元。張奇珍助艮壹佰五十元。張火助助艮壹佰二十元。張達梓助艮壹佰一十元。張大賢助艮壹佰二十元。福星号助艮壹佰元。蔡木朗助艮壹佰伍十元。張国興助艮壹佰二十元。張萬霞助艮壹佰元。張萬常助艮壹佰元。伯公會助国幣〈空缺〉。厚成公助玖拾元。張正添助玖拾元。張大暑助捌拾元。張甲子助捌拾元。張士能助捌拾元。張松林助捌拾元。張先浩助柒拾元。張世九助陸拾元。張木建助陸拾元。張欽春助陸拾元。

張火傳助陸拾元。張日漂助陸拾元。張清濃助陸拾元。張昌池助陸拾元。張浪佘助陸拾元。

張礼東、陳裕昌、継蔡公、張娘早、張日居、張正狀、蔡坤鯉、張礼楚、張石課、張九梅、張木雞、張克借、張永内、張火□、張火傑、張華絢、張正活、張承要、張礼通、張永良、張琴書、張士合、張海天、張高探、張純一、張計嗣、張三澄、張文勺、張東茶、蔡石□、張水行、張萬鍘、張魂培、張木箕、張士高、李燕崇、張水姜、張魂后、張火林、張廷讓、張廷討、張廷兑、張宗表、張荣帶、張水松、張振粟、張其峻、張永高、張傳錫、王輝光、張廷聚、張正察、張正嶺、張火船、張廷條、張永拔、張魂就、張宗完、張秋然、張火恬、張国串、張道南、張水浪、張雁生、合昌号、張水東、德記号、許萬玉、聚丰公、張文傑、不知名、許娘来、張濟陽、張三□、張魯生、宏深公、貴奇公、焕彬公、廷永公、温厚公、劉昌鈎、賴百梁、張正貝、張三意、張光彩、張魂釵、張宗浮、張金点、張經論、張火宗、張木容、張萬崟、張萬習、張廷油、竹園公、江水曹、張金帖、張美生、張世暖、張根科、鄭金坤、張荣炎、張水主、張水大、張德現、張良武、張火積、張東樓、張魂餘、名炳公、萬順号、福泰号、張取針、華成号、建興号、張如昌、合利号、張茂鴻、明敏公、張天機、張純南、勤敏公、張子強、張廷柳、張木興、張石雄、詹昭粟、張火男、張火凸、胡溪前、張正管、張松發、陳子波、林悦記、沈保和、張元珍、簷勅公、義奂号、黄崇福、張永濟、蕭奕傳、沈木崇、胡企茂、張順瞻、李有□、江唐濟、張阿捷、張綉紋、張德培、張傳孔、張樹生、江琴影、沈汝淼、游双才、田汝昔、張継玹、張阿畦、張木□、張溪泉、同春号、張木笋、張国邦、張阿舍、張文錢、張良信、張良釧、張自然、張如松、張元□、張名劍、張世塗、張廷帶、張廷結、張招財、張木程、同壽号、永茂号、張世□、源川号、張水良、張雙桂、張萬慶、張古才、張火籠、仁和公、張傳壬、張永汀、張秀技、張火九、瑞嚴公、張承際、張吉乾、天有公、張玉鳳、張秀玉、張阿諾、張金發、張天得、升高公、張狗欽、張澍生、張秋魯、張阿立、雲明公、老□公、張玉記、張火秀、張日仲、張振茂、張子曉、張天來、張荣揚、張魂根、張水女、張名爵、張萬鈺、張木通、張傳銘、張德東、張吉昌、張魂獅、張佳桑、張旺對、張名湣、張火

多、張火朗、張木因、張容致、張文腊、張鵖招、張文里、張㲿重、張木表、張文巷、張知都、張唐來、張陽森、張金棱，以上各助弍拾元正。

中華民國辛巳年。

**按：** 此碑現存官陂鎮陂龍村上龍庵，碑名爲編者加擬。

## 一一六三　抗倭紀蹟碑

既自七七抗倭以還，潮汕、南澳相継淪敵，敵遂以汾水関爲陸道，窺閩之門户。今者敵降战息，回顧吾詔前後抗战三次，皆有可歌可泣之史蹟存焉。其阻敵不得逞，卒保閩西南半壁安如磐石者，固以関之天險，先得地利之勝；殊不知萬众一心，誓死不渝，始爲完成致勝之第一義。用告来者，知固國不以山谿之險也。爰撮其巔末於左：

第一次：民廿八年十一月廿八日，敵數千挾陸空力由粤来犯，我軍民扼汾水関，苦战數晝亱，敵知不逞，繞道琉璃嶺，偷襲縣城。十二月一日，轉移陣地。五日援軍至，會合反攻。七日，敵間道遁粤，覆没過半。

第二次：民三十年七月四日，敵復挾海陸空兵力侵我邊境，得民众力相持三日，卒敗之於汾水関。

第三次：民卅四年六月杪，厦敵逃竄，省令嚴截。邑人張上將幹之、林中委學渊電促謹防。父老沈淮三、吴名世、徐鵬、許以仁、徐際明、沈紹箕咸赴鄉申大義。民皆枕戈以待。七月十五日，敵臨縣境，縣長親臨指揮，分四路出擊，節節抵禦。十九日，鳳山、通濟橋、城郊巷战諸役，自辰至酉，激战皆烈。翌晨，良峰争奪，最顯奇蹟，軍民奮勇敢死，一鼓驅出此関，可謂壯矣。

詔安縣縣長鍾日興撰述，主任秘書李如東書丹。中華民國三十四年九月三日立石。

**按：** 此碑現存深橋鎮上營村汾水關長樂寺勝利亭内。亭柱鎸聯『抗戰已勝，建國必成』。作者鍾日興，武平人，時任詔安縣長。

## 一二六四　上湖鄉僑民捐銀碑

邑人胡君永欣，於本年在南洋捐募巨款，收購廟前厠所三十六口，填平爲埕。落成之日，故特銘刻石碑，以作爲誌。

民國叁拾陸年元月，上湖鄉公立。

按：此碑現存四都鎮上湖村明代古城遺址，係二〇〇三年翻刻。

## 一二六五　泰山寺石柱題刻

生員游耿光公敬奉。貢生游彬文公題。信生游貽贊、貽艾、侄景德敬奉。邑賓游昌龍公奉。弟子游順把敬奉。

貢生游德義公敬奉。

監生游獻邦公男舉人亞元、達山、達川、州同達才、監生達界、監生朝安，孫舉人見龍，武生有光、言光、錦春、□章，敬奉。

職員游華昌公男監生火成、抱珍、石無，孫象栽、象衣、象琨，偕侄孫雲登仝敬奉。

貢生游京公敬奉。邑賓游朋松公敬奉。貢生游世基公敬奉。游爲足公、敬材公仝敬奉。

游翼明公敬奉。信士游振剛公、世忠公、□□德錦公仝敬奉。監生游重英奉。信士王輝縣敬奉。

邑賓游鷹揚奉。同知游騰飛奉。信士游火樹敬奉。監生游達界公敬奉。監生游昌花、昌教敬奉。

貢生游乘殷敬奉。監生游兼三公敬奉。黄闢山公敬奉。信士游景博敬奉。信士游道添敬奉。

邑賓游龍錫公男成余、國余；監生麗元公男監生尊三，孫武生昌龍、炳閣；仝敬奉。

貢生游兼伍公敬奉。監生游昌横、昌芝敬奉。貢生游守先公敬奉。

監生游向成公男監生祖贈、監生能材、監生美材、達元、茂材敬立。

按：此組題刻現存秀篆鎮陳龍村泰山寺石柱，一句一柱。

## 一二六六　永豐庵示禁碑

嚴禁：一，不許在庵背花胎開墟。二，不許演戲時在花胎搭寮，違者罰戲一臺。三，不許在庵背挖泥開荒。

各寨長仝告白。

按：此碑現存太平鎮元中村永豐庵。

## 一二六七　王官嶺禁墳林石碑志

廖敏山地盂翁坟，似孩兒坐欄，又似團鶴棲林。留樹，鶴有棲，且明堂略高，栽種杉松，茂密起盂，人文蔚起，財穀盈豐。予栽内接生氣，外受堂局，砂消水納，千古萬古莫移。孫遵師言，祖前謹告：上段樹齊，下灰坟横過，近坟恐壓，隨大隨賣；下段樹直落至田面，有杉松并什樹，半枝不可賣。蓋林樹木暢茂，則祖安孫福。倘有貪利盜砍併斬樹椏，祖靈絶不輕宥，家長亦難恕情，無論親疏，重罰豬酒錢。勒石泐牌嚴禁，千載勿忘。切切。

按：此碑未見，碑文見於秀篆鎮《秀篆游氏家譜彙纂》。

## 一二六八　林氏祠堂碑刻

〈上缺〉不至之所。其啓行也，咸於是乎伊始焉。祀神之宫，而無壯大廣高之制，豈得稱哉？此其稱矣。人侈其觀，則神妥靈；神妥其靈，則益著其感通利濟之效，俾夫怪風駭濤之險等於足國。平實之用於無窮，廣帝之化於無外，凡天所覆之地，神之靈無不在焉。國家祝號祭秩之典，其與永永無極也。予生海之南，備知海之大而險，神之功駿而捷也。既爲文，俾張君書以刻石。

按：此碑未見，碑文見於南詔鎮林氏開詔族譜・五常衍派世系。

## 一二六九　鎮龍庵題捐碑（二）

林□□公艮九十元。□溪公艮三十元。霧□公艮二十元。〈下缺〉公十二元。□□艮六十元。〈下缺〉貢生□□公、□□公、□□公艮二十元。国學哲□公艮三十元。邑賓〈下缺〉公、誥封武憲大夫德萬公孫国□、国□、国學惠□公〈下缺〉公、□□公、築宇公、国學□熷各艮十元。玉振公艮八元。〈下缺〉公、邑賓□□公、国學楚昭公、詳之公各艮五元。〈下缺〉公各艮□元。誕遠公、朝□公各艮二元。心□、□□、承藍各艮一元。〈下缺〉生員□□公艮十元。国學羽儀公艮二十元。国學□聖公艮十三元。〈下缺〉公十二元。天祚公、誥封奉政大夫文滔公、遠清公各〈下缺〉公艮八元。□賓公、邑賓□珍公、□□公各艮六元。庠生国英公〈下缺〉公、□□公、邑賓澄清公、□□公各艮□元。貞□公艮三元。□波公〈下缺〉公、□□公、邑賓□□公、□□公、邑賓□□公各艮□元。□士公、邑賓〈下缺〉公艮三十元。文植公艮二十二元。□文公艮二十五元。氣清公艮十一元。〈下缺〉公艮□元。□□公艮十元。士□公艮七元。□□公艮〈下缺〉公艮五元。益清公、□潤公、□□公各艮□元。玉□公〈下缺〉公艮□□。登□公□元。□□公、□□公、追山公各艮□元。□□公艮六元。□□艮四元。〈下缺〉公艮六十元。□□公、心□、□□各艮□元。〈下缺〉心仁、興□各艮一元。〈下缺〉生□公艮二十元。上□公〈下缺〉蔭□公艮十五元。□川公〈下缺〉公艮二十元。□□公二十元。〈下缺〉。

按：此碑現存霞葛鎮莊溪村鎮龍庵，碑名爲編者加擬。

# 卷五　東山縣

## 一二七〇　舟師往西洋記

皇明混一海宇，超三代而軼漢唐。際天極地，罔不臣妾。其西域之西、迤北之北，固遠矣，而程途可計。若海外諸番，實爲遐壤，皆捧琛執贄，重海來朝。皇上嘉其忠益，令和等親率官校、旗軍數萬人，乘舟船百餘艘，齊桅往返。自永樂三年，往使西洋，迨今四次。歷番國由占城、爪哇國、暹羅國，直逾南天竺、錫蘭山國、古里國、柯枝國，抵於西域忽魯謨斯國，大小三十餘國，涉十萬餘里。觀夫海洋，洪濤接天，巨浪如山，視夷域迄隔於煙霞縹渺之間。而我之雲帆高張，晝夜星馳，涉彼狂瀾，若履通衢者，誠荷朝廷威福，尤賴天妃護佑之德。於石屏并記諸番往返之歲月，以銘永久焉。

永樂三年，統領舟師至古里等國。時海寇陳祖義聚眾劫掠番商，未犯我舟師，即有天朝威福及神靈陰助也。

永樂五年，統領舟師往占城、爪哇、柯枝、暹羅等國，王各以珍寶、珍禽貢獻。至七年回。

永樂七年，統領舟師往前各國。道經錫蘭山國，其王亞烈苦奈兒負頑不恭，謀害舟師。賴知覺，生擒其王，至九年歸獻。尋蒙恩宥，俾歸本國。

永樂十一年，統領舟師往忽魯謨斯等國。蘇門答剌國僞王蘇干剌寇侵舟師，未傷。至阿陀純，有遣使赴國陳訴。統率官兵剿擒僞王，至十三年歸獻。是年，滿剌加國王親率妻子朝貢。

永樂十五年，統領舟師往西洋。開港十五有三日，忽遇暴風巨浪，繞山根避泊。有神天妃陰護，保無恙。皇明威福，駐泊凈港。候風息，再涉狂瀾。勒一石以銘志之。

永樂十五年歲次丁酉仲夏吉日。

正使太監鄭和、王景弘，副使太監李興、朱良、周滿、洪保、張達、吴忠，都指揮朱真、王衡等立。

**按：**此碑原在康美鎮銅鉢村凈港天后宫，已佚，碑文由清末秀才林紹唐抄録、鄉人陳斯民轉抄。

## 一二七一　古來院開山僧明雪熙賢和尚碑記

歲進士游大復喜捨佛地一座，傳流香燈，盗賣盗買（符）。又厝二間，并地基在內。自置買過園，六斗種，坐址南湖內。院邊地二間，連院前園二塊。吉旦配祭神忌。

按：此碑現存銅陵鎮古來寺。

## 一二七二　鼎建銅城關王廟題刻

明正德己巳年，鄉耆士吴子約、黄宗繼、方廷元、游日初、黄宗能、方肅敏、方體揚、林道濟、唐孟岳、武守爲，九月吉日募眾鼎建。

按：此題刻現存銅陵關帝廟石門樑。

## 一二七三　重建銅城保安堂記

浮屠入中國久。我聖祖開天，詔寰宇諸司立院、寺，爲祝聖之所。銅城保安堂，蓋創始於斯焉。星霜久歷，風雨侵凌。正德三年戊辰夏，漳衛覃侯來總戎政，覩斯堂之荒廢不堪，遂欲鼎新之。緣銅之善士方四公輩，欣欣然而听命。夫何瓜期在邇，軺車東還，而銅人攀轅弗留，率相語曰：『斯堂之□建，必待吾覃侯重握戎寄。佛氏有緣，吾人有望後期也。』五年庚午秋，覃侯果膺□藩□揀選五載之任。下車之初，諭銅人曰：『□□氏爲□□□聖祈安，國□攸關。今斯堂歲久且弊，爾等盍共成勝事而鼎新之？』於是出俸金而倡。銅之千百户侯、耆英紳士，各捐財助□□□無□不□，遂大斫石，經營於正德七年壬申十一月三十辰時，落成十年乙亥正月廿六日。殿堂門廡，黝堊彤漆，焕然一新。舊祀□□□□□□□□□□□尊像□□匪□□□□□堂。總戎公恭人黄氏，復出貲而塑飾之。

銅之耆婦，率衆資而襄贊之。□月之間，金碧輝煌，祥煙縹緲，無異兜率真境。

夫上□□下之倡，覃侯□□□熙皡太平之秋，一倡禪門之事，銅之旄倪不待教令，而皆傾囊解橐。若夫倡忠孝之大倫，振綱紀之大義，回海濱鄒魯之風，星變□斗□□之俗，顧在此一轉移耳。且斯堂之建，由覃侯作倡之專，亦惟公輩趣事之敏。銅之風土，倍有勝槩。然恐歲遠事跡漫没，資緣芳姓嘉名，□□□是銅人同與立石以垂悠久。而覃侯鼎新之功，莅任之詳，歷千載而皆有所考。是爲記。

大明正德十年歲次乙亥夏朔，賜進士出身、禮部〔觀〕政、江西吉水劉梦詩撰，住持僧立。

**按**：此碑未見，碑文見於《銅陵關帝廟世系略譜》。

## 一二七四　鼎建銅城關王廟記

銅城東，天尊堂之右，有祠一所，漢關羽雲長之宫也。其神生自蒲州解良，事蜀，威震華夏，卒葬於玉泉山，人德之，祀以爲神。著績于宋祥符七年解州鹽池，受敕封義勇武安王。國朝洪武二十年，城銅山以防倭寇，刻像祀之，以護官兵，官兵賴之。後官使往來之絡繹，與夫祈者、賽者、問吉凶者，須臾聚可數十人，而不能以容，人咸病其隘。亦有喜施者欲闢之，又以工程浩大，艱於濟。正德戊辰歲正月，雲霄吴公子約避寇於銅，同銅善士黄公宗繼等九人，募衆資財崇建之。遂卜舊祠右之空地，是年五月初七日辛卯土木聿興，閲至壬申年二月初二日丁丑落成。廟之地勢，龍盤虎踞，水秀山明；廟之壯觀，翬飛鳥革，矢棘跂翼；廟之定制，縱袤百二十尺，横廣五十一尺；廟之規模，王宫巍巍，廊腰縵回，階級竣絶，中肅闌門，外高華表，傍則僧舍翼然，非昔日之舊矣！

是以祈者頌，賽者歌，遊玩者樂，問吉凶者贊羡，官使停驂者便於息。雖古滕王閣，莫是過也。愚也素惡世祟祀之無益，而此數公開誠心，昭義勇，不憚觗骫，不恤小費，督就是廟。又能節財，創買魚扈一口，聯于蔡福施扈之右，坐址三峙。則非特廟成孔安已也。允宜立碑，紀其終始，以告夫後廟之所以成，非欲自爲記爾。

吴公諱瀚字子約，金浦雲霄人也；黄公諱孫字宗繼，方公諱魁字廷元，游公諱旭字日初，黄公諱文字宗能，方公諱聰字肅敏，方公諱播字體揚，林公諱旺字道濟，唐公諱仁字孟岳，武公諱團字守爲，銅人也。於是乎爲之記云。

大明正德十一年龍集丙子孟夏朔後六日，武庠生黄玉國寶書丹、篆、譔。住持僧月堂。

**按**：此碑現存銅陵關帝廟，碑文另見於銅陵關帝廟世系略譜。

## 一二七五　大明把總泉揮使王公靖海碑

公諱鏊，字器之，號肖厓，累登武科，當道授以總銅寨。其謀略之建畫、其政令之修明，井然不可及焉，餘可知也。故刻石以識之。

嘉靖乙卯臘月初，守備玄鐘澳漳州衛指揮僉事顧喬嶽、備倭指揮同知覃顯宗，百户徐麒、汪梓、周福、劉欽、王章、羅清等，仝立。

**按**：此碑現存銅陵鎮九仙岩寺。

## 一二七六　憲斷公海帖文題刻

漳州府海防同知沈，爲乞恩查案遺惠立碑事：

據黄忠等連名狀訴：『居濱以海爲田，因陳顯與吴集□□圖黄家採捕之利告争，蒙斷公海課米歸官，聽任鄉民採取，不許陳顯等互争，取具招呈詳允。未及刻石遺垂千古，連名叩訴，將海地穿山、湖下、後壁、流澳等處前去立碑，以□□家侵奪。』等情。

蒙此，案照先爲土豪匿餉逋糧事，蒙欽差巡海道使沈批案驗，奉欽差提督軍門□批：『該本道呈詳告人林其常等招開，陳顯穿山、湖下網門三十槽，帶課米二斗；吴集有沙尾魚埕五所，帶課米一石八斗；共米二石，每年納銀六

錢，致占一方民利，深爲不便。斷令陳顯將穿山、湖下網栫及吴集前江魚埕並沙尾公溪，俱一例退出還官，並聽衆民公取前項課米還官。行縣查照，將追征該年鹽餉内支出六錢抵納，不許陳顯、吴集互争取税。庶上可充公家之賦，下利一方之民，而情、法允協矣。俱招、詳允備，奉案仰本館已經備抄招帖，行該縣遵照去後。』

今據忠等訴稱前情，擬合就行：『爲此帖仰本縣照依允案斷，將顯等招由内海地，並聽鄉民採取，課米歸官，就於鹽餉内抵納。督令居民刻石爲記，用垂永久，不致後争，須至帖者。』

本府同知沈斷立。署印縣鄭，委督工官巡檢伍。居民：黄忠、郭、林、陳、曾。

萬曆七年三月　日刻。

**按**：此題刻現存陳城鎮澳角村崖石。

## 一二七七　銅山朱文公祠記

余以替發舟師，至銅山，故事，先謁文公祠。見巨浸當前，高峰奠趾，萬家春樹，斐亹指顧間，美哉洋洋乎！乃棟宇亦新落成者。蓋二十三年七月十九日爲颶風淫雨所傾，學博周涓率弟子員游嗣熙、方秉禮、唐咸等上其事於縣，楊令材聞之府，二千石維嶽聞之大中丞金公省吾，直指使徐公兆魁及余，余下之府。逾年而工始竟焉。規模雖未宏麗，而亦自嚴整。

於是進弟子員而問之曰：『是何昉乎？』曰：『嘉靖五年，前大參蔡公潮鼎建之；大中丞殷公從儉明司祀典，行詔貼祭；大中丞趙公參魯躬具瞻禮。所從來遠矣。』余曰：『當今談道者，動與朱子相難極；而治博士家言者，亦好爲異説，以姗笑成註爲高。爾諸生顧尊其廟貌，何也？』諸生唯唯，若無所堅決於其中者。

余曰：『此天假靈於爾諸生，聖學之幸也，王章之幸也。大抵朱子之學，窮理以致其知，反躬以踐其實，居敬則所以成始而成終者也。今之談道者以見成爲體、自然爲用，少加思議，輒以爲人天少趣。嗟乎！葦渡氏之典，余亦

嘗涉獵，尚有三根、兩宗諸妄作爲輪法。夫已氏所云，胡爲乎來哉？夫人性固善，而氣拘物蔽，寖失其初，故曰：「堯舜，性之也；湯武，反之也。」運世下衰，顧欲人人皆堯舜，而陋湯武於不足法乎？余以爲朱子之學，生知安行者從之，工夫本體合契並作，而道力愈堅，學知利行；困知勉行者從之，分析節度漸次累進，果其積力久如曾子，不慮解脱之無其人也。不然，草駒少不習羈絡，其不至横奔直突也幾希。

『自古帝王開國，必創立法制，如夏尚黑、商尚白、周尚赤，豈赤果不可易以白、白果不可易以黑乎？夫亦以此定民志，令無相僭越。今朝廷制科，以朱子註爲彀率，固以其集諸儒之成，亦尚色之類也。輕趫少年，率他用繆巧，主司亦奇其才，而漫爲薦達。噫！事不師古，使承學無有信鄉，是亂民也！倘文法吏執制書相責問，不知何以置對？爾諸生独於朱子有嚮慕，豈將排衆説而挽之正歟？故曰「聖學之幸也，王章之幸也」。雖然，今天下土木之役竭於二氏，百姓四壁不蔽風雨，而琳宮寶刹漂碧鎏金，亦能具衣履作六通九靈弟子相。然試叩其中之所存，虚無耶？寂滅耶？余願爾諸生周旋此鐘虡，進而求之則可耳。』

諸生曰：『此削而臥於廡右者，即碑也。』乞余一言以記之。余因以所語次，命勒之石爲記云。

**按**：此碑未見，碑文見於康熙漳浦縣志卷十七。作者俞士章，萬曆二十三年任分守漳南道，後陞本道副使、本省參政。

## 一二七八　關帝聖君贊

聖賢之剛，鬼神之德，屋漏無愧，天地可塞。嘆夫孔爲周、關爲劉，褫亂賊之肝膽，折吴、魏之邪謀。一字斧鉞，一劍春秋，國俎家祝，千載同流。

大矣哉，古今帝王！至矣哉，黎民父母！爲溯厥生平：事何主？大漢、炎劉。交何友？張、趙。居何地？湖廣、荆州。敵何國？吴、魏爲仇。讀何書？惟在魯史春秋。

**按**：此贊刻於木匾，現存銅陵關帝廟。作者文三俊，鎮海衛銅山所人，萬曆三十八年進士，曾任浙江上虞知縣。

## 一二七九　北極殿護界碑

銅山所奉道、院批允，丈折四隅屋地，豎石碑曉禁移侵。

**按**：此碑現存銅陵鎮下田街北極殿，碑名爲編者加擬。

## 一二八〇　銅山石室記

銅城之西爲石室山，是宗龍之經首，東赴如鵬，左舒右昂。其上有安石五盤、開玉三函，壁立南向，下俯十仞。雖井泉未迥、洞壑簡鮮，亦靈宰之所直宿、真人之所遊邸也。十仞之下，舊環諸刹，鐘磬餘鏗，浮於本末。左裂石竇，飛泉下滴，夏冬不枯。捫竇而上，穿雲劈根，約三五休，出於山室之巔，是雖十仞，具千仞之勢矣！

予自早歲，日陟兹山。月出東望，滉漾兩海。海中塔峰，正當架上；柱海與城，如圭擁璧，心繫而樂之。顧以其下當官舍，前臨城中，亦陟步無可營建者，而是盤函之間，以南向城外，勝遊駢集，巋然独名。自予睹記，二十年之内，苔蘚砠礫，皆浸墨光。當道巨人之表詠，霏乎其足述也。圮墜以來，復三五年，風雨之所傾頽，鳥雀之所躑躅。寤寐真靈者，徘徊顧瞻，負擔而反，是亦可以復起矣！夫隱顯，地也；廢興，時也；本天而無競於人者，道也。地與時闢，人與天遊，或伏或起，即真宰猶不及知，而予與衆人又何私焉？予行屐履未半天下，然觀天竺、虎丘、錫山、鄒嶧之間，蕞爾拳石，丹鉛畢備，其近人也篤，則其時舉也益。至彼所謂追琢之民也，吾幸在遠海，反樸削觚，而勢有所不可，則質文互起，夫亦其時焉已矣！

此地南適又數百武，有石闕回廊，是爲太室之山。太室西南二里許，有鮫屋寒泉、石城碧幛，盤於絶巔之上，是爲龍潭。龍潭巉岩不及二室，然其洞壑紆回，視二室則又幽遠矣。

**按**：此碑現存銅陵鎮石室山，碑文另見於民國《詔安縣志》卷十六。作者黄道周。

## 一二八一　仙嶠記言

秦精鑽石，僊籍紛綸。九鯉始於莆，衍於銅。時庚申，寨主何九翁鼎建，延寶持禪師掛錫其上。嗣則完公先兄讀書嶠巔，構益增壯。戊子，桂玉以食，瓦木散蕪。然幸忠振伯洪公捐金募建，暨長林開士道宗、恩波開士戒珍，互勷精闢畝，延燈善信若干名、佃住若干所，如指上螺，興少室而昌條葉，功德弘深。當時而仙，非時而弗仙，世所云仙也；當時而仙，非時而益仙，予之所謂仙也。二開士之造勝區，樹久大，有達仙之理矣。予耳熟能悉，敢告夫後之茹葵者。

藩前勳鎮暨信士：洪旭、張進、黄廷、萬禮、甘輝、余寬、盧若騰、黄興、陳堯秉、陳熙、陳六御、張光、蘇茂、黄元、沈明、黄大振、蕭拱辰、鄭擎柱、黄梧、黄欽、黄志高、董廷、翁來多、林義、吴賜、朱振、林勝、沈奇、許德、莊忠、楊榜、李閏、林文祭、鄭玉、張英、陳魁、范進、余新〈下缺〉陳引、陳璜、游紹縉、劉望旦。以上共樂助緣金叁百□□兩。重建費用過銀貳百貳拾捌兩，觀音堂、九僊外殿用。買過緣田銀壹百兩，受種子玖斗，坐址銅缽洋後宅。

旹永曆壬辰歲端月穀旦，學佛里人劉廷全拜撰，金浦陳天利書。

按：此碑現存銅陵鎮九仙岩寺。

## 一二八二　大都督黄公興廟惠民功德碑

大都督鼎翁黄公興廟惠民功德碑記：

古之名將，不難于蕩平，而難于鎮撫；即不難于鎮撫，猶難于勞來而安集之。銅庚申春援剿總兵官左都督黄公，由閩省提師至此，振武恢疆，其蕩平偉績，行將胙茅土而錫山川矣，不待予贅也。猶幸制臺姚公，因明舊而城之，

命同撫臺吴公、督臺萬公題疏請鎮，天子報可，復藉公以鎮撫之。公見哀鴻甫集，嗷嗷待哺，内地猶遏糴也，則馳檄以疏轉輸之運；廬舍被占住也，則禁飭以還舊居之民；銅人之望海爲田也，聽民之小艇捕採以厚其生；知營建之勞費也，不役民而傭兵；知百姓之貧困也，每遇徭役，不索民間而出私帑；知兵强而民弱也，則號令霜嚴，兵畏其威，受廛樂利，民懷其惠。且賦性愷悌，宅心慈祥，而禮士敬老。凡有利病，則進衿耆而詢之，故利無不興，弊無不革。其勞來善政，難以枚舉。不數月間，不獨銅之旄倪相率安集，遠而聞風者亦莫不繈負而踵至矣。是頗牧、召杜合爲一身，銅民何幸而得此父母也！則公之樹德於人者爲何如也？

銅之關聖帝君，於甲辰春因遷而駐蹕雲陽，殿宇遂廢。越甲寅秋，住持大陸構數椽於銅舊殿門廡間，以安神像。公頂謁之下，見寢殿未建，觀瞻不肅，遂大發菩心，捐俸二百二十金；仝鎮標功加署都督同知管中營遊擊事黄公諱瑞、鎮標左營游府廖公諱春、鎮標功加左都督加三等管右營遊擊事陳公諱墀各捐俸三十金，功加署都督同知管中營中軍守備事林公諱成捐俸二十金，功加左都督管右營中軍守備事方公諱冰捐俸十金，暨鎮内信官及銅善信各輸金布地，仍故址而重興之。僧大陸董其徒，鳩工於庚申年子月朔日，落成於辛酉年四月朔後八日。其棟宇翬革，金碧熒煌，較之舊殿猶增赫奕。爲大檀越主，則公之樹德於神者又何如也？

神人胥慶公之造福於銅，將生生世世感恩頌德，豈特貞珉一碣已哉！予銅人也，聞吾鄉之見德，不啻身受；况屬公好，有善必揚，故敢援筆以垂不朽云。

公諱鎬，字鼎基，晋江人也。

賜進士出身、掌河南道事、廣西道監察御史加一級、前奉旨管理登聞鼓廳事務、掌山西道稽察兵部、掌陝西道稽察工部、掌山東道稽察刑部、掌浙江道稽察禮部、光禄寺、巡視北城、翰林院庶吉士、眷弟唐朝彝拜撰。

解元李逹可，經元唐譽，貢生游大復，監生唐晉、黄子淵，庠士方喜規、黄增齡、黄茂顯、田瞻、陳先聲、陳錦、陳麟祉、黄鐘、石維垣、陳言、唐堯臣、余壽國、李在公、林天盛、劉廷金、許文奇、謝維嵩，仝士民立石。

大清康熙二十年歲次辛酉孟夏穀旦。

**按**：此碑現存銅陵關帝廟。

## 一二八三　宮前天后宮諭祭匾

太子少保、光禄大夫、内大臣、靖海將軍、靖海侯世襲罔替、兼管福建水師提督事務施琅，前奉旨征剿臺灣，師次平海。澳有天妃廟，之左有一井，往常雨順，井水已不能資百口，遣人淘浚，泉忽大湧，足供四萬餘衆。及澎湖鏖戰之日，平海之人俱見廟中神像衣袍透濕，知爲助戰致然。乃以神明顯助破逆、請乞皇恩崇加勑封事具題。奉旨差禮部郎中雅虎等致祭曰：

國家茂膺景命，懷柔百神，祀典具陳，罔不祗肅。若乃天庥茲至，地紀爲之效靈；國威用章，海若於焉助順。屬三軍之奏凱，當重譯之安瀾，神所憑依，禮宜昭報。惟神鍾靈海表，綏定閩疆，昔藉明威，克襄偉跡，業隆顯號，禋享有加。比者虞窮島之未平，命大師以致討。時方憂旱，井澤爲枯；神實降祥，泉源驟湧。因之軍聲雷動，直擣荒陬；艦陣風行，竟趨巨險。靈旗下颭，助成破竹之功；陰甲排空，遂壯横戈之勢。至於中山殊域，册使遥臨，伏波不興，片帆飛渡。凡茲冥佑，豈曰人謀？是以遣官，敬修祀事。溪毛可鑒，黍稷惟馨。神其佑我家邦，永著朝崇之戴；眷茲億兆，益弘利賴之功。惟神有靈，尚克鑒之！

康熙二十四年歲次乙丑孟冬穀旦立。

**按**：此匾現存陳城鎮宮前村天后宫，題名爲編者加擬。

## 一二八四　大都督詹公重建銅城功德碑記

闢天敷瓊，橐鑰均中原之藪。海隅日出，混一車書，聖武所以布昭也。銅爲閩粤鎖鑰攸關，其地襟帶陸海，肇

造于洪武二十年，迄今二百餘載。擢第則霞蔚，人文馨越，人才更難僕數。余髮未燥時，詢之先正，咸以啟土元勳嘖嘖歸功江夏周公云。奕世以來，代保金湯，户熙比櫛，迄今廟祀巋然也。緣時事播遷，聖化未及，銅遂淼然。幸總督、兵部尚書姚，巡撫、兵部尚書吴，昭武將軍楊，水師提督、太子少保萬，闢國鴻猷，鏤勳金版，惓念誰爲舞夜半之雞而擊中流之楫者，緊惟右都督詹公是倚，駐鎮茲土。往，城之爲梓桑保障計，合三邑民力腋襄焉，詰誡籌稍，所爲備者甚設，公俱殫心力以董之，洽旬而銅之垣成。厥後袍笏蟬聯，慶源長濬，鼓鐘時聞，不求名而名隨之。月旦有公評，當途有薦疏，亦足見好德之周矣。

□□□□□□□以公爲德于銅，狀索言于余。余以伊昔籌邊之樓、渡瀘之表，奕奕聲稱至今。樹于有德，其後自豐，庭列彘鐘，雲臺猶陟版也，銅世世生生頂戴高厚。爰搦管志喜，而爲之記。

公諱六奇，號韜臣，浦陽人，于銅爲梓誼。是舉也，暨浦、詔、和三邑合營之，興造于康熙庚辰歲四月望日，竣工于十月朔日，並記于茲。

**按：**此碑未見，碑文見於乾隆《銅山志》卷八。作者唐朝彝，鎮海衛銅山所人，康熙六年進士，官至太常寺卿、宗人府府丞。

## 一二八五　重建南溟書院碑記

南溟書院之祀紫陽朱夫子也，創自明嘉靖間巡海道蔡公潮。自是，銅山文運大興，名賢蔚起。明季之亂，居民逃亡殆盡，書院廢矣。本朝五十餘年，招來撫育，漸有起色，而詩書未振，余竊慨焉，是有司者之責也。爰葺書院而新之，修明祀典，以鄉賢石齋黄先生；復立義學，延師以教其鄉之子弟。俾好學深思之士，有所感發而興起，庶幾蔡公之遺澤爲不泯云。

時康熙庚辰六月，知漳浦縣事、前翰林院庶吉士、甬東陳汝咸書。

**按：**此碑未見，碑文見於乾隆《銅山志》卷八。

## 一二八六　重建南溟書院碑記（二）

天下事有廢必有興，廢者興之兆也。剥復否泰，屈伸往來，數備於易。故易也者，範圍天地，丕冒古今，數之所至，莫之與易。往者嘉、隆之間，聖道昌明，姚江、餘干、新會先後奮起，天下建立書院，林林總總不知幾千百也。迨至啟、禎，吾師石齋黄公誕降銅山，秉海岱之精靈，含天地之正氣，一時才彦雲集。郊負笈登堂，執經立雪，惟日孜孜。忽而亂離瘼焉，銅山宫墻，時勞夢寐。今郊年齒逾耄，丑、寅二歲躡屩至丹霞、梁山，吊古興懷。雖山川無恙，而人琴俱亡，愴然予心，恨招魂之無術，歎殘生之多淚！然幸逢興頑立懦之君子，又未嘗不爲天下幸也。

四明使君，英姿天縱，道德地鍾。暫辭館職，出宰梁山，有志親民，民歌孔邇。爰考往牒，有銅山南溟書院，以祀紫陽夫子，嘉靖間巡海使者蔡公潮所建，歲久傾頹。使君捐俸興建，特設義學，春秋上丁致祭。而以先師奮跡銅山，有功聖道，設主配祀。士民舉手加額曰：『樂只君子，邦家之光。』余思書院之廢幾六十年，忽逢使君，慨然興復，棟樑俱舉，蘋藻肇興，豈非數乎哉！乃知天生賢哲，扶持風教，非偶然也。使君尊人怡庭先生，文章德行爲海内羽儀者三十年，使君繼志述事，源本深矣。

然余於是而有感焉。夫興廢之理，莫備於易。易之泰卦，與否卦相承，其言内外、陰陽、剛柔、建順以及君子小人，道長道消之理，可謂明且盡矣。然易剥卦之上九曰：『碩果不食，君子得輿。』蓋衆陰既盛，一陽將盡之時，碩果不食，萌芽有復生之會，君子所以得輿焉。故於復卦曰：『七日來復，利有攸往。』又曰：『復，其見天地之心乎？』蓋陽剥既盡，則一陽復生，此天地之心，即易之數也。使君辭館職而理民社，雖追踪忠、宣諸公之志，然亦有得於盛衰興廢之理，因記書院而並及之。

使君陳姓，名汝咸，字莘學，浙江鄞縣人，辛未進士，初授翰林院庶吉士。

**按：**此碑未見，碑文見於康熙漳浦縣志卷十八、乾隆銅山志卷八。作者鄭郊，莆田人，晚明理學家。

## 一二八七　公立闕永茂碑記

考之上世，吾銅乃海外島嶼，爲漁人寄足，民未曾居焉。迨明初江夏侯德興周公，沿邊設立，以此壤接粤境，爲八閩上游之要區，設爲所，以銅山名之。調興化莆禧衆來守此城，官與軍咸襲封，是爲軍籍，里甲丁糧世莫之聞。至國朝定鼎，凡天下衛所仍舊無易，惟閩地熾於海氛，故棄之，有籍反散而爲無。天下豈有無籍之人乎？故莘庵陳公於康熙四十年將銅地户口編入黄册，而銅至此有丁糧之事焉。然泛而無宗，傍人門户，實非貽燕善策。因聞詔邑有軍籍而無宗者，共尊關聖帝君爲祖，請置户名曰『關世賢』，納糧輸丁，大稱其便。五十年編審，公議此例，亦表其户名曰『闕永茂』，衆咸謂可。遂向邑侯汪公呈請定居，蒙批准闕永茂頂補十七都六圖九甲輸納丁糧，不但得劃一之便，且幸無他户相雜，是散而復聚，無而又有，將來昌熾可甲於前。

第邇因查縣府司户册，而有一户闕永茂即黄啟太等，其間大有移花接木、藏頭露尾之虞。夫事方三載，即如此互異，又安能保其後來不無桀黠輩從中滋弊、蠹我子孫乎？於是公諸仝人，當神拈鬮，分爲七房，小事則歸房料理，大事則會衆均匀。叔伯甥舅，彼此手足，並無里甲之别，終絶大小之分。不得以貴欺賤，不得以强凌弱。苟有異視萌惡，許共鳴鼓而攻。此方爲無偏無黨，至公至慎。爰立石以垂不朽。

康熙五十二年歲次癸巳暢月穀旦立。

大房：游繼業、游琨玉、吴葛、□□、江歐□、紹宗、蕃衍、洪莊、文桑博、謝、康、□、紀、蘇。

二房：〈空缺〉

三房：鄭禎吉、康綿芳、李玉承、□□□、廖光彩、吴日新、何興隆、田興邦、張發祥。

四房：陳思明、思聰、思温、思恭、思□、思敬、思向、思難、思義。

五房：姚嘉謨、翁萬年、蔡□、□苞、馬楝、崔國禎、朱天慶、孔陽、曾、徐、郭、龔、沙、董、楊、顔、詹、石、顧。

六房：林世發、世強、世剛、世毅、發祥、發瑞。
七房：黄士温、士良、士恭、士儉、士讓。
珠浦東旭氏江日昇撰。

按：此碑現存銅陵關帝廟。

## 一二八八　南嶼陳氏重修祖墳記

吾族始祖自洪武二十年四月内，爲防倭事，蒙江夏侯抽守平海衛。至二十七年九月内，爲易調官軍事，調鎮海銅山，我族始即卜居南嶼。譜内記有長房、次房兄弟二人俱合葬南嶼。生三世祖兄弟五人，其四人也合葬南嶼，獨俊翁公一人葬在馬脚槽。至三世叔祖，不知葬在何處。則是南嶼計有二世祖之墳二、三世祖之墳四，馬脚槽有三世祖之墳一，共七墳焉。

自甲辰年遷界以來，南嶼之墳前後茂草被人鋤盡，以至年來風沙吹壓，連祖墳並旗杆臺盡混若邱山。及康熙五十六年丁酉七月内，始就墓後演戲，禁止除犁青草。越次年戊戌三月五日清明，僱人挑剥墳前風沙，栽種梨桃。先將二大墳修束小些，封安草苗，坐向艮坤兼寅申；仍後面一直丘三短界内打『陳界』二字；另中央立一高石碑，照譜内舊址打上。其餘四墳，再俟照界内舊墩重修。

又馬脚槽一墳，原路邊有一墓道，係叔祖平人公所立，即與現鄧總戎石碑比列。惜因遷移，其碑倒壞無存，僅有一臺可考。據前輩相傳，此墓構爲虎形，致祭甚兇，年來不敢祭掃。及雍正九年辛亥三月間，墓前唇口被人打壞，是以衆議定，即于本年十月十八日吉時，用生豬致祭，而後立碑。咸俾世世子孫瞻仰，簪纓勿替。

時雍正十年歲次壬子端月，十一世孫光國謹誌。

按：此碑未見，碑文見於銅陵鎮南嶼陳氏族譜。

## 一二八九　重興解山廟碑記

神廟之建，得其□福吉佑民，使民康物阜，則崇其廟貌以祀之，甚盛典也。本社神光至著，威靈赫濯，誠求必應，由來久矣。舊有廟宇，而庭墀狹隘，廓而新之，理所應然。内親外戚，善信諸人，各發誠心，共成義舉。今日之樂施輝煌棟宇，他年之福根大盛高車矣。

賜進士出身、翰林院庶吉士張光躋敬撰。

茲將喜緣姓名開列于左：

總理太學生張文濯，首事張仲金、張成當、張成可、陳觀福、葉嗣豪、張政顯，廟祝張仲滿、張政山，信士張宜金、宜宫、成紋、宜攸、成勃、成當、仲玉、宜道、宜行、宜□、成連、仲意、宜對、宜壽、成材、君所、政桂、政□、三己、起河、月蘭、仲海、成立、仲宗、成旦、仲攀、仲華、仲隍、仲翰、仲煉、仲順、仲方、仲山、仲言、宜卿、宜芝、宜虔、宜文、宜趙、宜象、宜茂、宜寧、宜真、宜彌、宜推、克廷、葉進飛、宜聘、成柏、成德、成魯、成壯、成爵、成□、成路、成魁、成璧、成眉、成袍、成玉、成璞、成珠、宜□、成師、成讓、再育、張億、友文、政滇、政賢、成繁、柳維純、葉開蘋、張政、鄭朱、佘包，信官張元，舉人張念勳，信生陳經經、張攀福、張鐘韻、張升、張焕章、張光國，邑大賓張經卯。

外戚喜緣信士何蛟遠、王樂、佘應可、王對、楊安炤、沈太、何武、葉孔國、孫東石、孫玉南、何然、陳江福、陳海珍、黄漢、王登福、□□、林和、陳奎、林拔、何□、何光、陳己、□□、佘聖、林德、朱浩、葉望、陳惠、林英、葉金、林媽栽、楊平、蔡江茂、陳□、許□、劉文原，信生高開基、林德輝、林中鮫。

東寧外戚喜緣吴陳、謝思、武惜、阮當、王捷。

大清乾隆拾伍年歲次庚午桂月重興，住僧好逸偕春福諸信士仝立石。

按：此碑現存樟塘鎮樟塘村羊角山解山廟，碑名爲編者加擬。

## 一二九〇　水利議約碑記

自昔先人因田高低不一，乏水灌溉，極力開掘浚溝，以通水源。緣水沖壞已久，高田多無收成。茲鳩集問衆，有田食得浚水者，每份願出銀一兩，僱工收理，照份均分，輪流放水。凡無出銀者，日后子孫永不得分此水，毋得混争。爰是公議，勒石爲記。

開列水份名数：

天助、仲半份，赤一份，札選、遇選一份，定半份，春一份，府一份，註一份，現一份，正一份，廣一份，胤一份，包一份，閏、趙一份，君荣半份，賜半份，琹良一份，容仕一份，强一份，□、欣一份，燦一份，亮一份，公買田□半份，扶国一份，廷朝半份，晃半份，立公、立衆一份，完贊一份，水、寬半份，梁半份，神助半份。

乾隆二十年三月　日立石記。

按：此碑現存銅陵鎮東山碑廊，碑名爲編者加擬。

## 一二九一　南嶼陳氏祖墳憲示碑

勘審得陳亦昭告陳球等毁碑占窨一案。緣陳亦昭等之祖槐吾公暨妣黄氏、江氏，即陳士奇之祖考妣，前明葬在竹港，土名池州山，上下左右原立石界，内帶熟園，付佃陳魏等耕作認税。乾隆二十八年四月間，陳球等就陳亦昭祖墳界内左邊盗葬四柩。陳亦昭等具控前任張批勘，陳球即藉前宋知州公陳景肅隔遠之墳，冒名共祖公山飾訴。本年二月，將盗葬之墳掘毁，希圖掣入，得遂佔葬。三月初八日，乘便攔輿請勘。

經弔集查訊，據陳球所扯干證吴密供，無眼見陳亦昭等毁墳情事，則陳球自毁園葬已無疑義。且據陳球繳驗族

譜所載，景肅祖係宋知州，陳亦昭等譜系出自興化莆田，洪武年間應調銅山，並非共祖，山非公山可知。但據陳球供稱，景肅公墳離現控之處不遠；詢之陳亦昭及陳保、劉會等，又稱景肅墳離此山有數里之遥。二比供情，大相徑庭。再繹陳亦昭譜載，槐吾公塟池州山，有『陳衙墓界』四柱同向字樣。前雖履勘，陳亦昭並無到場指明，僅陳球一面之詞，難以懸斷。茲順途復勘該山左右兩界，據陳亦昭稱被毁無存，而查勘上下斜對石碑，有『陳衙墓禁』四字，中係陳亦昭祖墳。核其譜系，所載相同，則陳球之妄佔已屬顯然。矧所指宋時知州景肅之墳尚在山後，隔有里許，則陳球之與陳亦昭非共祖明甚。乃陳球等反以『陳衙墓禁』字樣，謂屬其祖景肅之據，則荒謬無知，更不待言矣。應將陳球鎖押，所塟之墳限十日内起遷，如違滯究，仍取限狀甘結，並各遵依立案。至陳亦昭所控毁碑滅碑之事，訊無確據，聽其自行照舊豎立可也。此判。

乾隆二十八年十月　日判。

**按：**此碑未見，碑文見於銅陵鎮南嶼陳氏族譜，碑名爲編者加擬。

## 一二九二　關廟香燈田碑記

立石碑記人雲霄弟子信士陳登魁，前恭念關聖帝君威靈顯赫，登魁欲往南方經營生理，虔誠到庙，親向殿前叩求平安。迨回雲植福無疆，乃自買過梅安鄉水田柒坵，受種子陆斗弍升，早允二冬，經凤結净税粟弍拾石陆斗五升，又田契二張，交寺僧收入掌管，逐年收税納粮，永遠在庙，爲敬祀香燈之資，用以答關聖帝君保護之恩。自喜捨之後，無有弍心。倘佃户少欠升斗，任從寺僧召佃耕作；亦不敢私心授受，日後子孫亦不得生端。今欲有憑，自立碑記，豎於庙中焉。

乾隆丙午年瓜月，雲霄弟子信士陳登魁立。

光緒丁丑年蒲月，孫生員宗礼、曾孫太學生柄、元孫生員崗重修。

按：此碑現存銅陵關帝廟。

## 一二九三　銅山關帝廟酬恩匾

大清乾隆五十二年，余奉聖命提兵平臺，屯師銅山。其時軍威熾盛，兵驕將勇，自詡旗開之日必蕩寇平魔。嘗聞銅山關聖帝君威靈丕振，上安社稷，下庇黎民，靈簽神妙，有求必應，未深信也。余擬于九月發兵，叩關帝求靈簽，數卜不得杯。遂按己意出兵，果出師不利，風浪阻遏于中途，無功而返。始警而惕：關帝聖明，罔欺也。復誠敬再謁聖廟，得簽六十二首：『百千人面虎狼心，賴爾干戈用力深。得勝回時秋漸老，虎頭城裏喜相尋。』簽語奥妙，中藏玄機，難明其意。

依關帝示，十月再次舉師，果順水順風，登鹿港，決敵斗六門，解諸羅之圍，大里杙告捷，小半天殲敵，占鳳山，驅琅嶠，斬敵克地。勝雖勝矣，争戰酷烈，始料之未及也。

乾隆五十三年十月，余奉召回京。夜航迷霧彌空，船觸虎頭山，頓悟關帝簽語，一絲不爽。即回舟銅山，趨聖廟再叩再謝。關帝聖明，余深銘感，特頌文鐫匾，誌其事，傳示後人。

旹大清乾隆五十三年陽月穀旦，協辦大學士、陝甘總督、嘉勇侯福康安盥洗敬獻。

按：此匾現存銅陵關帝廟，原匾於『文革』中遺失，二〇〇〇年由薌城區衆弟子依原貌重製。

## 一二九四　銅山港爲舵水屍親勒索禁約碑

具呈閩銅船商許成利、黄惠等，緣蒙本縣主吴出示，嚴禁舵水在船身故屍親藉命詐索，飭合該船商議約，給予埋銀，以示優恤。□示會議，瀝陳下情，呈請勒石本澳。奉署理福建銅山等處地方□府加三級李憲批：『因私情而勒石，久奉例禁拆毁；必須有關于民生水利者，方准請留。成等所□乃□□約□合走船貿易，憑□□□均經約議，已

在有關民生水利之列。况詐索刁風，尤不可長。既經署理詔安縣出示嚴禁，應聽成等立石，以志永遠禁止。』等，自合□□發告□總抄：

□□詔安縣正堂加五級記録五次吴□□爲嚴禁事：照得沿海商民置造船隻，募雇舵水，販賣貿易，上□國課，下濟民食。但其中舵水人等，朝夕在船工作，不無染病身故，或因失足溺水。經歷不一，然皆天命，並非開船之人另有作孽、故殺所致。乃詔邑每有此種刁棍，凡遇受傷舵水在船身故，輒唆屍親藉命勒索，稍不遂意即以□□毆殺等□□控驗究，以致生者人船被累，死者屍藏暴露，爲害匪輕，深堪痛恨！是以歷奉□□大憲□飭詔海所屬，□次出示嚴禁在案。誠恐此等刁風日久復盛，合行出示嚴禁：『爲此示仰各商漁船舵水人等知悉：爾等如遇在船舵水患病身故，或因失足墜水，或因遭風覆溺斃，親人等務宜各安天命。如敢仍前□聽刁棍教唆，藉命索詐，一經查出，定即嚴拿究□，教唆之人一併從重究處。該船商等凡遇在船舵水身故，亦應從中議約，給予埋銀，以示優恤。即或在船患病，亦應加意調治，以望生全，不得藉有示禁，淡然無視。各宜凛遵勿違！特示。』

利等復查漳泉船户全得勝等僉呈，舵水在船身故，屍親聽唆詐害，詳奉列憲通飭沿海各屬：『嗣後凡有舵水在船身故，或失足墜水，以及遭風覆溺者，屍親人等各安天命，槩不許藉命圖勒，違者嚴拿，主唆訟棍及屍親律坐。茲通行各港□□□等澳議明，給予埋銀，勒石遵行。』

□利等銅港船商遵示，僉認此照各港勒石之後，如有舵水在船不測□□□□有身屍者，屍親給領埋銀十五元；無身屍者，給領□□銀三十元。其有在船患病，務必加意調治，望其生全，不得以有示禁淡然無視。其舵水身故，□亦有屍親詐討傷銀，不堪已甚。合亦會議：募雇舵水之時，其中如有出□傷者，務必先就船□給□取單執□，如無收單，屍親不得聽唆混證。倘有不遵示、約者，通港船商共相呈理。間有一二臨時退縮，衆必共擊之。此誠體仁憲恤商便民之至意，實大有裨益於生死。但恐日久漫□，爰同船□呈准，勒石爲志，俾千百載永垂不朽焉。

皇清乾隆五十七年荔月　日穀旦立。

按：此碑現存銅陵鎮天后宫，碑名爲編者加擬。

## 一二九五　重修銅陵武廟記

蓋聞人心莫隆於忠義，天道莫燀於神明。是以咸秩無文，德必崇而功必報；鑑觀不爽，赫厥聲而濯厥靈。况帝君之完忠義以無加，顯明神而尤烈者哉！當夫火井光微，金甌勢墜，操賊鯨吞於北，仲謀虎踞於東。帝則以宗室有人，高光可復，竭股肱之力，統終紹於漢京；嚴名分之防，志遠追夫魯史。仁必有勇，其爲氣也至大至剛；蹇則匪躬，其爲人也不愧不怍。故丹心長懸於霄壤，亦靈跡疊見於今。兹列朝之享祀頻仍，昭代之追封獨懋。

武廟之制，所有廣頒也。顧論忠義之必崇，益見銅陵之難緩。夫其天環島嶼，則蛟蜃縱潛；地接波渚，則鯤鯨窟藪。使軍民禦侮，咸作干城，豈宜於廟貌憑依，罔思坊表？廼者自前明正德己巳改建帝祠，迄乎嘉靖壬寅重修，寶殿翀幪，共賴彝訓式瞻，銅之文物于此以興矣。此士盈鎮海之庠，觀光幸通于上國；而人保荒陲之障，□□□固於苞桑也。其尤著者，三忠競秀，百世流芳，培正氣以壯河山，表英風而光海甸。地固靈也，神實佑焉。特爾時會，駭夫飛峰，址幾湮於蔓草。皇朝鼎定，環海鏡清，神既懷柔，廟斯建立。當康熙辛酉之歲，更此地輪奐之秋。沐其惠者二百年，薦其馨者萬餘户。昇平累洽，豈不休哉！祀事孔昭，何其茂歟！

然而風雨無不頹之屋，棟樑無不蠹之材。提督許公，首輸清俸，凡官軍、紳士、商旅、人民，蒙景福而被宏庥，争醵金而樂趨事。不比桐鄉朱邑，賽属私恩；詎但茅嶺伏波，祀由闢土？爰以道光壬午年八月廿九日鳩匠，暨寶智寺、天后宫、忠匡伯祠一並重新，越甲申年十一月初八日竣工，遂告成焉。乃詠翬飛、載黝堊，祥光分於台座，瑞氣接於文祠。後則巨石搏風，潛動盤龍之脈；前則浮圖湧海，飛來靈鷲之峰。日麗蒼陵，映袞旒而曜彩；霞騰蓮洞，繞殿陛以流丹。際斯時也，登斯廟也，莫不山壘肅穆，天樂鏗鏘，拜像懷忠，聞風尚義。各勉乃力，斯愛國與型

坊；畢殫厥誠，務公平而愿慤。用邀神聖降康之眷，無負朝廷崇祀之心。則蒸廣德於群黎，功同泮水；靖游氛於遠島，鎮並荆襄。從此再焕人文，卜先哲之芳徽未艾；抑且長綿福祉，慶方來之呵護無疆矣。謹敘其由，而以捐金、董事諸姓名列於左。

福建全省水師提督許松年、金門鎮總兵官郭繼青仝捐銀一百員。金門鎮總兵官陳化成捐銀五十員。提標中營□□□□捐銀二十員。□□□□□捐銀二十員。提標中營□□□捐銀二十員。□□□□□捐銀三十員。署銅山營參將□□□捐銀二十員。□□□□□捐銀十八員。

按：此碑現存銅陵關帝廟，碑文另見於銅陵關帝廟世系略譜。

## 一二九六　重興山坪院題捐碑

山后撫州府知府朱旋裔孫捐銀式拾肆員。岱南舉人林國瑄捐式拾員。□□敘元堂捐拾陸員。山后朱枝荷捐拾式員。山后何如蘭、張塘□德堂、□□田□鄭登□、東巷監生林仲兆各捐拾元。□坑鄭忠興、萬成當、振興當、人和當、東巷生員林□山、西埔□泉當、泉興當、寶興當、朱和成當、林□仁當、林□盛當、埔上王四源、康美林次和、□西林朝興各捌員。山后絲□朱詠之、古□鄉賓朱國席、□□□誠厚、蘇少□、□□陳應各陸員。徑裡新厝村銀五員。岱南舉人林國珍、后林監生林碧峰、監生林定國、后林監生林英、康美監生楊章吉、東埕孫奉先堂、古港張詒穀堂、后林英淮□、后林戴興當、合發號、□□金永各肆員。后林生員林之□、生員林向榮、監生林登梁、林平敷、石壇柳庚、山后連城縣學教諭朱兆□、漳平縣學訓導朱光濱、□營潘世興、副舉人潘濤、生員潘潛，東沈廿六祖、初三祖，后林監生林光□、生員林□之、□□生員王少崗、王□朴、王允升、王宿郎、王佛提、探石柳生春、岱南愛敬堂、西埔監生方上林、徐和尚、外山孝思堂、北山村、陳城協茂當、西埔陳興和、銅缽謝士升、陳岱陳長茂、西澚陳湧説派、水□柯典芳，□□鄭子持、葉厝村，張塘張占遠、張宜仁，埔頭吴寬傑、吴文宗，埔上王棣華，礁

頭黄賓南，各式員。□□許□春銀式員。后林林□漢式員。

林法、港頭林晶、張塘張爾占各壹員半。城□生員佘江樹、銅陵陳源泉、港□書房吴景星、山后生員朱光昭、生員朱躍繩、監生朱瓊耕、鄉賓朱錫齡，監生朱坤南、朱象信、朱佩香、朱璞、朱敦仁，新營生員潘沖，生員潘宗源，□□生員林清音、林繼宗、林乘龍、林洵南、林景、林愧良，陳城陳巳，莆黄黄日，埔上生員王□□、王誠彰、王意、王□開、王洪、王良，鄉北王世炆，王健、王石、王叶平、王希國，鄉北生員王清□、王柏□、王□□、□□、后□王讓、王天成、王前、王□、王天保、王闊若、王大紅、王希誠、王軟，樟塘生員張鳴遠、張伯章、張爾昌、張士開、張錫珍、張成軻、張慎元、張料，古港張爵、張□，石壇王啟樓，東埕貢生林瑞鈴、鄉賓林振成、林□，□□監生陳鳴崗、陳子將，東鄭鄭資、鄭瓢，白埕林振青，塗樓陳來、洪春，小潮生員林超毓、林燦、林表，岱南生員林雉玉、林蓄、英坑鄭酬、鄭潮，前吴吴祥，西湯陳子□、陳眾、□朴、鄭老、西埔監生方士秀、延生堂、瑞芳齋、沈孚加、游郡、魏顯文、黄細、李清標、李希玉、林崇盛、山坪楊可佃、□頭吴進中、吴飲、吴敢生、吴發、吴泉，東埕孫劍，□川陳集、□□吴平鼻，各捐銀壹員。

道光伍年歲次乙酉正月穀旦，山坪院住持張成厦立。

**按**：此碑現存西埔鎮西山岩寺，碑名爲編者加擬。

## 一二九七　重修保安堂記

關帝君聲靈赫濯，於今四百載矣。庇佑蒼赤，屢顯神威，人之被其澤而沐其庥者，難更僕數。而晨鐘暮鼓，香燈閃爍，群蒿凄愴，陟降左右，以安妥神靈，以奉聖座，端藉住持者以肅恭而齋奉之耳。

廟側舊有保安堂，明正德年間建造，國朝康熙初重修，皆僧家自理，以爲奉佛之殿。嗣因改建張伯爺祠，將佛殿移在前進，即是堂以國初淑溪禪師塑像奉祀。今經風雨剥蝕，瓦棟崩頽，登斯堂者目擊心動，欲興修而未有期。

幸樂善好施諸君子集腋成裘，鳩金捐助。僉曰：『住持僧空提謹守僧規，善整頓廟宇，願更新以壯觀瞻。』因念帝君靈威所著，海國安瀾，遐邇咸休，凡受神賜者莫不感發誠心，隨緣樂捐。然其間建造始末，修理迭更，不可無敘而彰明之也。空提來丐余序，以題簿首，爰爲之撮紀其大略云爾。

道光戊子年桐月穀旦，賜進士出身、知詔安縣事澧西陳盛韶盥手敬題。

**按**：此碑未見，碑文見於銅陵關帝廟世系略譜。

## 一二九八　古來院產業碑記

銅陵古來院，自明雪熙賢先師祖開山以來，拮据創建於東郊之名勝，傳燈奉佛，訖今寺貌頹圮。但日端承先祖住持，重興殿宇，晨夕勤修道範，粒積微資，私建東西兩廊，永爲祖產。並買田園，配享寺蒸，奉佛香燈，祭祀先祖。日後徒子孫不得窃私典賣；如有不肖者，許寺衆公革。切遵師命，克勤創置，勿負遺業，謹遵。

自置買過田三坵，坐址在銅砵前埭：一坵在東坑墩尾，一坵在學仔下，一坵在營前銅砵路邊。園：三坵在王爹廟後，一坵在湖内池厝後大路邊，一坵在〈下缺〉。

道光十一年吉月　日，住持日端立石。

**按**：此碑現存銅陵鎮古來寺，碑名爲編者加擬。

## 一二九九　黄道周祖塋神道碑

明理學石齋黄先生祖塋神道。

道光十有三年癸巳仲春上澣，同里副舉人沈景雲、廣東碣石總兵官林鳴崗、舉人沈廷璋、國學生方士林仝立石。

**按**：此碑現存銅陵鎮東山碑廊。

## 一三〇〇　重修古來寺功德碑

重修古來寺，欽命廣東碣石總鎮府林嗚崗喜銀肆拾員。

道光拾肆年葭月　日吉置。

**按**：此碑現存銅陵鎮古來寺，碑名爲編者加擬。

## 一三〇一　嚴禁舵水屍親勒索憲示碑

調署詔安縣正堂加十級紀録十次卓異侯陞周，爲出示嚴禁以安商民而免擾累事：

道光二十三年四月十八日，據銅山鄉耆廪生許士英等呈稱：『竊思銅山濱海居民，全賴駕船在洋，或捕采、或商販營生。但人之存亡，命數所定，外出日久，死失常有。緣銅民船隻往南往北生理，寄居外地，以船爲家，風雲不測，難保無舵水病故，抑在洋被盗刦殺之事。歷來均照街例，給伊家属銀叁拾元，以慰其心，從無異言。近來人心不古，如遇水手在船病故，以及被盗殺死者，屢有聽唆誣賴，以及串蠧索詐，受其荼毒，難以勝言。英等街里，目擊難堪，欲抱不平無力。幸逢仁臺新政，除暴安良至意，野無冤累，闔邑謳歌。匪仗鴻位示禁，將來若有舵水人等在洋身故，終被蠧惡藉端滋害不休，商民靡安。爰敢相率僉呈，叩乞恩徇民情，出示嚴禁，以省後累。』等情。

據此，除批示外，合行示禁：『爲此示仰銅山軍民人等知悉：爾等如有伯叔兄弟子侄駕船外出，充當舵水，不幸在船病故，或在洋遭風漂没，以及被盗刦殺者，務須按照議定舊規，向船主取銀叁拾元，以爲塋祭之費；以及水手在外港遊蕩、跟船不及者，或圖别處、即發乘船回籍者，該家属不許藉端滋索，毋得聽唆賴詐。如敢故違，一經訪聞，或被告發，定即確按情節，照例究辦。本縣言出法隨，决不寬貸。凛之慎之，毋違！特示。』

道光二十三年五月廿九日示，發貼銅山大廟頭曉諭。

按：此碑現存銅陵鎮下田街北極殿，碑名爲編者加擬。

## 一三〇二 黄道周祖塋憲示碑

調署詔安縣正堂加五級紀録十次韓，爲出示嚴禁事：

本年七月二十八日，據銅山前任廣東碣石鎮林鳴崗等簽名呈稱：『前明鄉賢黄忠端公石齋先生，有祖墓一所，在後湾村，前被該村民人在墳前後取土掘石，填補田岸，報伊村老不理。』等情，並准銅山營移會到縣。准此，除批示並飭差押修外，合行出示嚴禁：『爲此示仰銅山後湾村並附近人民等知悉：自示之後，爾等毋許仍在鄉賢黄忠端公石齋先生祖墓前後左右取土掘石，殘毁墳堆，以及陰謀佔葬。即黄姓族人，亦不得藉稱祖山，附近營葬。倘敢故違，一經察出，或被告發，定即嚴拘究治，决不姑寬。其各凛遵毋違！特示。』

道光貳拾肆年捌月　日給，銅山紳衿耆庶謹勒。

按：此碑現存銅陵鎮東山碑廊，碑名爲編者加擬。

## 一三〇三 鼎建翠雲宫鄉厲壇碑記

夫厲壇之制，何昉乎？考古祭法，有泰厲，有公厲，有族厲，實列七祀、五祀、三祀之中，而厲之名由是起焉。明洪武間，令各府州縣歲祭無祀鬼神。外此，各鄉村里社人民，亦得立壇設祭，祭禮與府州縣同，謂之鄉厲壇。蓋沿古厲祭之法，而踵而增之者乎？

銅山有厲壇，在恩波寺西側，旁置漏澤園一所。歲春清明、秋七月望，地方官將到地行禮，先牒告城隍之神，請主其祭，由來舊矣。顧胔埋骼掩，雖則免暴露之傷，而廢主乏祀者，爐香斷絶，姓氏空留，或擯棄於窮岩，或埋沉於瓦礫，所在多有。又漏澤園所旁搜未及者，鱗次參差。上舍許君、元勳李君與僧空提，董其徒孫净波，爰謀建

爲大衆祠。西南海岸，後負山，前臨海，數十丈閑曠之區。以丙午年二月興工，迄十二月蕆事。爰請於銅山營主，以雍正五年戍兵李斌光妻吴氏與其子女四人同時赴井殞命者，並塑像於壇之東翼室，春秋祀焉。維時弁兵樂輸，士庶好義，既衆擎而易舉，遂集腋而裘成。落成之日，芳名勒石，以垂悠久。

夫春露秋霜之感，仁人孝子必有凄愴怵惕之心，所謂物本天而人本祖，人之至情即禮之善物也。若夫水源木本，感念無人，委枯骨於空山；青燐化碧，收木主於□□。白日成陰，魂兮何歸？痛庭堅之不祀，鬼猶求食；傷若敖之餒而，行道之人爲之心惻矣。有識之士，能無情傷乎？然則厲壇之設，所謂禮以義起者歟？嘗謂春秋左氏載子産之言曰：『鬼有所歸，乃不厲。』兹既得所歸矣，將見灾厲消息，民物滋豐。體古人緣情制禮之則，安一切遊魂爲變之靈，夫豈等淫祀之無福也哉！

清道光貳拾陸年歲次丙午丑月吉旦，廩生許士英撰。

按：此碑未見，碑文見於銅陵關帝廟世系略譜。

## 一三〇四　黄山碑界序

邑之銅山，舊隸漳浦，黄石齋先生忠端公故里也。海中塔嶼，築有白屋，乃當日讀書處所，遺址猶存。城外後澳一石山，石齋先生祖墳在焉，先時常爲里人掘土取石。自道光四年間石齋先生入祀聖廟後，墳山石上黄苔忽結成『黄山』『黄界』文字，里人咸異之，從此不敢復行掘取。非惟不敢，亦不忍。以公之祖德高深，雖至頑如石，猶爲敕靈，人苟忍而爲此，亦頑石之不如矣。是以韓前縣猶慮及無知故犯也，立爲石牌嚴禁，欲垂永久。第山界未定，侵越難防。

咸豐乙卯，余莅斯邦，因連年匪擾之餘，到銅經理善後事宜。公餘之暇，訪尋先賢古蹟，有前任臺灣學師黄振昭謁余，稱述苔文事。余初未之深信，乃親履其地而視之，則見山石屹立，半長黄苔，大石中多結成『黄』字，或結成『黄山』字，大尺許，並有結成『黄界』字，字跡顯然。噫！苔蘚成文，山石時有，然多在隱躍疑似之間。此

石顯然結成『黄』字、『黄山』字、『黄界』字，豈非以公之祖塋所在，不欲後人湮没，其孝誠所感，雖死猶生歟？爰邀黄姓同族諸人，議成厥志。今將山界四至丈量清楚，其間有黄姓舊墳幾塚，亦逐一登記，以杜將來藉舊掩新諸弊。此非好事之爲。詩曰：『高山仰止，景行行止。』後之人景仰此山，慨然感慕先生之孝行，百世而下，庶幾有所興起云。

四至及舊墳，載明於左：

墳前至案山石爲界，長十四丈三尺，内本姓有碑七堆；后至陳德潛墳爲界，長十七丈六尺，内外姓有碑四堆、無碑一堆；左至外砂石爲界，長十四丈六尺，内本姓有碑四堆、無碑四堆；右至路爲界，長十丈五尺，内外姓八堆有碑。

即陞同知直隸州、知詔安縣事涿鹿楊福五謹誌。

咸豐乙卯年陽月穀日。董事：前任臺灣縣學教諭、廣東即補鹽課大使、宗裔孫振□，州同職銜陳振□、貤封武信騎尉陳德千、布政司理問職銜孫有全、生員宗裔孫登第、監生郭受文、按照磨職銜高正揚、例貢生許開陽、生員陳逢泰，督工鄉耆宗裔孫景清，仝勒石。

按：此碑現存銅陵鎮東山碑廊。

## 一三〇五　禁革漁船網捐憲示碑

同治八年五月十九日奉詔安縣楊、奉本府憲楊札、奉按察使司康札、總督部堂英批，爲示禁事：

照得閩省沿海居民以海爲田，捕魚爲業。自海氛不靖，漁網每被窃刦，勒贖漁户捐資保衛，于是有自雇艇船巡護、有請水師兵丁看守者；乃艇船多與盗通，兵丁惟知索費，徒有巡護看守之名，而漁網之窃刦如故。嗣經税厘局司道議定巡護章程：自福州五虎口起至閩浙交界□沙埕止爲一段，派李參將所部師船巡護；又自金門𥨐口起至海壇松下止爲一段，派□門郭鎮所部師船巡護；又自閩粤交界之南澚起至銅山、陆鰲止爲一段，派梁副將所部師船巡護。

詳奉批飭遵办，並將漁船、網捐二項詳明停止，僅留商船一項收捐濟用，以資巡護。乃奸徒詐計百出，藉以雇船巡網爲名，屢次借端勒派，節經飭禁拏办。而連江縣網户李家發等復敢假公濟私，借雇艇船巡看漁網名目，串同閩安水師兵丁、武生王佑略等，各在灣按網收取經費。李參將拏獲送究，殊屬明玩，當將該武生王佑略詳革究办；並將連江縣李家發等自雇巡看漁網、請撥舟師督巡之案，詳奉兩院憲批司撤銷。一面移咨水師提督，轉飭沿海巡洋舟師，各照前定章程分段認真巡查，毋得派收規費；暨飭福州、福寧等府一体遵照，隨時查拏。如有匪徒偷窃漁網，及兵役人等藉端需索，即行嚴拏究办在案。

茲查興化、泉州各属，島嶼尚多，難保無刁民勾通兵役，藉端勒索；即福州等属，未經立有碑示，亦恐棍徒日久玩生，潛萌故智。合行勒碑，永遠示禁：『爲此示仰軍民兵役人等知悉：爾等應知看網名目業經革除，即李家發等前請自雇巡看漁網各原案，一概詳請撤銷。嗣後不得再以看網爲名，勒抽規費；亦不得變换名目，借端科派。倘敢故違，許各該網户指名禀控，無論兵民，定即一体嚴拏究办，决不寬貸。各宜凛遵毋違！特示。』

按：此碑現存銅陵鎮東山碑廊，曾斷爲二截，碑名爲編者加擬。

## 一三〇六　重修銅陵武廟碑記

清同治九年歲庚午秋菊月興工，所有捐收芳名以及付出工料需費暨條目，列明于左：

南澳總兵林本十元。南澳總兵官鞠躍乾十元。輪船提督銜吴世忠三十元。銅山營參將陳登三十元。銅山營參將謝國忠三十元。水提標參將陳允彩、提標遊擊楊嵩生十元。督理厦門税務黄恩録八元。銅山□税務噶裡圖十四元。特授詔安場吴沛棠十元。特授詔安場高源八元。銅協中軍郁文勝二十元。銅協中軍梁梗材二十元。銅協中軍康朝英十二元。漳潮分司劉秉成八元。前任鹿港遊擊陳沂清四元。特授白石場黄振昭十元，又捐大石一條。特授安溪學沙中金三十元。内閣中書舉人孫汝翼三十元。南澳千總盧青安四元。銅山營千總張鴻猷三元。把總張余高二元。外委

黃□榮一元二。外委蔡必信一元二。外委黃啟英一元二。外委李樹錦一元二。外委顏仰西一元二。外委翁鎮邦一元二。額外廖登元一元。額外蔡大倫一元。額外王鴻達一元寶。額外翁清河一元。詔安幫總運局陳二十元。銅山□掛號魏求年十五元。銅山□稿科邱寶光四元。雲霄□圖掛查三元。舊鎮□圖掛查三元。詔安□掛號黃興銓四元。詔安□查河吴新培二元。銅山營左右哨書吏兵目等一百七十七元。

靖海輪船捐户開列：候補守備陳有才二十元。湄洲千總陳漢八元。儘先千總陳邦彦二元。正管輪李文四元。副管輪林鶴齡二元。二副龍殿揚二元。鷺江陳德正一元。練兵二十名九元三。水勇十五名六元八。

臺灣捐户開列：安平協副將周二十元。特授安平協胡六元。安平中營遊擊梁八元。安平中營遊擊陳□元。安平右營督司梁二元。前署滬尾守備陳二元。安平左營中軍鄭二元。安平左營守備潘二元。滬尾把總黃浴沂十元。五品軍功郭嵩潘五元。六品軍功郭嵩猷五元。郡城三郊計一百八十元。郡城陳邦記十元。郡城德記行十元。郡城魏茂昌四元。郡城廣泉隆四元。郡城裕記行四元。丹詔方心蘭四元。監生周綺桐二元。晉邑王文經二元。本銅黃新泰十元。乍浦公昇行八十元。乍浦源隆永五十元。乍浦寶盛豐五十元。乍浦東永茂二十元。龍溪扶瑶等進香客五十元。厦門慶元行十元。臺郡生員黃清光四元。龍溪曾清溪四元。臺郡賴茗珍二元。

嘪叻捐户開列：貢生吴一陽一百六十元。張水石六十元。林長裕十元。陳明元十元。和泰號六元。富貴香六元。關中和四元。金同春四元。瑞成號四元。事成棧四元。順發號三元。合泰號二元。瑞發號二元。吴萬山二元。張色美二元。林有才二元。林水深一元。陳蘭一元。陳海生一元。吴典一元。

上海捐户開列：福泰行八十元。協德行五十元。瑞興行四十元。兩合行四十元。振隆行四十元。仁裕行二十元。增茂行二十元。堃泰行二十元。裕泰行二十元。周益大十元。長泰行二元。慶隆行四元。金津源二元。隆茂行二元。金協源二元。陳燦勝二元。蘭森池一元。

寧波捐户開列：恒豐酒行五十元。萬合信記五十元。范乾利行三十元。金大乾老行三十元。金大乾新行三十元。

元昌行三十元。建興行二十四元。萬合德記二十元。黃滋茂十元。祺昌酒行六元。楊興甫六元。楊倉懷四元。郭宋朝二元。廖孝義二元。林蛋一元。

潮州、汕頭各捐户開列：乾泰行五十元。益泰行二十元。曾和順十二元。榮記行十元。劉利春十元。和記順四元。訓導唐維棋二元。洪和昌二元。洪永興二元。金順才一元。洪廣隆二元。

詔安捐户開列：裕順行二十元。沈喬齡二十元。許若官二十元。長記行十二元。鼎源行十二元。天和行八元。監生陳開庸二元。監生胡錫惠二元。許文龍二元。監生胡瓊華一元。鍾間能一元。吴順發一元。林以潤一元。

香港捐户開列：天德行十二元。乾豐號十元。忠泰號六元。福茂隆六元。陳保五元。黃筠四元。源安泰四元。陳兩亭四元。沈詒鄉四元。怡豐號四元。怡泰號四元。許肇榮二元。黃榮華二元。沈青劍二元。方泰順二元。陳苞卿二元。吴積緒一元。陳肇春一元。福隆號一元。

澎湖捐户開列：金順利十六元三。金長順十六元三。銅山館十三元。順美號六元半。自源號二元。振源號二元。林振春二元。振興號一元。振茂中號一元。

饒平、南澳各捐户開列：成發行十二元。金長顯四元。金長順四元。張成美四元。鄭邦光四元。鄭和美四元。鄭覽四元。湯其源三元。金捷順二元。金長合二元。金捷發二元。陳順財二元。林順得二元。林順利二元。合興號二元。成利號二元。金就顯二元。船户金茂順四元。竹桁廖建利四元。竹桁廖抱四元。

雲霄各捐户開列：陳瑞成十二元。方興隆十元。金合盛四元。瑞祥四元。金隆昌四元。方合春四元。金連豐四元。金合裕四元。金豐穩三元。金保順三元。林和春三元。金穩豐三元。金振發三元。金合得二元。金永興二元。金順昌二元。方文峰二元。林開泰二元。陳葵來二元。方邦殿一元。方先庚一元。方其詩一元。金長源一元。

五都等捐户開列：興茂號十二元。集源當十二元。協和當四元。平濟當四元。義和當四元。泰興當四元。林欽三元。萬成當二元。大成當二元。林餘生二元。鄭聚發一元。福安當一元。許景安一元。馬鑾弟子一元。

本銅等捐户開列：同知高正陽三十元。貢生黃振山三十元。監生陳貴寬三十元。貢生黃逸承二十元。監生蔡廷猷二十二元。平源當二十元。生員陳大章二十元。貢生陳振年十五元。生員陳藏修十五元。貢生陳純熙十二元。監生翁永清五元。林達明十一元。州同陳醅良十元。寶山當十元。黄母十元。文湧三十元。林和順八元。陳捷成六元半。德茂當六元。陳五賽五元。貢生歐海洋六元。陳永和五元。林維楨四元。楊有恆四元。興隆號四元。蔡廷貴四元。林天錫四元。李合成四元。江有耀四元。陳時春四元。聯美號四元。劉燦禎四元。劉吉興四元。監生歐世章三元。林財利三元。捷泰三元。林闖三元。長裕當三元。林生財三元。振美號三元。德合號三元。劉仲達三元。黄榮豐二元。綿興二元。金成興二元。黄振章二元。源順號二元。顏中南二元。方慶豐二元。合順當二元。源合號二元。長隆二元。益盛二元。裕利二元。金元二元。隆盛二元。盈發二元。公合二元。義和號二元。黄靴二元。黄典二元。王朝宗二元。方太兵二元。曾金生二元。李協利二元。顏火二元。陳平二元。洪和順二元。陳永豐二元。高温二元。楊鼎新二元。炳和利二元。涂讓二元。孫良清二元。林德賢二元。沙和合二元。江友琴二元。方永源二元。新隆利一元半。成和一元半。陳調週一元半。同知陳德千一元。黄正中一元。謝明榮一元。謝舜開一元。盧朝動一元。朱朝正一元。張大文一元。劉林氏一元。姚盛一元。翁瑞璘一元。林建謀一元。鄭木一元。生仁號一元。顏井一元。謝金章一元。蔡德明一元。□□象一元。源隆號一元。源美號一元。毛淺一元。朱進烈一元。吴色金一元。謝扶蘇一元。黄鎮中一元。江池一元。翁池一元。李喬一元。福和一元。建隆號一元。泰來一元。益源一元。振順一元。盈瑞一元。協盛一元。興記一元。進豐一元。林乙順一元。易美號一元。益順一元。德豐一元。興仁一元。聯合一元。升昌一元。陶順一元。合昌一元。協吉一元。振合號一元。隆豐一元。錦隆一元。致和一元。開發一元。漢記一元。長發一元。廣泰一元。隆和號一元。益興一元。茂合一元。達合一元。同盛一元。建興一元。新興一元。德美一元。集春一元。乙一號一元。永新一元。湧泉一元。源隆一元。源升一元。捷興一元。生和一元。隆春一元。懷德一元。鼎隆號一元。六舵一元。老舵一元。田舵一元。知舵一元。舌舵一元。慶德堂一元。仁壽堂一元。懷德

堂一元。幕德堂一元。源成號一元。方永明、永祥二元。燦禎一元。

本港商船捐户開列：金順泰公司三十元，又管駕舵水□□。林合隆公司三十元，又管駕舵水三十九元半。方合泰公司三十元，又管駕舵水三十七元。方合順公司三十元，又管駕舵水三十元。金華豐公司三十元，又管駕舵水三十元。方合隆公司三十元，又管駕舵水二十八元。金順茂公司三十元，又管駕舵水二十六元。方合盛公司三十元，又管駕舵水二元六。永合安公司三十元，又管駕舵水二元六。金華德公司三十元，又管駕舵水二十三元半。金源茂公司三十元，又管駕舵水二十四元。方合得公司三十元，又管駕舵水二十七元三。永合豐公司三十元，又管駕舵水二十六元半。方合昌公司三十元，又管駕舵水二十六元。關捷發公司三十元，又管駕舵水二十一元。金合勝公司三十元，又管駕舵水三十元。方合源公司三十元，又管駕舵水一十九元。金乾春公司三十元，又管駕舵水一十八元八。永合華公司三十元，又管駕舵水一十七元七。關捷興公司三十元，又管駕舵水二十七元七。金進成公司三十元，又管駕舵水六元。方合美公司一十五元，又管駕舵水一十五元。金乾茂公司一十五元，又管駕舵水一十一元。方合春公司一十六元。方合裕公司一十五元，又管駕舵水一十二元。捷豐號二元。謝硯一元。

收本港商船户在乍浦抽厘公銀一千零五十三元六。

收本港商船户在寧波抽厘公銀一百四十二元零三分。

收各處緣項抽厘、辦貨得利平頭計二百八十二元七角半。

收回石尪肚十六名計二百四十元。

收兑福興真君宫垂連彩木計五十一元三角九分。

收梁簽捐題銀計一十七元九。賴若清捐付妝神銀十元。李仲禄捐銀二元。協生堂捐銀一元。

以上捐收計銀六千三百三十六元。除收費外尚不敷銀〈空缺〉。

董事：高正陽捐銀〈空缺〉。孫有全捐銀〈空缺〉。陳純熙捐銀〈空缺〉。

光緒二年歲丙子陽月竣工，衆紳董仝住持僧廣益敬立。

**按**：此碑現存銅陵關帝廟。

## 一三〇七　重修前明朱黄氏節孝碑

敬録乩文云：

明嘉靖朝儒士朱良賢妻黄氏諱阿□碑記：

通議大夫、視察□□□□文標拜贈詩云：『緑草棲塵依斧柯，蛙鳴蛙止奈愁何？有心自□□真死，無頭□□□□魔。身没亦知名不没，石磨未必節能磨。人生止此是真壽，頭句文君豈足多！』□□大夫、左參政黄公篆鏌拜贈詩云：『淑世貞坤道未光，□□真具□□□。母雖有□不從命，夫既云亡便與亡。半夜月殘天亦泣，九泉玉□土能□。從容堂上人共□，□□桑間美孟姜。』氏自述一絶，以誌當年辛苦，云：『少學書詩□女名，事君周歲雁孤鳴。一朝感激成千古，拜受皇恩顯後聲。』又聯云：『當死反生生亦死，舍生而死死猶生。』

黄氏節烈之事，詳載銅山誌。其碑原立在右鼓街道左，貞心歷久常新。居民每逢節序，咸在碑下共薦馨香。因碑文字多剥蝕，故於乙亥季秋特降此文，囑永清□立石碑於土保汛邊，以垂永遠云。

光緒貳年歲次丙子桐月吉日，閤銅諸紳衿士耆等仝鐫石。

賞加六品銜、太學生翁永清領男加南敬立。

賞加内閣中書銜、分缺先用教諭、舉人孫汝翼敬書。

**按**：此碑現存銅陵鎮東山碑廊。

## 一三〇八　重興南溟書院碑記

古銅山南溟書院，志載爲明嘉靖分巡道蔡公所創建。國朝康熙三十五年，漳浦令陳公汝咸重修，立義學，有碑記。光緒元年毁於火，時銅山〈下缺〉士又鳩資重修之。舊爲建陽朱文公祠，有祀典，其次明少詹事黄公道周〈下缺〉協同捐創、釐定章程者爲江右羅大令金誥、江左唐大令曾頤，隨同勸捐□力經理□□者爲紳士孫□□□□、馬孝廉兆麟、沙廣文中金、職員高正揚、生員陳大章、翁文利。事成，諸君子告余曰：『此雖沿舊名而□□□□此與創始□□□□□□不可無言以紀之。』爰誌數語，勒之石以告來者〈下缺〉。

重興南溟書院創捐官紳花名：

詔安縣雷捐銀貳佰兩。孫有金、陳大章、高正揚、何碧、何天球、何詩〈下缺〉兩。蔣示濤捐銀肆拾兩。陳純熙、林維椿，以上各捐錢叁拾肆兩。沙□□、唐興〈下缺〉林□銘捐銀叁拾兩。黄□捐銀拾捌兩。陳□□、陳□□，以上各捐錢拾伍兩。〈下缺〉陳學初、□□□，以上各捐銀拾貳兩。黄□波、黄文彬各捐錢拾玖兩。〈下缺〉金□興、朱桓發、林□合、謝興隆，以上各捐錢伍兩。陳義和、林生，以上各捐錢〈下缺〉蔡爾□、黄□昭、陳聯□、□□璧、陳□安、劉和發，以上各捐錢叁兩。

以上各户共捐銀壹千零叁〈下缺〉。

續捐花名〈下缺〉。

光緒七年季春穀旦，補用府、本任雲霄撫民分府、攝理詔安縣事雷其溪撰並書。

**按**：此碑現存銅陵鎮南溟書院。

## 一三〇九 擬續捐南溟書院膏火記

辛巳，余檄來詔安，前有司爲言銅山興復南溟書院事，弥歎其經營創制有達權通變之能。銅山□□蔡公潮巡海漳南而書院興，越明季兵燹而書院廢。國朝乾嘉以來，居民日益富庶，官斯土者亦不啻什百其人，顧何以葺祠宇、立義學？如陳公汝咸□□□政多，而月課膏火卒未有所就，豈貲不易集而業不易舉歟？吾讀雷公鳌定章程，有塩官代考一□□此之未興歟？今此之遽興，非無故矣。縣有丹詔書院，肄業者數百人。銅島距縣遠，而大海中隔□□□子不易考丹詔，猶縣官不易課南溟也。今雷公請以塩官代，一舉而兩皆便之。鹾尹唐大令，亦□□□然，以爲己任而不辭，而書院遂興。然則南溟之興，又不惟衆擎共舉，與夫權宜從事之計之足□□□也。以千餘金生産作業，雷公□然，余亦以爲窘薄不足持久。秋八月，觀風來，復集前所樂輸者□□□之曰：『一簣之覆九且虧，其復之乎？』衆欣然諾。於是，得八百九十六金，置産三，增束修膏火八十餘□□□勒之石而行之。是時，羅大令金誥、唐大令曾頤尚留銅山，諸紳若馬兆麟、沙中金、孫有金、高正揚、陳大章輩，亦曩所從事者，故成之也速。夫培養人材，有司責也。爲高因邱陵，爲下因川澤，因勢利〈下缺〉。

光緒八年歲次壬午蒲月〈下缺〉。

**按：**此碑現存銅陵鎮南溟書院，僅存右半，且碑底兩三列文字殘缺。

## 一三一〇 重修山坪院紫雲樓題捐碑

監生湯誕金捐銀十四元。謝德光祖派捐銀十二元。監生湯兆元捐銀十元。徐興茂、沈厝堂方、銅陵衆魚舖、王德卿祖派、王紹祖派各捐銀六元。湯誕祺、湯丹桂各捐銀五元。李開茂、州同林育坤、林開元、何一枝、王□、奉先堂孫、翁元和祖派各捐銀四元。州同吴吉光、廪生吴是春、吴象明、監生吴景周祖派、南宗祖派、武生王瀛洲、

湯長興、王榮順、州同何裕□、林腆、吴水順、謝受禄、吴火生、林隆眾各捐銀三元。廣隆號、王福□、何佃發各捐銀弍元五角。林瑞興、林源隆、陳捷隆、陳捷興、王根、王□、王安同、王得順、王水明、王益泰、王火旺、王朝彩祖派、王長泉、董□、王智水、翁振和、平濟當、順興當、泰興當、大成當、沈長記、陳浚華、林希元、吴璞園、吴石龍、吴虛若、葉長發、曾烏金、林長源、余何福、涂鼎興、鄭濯、福安當各捐銀二元。王天德、林長隆、長合興、林義□、吴廣源、陳聚茂、徐德義、徐振和、何永芳、黄水邊、金得祥、徐隆盛、王用各捐銀一元五角。

武舉林響榮、廪生林鍾靈、吴文溶、生員吴懷礼、孫汝修、林德光、陳榮、監生林青選、謝其春、林徵祥、王少崗祖派、職員王襲梅、廪生陳以璠、愛敬堂鄭、孝思堂鄭、鼎山當、長茂當、太和當、慶和當、守一氏、垂德堂林、義濟當、監生何書、協春堂、益和堂、濟和堂、陳□、王開桂、王旦、王萬福、王筆、王波、王安然、王善、王桂芬、王喜登、王枝祥、方明、王水俱、王佛賜、王水湖、王啟惠、王佛送、王□、王道、王瑞吉、王火炮、王□、李對、王學周、林木水、次和祖、林水伯、吴實孚、吴有義、謝五美、何水泡、張火蕊、黄□□、王開枝、林合興、林成道、林士志、吴承傳、吴阿大、謝波文、何吉、陳興盛、黄連、王紅目、林雙慶、林象練、林成興、吴字、吴永安、謝藏珍、何烏佛、□□□、黄瑞□、王水屐、林烏梯、林振皆、林聯茂、吴添明、吴生根、謝成發、何振□、鄭開水、黄□□、王水敢、林凛盛、林養吾、林大興、吴秋、吴水浸、謝碧□、何□□、鄭□亭、黄□□、陳合春、林仰蘭、林席珍、林順興、吴牙、吴浮、新泰號、何□□、万順明、黄加水、陳成隆、林懷恩、林水法、林義盛、吴茅、吴德山、郭□德、永盛號、郭□姑、黄烏□、陳源富、陳雹、林瀨、林昆利、吴添福、新成號、劉□□、□□、鄭□□、黄烏□、陳合利、陳同泰、林紅烟、林瑞隆、吴開生、吴□□、鄭□文、聚□號、徐振發、余昌□、陳合順、陳國華、林成舟、林□晋、吴珍毛、吴□□、孫□□、朱□□、施烏曾、吴□□、陳合裕、集成當、林枝松、林貴金、吴阿工、吴□□、孫□義、吴水□、施有生、吴□□、陳捷利、陳隆興、林批頭、吴振利、吴玉、吴大□、孫□□、林□□、張枝□、□□□、□□、陳捷成、陳捷盛、林士武、吴順發、吴慶珍、吴阿軟、

何□□、□□□、□水海、□□□、陳哮争、陳捷有、林天鳳、吳開興、吳東、金順發、何□文、張□□、張名標、王瑞林、吳合文、港西林□，以上各捐銀壹元。

董事：廩生吳文溶、湯文晋、廩生謝毓芝，生員王鳳書，武生沈建郵、朱應元、陳豐、吳晉模、謝玉、林腆。

光緒十五年歲次己丑二月　日，住持林開運。

按：此碑現存西埔鎮西山岩寺。

## 一三一一　重修松柏門庵題捐碑

重修松柏門庵樂捐芳名：

徐興茂捐銀四員。梅州吳吉光捐銀叁員。港西信女林門、銅山長茂當、監生沈松茂、生員許宗賢捐銀弍員弍角。陳祝南、□昌沈水程、朱先保、林禄元、德義號、廣源號、厦隆號、合興號、院前黃君、吳阿會、佩銜王漢、北關渡頭村許桂文、東郊大□阿開、水春、南田吳林銀弍員。吳闊嘴、德山、德福、益泰、生員沈若霖、朱沈、隆盛捐銀弍員。陳大目、吳左、孫灯、大溪林媽昭銀弍員。沈粒、葉崧、吳晋湘、東郊關長、許宗賢、陳宜、吳純、虛若、水順、長茂當、鹽館捐銀弍員。吳烏陛、許平江、岐下陳水崘銀弍員。

信女詹門吳氏，港西林紅嬰，銅山吉豐號、振和號，山后朱水玉、方瑞興，東郊陳阿球、源順，船户泰和祥、泰和順、金泰興，三都林仕志，生員吳晉□，監生劉□□、沈□悦，詹厝林平、蒼明，西□許水、桂池、白□，□□陳朝金、成發、朝意、面祈、慶開、興實、尖成、吳佛目，生員吳□水、連順興、合笑，林□吳天受、念福、星□、總□、□孫、法健、毛獅、瑞獻，下溪吳□、孫吉芳、關□仁、□□□美沙、祥三、常滿，東埕孫赤鼻、□□、水紅、文□、阿山、振德，長山劉登山、江金水、孫泉□、□□□、□馨堂、文獻静，東凌許新、黃嘉、□□、土□、□□、□火、海鳥、□□、朱火紅、□海、王阿□，葉厝葉頭□、力江、□□堂、陳油、進花、壹日、

金水，徑上孫火練、水秋、火盛，□上吴諧、愛啼，新厝水□、晚火、生海，徑頭吴□、明□、阿四、慶文、水鬃，西□陳安静、笑咀，埔頭吴〈下缺〉。

光緒拾陸年歲次庚寅柒月穀旦，董事吴漢宗立石。

按：此碑現存前樓鎮長山尾村靖海寺，碑名爲編者加擬。

## 一三一二　嚴禁轎夫勒索憲示碑

補用直隸州、署理詔安縣□□加□級紀録□次□，爲出示嚴禁事：〈上缺〉同知銜吴天章、舉人沈〈下缺〉通禮，而富貧奢嗇〈下缺〉簾、轎各二夫，如〈下缺〉東家包禮，轎夫揹勒埠禮，多則□□員，寬則十員八員。順之則門庭□□，□之則□□□□。□不□所欲，砌詞誑□□□□爲□□□□貧寒之家、苗養婦媳及續娶步行〈下缺〉習□□徧。窃言及此風，誠□□□抄粘章程，稟請出示諭禁。』等情到縣。〈上缺〉吴前縣暨倪前縣先後勒石示禁，各在案。乃該夫頭等日久玩生，復敢仍蹈前轍，任□勒索，□怙惡不悛，殊堪痛恨。亟應再行示禁，以除惡俗，而□争端。除稟批示外，合行出示諭禁：『爲此示仰閤□□□夫頭知悉：自示之後，各宜恪遵示定章程，分別取價，不得多索分文。倘敢故違不遵，一被告發，或經訪聞，□□該夫頭拘案懲辦，決不寬貸。其各凛遵毋違！特示。』

一議，男女花轎埠頭禮各銀六員，輦轎四員，簾轎二員，擡夫每名添丁□花□□□□□錢二百二十文，夫家給發，母家免。

一議，貧寒之家娶討新婦，以及二婚、重娶或苗媳及步行完婚，轎夫埠禮□□□□□。

一議，女子未過門，偶遇夫家有吉凶事，要往慶弔等事，往來乘轎，不准埠頭勒索□□□□或再乘花轎、輦轎、簾轎，照所定章程給發埠禮。

一議，新婦歸寧，如用轎輿者，每名貼食錢八十文，每十里轎夫錢一百文〈下缺〉。

一議，人家有嫁娶吉事，向該乞丐首折符禮錢一百六十文，不得多索□□。

右仰通知。光緒拾捌年拾壹月十六日給告示，發貼銅山□□曉諭。

**按**：此碑現存銅陵鎮東山碑廊，碑名爲編者加擬。

## 一三一三　明旌表孝子保禎蔡先生神道碑題識

明旌表孝子保禎蔡先生神道。

端卿先生，蔡公方平之子也。事親孝，守身謹，先賢石齋夫子嘗譽之，縣志亦備載之，其名爲不朽矣，然而都人士未盡喻也。爰鳩同人捐貲，立石於大道間，俾後人見之，知孝子芳名千古不没。庶幾能孝者進而益孝，不能孝者勉而爲孝，是亦轉移風化之一道也。

後學林有光敬撰。光緒歲次甲午年葭月，闔都紳士仝倡建。

**按**：此碑現存銅陵鎮東山碑廊。

## 一三一四　旌表孝子喬烈余先生故里碑

旌表孝子喬烈余先生故里。

〈上缺〉西籠人也。托處雙山之麓，□以孝道自重。感及蔡公保禎，亦以孝聞，至今都人士咸稱爲父廉子孝，故與先生同登聖廟而配享千秋。詩曰：『孝子不匱，永錫爾類。』其是之謂乎！

〈上缺〉蒲月穀旦倡建。監生林鍾靈、監生林德成、監生朱義榮、生員王宗澤、生員林秀、生員徐則榮、監生王瀛海、武生朱應元、監生余夙明、監生朱登雲、監生沈大猷、童生沈際泰仝立。

按：此碑現存銅陵鎮東山碑廊，頂部略缺。

## 一三一五　重修山坪院題捐碑

貢士許舟、林解、許廷襄，廩生謝毓芝、廩生葉鳳鳴、生員林鐄、生員朱朝發、生員張盈科、太學林成舟、王得力、王華、太學王瀛海祖、王安福、王文水、王益兵、王荣順、朱廉、王鼓槌、王注清、王汝舟、王璽、王登鰲祖、王天來、王阿治、王天智、王瑞吉、朱憨、王水慶、王火黽、王其禄、林崇、王瀛洲祖、王水変、林清順、林成美、林季全、沈棁、林紅嬰、林士武、林枝苞、林□、林義利、林金城、林耒加、林安泰、林萬岱、何□、林木水、林秀文、林香蘭、林圭、林紅脚、林桂陽、林水西、朱細紅、朱文德、蔡森、吴蟳廣、吴珍毛、吴阿世、林鑽、吴開生、吴添福、黄烏手、林登順、吴兕齒、李桂、黄烏龍、黄加水、黄幼山、朱専、黄□成、孫健傑、孫加梗、孫大成、林火春、朱巾、鄭真□、沈水坪、林永福、黄嗹、楊文祖、林振舞、林永章、林九妹、林峇紫、王曾、何□□、何桂平、何源長、黄□、何牛硯、何順和、何永丰、何永春、何佃發、沈水、徐振鴻、沈長柱、薛培心、黄妹、□善□、慶安堂、林要金、張秀英、張水河、林茂、鄭石降、鄭家茂、吴三省、王滿、張政營、祖吴春榮、吴道老、吴□吉、吴成萬、朱□、朱貴德、阮連生、何天文、何鑽、吴孝廉、祖朱水母、林進德、江天恩、王湧水、何吉、王水祖、吴長春、王謂生、何槩、林水硯、朱春明、黄烏黽、朱烏□、朱水保、鄭哈、朱水應、朱荣科、林茂生、無慎、林寶枝、潘□池、林天水、吴塵交、林振周、朱北、何興堂、鄭紅姑、王保成、林章、許瓊樹、捷隆、捷興、合昌、合利、合順、合來、捷□、捷富、捷成、合盛、林矮古、林杞、灣角沈鋪山、陳城鋪山、黄門陳氏、源合、何泉水、湯長興，以上捐銀各一元。

光緒廿弍年十月　日，董事：邑賓林奪元、林奪魁、何成寬，住持吴實孚立。

按：此碑現存西埔鎮西山岩寺，碑名爲編者加擬。

## 一三一六　革除進口米例米禮憲示碑

鎮守福州等處將軍、統轄福建陸路鎮協各營事務、兼管閩海關印務兼船政大臣、世襲奉恩將軍宗室崇，爲給示曉諭事：現據銅山口委員稟：竊查該處海關向收米例、米禮等項，當因米價大昂，民食維艱，業已稟經批飭立案革除、不准再收在案。兹據廩生孫汝修，增生陳大章，生員江之永、孫受謙，行户劉興美、孫保合、陳義順、蔡豐亨、江春記、曾大利等稟稱：『銅山海島孤懸，人多田少，專恃汕頭、雲霄兩處米石接濟。擬請嗣後銅山船隻執持護照赴雲，商船裝米每隻每次以百石爲度，渡船裝米每隻每次以拾石爲度，由關驗明裝卸。如運赴他口，查明將米充公罰辦。』等情前來。

查核所稟，係爲充裕民食起見，與地方實有裨益。除稟批示，並咨會督部堂衙門核飭雲霄廳遵辦，仍着該委員等隨時察看情形，明晰具報外，合行出示曉諭：『爲此示仰各船户、商人、販人等知悉：嗣後由雲運米來銅，務須遵依限數，執照裝運，不得逾越偷儎。如敢故違，查出將米充公，從重罰辦。各關口書役人等，當知進口米例、米禮等項革除，不得私行苛勒；巧立名目，例外需索等事，一經察出，定即嚴行究懲，不稍寬貸。各宜凛遵毋違！特示。』

右仰通知。光緒弍拾玖年四月　日給告示。

**按**：此碑現存銅陵鎮東山碑廊，碑名爲編者加擬。

## 一三一七　古來寺五甲公地碑記

廟前園地，原本廟僧收税，每因普渡演戲維艱。今五甲公議，捐題銀一十元，與僧買斷，永爲曠地，後人不得侵佔。謹此勒石，以示不忘。

光緒三十一年荔月　日，東坑甲、草厝頂、橋仔頭、虎碧井、車埸甲諸同人立。

按：此碑現存銅陵鎮古來寺，碑名爲編者加擬。

## 一三一八　重修解山廟合慶成碑

光緒三十三年丁未，重修解山廟樂捐芳名：

總理國崑，董事武生張名標，董事都副理天發，太學生張秀英，例貢生張江春、張兆記，廟祝媽□□大工小□，首事□□、經□、加和、水永、德□、水□，信士水明、文言、雲□，各捐艮六十元。加□捐艮五十一元。淡水、連順、□祥各艮四十元。德□捐艮三十六元。永運捐艮二十五元。章遠捐艮二十二元。文□、文菊、文加、文木、文保共艮二十二元。水□、小雅、未水、江漢、扁頭、□繪各艮二十元。阿花、寬裕、炳焜各艮十六元。通氣、阿贛各艮一十五元。水魁、載厚、成發、烏□、□進各十四元。□紅、嫚□、□□、□緑、水受、□水、洞□、茂盛各艮十二元。少□、杭連、葉江淮、阿清、福午、居南、春玉、酧來、贛□、水發、□□、□坤、經德、水蕉、水字、狗母、註□、火國、火定、水池、專林、天財、水治、陽桂、發水、清木、水厲、昆玉、波水、秋鵞、水潭各艮八元。基兵、燈茂、兵朝、德盛、以德、成春、用保各七元。基山、友後、文芳、昭愚、金華、和生、春財、水益、水恭、彙花、烏手、金順、水忠、注木、士周、双伍、香泉、佛□、水匏、火順、順興、逢花、招木、惟花、大匏、火太、春枝、興玉、照木、水太、高水、花水、例養、春生、哈目、九確、吉祥、水□、春木、成金、聽水、標國、和天、玉華、水□、詔安各艮六元。烏額、昭明、建花、葵萓、粒水、喈水、音文、陳水加、水蒜、和□、阿搭、媽福、金理、小包、林章明、壽花、水茂、烏水、敦、目、長發、赤嘴、水囔、金旺、加木、玉成、縣婆、□梅、金火、攀、成水、彭生、喜苑各艮五元。茂盛、霖、作周、水興、玉蘭、成保、澤通、文生、助、水養、烏森、媽招、大周、水吉、水裕、慶隆、長福、色水、隆水、包格、水居、水王、加水、火上、園仔、來仔、惠治、林水、顧振、苞水、流水、笞佑、仔眉、阿軟、按海、紅花、養水、火成、元和、水廉、火忠、友春、番忠各艮四

元。火恭、文理、義忠、赤狗、春盛、武、興結、開枝、湯手、在水、唇、應祈、水傅、心匏、天喜、□、效振、西名、魁其、興火、性水、靴水、賀阿、匝隆、祈、友隆、水利、春水、鵠、長發、田、水淺、花結、桂、天保、天水、成加、德賢、敬義、瑞元各艮三元。石花、吉圃、吉斯、德金、文山、德福、虎獅、水福、水深、水閘、顯謀、建發、烏硯、木花、慶瑞、安和、清溪、天材、□會、阿水、水波、吉利、瑞長、春梅、阿大、玉怙、茂成、桂花、金水、生副、老慱、加福、南田、阿世、木治、佛□、開興、羨、蜩、番來、鵠額、木深、木石、水泰、在成、軟、益壽、良明、水明、丹桂、緑春、水早、水未、阿木、花、慨慱、水忍、榪求、志賢、加玉、長生、周記、木潭、秋鵠、花茂、末花各艮二元。進花、咸加、植發、木忠、捷吉、興水、建發、月木、和氣、作新、順安、灯春、長開、水羿、潘古錐、永花、振德、天氣、天生、縣、吉童、婆生、荣德、阿良、添柱、□春、火□、水石、榪文、水千、蝗蚜、林水慈、天助、克昌、傑、名興、水□、水鏡、小水、瑞喜、扶、桂花、春桃、長成、佛成、實、水烈、□長各艮一元。

嚽叻□□捐光艮：新順發光艮一百二十元。林利川、張龍川各光艮五十元。林瑕地光艮三十元。鄭謙艮二十五元。林裕興艮二十元。烏水、文興各艮十六元。天池艮十二元。延慶、□福、安昌、榮盛、鄭玉、楊忠、陳大富各艮十元。宝華、萬滑各艮八元。清花、長挂、蛆金、荣春各艮六元。天甲、□□、□吕、□加各艮五元。錢捷、連水、財德、曾理、家榮、紅、加崑、金成、永成、永德、葉可□、葉生發、孫金字、陳傅記、方春、林添、彭春花、王和各艮四元。文水、黄□婆、蔡明珠、謝□高各艮三元。福吉茂、劉水溶、王琼盛、林協泰、在意、荣□、蔡德木、吴江全、張□壽各艮二元。

振和美捐光艮十二元。住僧式成。

**按：**此碑現存樟塘鎮樟塘村羊角山解山廟。

## 一三一九　重修石廟寺題捐碑

樂捐芳名：

潮州余應坤二十二元。本墟林進發十五元。過魚林烏向娘、西□余桂章、本社朱丁貴各十二元。新厝朱赤黽母，本社朱水林、朱金福、朱顯姿、朱烏純，各十元。澳角沈根隆、黄山母承德堂、本社朱国良各八元。本墟合□行、德義行、裕隆行，白埕林□来，各六元。前吴□目根，本社朱尾立、朱紅□振，各五元。本墟益安行、葉捷茂，本社朱春雨娘、朱水乂、朱德□、朱一紅、朱春水、莊光前、徐水清，各四元。埔上王長春六角，□二百塊。白埕林育記、本墟慶和當各三元。靖和何国宝、何秀芳、何梗、何□木，東埔仁泰當、徐□春，澚角許漢舟、吴桂花、沈振益，本墟泰□當、沈鼎春、沈戇、沈阿賴，旧厝□朱見成、朱慎思，巷□吴成兵、吴瓊英，山前林添、林友，宅裡歐□，陳城新順兵阿賴母、林金生、林磘彭、許椿，本社朱噻、朱水丕、朱添花、朱佛刊、朱火秋、朱春雨、朱田后、朱敦、朱土生、朱媽喜、朱文德、朱水結、沈尼姑，各二元。澚角沈加欽、沈炳昌各元半。

新厝朱炳堃、朱開澤、朱玉水、朱炎瑞、朱過發、朱媽成，旧厝朱益兵、朱逕、朱宗軾，靖和何作晳、何永發、何進元、何育宗、何成寛，本墟許清和、沈濟国、沈南山、沈源發、陳聚茂、朱信成、徐隆盛、葉長□、林振兵、涂振盛、林振瑞、徐隆成、黄瑞成、泰裕、上成号洪春、朱寶嘴、徐兵茂、□子□、許慶保、許佛金、乾㒷合、□德和，東埔朱彰美、合長、發鼎、兵仁、和德、生美、綸章、綸義、發福、成協、源瑞、茂廣、成瑞、和聚、泰林、水順、振棠，坑北王火炮、王狗種，雙髻山鄭少甘、鄭開枝、朱戇、朱水陵、石林唱、謝丕、林烏脚、許地、林解、林景，白埕林金順、林留、張兵，赤山林惜、林祥，東埔陳成□、周清井、朱京，澚角許向梫、沈振通、沈□惜、沈新兵、郭文進、沈水江，康美林成仁、吴竪它、鄭火助、孫佛助、吴成祥、蔡金田、林天鳳、潘木竿，各一元。

宣統元年重修庙宇，本西埔董事朱一紅、朱火秋、朱国良、朱水結立石。

按：此碑現存西埔鎮石廟山石廟寺，碑名爲編者加擬。

## 一三二〇　重修銅陵武廟碑記（二）

光緒戊申年瓜月興工，捐題芳名開列于左：

知事陳錦波三十元。知事林中喬二十元。知事林章文二十元。鹽場劉喬年三十元。南門澳大□七千五百九十四元。西門澳中槐七千二百五十二元六。東門眾漁户四百五十元。眾縉船户六百六十九元六角四分。南門澳船户四百一十四元。厦門釣艚六百六十元五角三分，又浯嶼釣艚二百三十元。陳朝敦二百元。林寶龍一百六十元。謝灼雲一百二十元。孫詒穀堂一百元。許守忠一百二十元。朱恒發一百一十元。李捷魁一百元。陳捷豐一百元。陳亦裕一百元。張桃一百元。陳合發一百元。知事陳寶鼎二十元。許華卿一百元。陳少漢一百元。林英豪一百元。高同彰六十元。朱恒順一百元。新長榮一百元。江悦生六十元。陳有恆七十元。方怡和六十元。陳五品香五十元。長茂當五十四元。蔡敦德堂四十元。高成章四十元。劉汝香一百二十元。黄源盛四十元。合順當四十四元。廣壽隆四十元。游逢吉三十元。陳合利三十二元。謝五美三十元。黄隆和十元。漁商户一百五十元。圓尾船三十八元。城内戊申入火伸九十元。城内祈安神三十六元半。澳雅頭祈安神八元。船户黄烏灶三十八元九角二分。陳德壽堂十四元。陳炎十四元。方復泰十六元。游天一堂十二元。陳太乙堂十二元。陳順成十二元。承福堂十二元。朱集春發十元。黄阿美十二元。古雷林尖頭十八元。南山孫大山十四元。許泰合十元。黄阿匏十元。

暹羅幫捐户：鍾水閣一百䓲。林建添一百䓲。林政道二十䓲。陳太源二十䓲。潘文伸二十䓲。李興盛十元。鍾祖花十六䓲。李太安十二䓲。泰美十二䓲。許克成十二䓲。鍾甘棠十二䓲。林仁記十二䓲。高挺□十二䓲。鍾震山十二䓲。沈耀麟十䓲。蔡隆興十䓲。建成棧十䓲。許阿宗十䓲。太益十䓲。永成十䓲。胡兆祥三十四元。謝福隆三十元。陳捷成三十元。義和當三十元。陳水寶七十元。朱乾興六十元。張玉珍五十元。曾正明四十六元。濟安當三

十二元。廖寶珍二十元。涂錫金二十元。劉君興三十元。江廣德裕二十六元六角二分。福年興十元。林東陽十元。陳亦發二十元。沙和合二十元。林老源合十元。王天德二十元。洪裕隆二十元。曾源順二十元。曾珍美二十元。松代十九元。許寬十元。陳奕十元。許源十元。沈卯十元。朱棣十元。林榮福十元。陳順泰十元。黄太興十元。涂成興十元。翁振和十元。楊協源四十元。戴泰山十元。陳大目十元。林大鼻十元。觀明章、榮坤十元。謝坤十元。林乙順十元。陳和才六元。

小吕宋捐户：康同發三十元。康得興二十元。康贊通十二元。康贊成十元。康贊炎十二元。康贊祝十二元。

厦門港捐户：阮隆八十元。張金嬰五十元。張乾五十元。黄興四十元。張金德五十元。紀意三十四元。源發行十六元。

隆澳捐户：黄永鎮十元。泗順興十元。王生六十元。黄傳合二十元。黄建合二十三元六角。陳裕興二十四元。文成國二十元。林同二十元。陳玉興二十元。沈裕盛二十元。朱振裕十四元。張茂合二十元。盧永安二十元。朱三記十五元。謝玉發二十元。鄭石起二十元。陳東發二十元。劉成木三十元。李全金二十元。李海十六元。陳遜謙二十元。陳金芳二十元。劉瑞珍八元。劉建興七元。鄭西湖七元八。李新發八元。陳義來八元。黄金順興六元。楊金發六元。金義順五元六。明遠六元三。陳福枝六元。李成香六元。文利發六元。蘇同梓六元。陳國六元。陳泉六元。陳金美六元。江棟六元。林裕利六元。何三餅六元。三合發六元。王紫東六元。

潮汕捐户：太古南記一百元。林邦傑一百元。太古銀莊二十元。潤豐銀莊二十元。伯昌銀莊二十元。利發行二十元。蔡國勳二十元。成泰銀莊二十元。成茂銀莊十元。吴興壽芝堂十元。祥興行十元。海泉行十元。林發盛十元。林萬發十二元。福利行十二元。和裕行十二元。李亨衢十元。廣東永春祥十元。老三多十元。義順利二十元。黄樹二十元。陳净淵二十元。謝丹廷二十元。

□漁户：源成十七元。沈同順二十元。賴寶隆泉十二元。黄坎十元。林和十元。許匏二十元。黄瑞興十元。李

樹盛十元。歐碧玉十元。源章成十元。許保福十元。黃裕盛二十元。李福成十四元。林金成十元。林建福十元。許乾和十元。新乾興十元。謝景清十二元。馬德春十二元。吴長泰八元。方傑八元。胡德裕六元。陳博六元。黃元二六元。吴水枝六元。萬年合六元。許發五元。金興隆五元。金義隆五元。方儀卿五元。永泰隆五元。林大爵五元。沈茶東五元。黃錦成五元。林馬番五元。謝□慈五元。經昌隆五元。永順祥五元。金泰興四元八角二分。陳金重四元。

西埔捐户：徐德義三十元。陳合興二十元。福善堂二十元。徐興茂二十元。徐慶和當十元。裕隆行十元。大埕眾繒户一百四十元。後宅金源發一百元。黃山母林讓三、開源四十元。古雷林坎十二元。林龍文三十元。後林林宗榮二十元。林發榮十元。林捷登十元。山前林添十元。林耀祺十元。古港葉楊春十元。葉平十元。陳品裕十九元。黃廣裕成十元。黃源泰十元。陳振興十元。許益振十元。林德安十元。朱振順十二元。陳義順十二元。劉長茂十元。陳捷隆十元。福聯順十元。歐源昌十二元。順和堂十二元。陳盛發十元。葉合發十元。三合成十六元。王金玉春十元。劉春興十元。黃春發十元。汪仁興十元。馬德興十三元。劉龜順香十四元。沙建盛十元。金華德六元。楊協裕四元。陳成利四元。高成發四元。朱恒記四元。翁英茂四元。余合春四元。李德順四元。林協順四元。黃生四元。歐田四元。張水浪四元。鄭金發四元。鄭金和四元。湯捷興四元。李保春四元。沙建昌四元。黃泰源四元。陳正元四元。賴慶茂興四元。寧波田肇濂三十元。泉州周長發二十六元。澳角沈振隆二十元。過東林長成十二元。陳岱陳甘棠十二元。埔上王水斗十元。扶瑶社二十元。西門澳元亨店五十九元四角二。同順興三十七元七角四。林厝店十元。尖嘴店十元。裕成興十元。合順店三十八元八角二。石古店二十二元。永合興、利川一百元。老拾成七十七元一角七。新隆興七十四元半。陳求甫十元。高源發十元。翁建瑞十元。何添盛十元。陳乙發十二元。林協源十二元。歐占春十元。劉永茂十元。陳裕泰十元。陳義泰十元。方慶豐十二元。李興泰十元。陳玉美十元。黃泰記十四元。黃群瑞十元。曾鼠十元。歐世惠十元。沈三治十元。楊佛桃十元。方生十二元。林春亭十元。許石樅十元。朱鎮南十元。洪歪十元。洪金全十元。沈小鶴四元。聯和當四元。周水國四元。陳漢明四元。黃興四元。黃景山四元。陳

義和四元。朱武藝四元。劉鎮四元。海參四元。林發利四元。謝源興隆四元。陳同成四元。鄭瑞隆四元。新錦茂四元。黄泰發四元。劉同盛四元。游啟祥四元。陳源珍四元。林順成六元。王懋宗六元。胡紹芳十元。黄福六元。紀榮六元。永福堂八蕓。陳仙記八蕓。池悦堂五蕓。蔡永回五蕓。薛順成五蕓。泰興當六元。王懷光五元。仁泰當四元。洪章綸四元。美綸四元。朱彰美四元。益興五元。徐福安四元。徐福春四元。黄耀光四元。黄完盛四元。張啟安四元。兆豐行五元。陳春茂五元。佳祥行五元。成利興行五元。李德興五元。林寶豐四元。林隆盛八元。金協興四元。林源發四元。太和當四元。謝玉美四元。陳匏四元。田秋財四元。陳元亨四元。郭乾濟四元。郭鴻德四元。朱捷發四元。歐祈四元。林永金四元。林喜四元。彭茂盛四元。德和四元。陳捷順四元。李合成四元。李協成四元。蔡豐亨四元。曾勝興四元。劉達溪四元。游南四元。林木來四元。陳火爐四元。陳白鼻四元。金恒顯四元。盧燦四元。林母田四元。黄阿三四元。黄蓮花四元。陳慶美四元。楊水寶四元。江江海四元。孫録士四元。林寶順四元。裕盛興四元。阮世棠四元。張錫金四元。林天順四元。胡錫週四元。黄協隆四元。盧朝英四元。陳裕順四元。泰昌號四元。高茂經四元。陳恒德堂四元。陳益美四元。蔡集寶珍四元。陳瑞美四元。張慶和春四元。陳義風四元。孫和昌四元。馬春茂四元。林長盛興四元。張壽全堂四元。朱紫霞四元。孫源隆四元。謝泰和春四元。黄昌隆四元。

中華民國庚申年葭月，董事：馬兆麟、許祖熙、邱世潘、陳寶鼎、林文章敬立。

按：此碑現存銅陵關帝廟。

## 一三二一　嚴禁黄忠端公祖坟界内不准盗葬牌示

爲永禁事：

粤攷黄忠端公石齋先生世居東山□，明代理學名臣，德配朱程，從祀聖廟，名垂青史，萬古昭然。此固大德之家，而天乃有斯人之特降者矣。公墓在東山城外後澳山之陽，其左右附近有公之祖墓數塋，立有碑者四塚、無碑者

四塚。其他姓□年故塚，有碑者拾式塚，無碑者壹塚。墓後至陳德潛塚爲界，長十七丈六尺；左界至砂石，長十四丈六尺；右界至路，長十丈五尺。前清道光二十四年秋，詔安韓尹出示嚴禁，不准於界内掘石盜葬，地方録以勒石可稽。迨咸豐乙卯冬，詔安楊尹福五躬詣履勘公之祖墓及他姓故塚，丈量經点清白，勒石爲誌，并序曰『黄山碑界序』，□載明□，俾無異塚。

於是年十月，案据勸學所所長□寶鼎暨紳學各界等具文呈稱：『公之祖墓界内，有人違禁盜葬，□請查究。』等情。据此，本知事集合紳董躬親履勘，果如□□。細閲黄苔篆成『黄山』等字，焯焯犹存，顯見彼□之昭示，爲公之祖墓山者無疑焉。旋即查得盜葬者，乃城之黄頌仁也。即將拘案，据供不諱，自願立即起遷，並繳罰金陸拾元，以作贖刑。查該黄頌仁本無知頑民，姑准將罰金繳署，□□開釋，以儆效尤。

惟此欵遺存無幾，本知事特另捐廉四拾元，共計壹佰元，存作基本，交地方選舉公正之紳增置産業，輪流管理。定於每年清明之日，將産息備辦祭品，地方紳學各界齊集公墓，舉行祭掃之礼，並修葺其祖墓，刻期循例，風雨不改，庶免盜葬之弊日久復萌。惟此基本置産，原爲黄公永遠祭掃之業，地方無論何種公益不能移用。合行佈告，命匠刊勒碑石，豎於公墓之側，永禁侵葬，以垂不朽：

『爲此佈告，仰遐邇人等一體知悉：須知黄忠端公之墓山歷永嚴禁，無論誰姓人等均不得妄干侵葬。今黄頌仁盜葬事露，已將責罰，業即起遷，求福未至而禍先隨。仰□忠端公□德之家，天固留此山而爲之佳城，豈德薄俗骨可與之比葬？葬則不利，其靈驗已足証也，明矣。自此永禁之後，倘有故違，□地方紳董呈縣，嚴究不貸。其各凛遵！切切此佈。』

民國九年十月□日。林中喬。

**按**：此碑現存銅陵鎮東山碑廊。

## 一三二二　重修王爺廟碑

中華民國丙辰年菊月興工，所有捐題芳名：

南門灣眾大饒户捐銀七百元。西門灣眾中饒户捐銀一百七十元。南門灣眾洗斛户捐銀五十元。南門灣眾竹蒲户捐銀一百零弍元。南門灣眾艚船户捐錢六十仟、捐銀四十四元。東門灣眾大小船户捐銀三十五元。

林塗舵捐銀三元。劉吉興捐銀十元。黄阿三捐銀弍元。厦門張隆捐銀四元，黄興捐銀四元，阮連生捐銀弍元。劉笑山捐銀四元。高穎純捐銀弍元。

民國甲子年腊月竣工，董事眾大饒户、住持僧承理仝敬立。

**按：**此碑現存銅陵鎮南門灣澳角尾泗美宫，原碑部分數字爲蘇州碼。

## 一三二三　重修東山城隍廟碑記

中華民國十八年歲次己巳秋月興工，所有捐妝芳名列左：

南門澳眾大饒户大洋一百四十元。東門澳眾大小船户大洋一百三十元。西門澳王樂軒眾大饒户大七十元。西門澳海順利眾大饒户大五十元。集忠賢信女會大洋八十九元。南門澳眾□户大洋五十一元半。劉春光捐大洋四十元。歐振隆捐大洋三十元。蓮山林照臨大二十四元。南門澳眾掃□户大洋二十元。厦門港、浯嶼、惠安眾艚釣二十元。厦門港張隆捐大洋二十元。厦門港張門周娘大洋十元。志東公司捐大洋二十元。陳起隆捐大洋二十二元。陳長順捐大洋二十一元。涂馨甫捐大洋二十元。南門澳眾打鵤户大十六元。劉長春捐大洋十六元。陳開藻捐大洋十五元。顔添生捐大洋十四元。歐相文捐大洋十元。廖寶珍捐大洋十元。林□同捐大洋十二元。陳金美捐大洋十元。游裕發捐大洋十五元。陳永捐大洋十三元。朱垣發捐大洋十元。李維新捐大洋十元。周成美捐大洋十元。陳景初捐大洋十元。

朱添福捐大洋十元。陳木枝捐大洋十元。眾小渡□捐大洋十元。李門陳氏淑貞大洋十元。陳永添捐大洋九元。東砵林花命捐大洋八元。方深若捐大洋八元。黃玉捐大洋八元。許博夫捐大洋二十元。胡兆祥捐大洋四百元。

黃秋福捐大洋六元。陳甘侯捐大洋六元。謝裕和捐大洋六元。許阿梏捐大洋六元。林平和捐大洋六元。陳邦侯捐大洋六元。陳福来捐大洋六元。朱阿梓捐大洋六元。林順成捐大洋六元。溫進成捐大洋六元。陳隆捐大洋六元。陳玉安捐大洋六元。沈汝賢捐大洋六元。洪順德捐大洋六元。林子欣捐大洋六元。王伯陽捐大洋六元。馬德春捐大洋六元。陳開發捐大洋六元。鄭瑞振捐大洋六元。孫百先捐大洋六元。林福昌捐大洋六元。陳寶善捐大洋五元。黃阿三捐大洋五元。陳致順捐大洋五元。林木生捐大洋五元。陳石佛捐大洋五元。周開和捐大洋五元。沈吉慶捐大洋五元。林烏番捐大洋五元。黃阿長捐大洋五元。陳汝平捐大洋五元。汕頭許成昌大洋五元。厦門捷安輪大洋四元。青州電船大洋四元。福海電船大洋四元。黃碩捐大洋四元。陳載坤捐大洋四元。朱必達捐大洋四元。馬明捐大洋四元。陳桂林捐大洋四元。張有土捐大洋四元。林春林捐大洋四元。馮金水捐大洋四元。洪火金捐大洋四元。謝米金捐大洋四元。涂四倉捐大洋四元。田阿輝捐大洋四元。李福成捐大洋四元。林阿茂捐大洋四元。涂阿卿捐大洋四元。陳品裕捐大洋四元。馮振清捐大洋四元。曾屎黽捐大洋四元。林白清捐大洋四元。謝禮記捐大洋四元。林乙順捐大洋四元。金順發捐大洋五元。金順福捐大洋五元。金彰隆捐大洋五元。金順興捐大洋五元。劉池捐大洋四元。廣利亭捐大洋四元。陳義和捐大洋四元。楊□捐大洋四元。蔡阿華捐大洋四元。曾禄捐大洋四元。李振昌捐大洋四元。游盛發捐大洋四元。馬春茂捐大洋四元。永合興捐大洋四元。老拾成捐大洋四元。老合興捐大洋四元。合順興捐大洋四元。同順興捐大洋四元。鄭瑞豐捐大洋四元。林玉隆捐大洋四元。李順發捐大洋四元。孫深捐大洋四元。林阿枝捐大洋四元。林洽捐大洋四元。彭春來捐大洋四元。葉春茂捐大洋四元。方錫捐大洋四元。黃成六捐大洋四元。余育捐大洋四元。林江渡捐大洋四元。朱鎮捐大洋四元。高成發捐大洋四元。方復泰捐大洋四元。洪心匏捐大洋四元。方任捐大洋四元。陳樹捐大洋四元。陳古捐大洋四元。陳瑞發捐大洋二十元。謝大和春捐大洋三元。陳義安捐

大洋四元。洪九鐳捐大洋三元。黄宝捐大洋三元。黄榮茂捐大洋三元。許冷捐大洋三元。謝文洲捐大洋三元。李秋捐大洋三元。林花螺捐大洋三元。陳乾順捐大洋三元。劉占五捐大洋三元。卓德修捐大洋三元。郭筱瑚捐大洋三元。陳成鍾捐大洋三元。

費款列明：

付出洋灰大洋一百六十九元四，付出白灰大洋三百□□，付出杉款及木工大七百□□，付出瓦款大洋□□，付出打石工大洋六十五元四，付出什費大洋一百□□，付出收緣賬工大洋□□，付出碗料大洋四百□□，付出裝裱大洋二百四十元，付出油漆大洋六百五十元，付出塗水工大洋七百八十元。

總共費款大洋銀共二千五十元。

募化董事：黄瑞興、劉占五、歐相文、高尚志、胡兆祥、許博夫、廖寶珍、劉春光、孫徵甫、卓德修。

民國廿二年歲癸酉陽月完竣，住持僧照勝仝立石。

**按：**此碑現存銅陵鎮東山城隍廟，原碑部分數字爲蘇州碼。

## 一三二四　昭義亭序

亭以義名，昭友衜也。共事監區，誰非寧旅？乃不幸有喪斯士者。白楊衰草，幽魂何依？爰建斯亭，以慰泉壤而昭友道爾。

民國二十三年　月，同人旅誼會公立。

**按：**此碑現存銅陵鎮東山碑廊。

## 一三二五　抗戰紀念亭記

東山自民五設治，罕爲世知，知之自抗戰始。蓋暴敵挾其犀利之武備，視此彈丸孤島，囊中物耳。孰意本縣軍民仰體領袖德威，秉承層峰指導，具慷慨赴義之決心，創民族光榮之史跡，血肉長城有如是者。當民廿八秋七、八月暨翌年春二月，敵僞三度來犯，卒遭我迎頭痛擊，倉皇潰竄。其飛機大炮之淫威，亦於我軍民合作下嗒然失其效用。是此一島孤懸之東山，乃以英勇抗戰名於世。茲各界人士慶幸金湯，緬懷勳烈，既發起慶祝三度抗戰勝利矣，復以九仙室改建抗戰紀念亭，而顔其陰之樓曰『建國樓』，所以壯觀瞻、資興感，使抗、建精神與斯亭、樓共垂不朽。爰綴數語以誌之。

樓勝利謹撰，馬雪邨敬書。中華民國三十年二月　日立。

按：此碑現存銅陵鎮九仙岩寺。

## 一三二六　東山縣僑胞捐資建築抗戰陣亡烈士公墓記

本縣孤懸海外，處國防最前線。自七七事變以後，敵機、敵艦不斷肆虐，並於二十八年七、八月及二十九年二月前後，三次大舉侵犯，海空并進，疆土沉淪。幸賴最高領袖之德威及軍政長官之藎籌，與夫將士、民衆之戮力，用能擊退暴敵，保全領土。本縣各界爲表揚忠烈，慰藉英靈起見，乃就五星亭關帝廟廢址，建築烈士公墓及抗戰陣亡烈士紀念碑記，用國幣壹萬數千元，多由本縣僑胞慷慨捐輸。爰於墓前築亭紀念，并將捐資僑胞勒之於石。

捐資僑胞姓名：

王寶榮、謝聯棠、孫忠來、余加指、朱國良、沈孔、林春木、林水山、吴金英、黄金晗、許岳東、孫貴三、劉達溪、劉達南、田淇川、許修德、林成興、黄水軒、吴安居、陳興茂、張友忠、亞傑公司、陳信道、方盤西、王貴

陽、王裕發、林永金、林如活、林明金、林興春、林進成、唐竹籃、陳長宣、林亞甲、林水西、唐水弄、唐兆磐、唐文章、吴水進、鄭慶星、黄文松、沈榮甫、陳順游。

中華民國三十年六月，建築委員會委員立。

**按**：此碑現存銅陵鎮東山抗戰紀念亭（俗稱五里亭）。

## 一三二七　重修石廟寺題捐碑（二）

重修石廟山佛祖廟宇，樂捐叻幣芳名：

黄經坤伍佰元。朱亞矮、黄經槐、吴軟英、江桂珠、林雪花、蔡建周、江素茶各壹佰元。朱九治、朱龍隨各伍拾元。林秀清肆拾元。沈招貴、林金福、郭月蝦各叁拾元。陳豆粒弍伍元。沈天成、蔡金福、沈火保、林成保、施春國、潘秀里、林春木、王家崗、田培坤、林福嬌、何載池、朱茲木、朱水順、朱亞餅、林瑞枝、林炳坤各弍拾元。沈玉□、張玉保、涂錦盛各拾陸元。朱長發、朱見金、孫瑶希、林金元、林裕仔各拾伍元。孫永周、曾耀光、朱火春、吴妙香各拾弍元。傅炳蘭、朱成春、朱家春、朱吉寧、朱捷源、朱亞狗、江金豐、孫搏仔、吴静山、吴潮泰、王坤春、連志成、邱繼藩、張錦珍、張開順、陳彩玉、何國平、何貴木、蔡沙母、林炳頭各拾元。朱進興伍拾元。

正董事朱作起置。副董事朱秋發，經理朱蘊。中華民國三十六年五月　日。

**按**：此碑現存西埔鎮石廟山石廟寺，碑名爲編者加擬。

# 卷六　長泰縣

## 一三二八　孤星橋題刻

弟子謝評奉爲考妣二親資超生界，及自身合家仝乞平安。大觀元年丁亥歲十一月　日造。石匠戴生。勸首僧乃新、林真，監造僧辨偕。

按：此題刻現存坂裡鄉鐵丁口村孤星橋石板。

## 一三二九　東溪路記

長泰僻在一隅，惟自溪以東接壤于泉之同安，最爲要衝。凡部使者巡歷、邑人西上，下至販夫販婦，莫不往來于此。其路介於山徑之間，巉巇磽确，地名石門、石梯，亂石蹲踞，左右抵觸，尤其絶險。沿路有橋六所，曰洋山、曰林店、曰前洋、曰楊店、曰吴店、曰麻店，皆梁木爲之。歲月經久，木老而仆，板腐而摧。又有陳侯坑者，每遇暴雨漲滿，行道之人，至有終日不得濟者。邑自開創于南唐保大十四年，迨皇宋之興，迄今凡歷幾政。邑父老常有以是爲請，欲爲而中輟者屢矣。

郡倅邱公微之，淳熙間出宰是邑。入境之初，歷觀是險，惻然憫行者之艱。未幾，捐俸勇施，爲邑人倡，邑士傅肅等出而董其事。於是，照頭陀來于天柱山，聞道人來于上高山，工匠三十餘人來于福唐，皆不約而至，誅茅、斬木、鑿石于雙桂之側。是時，左右饑民争出力以助役，公毅然不肯，甯雇役以償直，不欲厲民以妨農事。嗚呼！治橋道以濟民，且爲民惜其力，公之仁固已見一斑矣。公聽斷之下，每出視役，首尾三年，方及就緒。砌石路一千餘丈，平險爲夷者一十六段。鑿險於石門，等級於石梯。舊橋六所，斷者續，頽者築，又造石橋三間於陳侯坑。至今往來者，坦然無阻，皆公之賜也。

興役於淳熙十三年之冬，落成於十五年之春。前輩嘗於橋道，以覘人之政事。夫政事，非橋道所能盡也。蓋小

者既治，則大者必不廢。苟可以濟人者，無不加意焉，則其勞心於撫字也，可知君子。觀公橋道之治，則知善政之罔缺矣。雖然，立石非公意也。公於落成之日，賦詩以示照頭陀云：『鑿斷巑岏平險巇，往來到此免傾危。邱君不用留芳字，路上行人口似碑。』公豈好事者哉？邑士傅肅因語：『僕以公治橋道之意，苟不立石，何以勸後？況公自解邑而歸，既而通判循州，今又通判漳州。子孫詵詵，方興而未艾，非可以示勸耶？』因敬敘其略云。

**按：**此碑未見，碑文見於乾隆長泰縣志卷十一。作者黄子信，長泰人，嘉定四年進士。

## 一三三〇　長泰縣儒學記

古者，庠於黨，序於遂。縣有學，倣古制也。曩長泰有學，初創于登科山之旁，以地窄逼，不足爲士子藏修之所，遂移其學於祥光寺之東偏。自紹興楊公棫登第之後，未有續遺響者。士子病之，載謀欲遷焉，而未果。歲在紹定癸巳，邑有寓公李萬言調萍鄉尉，葉惟寅調番禺丞，瓜成未及，與陰陽家者相方面勢，得縣治之左臂，乃縣之主山。良崗鍾秀，崒然㠑然，若蛟龍之躍淵，祥鳳之飛舞，是殆天有以獻其巧者。

聞之邑宰清源陳公純仁，俞其請，白之於郡，朝謁夕報。遂與邑士友相與併力協贊，命匠鳩工。拓臺肇址，塽塏而夷，撤蔽而通，繩迂而直，乃斵乃陶，乃塈乃雘。大成有殿，講席有堂，入息有廬，肄業有齋，中以戟門，翼以兩廡，庖湢垣墉，靡不具體。肇修瑚簋，繪事從祀，百爾文物，彪烈一新。釋菜而衿佩禬如，絃誦而聲音瑯如。屬役於是年之季春，考成于明年之季冬，陳公適以秩滿歸三山。

於是，鄭公師申來試邑令，又於戟門外鑿之以池，中壘石爲梁。以其池水舊傳古有『龍浚出泉』之語，邑人争取汲之。歲秋，殿庭之中常生兩桂子，目擊者莫不以爲祥異，曰：『是必有盛事，驗於一紀。』果爾淳祐甲辰，郡之捷南宫者三人，邑居其二，陳君寢立、吴君遇聘是已。由癸巳而距甲辰，一紀之言，信乎不誣！迨丁未春，邑之瀛山張君漢傑，以國學内舍前廊擢名鼎甲。猗歟盛哉！邑之士子榮達，何其閟於昔而獨盛於今與？雖曰學校陶成之功、

人物穎秀之美，亦不可謂非學宫改建、地靈人傑之驗也。

予戊申視邑篆，篤修庠序之教。一日，前廊職事貢士許興龍等言於予曰：『創建新學，今餘一十五年矣，而學之記猶缺，恐後人無以知建學之由。』屬予爲記。予曰：『建學之制、新學之政，諸公已知矣。抑亦知其所以建學之指乎？學在内而不外，古也；外而不内，非古也。入是學者，盍思夫若至闕里、若覿孔墻，屬耳而聞金聲玉振，潛心而得性與天道。退而思之，爲顔、爲曾者何人？歸而求之，爲伋、爲軻者何人？必家焉而親其親，官焉而民其民，國焉而君其君；塞則淑諸身，亨則淑諸世。如吾漳之高東溪、顔定肅，聲名節槩，耿耿天地間。是則建學之意，亦予邑宰之所願望也，庶幾是學不爲徒建。』故泚筆而爲之書。

按：此碑未見，碑文見於萬曆元年漳州府志卷二十四。作者趙與垣，淳祐八年任長泰知縣。民國翻印本乾隆長泰縣志著録此碑爲『紹興六年』，誤。

## 一三三一　長泰虎渡橋記

虎渡橋，長泰縣東之要津也，距縣十五里而遠。由是取道於龍江，程驛便非遠也。曩嘗有橋在溪之東，地勢高峻，湍濤奔突，舊址爲之一仆，涉者病焉。邑宰陳公子木於紹定戊子春捐己俸，勉衆力，相度地宜，移高而卑，去險而夷，鑿石築址於順流之上，其長二十丈，其廣有九尺。橋成，出而仕、入而賓、貨而商者，悉道於是。扁石於橋之左右，名曰『虎渡』，蓋立基於寅位故也。乃於東西誅茅割草，架庵二區，瞻緇流則囊金粒米，待行旅則夏飲冬湯。官從之迎送，士民之往來，鄉閭之宴會，莫不於此休焉、息焉。越乙未夏，多雨水，溪流暴漲，突其址者四，撤其梁者九。未逾一兩載，風雨震凌，而庵之廊廡敝壞。隨之行者有涉淵之苦，憩者無託宿之廬，悠悠十有五年，竟莫能出隻手以續前功。

淳祐己酉春二月，令趙公與垣出郊勸農，道迫兹庵，愀形於色，慨然有興壞起廢之盛心。亟捐俸資，命僧董役，

不旬月間而築址如舊。邑人僉曰：『令趙之功，不減于陳。』因回顧橋之西隅，相山勢之窮祟、風氣之會聚，卜宅一畝，爲庵爲亭。林木葱鬱乎其後，岩石崒嵂乎其前，規模壯觀，景象殊麗。不十里之遠，而與朝天庵一脉相續。山川炳靈，人物自著，嗣必有應『虎渡通行』之讖者出乎？邑人誦公之功，囑余爲記。炎午不敢辭，于是乎書。

**按**：此碑未見，碑文見於乾隆長泰縣志卷十一。作者楊炎午，長泰人，宋淳祐七年進士，曾任安溪知縣。

## 一三三二　重建長泰縣學記

縣有學宫，久矣。漳居閩南絶域，自紫陽夫子過化之後，人皆知祟學校，敦詩書，風俗與中土不殊。長泰縣去郡三十里，學初建于登科旁，繼遷于祥光寺之東。宋紹定間，寓公葉惟寅以舊學不利，相地縣之左臂，北瞰良崗，前挹登科、天柱諸山，有龍翔鳳舞之勢，白于縣令陳公純仁，作新學。累經兵火，厥貌巍然獨存。我元至正庚寅，令余元善復搆學廳暨講堂、齋廡，可謂苟完苟美矣。甲午秋，草寇竊發，學宫燬爲灰燼。累年餘孽未甯，孰有爲學校輸心者？

丙申冬，建寧林公幹兒魯不花承事出宰玆邑。視事之初，祗謁先聖、先師，環顧學址，榛莽荒穢，揭處無其所。愀然疚懷，進多士語之曰：『學校，風化之原。學校不興，何以化民成俗乎？』經營規度，舍舊而新是圖。謀諸同寅監邑公伍禄帖穆爾、承事主簿陳文積忠翊，議以克合，獻圖及卜。請于太守羅侯，嘉其舉，檄邑僚佐，協恭贊襄之。乃殫學帑之入，益以己俸，庀徒僦工。取材于山，取瓦于陶，焦勞心思，奔走董役，殆無虚日。丁酉歲十二月，大成殿告成。戊戌夏六月，廟像有位，展拜有庭。秋八月，戟門、兩廡成。規模壯麗，視昔有加。遠近士民，交相贊慶。教諭莫賓述其本末，徵予文銘諸石。

予謂學校廢興，關乎世道盛衰，所以主張綱維乎是道者，則本乎人焉爾。承平之時，興學右文，固長民者職分所當爲，其功未足多也。惟當擾攘之日，而能投戈息馬，拳拳以興學校爲急務，則世所希覯。矧長泰蕞爾之邑，寇

戈數起，青青子衿，披堅執鋭，救死恐不贍，奚暇治詩書禮義哉！天運循環，否極復泰。郡邑有賢守令，上行下效，皆以扶植世道爲己任，使士子得見宗廟之美、宫墻之峻，盍思所以自勵乎？誦詩讀書，尚友古人，忠信爲甲胄，禮義爲干櫓，世治則以斯道覺斯民，或有不幸，猶當守志勵操，爲臣死忠，爲子死孝，以無負國家之倚賴。此正賢守令崇建學校之意，其於風俗豈少補哉？余由科第忝受郡幕，承羅侯命董學校事，興修泮宫，甫將告成，又聞是學輪奂一新，故樂爲之記，并系以詩，俾遊息於斯者詠歌之，庶幾有所興感：

『長泰之學，林宰所興。是圖是究，夙夜靡寧。有美羅侯，克贊其成。輔之翼之，乃經乃營。棟樑榱桷，既堅且貞。翬飛翼跂，左墄右平。仰瞻聖道，昭如日星。蹻蹻士子，陟降廟庭。聽我絃歌，棄我戎兵。一變至道，以遊高明。孝父忠君，先哲是程。于以誦之，千載令名。』

按：此碑未見，碑文見於乾隆長泰縣志卷十一。作者徐觀，時爲漳州路知事。民國翻印本著録爲『至正十六年』，誤，應爲十八年。

## 一三三三　建明倫堂記

長泰學諭章惟敏，不遠千里，遣人以書來言曰：『縣學舊有講堂，在宣聖廟後，規模卑陋，歲久圮壞，不足以容士子周旋，念欲撤其舊而新之。時縣缺官，貲無從出，因視境内有神祠，不載祀典，法當去者，而悟曰：「吾知所以處之矣。」乃具白于郡守錢公。公嘉之，屬參程督，辭以妨職不獲。未幾，遣府吏來攝縣事，就相是役。縣丞王仲名，亦以公務復職，僉謀克協，爰肇工於建文元年冬十月。不取於公，不斂於民，材瓦則毁淫祠以充之，餼廩則勸諸生以助之。既以興學倡於前，其徒之向義協作唐泰等二十餘人，夙夜勤拳，而戴同吉尤加焉。明年春二月初一日，堂成，凡若干楹，規制宏敞，視舊有增。齋舍昔在東偏，與堂不相屬，至是改遷東西相向，秩然有序。又以戟門舊址庳陋，易而新之，高修於昔差倍。諸生咸喜，頌其本末於石。』

余惟三代之學，皆所以明人倫。人之大倫有五，曰君臣、父子、夫婦、兄弟、朋友。其理原於天命，具於人心。

其爲道邇，其爲事不難。誠能致力於此，可以修身，可以齊家，推而達之國與天下，所係豈不重乎？視世之從事於釋、老，而反害於綱常者，霄壤判矣！洪惟皇明崇尚文治，郡縣有學，一是皆以明倫爲教。蓋舉一世之人而納於至道，故雖僻在閩南，郡守表率於上，教官導迪於下。雖責有大小，皆發身儒業，用能祗承德意，修舉廢墜。至於力有不及，乃規畫於經常之外，斥淫祠，崇正道，以致化民厚俗至意，豈徒一時興作爲功哉？況是邦乃朱子過化之地，人習道義，餘風尚存。諸士子登斯堂者，盍亦因名求實，以充其向道之心乎？

郡守名古訓，會稽餘姚人，洪武癸丑進士，嘗使百夷，編百夷傳一集，歷官湖廣布政使司參議。縣丞王仲名，姑蘇人。教諭名參，温之平陽人，由國子監生中應天府洪武丙子鄉試，吾友也。

**按**：此碑未見，碑文見於乾隆長泰縣志卷十一。作者徐宗起，浙江平陽人，時爲温州府學教授。民國翻印本著録此碑爲『建文元年』，誤，應爲二年。

## 一三三四　泰亨書院記

孝弟忠信，教民德也；禮義廉恥，礪民行也；誦詩讀書，醒民心也；角磋石礱，成民材也。培之以小學，灑掃、應對、進退；達之以大學，格致、誠正、修齊、治平，倣古制也。吁！周道衰，尼聖往，民風蚩蚩，若蟲若魚，不有賢哲，孰發其蔽？

督教章君，蜚英胄監，入彀鄉闈。以歲丁丑，來莅泰庠，究心經籍，慨悟古道，以爲己責。講席湫隘，則易而寬之；門扁未立，創崇文樓以張之；淫祠左道，則諭民以理而覆絶之。念夫人才弗作，童養弗端，乃於邑治東南，相土闢基，營書院二，以造蒙穉。始議之際，衆咸難之，君獨奮志決作。既請于郡守錢侯，侯韙而從之。尤慮不能傳遠，復上請于朝，乃揣高低，計徒庸，慮材用，出己貲以成之。

暨興工，邑之人士施田協力、從風贊采者凡百家。東院既成，取其南地之磈磑者，廣厥堂宇。鋤高爲平，塞罅

爲盈，求木于山，取甓於陶。爲堂寢各一，凡十餘間，延袤各有差。堂以序生徒，寢以祀羣哲。推其教學所自，以文公朱先生爲首饗，以東溪、北溪配食。庖饔有次，燕息、倉庾有所，而繚以周垣，飾塈以灰，弗華而樸，以示永固。師貲、歲事一出於田，版築經費不與於官。上高而望，諸山環屏；低徊而俯，一水縈帶。識者奇之，以神靈所授，非人致也。

經始於建文二年十二月，至是究工。青青子衿，負簦鼓篋，摳衣趨隅，如雲如川。富者好禮，貧者守義，勸婚重喪，衈貧援急，彝倫以敘，道義以明。於戲！三代而上，治隆俗美，庶人閭巷，莫不有學。孝弟忠信，禮義廉恥，固自足也。七國而下，功利角興，居學宮者，苟爲具文，無絃誦聲。微朱夫子來守是邦，抑孰知書院之真可興、教化之真可崇者與？君慮功侈，恐費於官，二學之建，一出于己，一勸于眾。君慮民貧，莫能貲於師，則集眾議，置田入穀，以供奠享、廩米，將傳方來、示弘遠。其立心也公，其垂績也異。則由宋以來，興書院、崇教化、踵紫陽之芳躅，非君而誰？君弗自績，而功歸之邑人；邑人弗有，請之佐令王公本，勒石以貽不刊。則章君之功在書院者，昭揭日月，將與漳之山水同峙流。文公之祠，師傳之教，子弟之學，人士之英，地靈之美，綿之世世而未涯也。

田若干畝，鐫之碑陰，志惠方來。後之人，繼而行之，亦世教之多幸也。

章君名參，字惟敏，温州平陽人，雲崖處士第四子也。雲崖苦學清修，隱德弗耀，有功名教，不敢没焉，乃併識之。

**按：**此碑未見，碑文見於乾隆長泰縣志卷十一。作者黄文史，長泰人，洪武二十二年舉人，官至刑部主事。此書院名已更，然前輩黄先生文甚高古，有關風教，故存之。

## 一三三五　長泰縣慈濟宫記

慈濟宫，普佑真君别祠也。真君吴姓，諱夲，泉白礁社人。父業農，其母夢吞白龜而生。既長，學道雲遊，得三五飛步之術，以治疾多奇效。社有堤捍海，被潮衝，幾壞，真君振錫其上，不能災没。里人神而祀之，然未有祠。

元監邑忽都火者，以水頻歲災城，乃塑像營宫，仗神力鎮焉。我朝洪武中，署教諭事章公參至，以祠不載祀典，遷其神，改建龍津書院。永樂壬辰，溪流暴漲，没爲墟。明年冬，鄉耆朱君彦緝等議復舊址重興焉，列狀於視篆三尹謝公彦方，允其請。爰倡義糾貲，喜施者百十餘人，計貲二百五十餘緡。鳩工飭材，闢地拓基，搆堂五間，奉神棲。堂以前爲社學，端蒙教；堂以後爲齋廊、蔬圃，瞻緇流。經始於甲午春三月，落成於秋九月。畫棟翬飛，規模壯麗。天柱、吴岡排翠於前，石岡、羅侯呈輝左右。登科擁其肩，龍津匯其足。廻瀾倒影，光射簷櫳，偉然一奇觀也。余適與同年蔡子計偕行，觴於宫，屬以記。

余謂人道、神道，幽明雖殊，其理則一。君子明乎人之理，則焄蒿悽愴，皆吾氣之昭著也。何二氏之言，不求陰陽屈伸之故，而求諸妖魔之術，以祈福田，則與古制祀意異矣。然書院以水故圮，神像以遷故存。嗚呼！風頹波靡，斯文正教不能砥柱中流，而依草附木之精反竊其功，以惑於世，則爲害又有甚於水者矣！慈宫之建，務民、敬神並用，智者尚毋僭於所事哉！夫事神心不寅直，則肥腯豐昵，適爲瀆祀；拂經爲學，功或作輟，則念慮少差，率皆妖星厲鬼。自茲爲吾民者，疾苦而禱，旱潦而禱；所以交於神者，必儼焉如對明師，毋畔正道以徼福利，而使神恫。爲蒙養者，入以孝，出以弟，進退辭受以禮，亦翼翼焉如祭是承，毋肆幽獨，而致鬼責。則吾所學通於神之理，不爲虚無詭誕之歸；而神附於學，亦得與聞吾道，不爲妖邪崇孽干正。斯無負章師作人之意，而慈宫不爲淫祀也已。作是記。

按：此碑未見，碑文見於乾隆長泰縣志卷十一。作者唐泰，侯官人，洪武二十七年進士，官至陝西按察副使。

## 一三三六　長泰城隍廟記

按舊志：城隍，縣治東。國朝洪武二年，令鄧清遷今址，垂百餘年。余令是邦，肇禋宿廟，顧嘆材蠹將圮。客曰：『知欲圮而先修之，智也；瓦木罔拆毁，擇可登庸，仁也；節材省力，惠也；神樂棲所，禮也。使君一新，衆轂

駢集。』余曰：『初莅官，不務民義而先鬼神，非智。』於是，尚節儉，杜賄賂，剔奸頑，均徭役，崇明祀。明年旱，禱神則雨。又明年，龍溪、南靖邑大水，山崩，壞民舍萬餘間，溺死者千數。我邑界攝其間，神饗我祭，山峙川翕。是歲，彼民飢，數寇我疆，民驚逋逃。余集有能曉大義，教守望捕盜法，禱神默相，三獲俘而邦嘉靖。厥後，屢旱屢禱，屢雨屢豐。年時瘟疫大行，民怖，出無所之，禱神則止。蠢醜梗化，暴揚甲兵，勢如烈焰，民殷慄喙奔。余集壯夫，戒諭約束，行枚備禦，反間攻心，不戰而屈之。非神佑，曷克速滅？

於時，耆老吴邦環等請曰：『神佑吾民恩渥，民敬神情未將。今廟將圮，欲新鼎建，乞使君主之。』余曰：『即今政通民和，百廢俱興，況廟祀當首建者。』乃勸民出貲，總得錢二百四十緡，買材龍川之滸，伐石良岡之陰。墻去蟻蠹，簷蔽風雨，翬革聿新，輪奂勝舊。後寢、廊庫焕然改觀，儀門、夾室亢爽幽雅。落成祭告，余忝主神祀，有陰陽表裏之義，當與神誓，遂執爵祝曰：『朝廷爲民立廟事神，春秋享祀，禮極修明。欲奠民居、足民食，禦災捍患，神當欽奉德意。』又祝曰：『民建新廟，歲事必禱，憂患必禱，欲感遂通，神當式副民意。』又祝曰：『錫慶罔替，敬恭靡懈，神當赫赫厥聲，濯濯厥靈，於萬斯年，富庶壽甯。』祝畢，邑士大夫暨百執事拜曰：『請書爲記。』余讓弗克，遂大書之，昭垂無窮。

**按**：此碑未見，碑文見於乾隆長泰縣志卷十一。作者劉鐸，浙江麗水人，成化八年至十九年任長泰知縣。

## 一三三七　重建長泰縣儒學記

長泰縣儒學，明興百有餘年，其人物則有大魁林公震、京元黄公文史，以文學、氣節相輝映。成化辛丑秋八月，今知縣事麗水劉侯鐸重建廟學成，教諭楊君鳳、訓導蔡君軾具書請記。

縣之學，故在登科山南，後徙祥光寺東。宋紹定間，縣丞葉惟寅復請縣東，而改建焉。山明水秀，前後拱揖，高明亢爽，賢儁選興。元至正間，縣令林幹兒亦既修治之矣。洪武丁卯，教諭章參重建明倫堂、東西兩廡，增崇戟

門。歷宣德間，知縣劉奎又加修焉。歲久序遷，風撼雨濺，祠宇、館舍不足以安神棲而勸士學。侯至環視，仰而嘆曰：『學校，有司首務，可漫視之乎？』越二年甲午，出公帑錢鬻地，搆造士舍十餘間於廟之西。適歲祲，乃於庚子冬首建戟門之樓，次兩廡、櫺星門、東西二齋、會饌堂，以及興文祠。櫺星之南垣墻矮陋，學門内外途路低隘，亦皆修葺鋪砌，嚴整坦夷，倍加於昔。

是役也，工費浩繁。侯愛物力，乃具修舉之由於督學僉事周公孟中、太府姜公諒，二公韙而然之。侯奉命惟謹，夙夜匪懈，區劃有方而民不擾，役使有道而功易成。楊、蔡二先生以雍居旁邑，必樂聞其事而記之，故不敢辭。夫侯之爲此，固欲嚴祀事而興學校，以成人才，以副明時之用。其志之偉，豈俗吏所能仿佛哉！雖然，承侯之志而張學校之政，使士皆知格物窮理之學與博學浹聞者殊科，正心成己之要與割裂裝綴者不同，以豪傑之才而探性命之藴，負斯道之重而詣聖賢之域，以副侯所期望者，此又二先生之責也。

侯之操行也潔，使民也惠。其爲政也，如修壇社、立義塚、秩祀邑厲，又皆彰彰可紀，因併書之。

**按**：此碑未見，碑文見於乾隆長泰縣志卷十一。作者林雍，龍溪人，景泰五年進士，官至兵部郎中。

## 一三三八　邑侯趙公卻金亭記

知長泰縣嘉禾趙公珮，字鳴玉。正德十年正月初八日下車，即諭吾民曰：『爾在治之民，善惡不同；我朝廷之法，勸懲亦異。今後務舍舊圖新，各安生理；以孝弟爲先，以和睦爲尚；以耕讀爲安榮之計，以勤儉爲起家之本。毋作非爲，以罹法網。本職前任參軍，無敢以貪墨自玷，矢諸天日。今令茲邑，决不容私。』吾民聞此，莫不寒心。於今三年有餘，果然秋毫不染。

當〔丁〕丑歲，有朝覲之行，民度公乏程途費，各醵金三十爲贐，公誓不接。或有疑公爲復來，故不受。茲因乏丈夫子，托老歸休。民等深知公之此行囊槖空虚，仍醵白金，有倍於前，聊具送行之禮，爲報公之恩。雖不足以

供林下養老之需，僅足以充程途館穀之費。公益卻而不受，可見立心不以復來爲念，而專以名節爲高。

居官兩省，終始一律。其廉可謂出于天，誠有非人力可致。質諸卻暮夜金、懸生魚之饋者，若合符節矣。用是大書『卻金』二字于亭，一以顯明公之廉，一以爲將來之鑒云。是爲記。

**按：**此碑原在武安鎮珠坂村五里亭，已佚，碑文見於乾隆長泰縣志卷十一，署名爲『邑父老』。

## 一三三九　邑侯朱公去思碑記

嘉靖壬午春二月，長泰邑侯朱公三載當考績。民留撫綏，公慰以行將復來。民信之，追送擁途，相顧欷歔，咸有不忍捨狀。暨歸未幾，聞公道迎尺書，擢蜀潼州守，大失所望。乃相率伐石，紀厥績，寫去思，屬余記之。

余思親民莫如令，令于民有父母之道，父母于子爲之趨利避害。今能以子視民，民必愛思如父母。然稽古良吏，在致民愛，去致民思，大率如是。朱公分銅墨入長泰，視官若家，視民若子。舉其大政，修城池以衛民，築堤岸以護農，新學校以育人材，給衣糧以濟孤寡，積穀粟以備荒歉；弭盜賊、抑豪强、息刁訟、懲賭博、禁停喪、飭琴堂、肅庫獄；植樹於庭，便伺於公者行息焉；斷死刑，必反覆求生；賄賂不入，譽謗不惑。凡利於民、害於民者，殫厥心力，以興之、除之。得父母斯民之道，雖古良吏諒不越此。三載間，邑治煥然，民心感戴，咸不忍欺。偶獲疾，分禱於神，祈以身代，深山羸老，亦願扶出一見。

余於正德辛巳冬十二月來掌泰庠教事，未兩月公已促裝獻最，深恨相遇之晚，弗獲見厥施。所見者，金湯之勝，爲一方保障。及詢士庶，皆曰：『舊城圮壞，公始完以石，費金二千五百有奇。費在於公而民不與，力均於富而貧不擾。周城滿千丈，不三月而成，動之最懋者。』觀此一舉，其他可知，宜民在愛而去思也。嗟夫！上有一日惠澤，民有一日愛思。朱公惠澤及民之遠，民必仰城思功，望碑思德，豈直今日而已耶？因爲之歌曰：『良岡蒼蒼，東溪洋洋；遺愛在民，山高水長。』

公名紘，字廷和，直隸無錫之巨族。中康海榜進士，初授甯海縣尹，尋擢監察御史。立朝抗直不避，左遷福甯監州，轉今官。其爵秩、功業未艾，特此其一端云。

按：此碑未見，碑文見於乾隆長泰縣志卷十一。作者李邦祥，時爲長泰縣學教諭。

## 一三四〇　重建長泰儒學記

大明嘉靖丁亥冬十月之吉，漳州府長泰縣學告成。節推黃君以方瀕行，以書來曰：『茲邑學宫，舊制卑陋，弗稱祀典；講堂歲久，撐柱幾壓。顧惟淫昏妖妄之祠，崇飾太侈，無有限極。蓋南俗尚鬼，而泰尤甚，莫或正之。余攝令於茲，悉籍境内祠宇支離譎詭土木之象，碎而焚之，以絶神姦。慮其已去而寖復也，斥貨其地，裒其價千餘，以積罰鍰計之，充足修學之費。爰白於當道諸公，報曰可。乃度地相基，以東宫淫祠地易楊迪朴居，天妃廢祠田易邵體裕居，充拓其址。經始於乙酉臘之閏月，建廟于左，西爲明倫之堂，易前制也。廟凡七間，高四丈有二尺，深六丈四尺，廣稱之。東西兩廡七間，前爲戟門，又前爲櫺星門。位置像設，稽應圖法。明倫堂五間，深六丈六尺，廣如之。爲齋居幕次凡二間，東西爲兩齋，爲廨舍；前爲儀門，爲泮池；又前爲大門，爲牌坊，甃石爲之。人益效勤，結砌牢密，沈沈翼翼，規制一新。鳩工需財，爲費千百兩有奇，市地之價不與焉。既成而釋菜，群士請記其事，以存不朽，且曰：「願有教也。」夫余以是役而累吾民也，大矣。何不朽之敢圖？而士子之請不可孤，敢屬筆於吾友，願得數言以勖之，且以志吾過。』

淛惟古教學之意，已見諸經。先儒發明，迨無餘藴，諸士則既聞之矣，無俟勦説。第次以方本末而備書之，使後來有考焉。抑以方爲此，固將尊嚴教化之宫，使此邦人士得以優游揖遜於衣冠俎豆之間，沉潛浸漬於詩書禮義之澤，庶幾化民成俗之意，豈直爲是壯觀而已哉？諸士能積是心而體之，則其明道反經，而任教化風俗之責者，自不能已矣。以方名直，撫之金谿人。其學卓有所向，當官而行，以理自信，一無所苟云。

按：此碑未見，碑文見於乾隆長泰縣志卷十一。作者朱淛，莆田人，正德十一年解元，嘉靖二年進士，授湖廣道監察御史，與同鄉馬明衡因抗疏獲罪，削職里居三十年。

## 一三四一　登龍境重興慈濟宫記

慈濟宫，舊建龍津橋東，神祀普佑真君。按，真君泉白礁人，姓吴諱夲，生而神秀，有道術，妙〈下缺〉旱潦多奇驗，没尤炳靈，廟食遍泉、漳。前元邑城災水，忽都火者祠以捍患。我朝洪武己卯，教諭章公改設書院，水圮。永樂甲午，予祖志衡偕劉孔伯、朱彦緝等呈復，爲〈下缺〉公毁，易民居，建學址，廢像奉存，予父虚左廳處之。己未，倭攻城，守者迎鎮東關。城三面受〈下缺〉乘西城東遊兵殲走之。壬戌夏，寇復連營東郊。夜襲城，輒紅燈傳警；迨鏖戰，乃黑煙衝陣〈下缺〉議作宫荅貺。陳甫昌、戴子茂、楊君寅、劉日澄、楊君勉、楊君本主緣，楊盛貴、陳宗孝、朱仲福〈下缺〉火潤、施惠、朱瑞躍、胡昆贊、章玉、郭以明、莊進美協理，善信資助，糾金五百，疇捐百七十兩〈下缺〉四尺，深九丈五尺。興工隆慶己巳，朞而落成。堂構三間兩座，外峙川門，後寢，祝署居士淖〈下缺〉其壁。輪情餉工，售木屑以給徒庸，無苛費於侈靡。由是鄉社有期，約會有所，廟貌巍然。今〈下缺〉受尚論興廢，謂宫之作者，仗神力以奠民居；毁者，没神資以寬民力。雖更化善治，不無〈下缺〉運隆替機也。神聰明正直，豈繇是佚前光？而亟復在民，固情不可解，亦義難終志者乎？然〈下缺〉兹而祷者，必秉寅芷、薦德馨，毋以觴酒豆肉，謂足結神歡，而遂祛慝。神當濯厥靈、赫厥聲〈下缺〉馥以俻，咸高威，則祠匪淫、祭無諂。民熙有永神功，神享無斁血食，幽明同祝頌哉！

萬曆初元龍集癸酉春正月既望，將仕郎、淮府教授、八十五叟愧齋陳道正拜撰。

丙申歲陽月，陳浦昌、楊君寅、劉日澄、陳甫善、楊君本、戴北、楊業天、楊盛貴、朱仲福〈下缺〉。

〈左右鎸聯：〉『萬衆回春神恩普渥，新宫葳事碑碣誌隆。』後學王元驥敬題。

按：此碑現存武安鎮城關村慈濟宮，缺下半。

## 一三四二　長泰縣惠民祠記

惠民有祠者何？昭遺愛也。古者盛德必百世祀，故法施於民則祀之，以死勤事則祀之，禮也。長泰令侯公，以今年甲戌二月戊辰卒於官。公病劇，諸君往視，檢囊中惟俸金數鋌，治殯具及歸途費堇堇不辦。卒之日，臺司、郡中聞而痛之，加贈賻焉。百姓輟舂罷市，若失恃怙，相率擇地而建祠焉，冀瞻遺像，雖没猶存，屬余爲記。

余謂公之賢，其他可能也；其清慎節約，四載如一，而家人無閒言，謹遵遺教，至今不敢出户；平生無疾言遽色，盛怒笞人不滿十：是難能也。嗟乎！公，天下之賢令也。吾泰自辛酉至庚午，田一畝直不及一金，鬻田者經歲不售；今鬻田者，朝鬻夕售，價亦亟增，是可以觀政矣。田價倍增，由役省賦均，百姓樂業；若役煩賦重，人皆欲舍其田以求安，價安得不減？是誠天下賢令也。公素羸弱，壬辰春大旱，力疾禱祠，徒步郊外，拜起日中，而甘霖時澍。百姓争訟田界，必履畝視曲直，不憚勞悴，此爲百姓而忘其身者也。邑中諸役費多，病民莫過里甲。公加意撙節，不忍費一錢。凡私用皆取辦常俸，不以溷民；革大小日之弊，役者省數倍。近歲亡賴小人，視國儲若私藏，以貨求收解輒恣侵盜，事發則攤編户代償。公摘其尤者，按如例，嚴禁絶之。此二事，百姓尤便之。蓋憂民既不便其身，甯顧金錢爲利乎？民有争訟者，一訊立決，小過、誤犯釋不坐。用法既平，吏卒雖欲取貨不可得，百姓往返惟春三月糧而已。旁邑質成者，皆乞詣長泰，以此被褒異者數焉。

公往歲得疾，百姓遍禱羣神，疾乃瘳。茲又疾，醫、巫紛若。疾益劇，百姓時言公愈矣，以某日視事矣，其愛公如此。舊令有去任者，民間言某日戕於盗矣，又言某日孽火燒其家矣，其實訛言也。蓋舊令曾以私憾，議吾民代旁邑征輸，民以是怨之。夫惡之欲其死，惑也，矧下訕上耶？抑人情可見已。壬申之旱，穀價騰踴，公以發倉須關白，乃倣古社倉意，以己俸糴穀别儲之，貴則減價而糶，賤復糴之，貸者免其息。士民咸樂輸，得數百石。公没，

士民以公捐俸爲民，悉賣其穀爲喪費。側室三人辭不受，曰：『公以是賑飢，今忍自利乎？公無丈夫子，將安所歸？』固辭之，邑人悉以建祠。詩云『刑於寡妻』，信矣。公嘗坐某子甲以罪，及没，百姓咸市酒餚以祭，衆疑某子甲必不來，某子甲乃先至。故爲政者能無私怨，則怨亦不及之。凡天道福善者，常也。奪公壽，嗇公嗣，蓋適然爾。爲善者未可以怠，若不求名而名不朽。善果不可爲耶？夫報者，天下之利也，君子以厚，小人以薄。斯舉也，有三代遺直焉，孰忍處其薄哉！

公名嘉佑，廣西横州人，由鄉進士令吾邑。

按：此碑未見，碑文見於乾隆長泰縣志卷十一。作者盧岐嶷。

## 一三四三　石岡山底績記

石岡山，去泰城里許，卓立東南隅，障溪流之縈廻，與學宫而作對。往者盤鬱葱蒨，亭亭藹藹，賢俊故相望也。時則有若黄公廷賓，由京解受御褒；唐公師廓，以召試稱上旨；林公敦聲，以對策魁天下。仕宦雖居中品，名行躍然人傑也。逮民僞滋，法禁弛，發石伐樹，鑿山爲園，水潦乘之，衝決坑陷。其頂深數十丈，從上視之，目眩心悸。由學宫望之，向之翠巘，今爲深谷矣。諸生嗜學倍往時，而京、省二試或登或闕，疑兹山之不假靈也。乃邑中薦紳文學，相率詣監司郡邑言狀，請填築以復舊觀。

先時，邑中募民解運倉儲，適司理筦石尹公督其事，剗除故弊，省三百餘緡，令給散編户，主者匿不給。事露，泰士民願先輸百餘緡，并乞三百緡免給散，悉爲填築費。尹公言於平江劉公曰：『泰士民願以節省餘貲，佐學宫經費，天啓之也。盍從諸？』以白臺司，咸令趣辦。豪民侵山界，若川吴公正之，郡邑按追所侵匿。選擇故博士弟子戴天民、楊烔、陳廷誥等并黎獻若而人司其事，張侯出俸貲佐之，不費官役民。經始於萬曆五年仲冬乙丑，踰年秋告成，山析而復合，類其舊。客土未堅，水潦復毁。

迨遂安方侯分符得泰籍，尹公自諫垣見之，喜曰：『得令若此，足矣！』以石岡屬之。侯課督諸生，以行藝月異歲殊，乃捐俸貲，發贖鍰，石岡復毁，侯復完之。爲畫閣飛簷于山巔，以祀文昌，俾益增文峰之秀。尹公寢食不忘造士，方侯猶是心也。加之歲月，齋舍相望，種植掩映矣。居高明，塵囂絶；對聖賢，志向一；遡功澤，感念深。美莫尚焉。

邇者役夫掘地，得古磚，尺四寸，乃宋景定元年埋讖。上有墨書其繇曰：『石岡平，四山明，文星現，賢才生。』其所指告，有知之者。昔漢文翁省少府用度，以資蜀生，使受業長安，而教化大行，爲循吏首。夫一文翁猶足化蜀，矧上下同以是爲務乎？且蜀士未知學，文翁化誘之，猶得比齊魯；泰士故响風，所遭若此，不趯然奮哉？

方事之興也，邑人笑之曰：『水勢就下，決難障塞。且分裂日久，已成天塹，非人力所及。抔土塞巨塹，束芻捍衝流。用鬼工，吾不知；用人工，損千餘緡未可冀。』今以所挾求所欲，奈何功成，則皆來謝曰：『群公精誠，鬼神相之，非計數所及。』夫爲學猶爲山矣。道之大，原布在方策，而具于人心；消息存亡，惟在所養。立德、立功、立言，心實起之。不爲則已，爲則必要其成。力不從心，弱也；安卑近，甘小就，陋也；不釋回，不增美，怠也；因人言，爲作輟，惑也。夫亦在爲之而已。

沈生維翰、戴生湧、林生梧來請記，遂記其始末。有事茲山者，碑陰列焉。

按：此碑未見，碑文見於乾隆長泰縣志卷十一。作者盧岐嶷。遂安方應時，萬曆八年至十二年任泰令。

## 一三四四　重建長泰城隍廟記

凡郡邑之所寅力於神者，以爲民也。鬼神福善禍淫，與政教賞罰相爲流通。若雨暘祈報，禦大災患，必藉於神。疾痛慘怛，則褰裳而號嘘之，以爲人力莫能與也。城隍之神，實司察一方，有主之者，有命之者。環漳十邑，惟泰邑城隍神最靈。嘉靖己未，倭寇萬人攻城，望見城上旌旗帷蓋，謂蕭侯自將遊兵，不敢逼。乃侯實微服雜守卒中，

不可辨。侯捍禦多策，神數假威靈，故強寇撓敗，墨守益堅，德交歸焉。若水旱災祥，又各以類應矣。

厥初，廟祀在邑東偏。移西北，鄧侯建之，劉侯、蕭侯修之。歲久寖壞，蠹甚則費巨，雖修葺猶始建，故憚弗舉。市井亡賴鼂夕爲賈區，胥徒學究據兩廡及寢殿，黷弗欽。神皁民，民黷神，施報固如是乎？遂安方侯下車展□，四顧憮然曰：『非我也，孰爲興此者？』以未及成民，故遲之。乃崇節約，劃蠹敝，革羨餘，遏豪梗，課文學，通水利，申鄉約，聯保甲，士安教，民安業。乃謀及神祠，倡以俸貲，益以贖鍰，士民欣然出貲佐之，得百餘緡。乃命民獻若而人，計材慮傭。棼楣撓，去撓就堅；瓦甓缺，去缺就完；縹堊剥，去剥就新。簾以外，舊砌石爲臺，今建亭於上，以備風雨。兩廡壁間，繪善惡果報狀，外爲疏欄，以肅瞻視，敖民不得溷焉。督者殫其思，役者殫其勞。

經始于辛巳春正月壬午，越六月丙申二廟成。四方聞之，負劍來觀，渠渠奕奕，喜舞眉端。是舉也，以功則可久，以費則不浮，以舉則度時，以情則從衆，衆孅萃焉。客有問盧子曰：『聞以道莅者，其鬼不神。昔太公爲灌壇令，疾風暴雨不敢入灌壇。茲舉也，特因人情，循斯須爾。夫懀以壽宮而禋其享祀，神豈真能居處飲食哉？』盧子曰：『夫幽之有鬼神，猶明有禮樂也。神故依人而行。邑有賢令，神必依之；令思庇民，則神亦思庇民。故年皆順成，民勿疵厲。神匪不神，不傷人爾。詩稱「愷悌君子，神所勞矣」，不以是哉？且夫鄉曲之豪，渫惡稔禍，意所不可，瞪目磔髯，纖微必報，雖九死不避。驟見神祠威靈，業報昭灼，則神駴色喪，若鬼神熟視震怒，悔不早更。訟者變言黑白，搒笞猶不服，執而詣神祠，與神誓，陽浮欲往，聞鐘鼓聲則蒲伏據地，咋舌無語。非精爽如在，能牖民迪教若此哉！則懀以壽宮而禋其享祀，固務民義者所亟也，而又奚疑焉？』客恍然而悟。父老適來徵記，乃述其所問對者，記之如左。

**按**：此碑未見，碑文見於乾隆長泰縣志卷十一。作者盧岐嶷。

## 一三四五　重修射圃記

遂安方養翁治泰之二年，政洽人和，乃重新射圃。舊時墻屋俱頽，僅存堂室，小民雜居，庭除鞠成交衢穢壤。乃增填基地，飭新堂宇，高於舊三尺。旁夾兩翼，前臺築亭其上，以便射立；左右爲廊，各三間；砌甬道，灰石堅固；周繚垣墻，址石高二尺；闢墻外所侵地，復爲路；引溝水旋遶，毋令衝突；脩觀德門亭，用謹啓鑰。規制焕然，實鼎新也。又制爲射器。

落成之日，與邑博士弟子舉行射儀，不佞謹率職以從。畢射，有問射義於余者，余謂：『射之義，記禮者之言備矣，大要使人習爲君子之事而已。爲人父者以爲父鵠，爲人子者以爲子鵠，爲人君者以爲君鵠，爲人臣者以爲臣鵠，使人人皆可爲君子，故先王尚之，以觀其德行焉。』問者以爲：『邑侯日與泰之都人士課文藝、敦禮節，亦已詳教之以君子矣，而汲汲於射之脩，毋乃煩且難乎？』曰：『此翁之所以使人速爲君子，而不厭其難者也。射者，男子之事，而因飾之以禮樂。故事之盡禮樂，而可數爲以立德行者，莫若射。翁故誘之使習於射，賓主終日百拜而不得醉，禮比樂應，有純奇之較而無勝負之心。習之者，安於綦節而不變堵墻；觀之者，如游矍相之圃，聽序點之語，相率以爲君子無難也。

『是則養翁之所爲脩圃計者若此，而士之所以自脩者則何若？其必以心性爲弓，學問爲矢，聖賢爲的，以致知爲省括，以踐履爲彀率，終日射侯不出正鵠，則庶幾其爲君子矣。夫修廢舉墮，引人使入於善，有司之事也；知禮成性，以速就君子之德，士人之責也。若有司實修之，而士不以實應之，弛而弓矢，變而彀率，失而正鵠，則士之責也奚辭？余願爾多士之自修，無負乎有司修圃之盛心，則善矣。古者，天子將祭，與諸侯射於澤宫，其中多者得與於祭；諸侯貢獻士於天子，試之於射宫，三適謂之有功，則有慶。養翁課治高等，士多適入，而與祭、受慶賞，其在兹乎？』

不佞承乏署學，猶得偕貢獻士之列，得與盛典，不可謂不幸也，安敢無一言以識來問禮者？郭子復陽有志願學，因使記所答問，以俟後之君子焉。

按：此碑未見，碑文見於乾隆長泰縣志卷十一。作者姜子貞，浙江餘姚人，萬曆八年任長泰縣學教諭。

## 一三四六　文昌閣記

余每過卻金亭下，誦邑人所爲記，則嘉禾趙公始終完節，雖古懸魚瘞鹿，何以加焉？意其人必遠嫌自守，以狷介持之，營建修繕皆絶跡閉關。及考記載，則學宫、壇壝修飭以時，百廢並興，節推金溪黄公之視篆也。余以童子入試，親見其人敝衣蔬食，禍福利害不入於心，而重建學宫，高明宏偉，爲一方冠。乃知『人有不爲，而後可有爲』之非虛語也。今又於遂安方侯見之矣。

石岡山爲學宫文峰，葱翠亭亭，賢才相望。居民競錐刀，開鑿耕鋤，水潦沖決，峰巒化巨塹，科第間闊者數歲。萬曆丁丑，臺司採衆議，下郡邑填築，俾復舊觀。歲己卯，猶弗竟。方侯下車之初，愀然曰：『吾得之矣，而力未暇。』乃先之以誠民，熙然遂矣；申之以造士，躍然奮矣。公曰：『吾乘多士之鋭，因政務之閑，特建崇閣於山椒。爰增峰巒之勝，祀文昌於閣中，假借象緯之精。夫文昌理文緒、進功賢，禱必應，矧地靈、人事合而參焉？彙征之士，可操券以責。』乃捐俸貲，以倡義輸，斂錢數十緡。令舊博士弟子戴天民董之，數月而閣成。

屬壬午秋試，邑庠中雋者五人，而公之言驗矣，『文星現，賢才生』之讖符矣。行伍練，材官出；疏糲精，鑿御呈。今之人士，非昔人士與？若夫旬課而月試之，碩師提命之訓也；乞靈於明神以邀之，慈父挈糈之心也。自昔長民者愛養學宫子弟，猶家大人愛養其家子弟，未有如今者也。公護惜名檢，遠嫌潔己，亡異處女。至於興學造士，則悉心任之，無所顧忌，不猶黄、趙二公之操耶？古人有言曰：『思之思之，又重思之而不通，鬼神將通之。』非鬼神之力，精誠之極也。公之精誠與神明合，多士之精誠又與公合，則賢俊雜沓，與時宣力，吾見興之勃而未怠也。

侯起家浙江賢科，諱應時，字以中。

萬曆壬午秋九月既望，邑人盧岐嶷記。

**按：** 此碑未見，碑文見於乾隆長泰縣志卷十一。

## 一三四七　朱文公祠碑

泰邑舊有文公祠以祀紫陽朱夫子，先輩黄廷實記其事。經始于洪武三十三年，攝令博士章君參請于朝所建。記言：『置田入穀，以供享奠。』又言：『文公之祠，世世未涯。』雖名書院，其實祠也。紫陽之道，與天地相終始，祠迄今未改，何以碑將廢而復存？廢則吾徒安仰？存則斯道爲烈。故碑之昭弘道、示不朽也。

近日海内學者，多鉤合虚聲，朝議慮魯鼎售贋、鄭璞非真，故禁之；創立書院，以邀徒與者，悉毁之。則所毁者乃創建，非沿舊齋舍爾，非祠宇也。而文公祠襲舊名，按籍在毁中，令下撤屋，鬻其基，督責甚峻。里中富人子，已操羸計直，從旁睨之矣。明府方侯偕姜、洪二博士詣祠所，愀然曰：『祠直僅數鍰，以佐經費，猶掬土增山、揮汗滴海也。且紫陽闡道以示來世，而不庇其祠乎？』密啓撫臺勞公，謂：『先賢有遺化，鬻祠非美名。臺下倡道作人，方切崇重之意，而下屬奉檄行事，乃貽不韙之名。毋亦過于畏臺下之法，而不深諒臺下之心也！若或官賣而私存，是樹德于己，而過歸於上，義不敢出。如必毁廟而仆碑，是法在必行，而情不以告，尤爲未安。』且援張方平公抗疏上請，四祠獲存，以諷言己非劉摯，願公爲張公明府。自度必直道乃見，太直必忤，當以去就争之。慮先泄，聞者必諫，恐中輟，既遺行而後告人，人皆危之。撫臺發視，深韙之，檄郡邑，凡先賢祠以書院名者，止勿鬻。行部至建州，建守奉檄與試事，辭行，公首問：『泰令得與否？』則已與矣，怡然以喜，既而以廉能薦。當此之時，郡邑相傳爲美談。

嗟夫！理可自信，而事難測度，故喜愠不可以度人，因循不可以恕己；直道未必忤，緘默未必容。道之興廢，

雖係於命，亦存乎人。乃患失之，夫與世浮湛而信心之士，夷險弗顧，所趣何異也？嘗一臠知一鑊，即一事其他可知已。明府名應時，向爲遂安諸生時，白邑令，邀同志築室瀛山，以祀紫陽。其地有文公講論格致往來舊跡，故祠焉，信道蓋雖昔然矣。姜、洪屬予記，戴生廷采、張生問行、陳生鼎臣、沈生輔掖維翰請焉，遂記之。

按：此碑未見，碑文見於乾隆長泰縣志卷十一。作者盧岐嶷。

## 一三四八　復蕁塘陂蓮坂橋道記

泰城北有塘，曰『蕁塘』，隸學宫，廣十畝，泉湧溉田數百畝。以鄉豪侵塞爲田，水利遂廢。後以田充學租，水利未復。方侯巡行省耕，歲值旱乾，田多龜坼。迺命民具鎡畚，復濬爲池，以資灌溉；在田畝募民耕耨，以輸學租；又稽田之隱匿者，以足其數。於是，士有膳、民有養焉。

嘗禱雨，步城東路，當邑要衝，以濱流傾圮，視爲畏途。侯諭民辟茀，傾令平，斷令續，悉填以石，遂成砥矢。路北有石橋，東北之所交也，跨憑深澗，地卑沮洳。每值洪流泛溢，輿人阻梗，有終日而不獲濟者。侯聞嘆咨，瞷農事既畢，捐俸首倡，民胥效力庀工。琢砌構結，陁張基隆，架石梁二十餘間，增高數尺。坦然周行，賴以克濟者，其利溥而遠。

邑士民以侯功德在人，詣余求言，鐫之不朽。余謂：『君子入其國，溝渠闢，道路治，政可知，已然不足以盡侯也。侯清心約己，蠲分剔蠹，親民造士，立保甲，行鄉約，信孚化洽。如役民興利，修學宫，作文昌閣，新福民祠，蓋寅賓舘，建布政司，繕城濠垣，疏顔甫、雙圳陂，其施爲氣象，周悉嚴密，尤不可及者。適撫臺勞公遵朝例，禁聚游，廢郡邑書院，邑文公祠亦在鬻中。侯毅然力争，詞旨剴切，以去就爲决。撫臺嘉其直，下縣罷鬻祠。此賢者尤以爲難，其大節可見矣。』宜紀之，以俟觀風者採焉。

侯名應時，字以中，别號養吾，發浙省庚午賢科，嚴之遂安人也。

按：此碑未見，碑文見於乾隆長泰縣志卷十一。作者唐堯欽，長泰人，隆慶五年進士，官至南京太僕寺卿。

## 一三四九　長泰令方侯去思碑

方侯之令泰也，歷五年所矣。其去泰，蓋以貳刺端州云。行之日，耄倪榷馬首，遮留不使去。其縉紳先生、士，泣而沮於境上，歸則相與謀肖侯像而祠之。爲羅浮、爲石岡、爲珪山，凡三社邑士民群起而争之，曰『侯，吾賢父母也』。奈何三社人自以爲德也，則相與謀礱石而碑之。通衢民獻若如人，徵石之言於不佞，以寄遐思。余謝不敏，其民獻曰：『公嚮爲浙左轄，知吾侯家世稔；今居鄰壤，聞侯德政又稔。敢以侯累公。』

余惟一邑之人之情如此，可以徵政矣。乃洒然異之，曰：『聽而談，吾將不釋於莊生、史氏之言也。莊生所云庚桑楚者，日計之不足，居三歲而俎豆於畏壘之民；漢史氏載何君公居無赫赫名，去後嘗見思。審若其言，則有餘於歲者，將不足於日；而有思於民者，固其無名于時歟？今由方侯事觀之，豈其然乎？侯在事，往徵輸者例有羨金，侯峻革之；節浮剗蠹，賦徭不待期集。聽訟，能以一訊决兩造，至戢豪右、鋤姦猾則甚力。時行村落，勸民疏渠塘、除梁道。歲旱爲露禱，歲祲爲便宜發粟。嘗約劑什伍其民，申皇祖六諭而衍迪之，嚴舍匿保坐，繕城濬隍，建鼓鳴櫜，四境帖然也。屬當重獻民數，侯躬磨勘指顧，而版籍定。則以其間期諸生，較經術，而葺射圃、衛朱祠，以示標的。又于治之後山、學之前山，增高益勝，以完風氣。而邑子之中，雋者五跡，侯所爲才。蓋歲有餘日、日有餘力，烏覩所謂不足哉？五年間，所飛章而薦者，與下璽書而褒者，名至彰赫矣。而今之去也，民逼欲俎豆而追思之，又如彼是，豈可以緣飾鉤致哉？然則，有畏壘之俎豆而無其不足，有君公之去思而多其赫名，兼之者其惟侯乎？此余所以不釋於莊生、史氏之言也。』

嗟乎！當楚與君公時，名位據其上者何限，久歲逝音遐，恍如騄驥飄風，惟二子德音不忘，與日月並遠者，誠繫之于民心也。則夫侯之得民，其聲施遠矣。矧茲超遷鎖鑰南恩，名位尚未有涯。他日注措，當令天下人思之，口

碑足信也，毋誒余矣。

侯名應時，字以中，遂安人，發身浙江賢科。

按：此碑未見，碑文見於乾隆長泰縣志卷十一。作者王應顯，漳浦人，官至太常寺卿。

## 一三五〇 長泰縣新增學田記

永新斗沖龍公司理吾漳，嘆息謂人曰：『今天下人才不如古，何也？我言其故。昔也儒，而今吏，吏則簿書期會亟矣；昔也教，而今政，政則詞訟錢糧亟矣；昔也賤，而今貴，貴則筐篚囊槖亟矣。夫士也無所顧，化饑餓於我土地，曰：「非吾事爾。」嗟夫！古于士德行道藝，教如此其詳也；米廩井授，養如此其預也，猶慮夫無所賴而善也。而今終日營營，惟此三者之不暇也，我則不敢。』蓋自公至，吏治民瘼既躬勉焉，佐守不及，而尤以育才作人爲念。建之敬一箴亭，群學諸倩而教；建之社學，群里諸俊而教；而又拓之租入，爲膏楮費。雖以泰僻且陋，不忘嘉惠，今新增學田，其一也。惟時署泰庠事同安蔡君作而奮曰：『居今學官，雖然冷署乎，今昔名公鉅卿、高賢大良率由此出。藉爲世輕，士猶不可自輕。而况公留意興學若此，我與士安可不勉也？』蓋自君至，感激淬礪，日與其僚晉江李君修明於繩矩問學之業，邑侯東陽盧君從而程督之。邑有邑課，學有學課，季有月課，月有日課。士充然咸有得，則公倡之也。

邑人唐生予告歸里中，士爲予言，忻然而喜曰：『公于漳倅也，理官也。理官善平，庭無寃獄，賢矣，于興學無專責。且也佛氏方興，世稱賢士大夫，購其書、華其宮、豐其食，不厭爲之。公獨斥其田，以充學宮，非卓然不惑，能之乎？學宮教不中程，猥自菲薄，上之人曰「是固然」，置勿問。二君獨與侯能成公志，率厲而化誨之，是皆可謂有志之士也。』於是，諸士來謁予記，唐生乃爲次其言、識其名字與田數及田之先入者附焉，俾書而鐫之石。則又颺言以諗於諸士曰：『斯學也，斯田也，諸士其無謂公爲若師與若階榮進、需飲食而已者哉！非然也。先聖賢之教具在，

示之政曰「先富後教」，與之學曰「謀道不謀食」，命之事君曰「敬事後食」，用我則曰「使吾君安富尊榮」，不用則曰「使子弟孝悌忠信」。諸士習聞久矣，其尚相與服膺實踐，無飾空言欺世，無設奇行干名。夫然將後之人讀余文，而羨慕於若之爲人，曰：「倘所謂古之才，非耶？」夫公之意，亦若是而已矣。』

公名文明，萬曆己丑進士。侯名洪遠，萬曆己卯鄉進士。蔡君用明，今上春官；李君時光，選貢士。田先後若干畝，碑陰書。

**按**：此碑未見，碑文見於乾隆長泰縣志卷十一。作者唐堯欽。泰令盧洪遠，萬曆二十至二十六年任。

## 一三五一　管侯重修廟學記

邑侯五陵管公下車之明日，首謁先師，環視廟宇，爲諮嗟太息，揖諸子衿而進曰：『今聖明在宥，潤色鴻業，惟夫子之道是尊。余小子受命，莅有茲邑，亦惟敦化作人爲首務。惟茲廟貌歷年滋多，傾圮已甚，學宮亦漸頹毁。函丈之容，不堪仰瞻；絲竹之堂，似難絃誦矣。此有土之責，而亦爾多士之恥也！其議所以更新之。』於是，捐俸若干，及邑縉紳羣倩共助若干，白於當道者。策日聚百工，鳩羣材，定章程，拮据夙夜，不違甯處。經始於庚子夏四月，告成於辛丑春三月，費省而功倍。數十年之敝，一旦修舉，犂然改觀，完固壯麗，視昔尤勝。我侯以春秋俎豆，諸弟子執經問難，濟濟於茲。石岡雨霽，董鳳雲蒸；重櫨疊拱綺疏，朱檻焜煙霞熀；日月眈眈之邃宇，來風轆轆之雕甍。拂漢於爍哉！文明之壯觀，而不朽之盛事也。

博士侯君廷命、鄭君效力、李君勳，後先樂觀厥成，率諸子弟謀諸縉紳，勒碑以紀侯績，而俾不佞爆有言。不佞發身庠中，猶水木之有本源，衣冠之有弁冕也。即不任，其敢辭？

夫自三五迭興，墳典遞降，神功聖謨，非不爛然足述。然至於總道法，兼述作，則惟孔子爲萬世宗。英主哲王，用其大經大法，以統一倫類，規恢治理，莫不堂皇肅將，皮弁祭菜，崇報恐後。蓋亭之者天，藉之者地，與天地無

終始者夫子也。郡邑學校，責在有司，承敝襲治，以時修葺，罔敢不虞。然或時拙難舉，謙讓未遑，亦有因陋就簡，僅加粉飾。抱器藏經之士，升堂竊嘆者比比矣。我侯精白一心，綱紀庶政，時和民康，百廢畢舉。其興此役也，藏不稱費，民不知勞，工不浮食，成不踰禩，諸善備矣。以永貞瑨，不亦宜乎？

吾邑雖褊小，逢掖章甫之徒，在聖世代有通顯，或三策冠南宮，或五經魁畿輔。其他衡鑑法從之選，屏翰持憲之英，揚聲卿執，垂勳彝常者，間亦不乏，稱彬彬焉。而遡淵源所自，莫不由學。我侯之革故鼎新，不憚征繕，以畢此役也，夫豈直取一時之耳目？毋亦昭前之光明，建茲休嬍，以爲後人觀。亦惟多士之仰承德意，思樂泮水而益光大之也。聖道甚夷，求師非遠。體我侯修學之心，以自修其學，淬磨砥礪，用成大業。上者接跡儒宗，次者爲楨王國，又其次亦不失爲從政之士。孝悌忠信之行，允符於月旦；進退辭受之節，蚤著於春秋。共守先師之訓，無貽吾黨之羞。令茲學得士之盛，不惟勝甲鄉邦，且儼然與上國齒。庶幾哉無負我侯興學造士之意，而亦諸博士及縉紳先生之願也。多士勗哉！

侯名橘，字彥懷，萬曆乙未進士，直隸之南陵人。

**按**：此碑未見，碑文見於乾隆長泰縣志卷十一。作者戴燝，長泰人，萬曆十四年進士，官至四川按察史。泰令管橘，萬曆二十七至三十二年任。民國翻印本著録此碑爲『萬曆十八年』，誤，應爲二十九年。

## 一三五二　宋紫陽朱夫子遺跡祠記

泰故有書院，顏『泰亨』，後顏『文公』。今改建堂宇，隆隆翼翼，而顏『紫陽遺蹟』者，泰大夫管公始也。泰亨有祀田二百餘畝，祀紫陽朱夫子其上，而以高東溪、陳北溪二先生配者，泰學諭章君始也。洪武之季，章君參繇學諭攝泰篆，既捐貲脩學宮，則以能明孔夫子之道千百世之後者，無如朱夫子。泰又以漳守行部至，遺蹟在焉，爲特疏請於朝，故泰人知祠朱夫子。田浸廢，不知自何時。獨羡章君一學諭攝邑篆，興廢無專責，又當國倥傯初而請

祠置田，崇道作人若此。彼躬承平領邑、章任師帥者，祠傾田廢，罔念聞也，視章君豈不遠哉？後成化劉侯鐸、萬曆方侯應時，皆嘗葺茲祠。嘉靖司理黄公直，撤舊學，增講堂，則大加修拓而顔『文公』者也。

方侯時，相傳朝有毀書院令者，其爲言：『士聚習學宮，而有書院，則木之有癭也。癭生而木病。』予聞而笑且詈曰：『然則令先毀宜孔廟爾？當孔夫子日，周辟雍、魯頖宫故在，孔夫子不之周、魯之學而之杏壇也，其爲癭不大歟？』昔者宋柴中行校藝埸屋，會禁程僞學，奮筆曰：『幼讀程書取科第，如其僞，不願校夫夫也！』曾讀程、朱氏書，書院絶無毀理，後覈之果然。蓋嘗將使指之四方，歷郡邑，匪直朱夫子與閩，環寓内諸儒祠無毀。蓋是時口姬孔而行盗蹠者，聚徒講學半天下，執政惡而逐之，儒先何與？則訛之誤也。方侯獨以高東溪既以朱夫子疏復宫建祠，則故嘗尊禮者，使配食非宜，毁其主而以故主泰簿方公壬配。余竊以爲，朱夫子奉天子命守漳，漳之人歿者存者皆部民，况從罪籍矜雪者哉？高先生孤忠勁節，由南宋迄明人可數，獨表表閩漳已乎？蓋未之有而可義起者。

方侯後又十六年，文廟彝堂棟折梁摧，書院圮塌不可視。朱夫子漂摇風雨中，入者凛其將岌，蓋不毁猶毁矣。主者視秦越不問，問不答。天生管大夫祚我泰人，入泰謁文廟，周視而歎：『敝至此乎？余不長空桑不能然！』謁書院，逡巡無瞻拜處，噫欷若涕下者。進邑諸薦紳、博士弟子，告之曰：『姬公之詰殷也，先教；宣尼之治衛也，先富。斯二者何先乎？曰「教之」。昔者宋子罕手執樸行築人曰：「吾小人皆有闔廬避燥濕，可以君一臺而不速成？可以兩父子宫而故緩視？」修之是所爲教，教之俾勿幹正，是所爲富也。』大夫曰：『諸公許我乎？』首捐俸六十金爲泰倡，學博士鄭君效力、李君勳亦捐，慮財計庸，諏日興工。泰薦紳、士有激于賢大夫之誼也，不數日貲具，大夫則又慎選于泰廉敏而忠勤者，分董二役，不數月竣報。蓋啓聖祠、文廟彝堂、門廡一時朽蠹，易而庀者十之四；紫陽前堂爲新於舊，後祠經始肇創。壯哉乎！美矣，而速且固若此。此余讀『勿亟子來』詩而信先民者之有道也。

於是，大夫告成事，則復進諸人告之曰：『茲役也，甯飾宫墻之觀者哉？余稔聞泰事，俗之黌者，教不明也；教之隳者，學不修也。媿無以身先於若邑，則惟是修明兩夫子教。其自今與若登斯堂也，毋汙而外廓，毋摇而中扃，

毋岐而旁獲。孔夫子論士也，先有耻不辱，次孝弟信果；論政也，尊美屏惡而重民信。朱夫子守漳，手書忠孝廉節四大字於郡之學。夫惟能守此之謂士，如駕浮詭、媒利禄、侮閭里，則兩夫子罪人。而以爲戲劇樗蒲所則，甯鞠蔬圃已爾，余耻焉。』薦紳曰：『法言藥哉！』博士弟子曰：『敢不佩服於兹言！』

余從旁期期曰：『朱夫子守漳，特疏高東溪贈官祀祠，豈其不急之務？而夫子言之，宋之弱者，忠節衰也；忠之衰者，奬借少也。高先生抗言國是，指斥權姦，慮疏不屈，至死不變，則可謂忠正烈丈夫矣。吾彰之，使天下臣子知有若臣者，雖屈必揚，且以漳之人勸漳之士，尤易也。國家强盛異宋，以忠節奬亦少，而正氣微矣。之人也，宜急彰勿失，而况泰有其舉者哉！方公壬嘗游朱夫子門，而不如黄勉齋著。黄故配祀，漳欲於祠復高先生位，增黄先生主爲四配，其或以故嘗尊禮也。祠之右隙地，故予民欲爲特搆一區，爲高先生祀。』

泰薦紳戴子曰：『無庸也，左丘明耻，丘亦耻。孔夫子不故敬禮左歟？左實配孔祀。』王子曰：『聞道先乎吾，吾師之，庸知其生之後乎？吾之祀也，誼正而禮備。其亦朱夫子遺政歟？』大夫曰然。遂次修廢始末與昔相道語者，復二博士。

泰大夫名橋，南陵人，萬曆乙未進士。戴子名熼，柱史觀察，萬曆丙戌進士。王子名一范，尚書郎，萬曆戊戌進士。

**按**：此碑未見，碑文見於乾隆長泰縣志卷十一。作者唐堯欽。

## 一三五三　管侯重修紫陽祠頌

郡國立先聖之宫，而翼以紫陽祠，以紫陽之爲先聖翼也。管侯莅泰，既經營文廟，士依宫墻而升堂入室者，躍然有興，則又撤頹祠而一新之。其事雖修，其功實創，昭昭聖域，匪惟立表載示之塗。嗚呼庥哉！蓋邇經術家争自詭紫陽忠臣，夫業自詭忠臣，何至操室中戈，而加逢蒙之矢？童丱受經，嚴傳注若君親，一旦盡决其藩，又非卓有詣，而苟以刜尊樹敵，是之謂遁天倍人，而忘所受，吾懼其心。天下不患無善治、無真才。心者，才之府，而治之

所從出也。崇俎豆以正人心，有真才，有善治，風之宜自上始。管侯之新紫陽祠也，其有風乎？願士之爲紫陽良臣，而無自詭於忠臣也。昔武城宰以禮樂教，而夫子亟賞之。管侯治泰，興除無所不效，大指在教化，而非徒法行賦辦之急。君子悦是舉也，謂循良之政，可歌也已。爲之頌曰：

洙泗濬源，至閩而演。天口聖譯，一脈斯緬。列宿配月，燦若珠聯。峨峨宫墻，祠則翼焉。世鮮斲輪，人争拾筏。釋導而往，是用顛越。顧瞻廟貌，媿其遺書。孰承厥搆？孰墮厥問？教之弗興，室於何有？管侯來思，造士善誘。言采其茆，在泮之宫。載觀於祠，惻然内恫。出金庀材，賦工鳩匠。蓍而獲繇，曰鼎大壯。雕甍麗日，峻宇干雲。礱楹刻桷，山藻敷文。昔升斯堂，鞠爲茂草。今我落之，飛翬鳥革。嚴宫孔碩，黍稷方馨。髦士奉璋，遹觀厥成。相彼樸斲，丹雘是澤。誦服法言，無曠安宅。道之將行，文其在茲。侯功不泯，紫陽之思。

**按：** 此碑未見，碑文見於乾隆長泰縣志卷十一。作者蔡復一，同安人，萬曆二十三年進士，官至兵部侍郎、貴州巡撫。

## 一三五四　長泰縣五里亭碑記

泰西南五里許，兩山横度，如有截焉。蓋泰與龍畫壤之界，而亦泰諸旁邑駱繹于泰者輪蹄負載必經之道也。從其度而亭之，不知始何時；而亭名『卻金』，則正德之季趙君珮去泰始也。夫與其道之爲泰與泰諸旁邑所必經也，而泰舊令君清風高節于是乎在，亭其可廢乎哉？亭而南又五里許，西渡鰲島，南渡鴻溪，林鬱壤僻而民居遠，盗出没爲藪穴，其攘人于貨，暋不畏法，泰輒罹害焉。泰不爲盗，亭以外則爲盗，蓋非泰治，泰政令固不及也。風雨摧剥，歲月侵尋，亭廢者不知年矣。

宛陵管令君始入泰，謁大府，之漳道焉，問亭廢，曰『卻金』，曰：『彼何人歟？居今世願一見可得歟？而遺節在，可湮没乎？孰計堇堇空亭構，何救盗害？必有以鳩民居者。登兩山望焉，亭而前，辰星可瞻，高山可仰，吾以通馳戀仰止之思；亭而後，地可堂也，吾借大士設教焉；亭而下，列隊羅肆，吾以便日中也。』首捐俸三十金，士若

民樂助有差，二僧董其役，不二月落成。管令君顏之堂曰『善世法堂』，顏之門曰『閩南福地』，顏之亭以『故卻金』。蓋自是道茲亭者，以燕以寢，以觀以游，以迎以送，訢訢如也。而時雨澍，與亭會。管令君之漳，還與雨會，士若民動色相慶曰亭名宜『喜雨』，不佞欽曰：『言是。顧管令云「彼其遺節，願一見也」，而尤爲盜藪慮，請以「卻金」「喜雨」扁東、西，顏亭名曰「鑰西」，前曰「兩賢芳績」，如何？』士若民曰善，遂以紀請。

不佞欽曰：『余能名亭，不能記亭。雖然，余觀茲亭，有得圖政之略，而又有慨于泰與龍之際也。夫亭非泰昔日之亭，而道非泰昔日之道者哉！昔也廢，今也興；昔也蕪没荒煙翳莽間，求一駐足寓目焉而不可；今也蔚爲燕寢觀游佳處，而且儼然一關鎮、一闤闠也，而盜亦息。夫天下而果有不可圖之政？夫圖政而果不在人也乎哉？泰與龍等邑也，龍廣袤數百里，行數日不盡；泰西南五里許，東北一半晌可周。亭以外兩渡，泰委流處也。割余泰何損撮土，靳不予而使爲泰害。何也？等賦也。亭以外爲龍，龍地無升合之輸，山峒川澤無論也，田以畝計、畝粮二升零；亭以内爲泰，泰通田地以斗計、斗種六升糧五升，山林川澤有賦，又何也？夫泰民非吾民也乎哉？一亭隔，廣狹輕重若是懸也。而礦使沓至，礦役繁興，諸旁邑獨無，泰獨有也。積弛叢蠹，泰今日又獨甚也。管令君拊而循之，百廢興，百弊革。一亭構，其細者；然而興廉則勸，禦暴則安，綏旅則懷，計慮遠，區畫詳。察泰治者，視其細可知也。夫政果在人也！』

於是乎爲泰書，而告之當道者曰：『以泰壤小、賦重于諸旁邑，而需政尤亟也。後之憐而泰者，若何曰：「同仁而慎入！」』

按：此碑原在武安鎮珠坂村五里亭，已佚，碑文見於乾隆長泰縣志卷十一。作者唐堯欽。

## 一三五五　管侯新建五里亭頌

維泰之南，越有五里。闔邑通衢，長亭竦峙。昔有趙侯，卻金於此。因以名亭，用彰厥美。歷年滋多，鬱彼荆枳。

行旅宵征，潛伏奸宄。勝以人興，事如有俟。肆我管侯，視民如子。車轍經過，徘徊徙倚。周爰咨諏，捐俸更始。福地聿新，法堂善世。龍象莊嚴，鳳甍蔚起。爰購香田，祝釐守祀。村居稠集，攘奪消彌。即次以安，樂郊可恃。侯之善政，民歌之矣。靡利不圖，靡害不徙。化警神烏，澤馴春雉。隣邑質成，歸如流水。禔福見休，父母孔邇。憧憧往來，大道如砥。憩息亭中，甘棠可擬。縉紳大夫，父老子弟。共勒貞珉，紀績志喜。勉勉我侯，令聞不已。

按：此碑未見，碑文見於乾隆長泰縣志卷十一。作者戴熼。

## 一三五六　長泰令管侯礦山紀德碑

長泰爲邑，介在萬山中，群峰簪金，爰有礦在焉。今皇帝命中使高公寀，實來臨之，以司採事。煽煉之役，輻輳而來，調停匪易，彈壓惟艱。錯節盤根，發硎利刃，較之他邑，則難之難者也。陵陽五陵管侯，以名進士起家，筮令嘉興匝月，士民爲之立碑。已莅長泰可三月，即有調繁烏程之報。邑之薦紳父老倪孺，僉以礦税重務，匪侯烏能勝其任？因奏記兩臺監司諸公，請停調以快輿論。兩臺爲疏諸朝，得俞旨報可。邑之薦紳父老倪孺，咸加額稱慶，頌天子明聖，不鄙夷我海邦云。侯莅泰數更裘葛，政聲煜雪，屹爲七閩冠冕。累首列薦剡，不日且徵入爲金華名侍從。採礦之商，尤荷侯覆露，廣乎若河漢之亡涯也，相與謀勒石，紀侯德。而司礦役者，爲税府中軍官侯必封，貽書走八壺道，索不佞一言，爲侯勒之琬琰。

不佞曩承乏陵陽，與侯締交。侯來閩，修舊雅愈切。而莆去泰鄰部也，東壁餘光，即不佞亦竊比於鄰之貧女乎？不佞因進礦商而問狀，則曰：『泰，山邑也。開採屬之善化，烹煎屬之旌孝。往者奸徒陳昆泉數曹，不奉明文，徑在覆鼎山中相與盜礦，而各場群聚不啻三千餘人。夫利藪多，則防禦爲難；礦徒衆，則紛擾又易。鼓鑄之徒，縱橫於山者肩摩；窺伺之姦，潛伏于側者叵測。侯勁節雄才，清標卓品，剸煩治劇不減敬仲，發奸摘伏恍若公明。苦心焦思，拮据百方，不負國、不病民、不苦商，擘畫中窾，經緯得宜。循績七閩稱冠，苦節一塵不緇。自有泰來，

未兩遘也。吾儕小人，饗其利者爲有德。昔庚桑楚三穰畏壘，其民尸而祝之，吾儕亦相與尸祝侯矣。』不佞竊睹侯六載以來，飲冰噉蘗，皭然不滓；仁以卹矜，義以剖硎；犢者釋佩，虎者褫冠，漁者斂手；羸者無菜色，壯者無戎心；赭衣屏跡，爰書清簡。士民爲之著兩邑政紀，而礦税一端則尤表表著者。異時勛勒旂常，功傳竹素，名世事業，泰其發軔乎？

侯名橘，字彦懷，萬曆乙未進士，直隸之南陵人。

**按**：此碑未見，碑文見於乾隆長泰縣志卷十一。作者林鳴盛，莆田人，萬曆二年進士，官至河南彰德知府。

## 一三五七　管侯岩溪治陂渠碑記

去邑之東北三十里而遥，曰旌孝石銘里。里故有古㔻堰，派分而兩。其一爲岩溪渠，溉田可數百頃，邑人賴之，比於鉗盧、鴻隙云。歲久陵夷，置渠勿詰，堙者什三，没者什七。若魃暵爲虐，則龜坼爲憂，種稑不生，穭秜是長。復陂之謡，久思孫叔；修業之歌，實杜母矣。邑侯管公至，則矢心與民更始，靡利不圖，靡廢不興。田更野老，喜相告也，遂上渠便宜。管侯曰：『嘻，開渠佐田，則有土事。其議所以修治之。』於是，下令業二佃一，酌時宜，相地形，市下田以濬流，開廢洫以通道。薦紳先生，争舍業以佐公家。鍤畚雲興，泉源雨降，浮塍灌畦，垂穎鋪菜。今春旱，歲祲，而岩溪數里汙邪滿車，慶于野者、歌于道者，口碑徹境也。

老更如干人，造戴生熼請曰：『鄙人何知？饗其利者爲有德。管侯治渠之功，吾曹將世世享之，而不勒諸貞珉，後世或有如鄴令之更西門渠者，何以知賢君之法式不可更乎？是廢侯之令德不傳，而吾曹不終饗也。且也，侯之修廟學、免麻户，則君家觀察碑之，惟玆渠功與兩者埒，吾子其碑焉。』戴熼曰：『是功也，在井之卦象矣。若輩知侯之功，而不能悉侯之功；能悉侯之功，而不知侯之所以功。記曰：「善溝者必因水勢，善防者必因地勢。」在夏后氏，以溝洫底平成，而子輿氏推之曰「行所無事」。夫子論惠政，而曰「因民所利而利之」。我侯爲政，因民順流，與之更

始，甯直一渠一陂之爲烈耶？請爲老更陳其概：

『當侯始至時，文廟、頖宫及紫陽祠歲久，楝傾垣圮，士有不願鼎新者乎？侯捐俸爲薦紳倡，夙夜拮据，而廟貌焕然改觀，順流也。奸民充牙，麻户爲累，賠賍者至鬻家賣子，民有不願蠲罷者乎？侯陳策當道，改給行户，而宿弊一朝頓除，順流也。賦役、里甲，法久蠹滋，零丁者以靡控畸重，指縈者以善没畸輕，民有不願通變者乎？侯矢神秉公，嚴稽户口，高門、縣簿罔敢有匿絲髮者，分爲三等，申爲畫一，而民始無向隅，順流也。礦税繁興，使者相望于岩穴，奸人伏聚于山谷，民有不苦驛騷而虞釁亂者乎？侯壹用威德彈壓之，而復機兵、編寮甲，以譏非常而防叵測，閭井按堵如故，順流也。民苦圖賴搶掠，侯爲重反坐之條；民苦豪門并吞，侯爲嚴投獻之禁。常賦征輸，民苦額外私斂，侯爲革分頭，以寓撫字；上司往來，民苦貸器賠失，侯爲置造，以便公私。俗多挾樗蒲、倚市門，侯爲廉而置之法。郊南五里，常爲盜區，侯爲興岩舍，而旅次安。侯每興利畫法，大都因民順流，與之更始。如溝者之因水勢、防者之因地勢，以故德教洋溢，而民歸如流水。

『美哉！侯功明德遠矣。殆夫子所謂因民利而利之者耶？雖然，此其流也。侯爲人，德器汪汪，若千頃之波。胸中經略，如大壑之蓄百川，似發源必東者，似出入就潔者，似蹈深不疑者，似浩浩不居者，似主量必平者，似盈不求概者。漱之則爲渠，聚之則爲陂，因民順流，出之有源。故陂渠不足以盡侯功也，而可以狀侯德。老氏有言：「上善若水。」其斯之謂耶？故今日之爲政于泰，是崐崙之輸而九里之潤也；日且内召而爲政于朝，是四海之放而八埏之溉也。因源知流，因近知遠。』老更曰善，遂泚筆而書之。

按：此碑未見，碑文見於乾隆長泰縣志卷十一。作者戴燝。

## 一三五八　長泰管侯興革功績碑

邑侯管公莅政之暇，一日召三老而問之曰：『邑何事最苦？』曰：『苦麻户。夫麻以急軍需，非獨泰有也，而獨泰

累。蓋起于奸民充牙射利，而後價愈騰湧也。餉不加益，費日加浮，民是以有賠貱之苦。始僅累及四里，今則禍延闔邑矣。始僅費數十金，今則以數百計矣。是無名之征，而向隅之泣也。』侯聞之，愀然動容曰：『第爲若等除之。』於是，具策當道，陳不便狀。兩臺下其議，署郡大夫羅公、防海大夫陶公頗難之，謂：『泰誠累矣，旁邑獨非赤子乎？邑民不能供，勢必給之行户。移萌黎之疾，而置之商賈，何益？』持不可者再。侯心焦然，至廢飯寐。因力言：『蕞爾泰邑，歲額不能供億，而能堪此額外之費？通省軍需夫，莫非王事，而何苦此一方父子爲也。且商人以販麻爲業，事易卒辦。若使早給其餉，而加增其值，勿使爲累，彼樂輸矣。便商而惠民，亦仁人樂爲也。』郡大夫稱善，上其議于監司俞公。公欣然曰：『用麻改給行户，一則可與諸科取齊，一則可免長泰獨困，計無便於此者。』遂轉詳兩臺，報曰可。吾邑數十年積累，一朝頓除。環邑之縉紳士民，以及牧夫遊豎，相慶于道，懽聲若雷。同謀立石，以紀侯績，而徵辭不佞。

不佞惟侯自下車以來，種種善政，不甯惟是也，請得而縷述之，可乎？

侯之始至也，備物致用，例出坊里之役，侯曰：『是皆藉口公家，任情私斂者也。』故事，徵收常賦之外，加有火耗，侯曰：『赤子之膏脂幾何？』椽吏新參，舊有充堂之費，侯曰：『上下之間，有市心矣。』令悉亟去之。

文廟、學宫及文公祠宇，皆以歲久棟傾，幾不蔽風雨。侯首行祭菜，四顧躊躇，潸然涕下。急捐俸爲縉紳倡，鳩工庀材，期月而廟貌悉改。侯率多士談藝其中，以鄉三物程督之，多士喁喁向風矣。

吾邑褊小，諸凡送往迎來，几筵筐篚之屬舊無額設，每上司至則貸之巨室，間或遺失，多至倍償，坊里苦之。侯爲捐俸置造，仍取修補之資，積之司庫之吏，以垂永久，公私緩急皆有賴焉。

邑南五里，地僻人稀，奸宄潛伏。侯爲辟草萊，興岩舍，山陬岑寂忽而成聚，向者畏途今樂郊矣。

邇來礦税之使絡繹於村落，内外之商雜揉於蹊谷，民岌岌矣。侯則爲之編寮甲以察其非常，復官兵以固其防禦，設贍夫以供其往來，邑人按堵如故，若不知有礦税之累者。

兩載春旱，人心嗷嗷。侯齋心步禱，遍走群望，應叩立澍，污邪滿車。

侯日旰坐堂皇，吏抱牘立几下，若置數仞之冰于堂上，凜凜然無敢以耳目進者；然近自城郭之内，與遠而郊圻之外，有纖介姦狀，洞如觀火，衆咸相詫以爲神。諸〔干〕没賂遺者、博塞馳逐者，瞋目而鬬其捷者，胆落而心革，迹絶於道矣。

侯爲政可三載耳，而約法明章，程定文學，興武備，飭穡事，修賦役，平訟獄，簡盗賊，息其所圖者，皆千百年之利；而其所聽斷者，皆闔郡盤錯之事，爲賢者之所難，而侯談笑應之，恢恢有餘。隣邑質成，肩相摩於縣外，侯真異人哉！何其事事快也？夫民可以樂成而難以慮始，下蒙其利者未必上然其信，從古以然。侯每興大利、動大役，民奉之若蓍龜，行之若流水。而若郡大夫，若監司，若兩臺使者，亦皆謳愉受之，倚之若長城，是遵何道哉！侯之皭然不緇者，足取信於上下，而其誠心壹志，又足以貫金石而通神明。信則從，壹則無貳，期於必至，而因其固然，是醇儒之作用也。侯豈修一官、效一職，而以日事時功見奇者哉？故曰：『有非常之人，然後有非常之事；有純白之心，然後有純白之政。』余故因三老之請，覼縷而備書之，以示邑子弟，知我侯之功蹟不可忘也。侯非久且内召，并告異日者，使知賢君之法式不可更也。三老唯唯而退。

**按**：此碑未見，碑文見於乾隆長泰縣志卷十一。作者戴燝。

## 一三五九　管侯重新天柱岩記

夫事有大而理道人風關焉者則志，事有若迂而理道人風亦關者則志，志政也。邑大夫管公之莅政也，興起斯文，噢咻衆庶，以力優兩攝龍溪。諸有修舉，壐中薦紳具有颺言。同安林生，以鄰邑編列，不敢與聞。其邑境内善化里之礦，鄰郡人多奔走焉。公嘗經理拊循，俾爲利藪，無患竇，則泉固壤之聯、波之及也。林生雖以鄰郡編列，敢不拜明賜？乃岩有天柱者，節彼山也，夙稱名勝。巨靈所創，列真所棲。詭石錯列，百丈萬狀，似筆者、似屏者、似象者、

似馬者、似臼者、似砥者、似蓮花者。峰則香爐、大帽，泉則應潮、一綫。古木輪菌，奇卉美箭百出，獻巧雲翔。而陟、而遊、而詠者，豈惟以鄰？將寓内得駕之賢、蓬蓽之彦麕至之矣。公乘化國舒長之日，訟庭餘暇，登睡躊躇，慨然儒者之治功，以萬物得所爲極致，毋令蒲塞向隅矣。于岩所從登之途茀則闢於居，如來之右地曠則樓於寺。故有清丈墾田一十九畝，雜崙畬地，陞科爲焚修者饘粥，豪敓則查而反諸其人。捐禄入而敦戒行之招提曰普輝者，綱紀殿廡之役。焕然黝堊，易陳搆新，與修學宫、建紫陽之祠次第而舉。入其疆，政可知也。則清浄甯一之所及也，則人之所以並育如登春臺，而苦怯暴寡者絀道之所以並行。而出世者之於經世，若明月景星之贊光於陽曜，而油然興其沐祥河、凉火宅之思。此大象之理道、默喻之人風，豈其可迂睨者也？

適普輝來告岩竣工，林生以與諸章縫舊有成言，當爲志。則聞大夫之兩邑惠政，有史氏及今名人紀石，足當召伯甘棠，喟然曰：『是甘棠也，猶兩邑也。』兹岩之新，毋甯兹逖而十方，綿而萬刼，其爲甘棠不兹多哉！杜元凱嘗過慮岸谷谷陵之説，置碑於水。惟天柱則慧日照之，慈雲護之，今固無共工之觸矣，况遊人口碑世世傳也？

公諱橘，字彦懷，號五陵，登萬曆乙未進士，宛之南陵人。

**按：**此碑未見，碑文見於乾隆長泰縣志卷十一。作者林一材，同安人，隆慶五年進士，官至雲南、廣西、山西參政。

## 一三六〇　管侯興復天柱山記

天柱山在邑東可三十里而遥，岧嶢薄天，隱嶙磐地，泉脈縈谷，古樹棲雲，中有深洞幽亭，如天搆神造者，不可枚悉也。每憑高一眺，泉、汀、惠數千里山川雉堞，隱隱入望中；下俯滄溟，杳然無際，員嶠、方壺諸神山之屬，依稀在焉。計傳記所稱『洞天福地』之勝當無踰此，而以僻幽遼仄，故名不著於圖牒。宋崇甯而後，楊道人始卓錫也。雲旗示異，佛燈表祥，而傅伯誠、曾循氏爲之章表靈迹，自是稍稍著矣。由宋迄明，蘭若遞建，緇流雲集，名人碩士時相與登眺，吟詠其間，居然勝事云。山故有海濤、勢至、超凡、象鼻等寺，寺故有田若干頃。正德而後，稍

茀廢也，田折而入於豪右，諸比丘多自引去，招提樓觀因而就圮。遺址故基，殘碑斷礎，徒想望於雲煙虚莽之間而已。

屬吾師宛陵管大夫至，蘇疲撫瘵，剔蠹除壬，政内洽而澤外暢。已乃以暇日觴天柱之巔，而颺言曰：『不穀乃今知有天柱也。不穀嘗北之燕、南之越，道齊、魯、宋、衛、趙、魏之墟，所見名山即多奇，然不能當閩中。閩中夙推武夷、九鯉，以仙靈之窟宅也。然而九曲、九漈一覽則盡，且刻畫點綴，不無人工，所云奥與曠兼而天然奇勝者，其惟天柱哉！今雖頹圮夷漫之餘，猶足甲其觀於上國，况其盛乎？』乃捐貲築閣復田，鎸石而禁侵牟此山者。

邑人交相喜曰：『吾儕於天柱，滂祈暘而旱祈雨，於父母則旱之雨而滂之暘也。將覆露與茲山等厚，而何忍愛其四肢？』于是争爲子來，不浹旬而觀海閣成。諸嘗市山中田者，交相屬曰：『大夫不靳五斗貲，壯山靈觀，吾儕其可嗜刀錐、封尺寸以爲仁人羞？』于是競折券以授僧，而田復。諸比丘則又私相勵曰：『吾徒之甯處此也，奚啻朝靈鷲而夕祇洹也？吾父母之庇吾徒也，又奚啻惠我給孤而崇我寶林也？其敢舊宇之不拓，以爲名山垢？』于是募貲更始，不踰時而故寺巋然一新。嗣是而石室、而卿雲館、而慈雲、而爐峰，咸先後緝繕。蓋期年間，爲閣者一、爲寺者三、爲室若館者各一，爲田者若干畝。遺址復興，殘碑更竪。紳綏章掖之英，鱗次踵集，策屐攜觴，以紀詠一時之概者，視曩日不啻什伯倍之。而搦管操鉛之士，因復捃幽抉秘，覔蹟探奇，爲之圖志編集，以垂來茲，示不朽焉。

夫數十載荒落，而一朝赫曦，誰力哉？家年參和暨盧君啓佩，與不佞俱嘗讀書山中，而俱推轂於吾師者。會不佞自燕歸，則屬不佞記之。不佞謝曰：『吾師美政臚列，口碑長在，此其一爾，焉用文？且余不文，又安足爲吾師重？而不觀於天柱乎？茂林之森束即蔽芾也，盤石之岩落即具瞻也，紫玉之崚嶒即仰止也。千百世後，茲山在則修復之蹟在，豈必藉貞珉而始永與？』盧君曰：『唯唯，否否。吾師即不以二三子重吾，二三子且以吾師重；吾師之績即不以貞珉永，而紫玉之貞珉且以吾師永。子無辭矣！』不佞曰善。遂次其語，而勒之石。

**按**：此爲摩崖石刻，現存陳巷鎮天柱山，録文另見於乾隆長泰縣志卷九。作者楊瑩鍾，長泰人，萬曆三十二年進士，官至廣西布政使。

## 一三六一　天柱山官山田告示

長泰縣示：天柱一帶原係官山官田，不許勢豪强占、貧僧盗賣，樹木不許遠近盗伐；石後官山田，不許勢豪强占、貧僧盗賣。

按：此爲摩崖石刻，現存陳巷鎮天柱山「虎空」、「龍鳳谷」入口兩處。

## 一三六二　袁爺斷便民汲井功德碑

審語：狀元井三面原有空地，各闊五尺許。林光隆乃盖屋罩占，以致汲井不便。街衆抱憤公呈，仍着拆開四圍，留五尺餘地，以便衆人之汲水；且毋令溝水下注，以致井泥不食也。

天啓二年壬戌仲夏，景元社衆立。

按：此碑現存武安鎮中山北路狀元巷狀元井邊。井祀宣德五年寒門狀元林震，今武安京元村張氏家廟「瞻依堂」傳即震出生地。知縣袁懋絅，江西豐城人，萬曆四十三年至天啓三年任。

## 一三六三　重建長泰文廟記

邑有文廟，古也，居縣署之左，弇陋湫隘。明嘉靖間，司理黄公直闢地而恢之，費金錢萬五千有奇。堂簾肅穆，門廡章焕，懸棟飛甍，崇閎巖業，煌煌焉堪爲諸郡最。歲癸未，暨泮宫盡燬於回禄，當事者謀復之而未能也。順治丙戌，余承乏兹邑，伏謁先聖於紫陽祠，心怦然動，將請諸大府而從事焉。值枹鼓數起，姑緩其役。越三年，寇息，學使者閔按漳郡，具請，得報可。乃進薦紳先生及都人士相爲營度。

或有難余曰：『子大夫之志則善矣，亦庸知所以難復之故乎？當黄公時，海内無事，縣官衣租食税，郡邑偶有興

作，朝疏上而夕報可。出諸内帑者，殆貫朽不可校。故事無留難，而民勿告匱，則時之爲也。今蕭然耗費矣，且山童其巔，求材者無從殘木，能神運而鬼輸乎？否則，謗讟囂囂，盈道路矣。故愚以爲需之便。』

余曰：『不然。世之垂紳組而縻廩餼者，固憑藉六籍以自邁者也。讀其書則思宗其人，美宫墻而駿奔之，乃其所耳。且泰之聚族而處者，無慮千餘家，都豐食厚，鮮衣怒馬，焜耀州閭間，居然杜陵韋曲之豪習也。乃於尊師重道之舉，靳勿究圖，亦可異矣。然事蔑纖鉅，顧力行何如耳。雖山髡而石頳乎，千章之材，萬仞之壁，望之嶄如蔚如，左宜而右有者未嘗乏也。可斤可斵，磨礲而砥礪之，奚舍力焉？』

於是召匠鳩工，集瓦石，庀材具。因廟故址，尺量而丈計之，吉蠲有日矣，百執事奔走無敢後。是役也，余以禄入七百先，而鄉士大夫洎豪家巨室，各計貲若干。役起於己丑嘉平，竣庚寅季夏，凡費五千有奇，較前縻既儉而雄麗有加焉。首秋之三日，乃宰豕刲羊，大合樂迎先聖，而釋奠以告成也。余頃得量移廬州司馬，于役有程，而門廡之制、鏤繪之飾尚逡巡未辦。後之君子，嗣余志而竟之，經營丹雘，以垂光於千萬禩，是斯道之幸也。

董其事者，學博士蕭公渼、臧公餘愷；筦材而司出内者，封君戴公焥；分事朝夕恪共，則有明經劉君濟、弟子員薛更之、鄉賓林甫登，皆相度庀材；耆賓楊于陞、儒士薛龍莊，贊襄匪懈，例得並書，以爲趨義急公者之勸。

按：此碑未見，碑文見於乾隆長泰縣志卷十一。作者柴允欽，浙江仁和人，順治五年至八年任長泰知縣。

## 一三六四　戴封君董興文廟記

丙戌冬，不佞司鐸武安，見宫墻當回禄之餘，瓦礫山積，釋奠無所適。己丑，學使者按漳，因與柴令君上其狀，得報可。庀材鳩工，未逾期而甂甈巋然。拮据董成，實藉戴封君公，好施任勞，天植其性。先是，廟對峰石岡塔震於雷公，倡建葺。朝夕往返，日可六餘里，募金捐貲，以襄厥成。甲申戊子，歲屬大祲，公出穀設粥飼，遠近全活以萬數。公生平折節無怠容，其澹朴過於寒士。

是役也，倡之者柴侯，共事則有劉明經濟、薛生更之、楊君于陞、林君甫登，然而領袖勞勩，公實毅然爲任。朝戴星，午傳餐，夜披月，幾忘寒暑之更。且廟闕告竣，儀門爰搆，公益以己帑幾百金，併清左巷壖地，謀數椽爲共事營度之所。自今伊始，簠簋樅簴，嘉禮得行，俾後生小子獲覩詩書羽籥之盛，豈不大有功於名教哉？其有功名教，豈寶跗壺汁能詳萬一哉？不揣不文，因紳衿耆宿之請，而漫爲之記云。

太封諱烇，號光普，有碑亭在文廟左。

**按**：此碑未見，碑文見於乾隆長泰縣志卷十一。作者蕭渶，侯官人，順治五年任長泰縣學教諭。

## 一三六五　方父母惠民石碑記

君侯寶婺秀，大籟與南金。碧眼電初烱，紫髯戟自森。春陽流晬宇，霜月朗清襟。軟語呼民細，低眉聽梵深。映雲花外舄，含雪柳邊琴。蒻蒻菁莪翠，依依蔻蕙侵。歌熏知僅事，借冦豈阿心？七載德星重，百年香火欽。芳規揄不盡，八里有謳唫。

治子楊夢枝拜撰。

**按**：此碑現存武安鎮珠坂村五里亭。作者楊夢枝，長泰人，順治十八年進士，未仕，人稱孝友。

## 一三六六　邑侯父母方老爺愛民去思碑

康熙六年季春穀旦，七甲里班姚旋政立。

光緒十一年梅月，溪邑職員洪北麟順修。

**按**：此碑現存武安鎮珠坂村五里亭。

## 一三六七　邑侯趙公永德碑記

高平趙公莅邑三載所，鑄士字民，鋤奸戢暴，爲德于邑甚鉅。於是，邑之士庶謀所以歌詠而永誌之。或議建之羅侯之巔，爰志高山仰止也；或議崇之梵宮之左，爰與法王等壽也。最後有進説者，曰：『邑故有紫陽祠，歲久漸就傾圮。公曾捐俸修葺，設義學其中，以德造斯士。其前堂東室舊俎豆全城蕭、郁二公，尚虚其西室。若置公于此，於二公何多讓也？』諸生楊貞嘉、黄履登，里耆薛濂、魏秀等，上其議。公謙讓未遑，以士民之固請也，乃領後議。

於是，就西室輪奂，更加潤色。經始於上歲季冬，未匝月而告成。時惟王正望日，適當公甫誕之辰。於是介眉之衆爲嘉讌以落之，設公位，環集而羅拜之。猶慮夫愛久而湮也、思久而替也，於是謀鐫石以紀之，謂不佞宜有辭於此。

余惟公之惻怛慈惠也，實天性使然。故莅政以來，甯以身失權要歡，而不忍纖芥獲戾於民；又甯苦其身，爲民請命，而不忍自暇豫，偷一日之適。則猶憶公下車時，負擔之役動須萬數，公籲減不獲，輒捐軀赴波臣。邑士民爭掖而出之，環對悲歔。當事者爲心動，竟裁其强半。於是，封内之萌，喁喁有更生之慶。而鄰壤之困殘吏者，咸思負耒耜、受一廛，托處公宇下，以免鷄犬驚也。公則以爲此末耳，本治之不圖，其毋乃勃谿誶語，而皆有兢心。乃頒六諭，月吉至公所，召諸父老子弟，親爲講説，有聽而泣下者。

又以士爲民之倡，城闕佻達，恥在於長。爲立社學，延師儒，造俊秀，興禮讓，政暇詣學所督課之。又念食爲民天，邑氓兵燹後，瘡痏未瘳，賦繁役重，家無儋石儲。萬一饑饉洊臻，林林者有溝壑委耳。乃捐俸買穀爲倡，自紳袍子衿以至富民，各量力捐施，共得穀若干石，别建一倉貯之，有備無患。公之爲我泰人謀，其不以苟且傳舍視，類如此。

隣邑逋賦鉅萬，多豪猾巧匿，莫可稽詰。主者蒿目無策，不得已爲權宜計，就田問，主變法，雖善，未免驚駴。公但取蠹役狡胥，户釐而人剔之，初無事此，然惟正之供竟先于他邑，子婦恬然，伊誰之賜？至若瑣兮尾兮，流離之子，遇人不淑，謂他人夫；公聽斷之下，而樂昌之破鏡重圓。又若山寂風淅，雲冪天沈，歸窆無期，暴露可憫；

公義塚一施，而西伯之枯骨被澤。

不特此也。奸民倚勢牟利，夜接盗牛而朝剥割之，屠垣之解十二，蓋浸遍郊坰矣；公大憤填胸，鞭箠不少假借，則及物之惠也。邑處山中，民樵蘇自給，乃有譸張爲幻，若以爲求魚于木而盪舟于陸也者。罹者率弗克自白，公爲潛潛涕出，亟剖其寃狀，賴以得雪者數十家，則泣罪之仁也。至妖婦邪教，煽惑觀者，男女駢闐，公廉知，立置諸法，識者韙之。方之鄴令投巫，蓋若出一轍焉。

要公之能爲此者，皆自皭然不滓之一念，養其甯静淡泊，以爲出加之本。蓋公所讞决，刀錐而上，不以入懷，若不知鈞金束矢爲何事者。嘗自榜其門曰：『夜焚告帝香三炷，日飲爲官水一甌。』則冰霜之操，三載誠如一日也。其始有所不欲取，其後乃無所或渝；其中既有不自欺，其外乃無不可立。先王之制祀法也，曰『德施於民則祀之』。邑人畏壘，公不亦宜乎？

昔漢韓稜令下邳，邳人德之，立廟以祀。徵拜司空，素不飲，一日侍上，忽醉。上問之，對曰：『臣今日降旦，邳人或奠酬爾。』遣使微訪，果然。余知公内擢之後，每歲孟春，諒不免於遥醉耳。因書以應諸生、里耆之請，而勒諸貞珉。

公諱象乾，字御六，别號庚水，以五經魁京闈，山西澤州之高平人。

**按：** 此碑未見，碑文見於乾隆長泰縣志卷十一。作者葉先登。

## 一三六八　重興石岡山文昌閣記

石岡，邑文峰也，與學宫對峙。聳然秀起，蒼翠蓊鬱，望之如畫屏。然其頂頗平，論者以爲是當建閣，以增峰巒之勝。萬曆九年，遂安方公應時莅斯土，捐俸首倡，築閣於山椒，祀文昌神。嗣是人文丕振，甲科蟬聯。甲寅，燬於雷，封君戴公烶捐重貲，鳩眾重建，易木以磚。己未，風雨交作，復燬於雷，士人病之。越六十年，無有踵其役者。

邑庠士王公吉人，好義樂施，太封君紫卿公裔孫也，捐金滿百，倡義重興。而同庠戴君萬選、劉君花春、戴君玉鏘、王君步青、薛君璠璵、戴君黄茂，跋履鳩聚，以贊其績。勞勩三載，費金七百有奇，而功始竣。又思爲長久計，去其磚瓦，易以雲根，勢插天雲，高懸斗極，較諸從前，其壯麗有更加數倍者。昔人有讖云：『石岡平，四山明，文星現，賢才生。』今斯閣告成，文星復燦，則賢哲之挺生接踵而起，又安可量乎？

余昔來泰，嘗遊兹山，與諸同人餞别酬倡，賦詩以紀之。今幸聿觀厥成，竊謂穆叔不朽之論，次在立功，諸君之功大矣。是宜勒之石，以爲後之立功者勸。

按：此碑未見，碑文見於乾隆長泰縣志卷十一。作者李實蕡，漳浦人，雍正五年進士，官至翰林院檢討。

## 一三六九　長泰縣新置學田記

三代之建國惟學，四民之最貴惟士。群士於學，所以立教也，而養亦寓焉。學田之制不可考，然見於孟子『卿以下必有圭田』『士無田則不祭』，其遺意亦可推矣。或曰：『士以研爲田，以筆爲耕，其穫則五鼎萬鍾不爲侈；否則燃糠晝虀，猶不廢我誦讀也。置田於學，何爲者？』雖然，志不存温飽，士之自待固已；而上之所以爲士計者，則不可以士之志不在是，而不預爲之所也。今夫情莫切於饑寒，倫莫先於居室，事莫大於慎終。而有士焉，原突不黔，龐肘常見，梁案莫舉，董身難鬻。當斯時也，倘得有畝鍾之入，於以具饔飧、施縞帶，或純束以爲誘、半衾以爲襚，則情以舒、倫以全、大事以襄，是使士克貴其爲士，夫非預爲之計者得哉！

明李攀龍守鉅鹿，時行部至内丘，過孝子郭巨里，慨然曰：『使巨時能自託於上，何至欲殺其子以食母爲孝也！』適有虞芮所棄田二百餘畝，因籍爲學田，以贍内丘士，士至今德之。文載李滄溟集。然特一邑爾，今全閩之爲内丘者六十有五。乃總制姚公特宏願力，以數年節省宴犒所赢，分發八郡五十七州邑，令有司、博士置買學田，歲斂其入，以待士之迫於情、歉於倫而窘於大事者。其嘉惠後學，蓋以爲養也，而教豈外是哉！夫三代之學寓養於教，今

司馬之田寓教於養，其揆一也。閩士何幸，而復覩隆古之化！争自濯磨，以應薪槱，固其所矣！

泰令員公養純、博士何君龍文，仰承德意，將所購置田址、畝數，欲勒貞珉，以垂永久。余欣逢盛事，故樂得而書之。雖一邑之私言哉，而全閩之言，大約已盡於此。

**按**：此碑未見，碑文見於乾隆長泰縣志卷十一。作者葉先登。泰令員養純，康熙十六至二十一年任。

## 一三七〇　重修長泰文廟碑記

聖天子御極元年，崇重師儒，加意學校，敕直省、郡邑修葺廟學，毋徒以具文應。是時，泰廟學正當頹圮之會，博士馬君瞻顧彷徨，亟欲與士紳謀新之。適逢恩綸，則益相鼓舞，樂觀厥成。蓋泰之有學自宋始，嗣後迭廢迭興，明季燬於火。清朝奠鼎，邑人士竭蹶興復。其時出重貲以倡之者，則封君戴公焥也，至是踰七十年矣。甲子、癸亥間，令君、學博雖相繼增修，而時遠歲積，棟桷日以腐，瓦石日以泐，自非大治工材，其勢固難永久不敝。馬君乃罄其俸入，爲紳士先，而又念工費之劇、出納之總、課程之督，實難其人。於是僉舉勤慎之庠生楊君肇昌，俾耑任其事，而楊君亦慨然引爲己任，殫瘁心力，冒寒暑，晝夜不少休。維時紳士好義，各捐助有差。顧役既興，值桂薪玉粒之歲，諸生所捐輸者僅入三百餘金，而莫爲繼。楊君傾囊倒囷以充費，續用二百餘金，而工始竣。夫功令初頒，爲臣子者當震動恪恭，大破因循之習。然或上莫之倡，或倡矣而下莫之應，上下苟簡，吝與惰並，何以副崇儒之至意，而垂鞏固壯麗之觀乎？馬君職非有司，事權弗屬，而品望素著，惠澤旁流，所孚於國人者既篤以誠，而人所以待之者亦忠且敬。是以倡之者不勞，而應之者恐後，未數月而宫墻殿宇焕然一新，迥非他郡邑之比，此豈權力使然哉！泰邑自宋以來，巍科碩輔，後先相望。繼自今，瞻仰廟貌以肅以恭，唫誦學宫以遊以息，蔚爲國華，媲美前哲，當於廟學之聿新焉券之矣。邑紳士欲誌厥功，屬記於余，爰勒其顛末於石。

馬君諱肇樞，字紫垣，號辰山，康熙乙酉舉人，建安籍侯官人。

**按**：此碑未見，碑文見於乾隆長泰縣志卷十一。作者林瑩，長泰人，康熙四十八年進士，曾任江西安福知縣。

## 一三七一　新建贈公葉先生祠堂記

泰邑之東有旌孝里焉，里多望族，惟珪塘山水形勢爲最勝，葉氏聚族於斯，由來舊矣。余攷葉氏世系，至封君容川公，乃邑庠中錦與其姪太學生珠之九世祖也。公出自繼室，少而失怙，長而嗜學，施與不吝，教于一經，時論偉之。前明成化間，歲值凶荒，野多餓殍。公揭其家貲，賑貧濟困，所活甚眾。有司以其事聞，賜公階義相七品荣身。弘治十六年，公之長君諱仁，以明經授江右臨江府別駕，贈公如其官。公清介自持，善治家政，建秋祊于大宗之右，創祀業，立書田、丁租，凡可以燕翼貽謀，罔不備具。

明季遭倭乱，祠宇傾頹，延今百餘載，祟祀無所。公之聞孫，鮮有不目擊心傷者。惟中錦嚴君應星公、珠尊□德興公，尊祖敬宗之心發于天性，嫌舊址迫狹，捐金預購子姓屋基。甫議經营，而應星、德興二公已相継仙逝矣。幸中錦、珠者善体親志，仝懷廣鳩眾伯武、之桂、辰、訟、江華、生俊等會議，興工鼎建。中錦、珠二慈親継夫夙志，助金五十兩；公之苗裔，各出分金；有所不足，中錦、珠綜以理之。祠由是而聿观厥成焉。落成之日，眾以二人劳費董治，成父厥志，僉議應星、德興二公暨室配容川公歲時廟食。一以表其倡率之美意，一以酧其爱祖之深心，甚盛舉也。是年十月，祀容川公於廟，求記於余。喜二君之克善継述，尤喜諸君能相與以有成也，援筆而書之，以誌不朽云。

賜進士第、内閣中書、文林郎、授江西吉安府安福縣事、年姻眷晚生林瑩頓首拜撰。

賜進士第、吏部觀政、年姻家眷晚生王蒼頓首拜書丹。

歲進士、任汀州府寧化縣儒學訓導兼攝教諭事、九世姪孫采虆頓首拜篆額。

雍正四年季秋穀旦立。

開列費用銀兩：

一，買地叁百叁拾貳兩陸錢伍分。一，石碑、龜槕、入祠柒十五兩。

一，買杉、石、磚、瓦、灰、漆、油金併謝礼、匠工銀，共叁百四拾壹兩伍錢。

中錦充銀四十兩。懷廣充銀十二兩。珠充銀五十兩。

權典出應輪公田銀三佰三十八兩八錢正。

長房辰、佑、喜、套、省、位、□、董、盛、暢等，共一十二兩四錢。協理三房孫之桂、王貴。

二房長玉、珠、碧、恭，二十捌兩三錢五分；二房二邦標、邦昌、邦喬七兩；二房三庚三兩；二房四成、調四兩；二房五穏、啟三兩六錢六分。

三房長提、之桂、洪氏、意六兩四錢，王貴三兩，壯、□生、□五兩□錢，連氏、蔡氏、林氏共十兩二錢；三房二次塘公派共銀叁拾兩一錢；三房三振華、旭四兩二錢，時青、暢五兩五錢，□、江五兩四錢，春、□一兩五錢。

四房長桃蓁、桃萃、桃填、桃杈二十四兩，中錦、中元、中礼、中華四十二兩四錢，□、□、□七兩，力、經、□三兩六錢五分；四房二保、李、玉三兩，棟、成二兩二錢，喜、瑞一兩四錢。

荇、面、訟〈空缺〉兩〈空缺〉錢。莪、躍〈空缺〉兩〈空缺〉錢。宇、琴、祖、午〈空缺〉兩〈空缺〉錢。信、兼、汝〈空缺〉兩〈空缺〉錢。

**按**：此碑現存岩溪鎮珪後村葉氏追遠堂。

## 一三七二　重修明倫堂記

學宮與文廟，相表裏者也。學宮之興廢，係人文之盛衰。聖天子重道右文，令直省、郡邑士群聚於學，圜橋觀聽，所由明倫、育德、陳藝，以底於成也。泰文廟自雍正間重修，壯麗甲於他邑，惟學宮尚患傾頹。前任邑侯莊公

年，偕博士黄公獻、鄭公其灼，勸邑紳士粤西臬憲黄公士傑捐俸八十兩首倡。時紳士林君瑩、王君蒼泊、戴君植生、王君起玉、楊君魁植亦各捐貲。鳩眾重建，無何功垂成而乏費，缺然久停。

静海元公以選進士來署，甫謁聖畢，顧之慨然曰：『天下事貴善始，尤貴善成。第行之有緩急，施之有次第。大成殿現在一柱蛀甚，設棟折榱崩，所費當不貲。』適廪生戴玉鏘、楊以贊、戴黄茂等，亦以其事請。即擇吉興工，召匠經營，成於不日。元公忻然色喜曰：『明倫堂，其亦可乘時完葺乎？願捐俸爲倡。』時植生、起玉亦各再捐重貲。蓋堂外大門、華表雖焕然改觀，而堂上棟樑徒具，瓦磚未備，屏扁未整，黝堊丹雘未施，其何以蔽風雨而肅觀瞻？爰是復鳩工材，尅日欲成。時諸生急於赴闈，督理乏人，而日董勤勞者，惟戴、王二君及以贊之父楊賜使也。甫竣工，有以堦下積土請者。元公復曰：『九仞而虧一簣，可乎？』遂即日起工。奈崩塌日久，積累如山，復闢除五百餘工。穢積既净，甬道整然復出。紳士咸鼓舞懽忻，共慶明亮爽塏勝前日矣。

是役也，起於乾隆戊午五月，竣於是秋七月。自兹以往，莅斯堂者教以詩書禮樂，諭以道德仁義，諸生亦各自奮。將見賢才輩出，人文聿興，一如古昔盛時蟬聯接踵，又安可量乎？諸生請余爲記，余何敢辭？遂詳其始末而紀之石。

公諱玉衡，號健齋，天津静海人，雍正己酉選進士。本學術，爲經濟，禮賢下士。纔數月，即造福於泰如此。倘得借寇久治，其扶衰起敝，又當何如也！

按：此碑未見，碑文見於乾隆《長泰縣志》卷十一。作者郭賜英，同安人，乾隆二年任長泰縣學教諭。

## 一三七三　李邑侯修理紫陽祠碑記

泰有紫陽祠，始洪武末年，教諭章君建，繼方、管列侯嘗修之，其詳見黄、盧、唐、蔡四先生記，不絮論。我朝崇儒重道，進朱夫子位十一哲，典綦至也。歲壬戌，河間李公以經濟才，來宰是邑。治民之餘，凡造士者，一師朱夫子意。入祠肅謁，見簷宇零落、棟樑危欹，慨然捐俸葺之。鳩工庀材，剔蠹補漏，不浹旬而傾者正、缺者完。

役竣，扁其後座曰『學達性天』，前曰『誠正堂』，紀實也，復顔門曰『登科書院』。是公以廢舉墜修，仰承聖天子旨，而又欲芃樸我子弟也。士入是門，藏修游息，無負紫陽教，預儲王國楨，固將于兹祠之修重有賴焉。公功棐迪篤矣，異日政成内召，宏敷教澤，行舉一世甄陶之，而于吾邑特先見端云。多士徵記不佞，敢以不文之詞，略爲之紀其事於石。

公諱永書，號芳園，河間瀛海拔進士。

**按**：此碑未見，碑文見於乾隆長泰縣志卷十一。作者陳聲，長泰人，康熙二十六年舉人。

## 一三七四　皇龍宫護林公禁碑

會衆演戲，永遠公禁：一，不許放火焚山；一，不許盗砍雜木；一，不許寨山挑土併割芼草；一，不許盗買雜木。如違者，罰戲一臺；强違者，絶子害孫！

乾隆八年癸亥公立。

**按**：此碑現存岩溪鎮甘寨村皇龍宫，碑名爲編者加擬。

## 一三七五　長泰縣清理雙圳陂碑記

漳之屬縣長泰之東北鄉，有儲水之陂曰『雙圳』者，宋理宗嘉熙元年丁酉邑人陳耆之所築也。自丁酉距今，蓋積歲五百三十有二矣。世遠制隳，旁近奸民有盗墾爲田者，其裔孫草訟於令。爲之履勘清理，具圖譜，列顛末，來請記以文。

譜載，耆在理宗時，以彰信、人和二里之田歲苦旱，與妻顔氏謀，易己田以興水利。寶慶二年得請於朝，嘉定元年陂成。按史，嘉定元年爲甯宗改元之初，是年戊辰也；寶慶二年爲理宗即位之二年，是年丙戌也。自戊辰至丙

戌，相去十九年，豈有得請於後而告竣於先者？蓋理宗四改元爲嘉熙，歲在丁酉，其訛熙爲定無疑，而譜失之，郡、縣志復失之。甚矣，文獻之難徵也！

譜載，水來於珪山之麓，隨所注屈折，規堰寘牐，爲陂塘三十六，爲圳三百有奇。上閼彰信之烏石潭，下匯人和之歐馬溪，以入於龍津大溪，縣所由達郡之河也。設陂長，時啓閉，共溉二里之田萬餘頃。按縣所勘圖，其創陂之始，自烏石潭引水至上苑社，陂曰『雙圳』；自雙圳而下至古倉社，陂曰『開禧』，遂分而東西流：東陂爲陳陂、爲陳塘、爲田仔、爲洋、爲長背、爲蓮塘、爲陳洋、爲大夫坊，西陂爲上源、爲竹木、爲後溪、爲湯湖、爲洋溪、爲山重、爲羅鼓、爲新塘，計陂十有六，而合流於歐馬溪。今土人目曰『十五户陂』者，『山重』崩而廢其一也。譜、志皆曰『雙圳陂』，從其施工之始而名之也。凡『雙圳』以下之水，彰信受之；『陳洋』以下之水，人和受之；『羅鼓』『新塘』之水，二里均受之。由陂而釃圳，由圳而沃田，所被二十餘里，旱得以蓄而澇得以泄，皆耆功也，故廟食以報焉。

今東陂尚如故，而西陂之『山重』既廢，下流湮塞，『羅鼓』『新塘』俱涸，耆廟亦圮。且譜、志皆載陂塘三十六，可勘者見存諸陂耳，餘即陳氏子孫不能指其處，徵今日之清理，久益不可考矣。夫奸民之盗爲田者，徒覬目前之利，田增陂隘，而水無所儲。偶遇旱澇，則二里之田胥病，是益一己而損及於萬家，農之蟊賊也。令理出盗墾，即責以挑復，且倡營耆廟，立石垂久，可謂能舉其職。嗣今有踵而修濬者，縣爲請奬；盗墾者，陳氏子孫暨陂長皆得訟於縣，苟校以儆。後之令茲邑者視此。

然東陂治矣，而西陂之『羅鼓』『新塘』猶塞，則雙圳陂之水利未全復，而二里之農尚有向隅。今豈無慕義如耆者？是在爲吏者有以勸率之。白渠、芍陂，成自人力，此余所望於賢令長也。

令涂姓，坤名，江西靖安人，以鳳山丞權知此縣。

余既爲記，並使鑱清理弓畝之數於碑陰，以諗後云。

乾隆十三年。

按：此碑現存陳巷鎮戴埯村，碑文模糊不清，碑文另見於乾隆長泰縣志卷十一。作者潘思榘。

## 一三七六　清理雙圳陂碑記

乾隆十三年，余筮仕得閩之長泰，初謁大中丞潘公。振綱飭紀，百廢具興，而于農田水利尤惓惓，重本計也。余奉令，不敢忘。既至泰，泰又閩之僻陬，彌望皆崇崗複嶺，絶鮮可耕之田。其勤者墾山爲田，藉溪流作灌溉，曲徑取泉，各施智力，以備無患。

邑東北彰信、人和二鄉，延袤三十餘里，有田萬餘頃，在山澤間。其蓄水陂塘，則宋好義之士陳耆所設施也。民沾其利者渥矣，因專祀於其鄉。顧歷年久遠，沙泥壅塞，嗜利之徒乘便築埂爲田，河流淺淤，民失其利，祠亦遂廢。近十餘年間，歷經前令李、沈、張、李嚴拘飭禁，設法清釐，而正、署迭更，旋行旋止，梗化者且遏不通也。陳之裔孫草，懼泯前人之功，告請疏通。時署令涂君尊憲諭，備稽通塞形勢；功懸未舉，而余方莅任，奉宣憲德，召父老一一諮詢之。

志載，陳耆捐田二百四十餘畝，創開水利。其源自旌孝里珪山之麓，至上苑大溪南岸，開鑿陂塘，循南行五六里，區爲東西圳，隨地設陂立牐。東圳之陂，曰陳坑、曰陳塘、曰田仔、曰洋、曰長背、曰蓮塘、曰陳洋、曰大夫坊；西圳之陂，曰上源、曰竹木、曰後溪、曰湯湖、曰洋溪、曰山重、曰羅鼓、曰新塘。隨所注屈折周貫，匯流大溪，達龍溪之大江，厥工鉅矣。

乃今之佔築者，王禾、沈車而下百六十名，開佔田四百六十二區，壅遏水流。余躬往督視，悉令疏通，復其故跡。有不率者，荷校以警，而其流乃大暢。顧東陂治矣，而西陂之『羅鼓』『新塘』猶未復，則雙圳農民尚有向隅。大憲之周悉民隱，其曷克慰哉？

余復熟視其形勢，蓋昔年浮山、『山重』之間堤岸窄薄，又大溪漲流直下，湍水激堤，堤身崩陷，『山重』之流遂廢，而小圳亦漸湮塞，民嗟石田無所資灌溉。再召父老，謀所以聚水之法。於浮山之内別浚一渠，避去大溪二十丈，外築塘堰，以衛堤身；由陂釃圳，由圳沃田，澤流滋渥。復爲設陂長，以時啓閉，而昔年大圳三十六、小圳四百餘之規制，井然復舊矣。

明年，年豐時和，民歌樂利。二鄉之民，鳩工庀材，重新祠宇，析餘産以隆祀事，好事者且列余名尸祝之。夫雙圳之興，余與諸紳士衆謀僉同，奏績固易，而實則大憲之鼓舞利民、課其成效，爲不可諠也。余其敢竊爲己力哉？維時經理其事者都閫戴秉魁，具有勞績；而捐田捐資得以周通水利，則有紳士戴植生、楊維翰、盧燦然、楊元讓暨鄉賓楊藍觀，例得備書。其清理弓畝之數及督工、分捐諸姓氏，咸列之碑陰，使後有所考焉。

乾隆十四年。

**按**：此碑現存陳巷鎮戴墘村，碑文模糊不清，碑文另見於乾隆長泰縣志卷十一。作者張懋建，浙江鎮海人，雍正七年拔貢，乾隆十三年任長泰知縣。

## 一三七七　靈順廟禁約碑記

自古西伯之行仁也，化遠孚乎耕畔，澤大被乎枯骨。夫何人心不古，世界日□。撥岸侵佔，輙生争競之端；墾掘墳墩，遂失陰光之德。獨不思田園定分，奚堪利己損人？心地昭彰，豈容偷生害死？衆等恐浸漬愈深，風俗益落，合社演戲，立碑示儆。不許撥墾塍岸、侵剥古墳，并不許□□□畔害苗。庶可轉澆漓爲禮讓，化殘暴爲澤庇也。嗣今以後，倘有故違不馴，小則罰戲一臺，大則呈官究治。凡我鄉親，務宜共凛。

乾隆拾伍年荔月。合社首事生員：林□□、蔡□□、王□□、陳□□、戴□□、楊鳴山、陳□浯、林□□、林□□，生員：林□悦、林□变、林國□等仝立。

按：此碑現存陳巷鎮夫坊村靈順廟，碑名爲編者加擬。

## 一三七八　歐江宫清肅碑記

本宫崇祀列聖，務要清肅，不許積穢，違者厥後弗昌！乾隆十八年公白。

按：此碑現存長泰經濟開發區歐山村歐江宫，碑名爲編者加擬。

## 一三七九　凌虚廟香祀田碑記

青天廉明本縣主太老爺陳斷歸凌虚廟香祀田讞語：

老爺追田喜捨，不許民間霸佔、謀買香火田各田，其有控告依結在案。審得泰邑西門外有凌虚廟，前係道士盧天吉主持，置有課田七斗餘種，粮名盧岐山，歷來已久。後因道士王雲定將廟田私自賣與監生王宗文、王佳珍及林霞、戴碧等管業，已越十有餘載。至道士吴彩珍接住，莫知廟田下落，惟逐年完納盧岐山名下粮。嗣據吴彩珍查出各現掌業主，具告。吊契查訊，惟林霞得田一斗種，尚係契典永絶；其戴碧買田二斗種、王宗文買田一斗五分、王佳珍買田一斗種，或白契管業，或告後投税，而於錢粮均未過割，實屬遺例。除林霞典田一斗種，價銀五兩，令吴彩珍備價取外，其王宗文等田依律俱應入官。但查原係廟田，被前道士王雲定盗賣，歷年俱係吴彩珍賠粮，應將王宗文、王佳珍、戴碧各田還歸廟。飭□吴彩珍收管，不得私擅變廢。並將田畝坐址字號刻石廟門，以垂永久。取具遵依立案，此讞。

乾隆廿四年十二月十三日，蒙太老爺堂審：斷歸林求買廟田一斗五分種，坐在方城里下房洋，土名雙井，緊字四十八號；贖回林毅田八分種，銀八兩，坐方成里下房洋，飛字三千五百廿三號，土名橋仔頭□邊；贖回林霞田一斗種，銀五兩，坐方成里前山社，土名庵碇口欝仔墘，甲字一百七十二號；彩珍銀十四兩贖回王好官田□□分，坐

土名湖墘，即元三十六號。

乾隆廿五年十一月十八日，蒙太老爺堂審：斷歸王宗文田一斗五分種，坐人一里関帝廟後，元字三十六號，丈实七分六厘三；王佳珍田一斗種，坐人二里大銀塘社虎公山，北字廿六號；戴碧田二斗種，坐方成里横洋社，土名孔埔，天字七十六號，一畝三。

乾隆十九年，王門林氏捨銀九兩、彩珍銀二十兩，贖回□□□田三斗種，坐人一里，土名香匙坵，天字廿五號，丈实一畝九分七厘。

募化福禄姓名開列：王水官、林畧官、張光官、張[illegible]官、□□官、林尖官、王霞官、章招官、田親官、戴康官、戴管官。

贖回功德主：

王門盧氏、郭躍官、張智官、林縹官、□滔官、林饒官、謝恬官、宋估官、楊菱官、太學生王應舉、庠生王應燦、王炳章、太學生張大根、王廣官、張爵官、黃義官、張飄官、黃鼎官、庠生王崇德、王有念、盧香官、黃思、太學生張宗敬、戴秘官、徐定官、楊超官、劉武官、宋棍官、王有勝、黃央官、吴記舍、庠生戴玉街、王□官、楊順官、楊杭官、張悼官、黃百官、盧得官、陳仍官、陳金官、戴家禎、戴談官、蔡觀官、黃抗官、王篤官、黃咸官、盧武官、庠生楊期官、戴增福、戴軒官、盧□官、葉競官、胡佛官、戴氏、陳成官各捨銀一大員。

盧厚官、林理平、楊嫖官、李自在、林君養、鄭門張氏、蔡説官、林妹官、鄭倫、歐好官各捨銀二大員。劉領官、王□官、梁淡官、黃包、楊華官、林恭官、王鼎官、林立官、尼際鳳、陳和官、林徽官、王□官、姚敬官、歐大官、王紂官、郭氏、戴高官、胡閣官、王長官、戴時官、柯悦官、劉仍官、黃吉漏、陳氏、吴昌官、林劉官、戴昌官、戴扶官、黃佐官、郭要官、黃生奇、盧伯官、林捧官各捨銀一大員。

戴報官、徐養官、黃紅官、謝愠官、宋岩官、黃清官、林行官、林配官、黃定官、謝諒官、黃斗各捨銀一中員。

何森官、戴旭官、庠生茅景文、戴範官、楊生彩、王概官、戴理量、黃榮賓、許體福、黃民官、林德山、林心官、薛倫官、歐賢官、陳體元、劉佛官、戴進官、楊挺官、薛楚官、錢敬官、張坐官、劉□官、張潤各捨銀三錢正。

乾隆貳拾陸年花月，開山始祖真人盧天吉徒孫吴彩珍字生杭，穀旦勒石。

**按：**此碑現存武安鎮人民路外武廟，碑名爲編者加擬。

## 一三八〇　瑞煙岩記

吾儒之有苗裔，猶僧家之有嗣徒；後人當循先典，猶嗣徒宜守佛戒，有二門無二理也。余於康熙乙亥年春登眺天成故山，借宿半嶺祖岩，晤對亦雄，坐談晨夕，吊古興懷，不覺感慨係之。亦雄合掌，請余爲序，以記斯岩之由。余雖弇鄙，義不容辭。

半嶺祖岩，昉自曾大父方伯公。岩之故址，上覆大石，廣可丈餘，四周石壁週環，真巨丁劈成天然石洞，惟西向處空闊無障。先方伯公甫弱齡，從高祖大參公讀書此間，乃佐以人工，編籬結茅以綴之。逮大參公、方伯公聯掇科第，即有志興造。但方伯公宦于朝，未暇經度及此。大參公既逝，方伯公急成先志，遂命大父孝廉公興工肇造。就山之高下，闢逕築垣，種梅種竹，岩之傍更構房舍，粉壁雕樑，遂成一蘭若矣。延僧定公住持斯岩。雖未能如維摩、給孤諸檀那插草標金願力，然其樂施之懷不少遜焉。乃就于山麓置田三十畝，並岩之前後左右四向山面菓木盡貼定公，爲香積之需。傳其孫徒，逮及亦雄，已四世矣。

雄公之系定公，亦猶烜之系方伯公也。雄公初入禪門，無妄言，無嬉戲。稍壯即持苦行，夜則焚香課誦，晨則種菓力田，數十年如一日不懈。丁巳，天成寇破，祖岩亦毁。至丁卯，亦雄毅圖興復，一年間頓如舊觀。遊人過客，莫不歎公之願力誠宏也。迨中歲，即參學于黃檗、鼓山諸叢林真宗，靡不洞悉。然彼亦只求明心見性，初無意開堂説法。豈期甲戌間，有湖廣大師名吼峰者，雲遊到漳，稱渠自河南郡耳，知漳之天成岩有僧亦雄苦行接衆，遂召而

付以法，漳人始知其爲真僧也。嗟嗟！僧有亦雄，比之吾儒，亦弗棄基之子也，余弗及甚也。

又請余再築石樓于岩之前，以避強徒。余喟然應之曰：『公志可佳。余自天成破後，非無意於堂構，徒寄空懷而莫遂。』及丁卯，兒錫冕魁秋榜，捷南宫，竊謂興復之計亦或有待。乃未及三載，而兒忽爾捐館。西河之痛，又何可言傷今思昔哉！聞師言而益愴。但思我先公奕葉以來，累仁積德，後昆濟濟，繼先述志，必有其人。祖岩異日之崇嚴，爲一大叢林，亦未可知也。故不憚詳其巔末以序之。

乾隆叁拾伍年春月吉旦。曾孫楊烜亨葉氏書，元孫楊有年耕石氏，住持僧寂察、徒照深，仝立石。

**按：**此碑現存天成山瑞煙岩寺遺址。

## 一三八一　皇龍宫廣平宣王杯詩牌

陽陽-陽陰-陰陰：角聲三弄響，無雪自心寒；勸君休愁慮，合營人馬安。

陽陰-陽陰-陽陽：亢宿逢金龍，常行子丑宫；暗藏身在未，急急遷他鄉。

陰陰-陰陰-陽陽：氐頭偷舉眼，暗想好佳人；君與相談話，只恐未成親。

陰陰-陽陽-陰陰：房中生瑞草，孕婦喜臨盆；合眷皆来慶，麒麟是子孫。

陽陽-陰陰-陰陰：心事未分明，又恐被鬼敲；細思難解救，暗路失明燈。

陰陰-陽陰-陰陰：尾與頭相似，不寒亦不温；行人須且止，宿客便尋村。

陽陽-陽陰-陽陰：箕箒是夫妻，搬尽垢濁泥；一朝入王殿，便得貴人提。

陽陽-陽陽-陰陰：斗秤不公平，恐他不至誠；兩邊交易子，到底亦相争。

陰陰-陽陽-陽陽：牛飽欄中眠，牧童在眼前；若人知得我，快樂似神仙。

陽陰-陰陰-陽陰：女子覓良媒，通情便得成；相看談未了，好事自天來。

陰陰-陽陰-陰陰：虛心多感應，汝必用虔誠；所求皆称遂，頗有称心情。

陰陽-陰陰-陰陽：危途实可憂，未免得無愁；細思千里外，山水兩悠悠。

陽陽-陽陰-陽陽：室家事已成，四序尽和平；若要心頭快，青雲足下生。

陽陽-陽陰-陽陽：璧月掛雲間，游魚上急灘；欲捉魚與月，上下兩艱難。

陽陰-陽陽-陽陽：奎星報與君，汝且聽知聞：上看十一口，下看十八分。

陰陰-陰陰-陰陰：娄氏頭戴尾，身穿子路衣；人人皆道是，我且猶堪疑。

陽陰-陰陰-陰陰：胃肚脉和調，安身睡一宵；任他兵馬動，我且自無聊。

陽陰-陽陽-陽陰：昂星頭戴日，炎盛亦不多；欲起去附熱，終久被他磨。

陽陰-陽陽-陰陰：畢竟西風起，定招遠客驚；秋來莫嫌冷，惟有月華明。

陰陽-陰陽-陰陽：觜占昆山玉，凡人知吉凶；勸君急退步，恐久墮坑中。

陽陰-陽陰-陽陰：參宿元來吉，勸君不用疑；所求皆称遂，好事大家知。

陽陽-陽陽-陽陰：井泉清且甘，薰風便是南；呼童來取水，躍出步高岩。

陰陰-陽陰-陽陽：鬼祟作灾殃，関防守着羊；火中躍出馬，四蹄却無傷。

陽陽-陽陰-陽陽：柳絮舞春風，向西又向東；行人開口笑，可作老來翁。

陰陰-陰陰-陽陰：星辰光燦爛，河溪一路通；牛女挽相見，淚後各西東。

陽陽-陽陽-陽陰：張舍出賢人，流傳代代新；到頭歸澗谷，此事实爲真。

陽陽-陰陰-陽陰：翼飛萬里程，引去在雲霄；一旦風雲起，身帰黑裏漂。

陰陽-陽陰-陽陽：軫當念八位，心想不甘心；有話無相合，依然口自吟。

大清乾隆叁拾柒年壬辰瓜月吉旦。

按：此牌現存岩溪鎮甘寨村皇龍宫，刻於木板，杯形以圖示意。

## 一三八二　龍仙宫護樟碑記

塘邊社現存樟木，乾隆三十年春蒙張道憲行縣勘覆，准留蔭在案。四十三年夏，又蒙馮道憲抝縣詳明，准免砍在案。

乾隆四十三年九月吉立。

按：此碑現存武安鎮積山村塘邊社龍仙宫邊古樟下，碑名爲編者加擬。

## 一三八三　祖墳蔭石公禁碑

上至石陂，下至石跳，諸石簇列，俱係梅齋祖墳遮攔腦後溪風，不許開鑿。違者絶嗣，衆共革之！

乾隆丁未年正月公禁。

按：此記刻於亭下林埸嗚珂陂下馬洋溪中巨石。

## 一三八四　瀛山碑記

大凡底法，已見於前，堂構宜肯於後。我祖明叔公肇基此土，越萬鎰鴻基公，丕承厥志，審定規模，數傳而降於今。國朝初，各房孫子敬禮遺意，復作久大之圖。遂更新之構築，仍續建前二進。今三百餘載，顧黝堊掃除，春秋不忘矣。安有爲人之子孫者能無補葺之思乎？

乙丑秋，裔孫廷楊、鴻猷、延輝、鳳翔等潛心精思，籌後進門路，開向外出，不許廟中往來。輔廳左右八間，屬寢房。廳堂兩室，爲生童讀書所。此可以鼓勵人才，肅清廟宇。至廳堂、居室、諸房舍，居積褻慢不堪，尤所宜

戒。涓吉重修，鳩宗定議，以告明於子孫者：列祖雖房寢，略爲改易，而因時制宜，用以副先人之志意也云爾。因勒石於堂，以垂永久。

時嘉慶十年仲秋穀旦，裔孫同立石。

**按**：此碑現存岩溪鎮上蔡村蔡氏敬賢堂。

## 一三八五　重興曷山廟題捐碑

大清嘉慶己卯年，重兴曷山石廟。

赤嶺黃元春奉艮二十一兩。黃天恩奉艮六員。内宅社太學生邵利仲奉艮六大員。同安縣古倉社會龍宫奉艮六大員。前墩社眾等奉艮十中員。坑興社奉艮五員。崎洋劉奉艮四員。大嶺社奉艮七中員。下許社奉艮三員。壠美社林、柯奉艮三兩。内林社奉錢弍千文。南嵐社奉錢千九。下林社林茂松奉艮四員。江都社連道奎奉艮四兩。鄉賓連長天奉艮二員。連仲奎奉艮二兩。邑庠生連正希、連容之各奉艮一員。

□□□奉艮八員。照陽宫奉錢三千六百。集興宫奉錢四千文。又福仔奉錢千弍文。東林院、石尾宫各奉艮四員。龍井宫、香□宫各奉三員。鍾馗社蘇榮美奉艮七中員。種福堂奉艮三員。承安堂、福靈堂、集慶堂、龍仙堂、福靈堂、定應堂、龍頭宫、石室社、泉靈社、楊婆寮、上西社、演柄社、銀山、碧蘭、封侯社各奉艮二員。美里宫、玉鏡观、三化观、吴務观各奉艮二員。隔口社奉艮三兩。石康口社奉艮二兩。縣内舉人楊嘉、舉人戴登高、舉人楊光還、貢生黄汪如、貢生楊上標、貢生楊頊濱各奉艮一員。美里宫、舉人王三重奉艮一中員。庠生王廷奉艮三兩。庠生王科捷奉艮一員。王三賢、王鉅观、王□观、王岱观、王篤观、王汀观、王明观、王詩观、王巷观、王杉观各奉艮一員。戴寶盛、戴應昌、戴玉瑛、林造龍、如瀠號、芳瀾號、錦香號、黄琴观各奉艮一員。

長泰縣石岑陳老師題序。庠生蔡克動、蔡趙生、蔡取元、庠生陳温恭、陳捷三、庠生林之生各奉一員。下林社

林壂觀、長林前社郭衆信士、登仕郎郭文貌各奉艮三中員。庠生戴鴻恩奉艮一兩二錢。追遠堂、庠生戴名梓、太學洪宗周、太學黄良謨、葉清豐堂、田邊社、張榮華、集慶堂、王媽甲各奉艮一員。廣德宫、坑□庵、倉仔庵、竹塔社各奉錢千二文。龍興宫、太學黄良澤各奉艮一員。山重社□薛藩奉艮一員。舉人劉登山、貢生沈建初、貢生陳朝風、廩生沈紀雲、陳國泰俱奉艮一中員。庠生王浣溪、王瀟、王河登、王迪〈下缺〉京元社奉艮六員。

**按**：此碑現存陳巷鎮吴田山曷山廟，碑名爲編者加擬。

## 一三八六　皇龍宫修塘碑記

鳳山連峰南走，巖水重疊奔赴。吾鄉清溪界其前，而水利恒苦不足者，以未得蓄洩之宜也。八世時，雲波始以私田爲塘，賡惠繼成之。歲久而圮，乃鳩衆重修之。凡仰灌於塘者，唯雲波、賡惠尝田一石餘種免派，餘田每斗皆充錢二百、助徒三日，均劳費也。表石爲記，公水尽頂嵌乃止，下則塘主私之，定界劃也。每歲以本宫會首公同灌溉，分爲五番，以次輪流，示無私且不越也。凡塘水止以養苗，唯二公嘗業或值亢旱，許先决以播種，不忘本也。歲凡兩熟，除二公尝業之外，每田一斗，各取斗粟，内以六石四斗爲塘租，十二石充祖費，餘皆以畀灌水者，答其劳也。

是役也，𠔥築於庚之冬季，以辛之春仲告成。庚以更之，辛以新之。蓋役之始終，而干支適合焉，其有定数乎？始倡其議者，江、義登；賛成者，文衡、朝鳳、乙官、飄官、温恭、克斯、猗官；推惠族中，則雲波裔孫清渠；分任課督，則念官、宝樹、祖蔭、光喜、懋官；而鳩工庀材、登原陟巘，則春魁總理之力爲多。榮喜其事，爰爲之記，使後人偹知功德云。

旹道光元年辛巳歲花月穀旦立石，元吉書。

**按**：此碑現存岩溪鎮甘寨村皇龍宫，碑名爲編者加擬。

## 一三八七　張氏宗祠公約碑

自始祖禮齋公以來，派别走分，至我祖映江公，十有三世矣。因念大祖之建於昔時，遂欲築小祠。於今日集衆鳩工，悉協經營之志，咸具本源之思。想祖先在昔本好清静，誠非若居家之所得以漫穢藏什者矣。且子孫亦各具有天良之性，豈願崇祀之地任我住宿、收貯，狎祖先乎？

爰集公約：勿藏農器，勿蓄土產，亦莫藉口公厝堆積柴草、麥把，污穢祖祠門口内外。或延師教誨讀書，寔係正宗之事，祖先亦所樂聞；捨此之外，伏祈如約。倘有不肖子孫故違斯訓，并凡理公事不平、有私心者，祖先責其不孝之罪。敬之慎之，勿違斯言焉！

道光三年八月　日立，公約石記。

**按**：此碑現存武安鎮京元村張氏追遠堂，碑名爲編者加擬。

## 一三八八　葉氏宗祠公禁碑

祖疊崗公，庠中人也。祠内唯攻書者准住之，其餘一概不准。不得暫宿房間；不得托寄物件；不得收芼草檐下；不得晒物厝頂；内中不演戲；不得寓官音班；前後左右不得再築草架、屋間及厠池、火爐間、穢污。如違，即將物件分散拆碎。

道光癸卯年桂月，各房家長立石。

**按**：此碑現存岩溪鎮田頭村田頭社葉氏瞻依堂，碑名爲編者加擬。

## 一三八九　重修曷山殿碑記

董事：石橋仔余清疇奉銀二大元。□里社王墘观奉銀二大元。草坔戴三水奉銀二大元二角。龍門社舉人林長榮奉銀二大元。京元社眾弟子奉錢四千二百文。龍門社奎壁堂生員林□奉銀一大元。泉林社林雙輅奉錢一千二百文。草坔社戴箐光奉錢二千文。洪岩社龍□堂奉錢二千文，聚□□奉銀一元二角。溪坑社眾弟子奉銀一元四角。美里社童生王有經、縣内戴竹□、侍郎坂戴文山、蓬萊社眾弟子、侍郎坂戴亨泰、平田仔吴九娘、東林社李謙光、吳家山吳隆庙、霞彭社眾弟子、大坑社眾弟子，以上各奉銀一元。

大清咸豐三年癸丑桂月穀旦立。

**按**：此碑現存陳巷鎮吴田山曷山廟，已斷爲二截。

## 一三九〇　募建敬聖亭小引

環中皆陋境也。自字成鳥迹，精泄龍潛，雨粟祥呈，結繩政易，遂以洗乾坤之陋而焕乎文章矣。獨慨祖龍御宇，欲王天下人，收百家書于咸陽而火之，此上下千古之奇禍也。雖然，火能爲禍，亦能爲功。斷簡殘篇，委諸草莽；單詞隻字，辱在泥塗，蚩蚩者類皆然矣。與其棄而躪之，何若焚而化之？未付清流，先投烈焰，此敬聖亭之所由設也。

江都千百家，泰東一大村落也，吾宗居此殆五百年。山溪雄奇之勝，非無磊落英多者出，而黼黻簪纓終焉寐之，安知非敬聖一道缺而不講者乎？讀聖賢書，即不能本所學而措理家國，奈何并此區區分内事而亦忘之。今諸先生長者，悉躍躍有是心，謀諸族人，亦多出鏹相助，予贊而成之。卜地于清溪之崖，奇石森列，遠峰聳秀，甚得所焉。揆諸形勝以及諸先生長者尊文惜字之心、族人好義集腋成裘之意，是吾鄉大轉賁之機也。弁數言，預爲吾宗賀。

公郁公獻地壹所。綸如捐銀肆元。請講捐銀貳元。文真捐銀貳元。懷環捐銀貳元。國器捐銀貳元。傳吾捐銀貳元。淇沃捐銀貳元。懷德捐銀壹元貳角。懷盛捐銀壹元貳角。光前捐銀壹元貳角。加摻捐銀壹元貳角。藹如捐銀壹元。元振捐銀壹元。梧桐捐銀壹元。春華捐銀壹元。寶球捐銀壹元。國謹捐銀壹元。正德捐銀壹元。明卿捐銀壹元。朱弁捐銀壹元。士典捐銀壹元。容丹捐銀叁錢貳分。老彪捐銀叁錢貳分。新權捐銀叁錢貳分。四箴捐銀伍角。文足捐銀伍角。興捐銀伍角。寧安捐銀伍角。興公捐銀伍角。花梅捐銀伍角。綱滿捐銀伍角。新短捐銀伍角。士容捐銀伍角。士杼捐銀伍角。儀奎公捐銀伍角。初慶捐銀伍角。清藻捐銀伍角。登萃捐錢肆佰。金興號捐錢肆佰。四狀捐錢肆佰陸拾。士螺捐錢叁佰。晴光捐錢貳佰肆拾。士果捐錢壹佰柒拾。東吴捐錢壹佰貳拾。文旦捐錢壹佰貳拾。玉燕捐錢壹佰貳拾。士澳捐錢壹佰貳拾。大致捐錢叁拾陸文。

咸豐拾年捌月　日，庠生連日春序。

**按：**此碑現存枋洋鎮江都村玉珠庵，係近年翻刻。

## 一三九一　長泰慈濟宮殘碑

泰治東郊，有慈濟外宮，奉祀保生大帝、清元真君神像。大帝系出吴府，真君系出岑府，各以學道得仙術，上昇爲神。庇佑及下，人皆信而奉之，然未有祠也。元監邑忽都火者，以頻年水患，衝激撼城，迺塑像營宮，仗神力鎮焉。勝朝洪武中，教諭章君參將宮改建龍津書院，遷神另祀。未幾溪流暴漲，書院没爲塘。既而鄉耆朱彦緝等列狀於官，請復舊制，宮重興焉。闢地拓基，構堂五間奉神。畫棟翬飛，規模壯麗，此前輩唐東里先生記中具載，彰彰可考者。迨今年所遠歷，神以崇奉愈靈，宮以積久日壞，棟楹欂桷多腐折〈下缺〉。

**按：**此碑現存武安鎮城關村慈濟宮，殘缺不全。

## 一三九二　武廟水利告示碑

長泰縣政府佈告第陸號：

案查接管卷内，据外武庙總理王元驥等呈稱：『切本西關外里許之武帝庙，右畔有座名石步桥。桥下之水，原由東城濠道横貫，西流武庙后，至小銀塘及郭林前等社，用以灌溉洪田洋附近數百畝之田。近因洪水爲災，濫行沖激，壅塞故道，遂使水不經桥下，而反湍流南去。致一帶苗田乏水耕種，遇旱半成枯槁，歉收不計其數，殊属可憫。元驥等覩兹災害，思挽利權，不揣冒昧，爰集各保甲民衆等，假武庙内開僉議大會。議决咸稱，欲遏南流，須先砌陂設閘，截住去水。凡故道壅淤之處，尤宜濬决，方能有濟。但此等建築，須費數百金，當此民窮之際，集腋亦属艱難。與其零星題派，尚費時日，兹事仍恐廢弛，曷若將武庙内原存香資併與演會款一佰六十元，先行提出，以爲經費。務使水仍由故道，灌溉諸田。自武庙前湖平洋及杉仔林，至西方錦江、矼尾洋與大墩洋等處，咸利賴之。若灌溉既周，則獲利必倍，衆皆稱善。既又議决，此等田每年兩次收成後，每斗種各愿抽粟一斗，以資武庙祀費，亦藉以垂諸久遠，是一舉而兩得也。議决後，即于神前立約畫押，擇日與工。砌成陂壩閘一座，計高七尺，長四丈八尺八寸，闊七尺五寸。其匠料石灰等費，統計票洋四百元。惟思此舉猶属私約，未經政府核實，不敢擅便。今當工築既成，爰將此利弊情形，僉請委勘，出示立碑，以垂不朽。則自此武帝之萬古馨香與斯民之衣食有賴，皆出在先生德政中，而謳歌靡既也。中央注意與利，理合具文，僉請縣政府察核，出示立碑，以昭慎重愛民與利之至。謹呈。』等情。据此，當經派員勘視，所稱尚属實情。除指示准予備案立碑外，合行佈告各關係鄉民知照。此佈。

中華民國廿六年三月　日，縣長張樹檀。（印）

總理：王元驥、戴瑞祥、王騰海、王戴宗。

董事：林深渊、張清香、李德茂、王夢槐、王希寬、王鳳皋、王戴蛟、王秉璋、王桂芳、王金允、王際塘、董

金星、王辛甫、王仕綸、王吉甫、王心存。

**按：**此碑現存武安鎮人民路外武廟，碑名爲編者加擬。

## 一三九三　五里亭殘碑

〈上缺〉銀叁拾兩，倡闔邑縉紳士民協助，仍於亭左買園闢建〈下缺〉銀柒拾柒兩〈下缺〉又建善世堂，剩銀捌兩，置買田園，年取租□以供香火〈下缺〉官，勢不得奪，民不得〈下缺〉田園地段、種子、苗米，逐一開勒于石，以〈下缺〉伍分，原契價銀陸兩伍錢〈下缺〉銀貳□兩伍錢正〈下缺〉合肆□共銀〈下缺〉開建堂基，並開后堂内，推虛〈下缺〉奉入當差〈下缺〉旱園一石陸斗，價銀伍拾叁兩肆錢〈下缺〉旱園壹斗捌分，價銀壹拾叁兩正〈下缺〉分，價銀五兩陸錢正〈下缺〉分，共價銀捌拾伍兩正，共帶民米壹石捌升伍〈下缺〉銀壹拾陸兩叁錢，凑買田園，供入祠用〈下缺〉自備起蓋，每間年納税銀壹錢伍分，年共税銀陸〈下缺〉紳士民咸戴〈下缺〉厚捐金建祠立碑，願垂去思。工費外剩銀伍拾壹兩〈下缺〉。

**按：**此碑現存武安鎮珠坂村五里亭，殘缺不全。

## 一三九四　正順廟石柱題刻

鄉賓黄穎川，率男太學鍾英，奉石柱一對。

三永成堂會館衆弟子，仝敬奉石柱一對。

**按：**此題刻現存武安鎮南門邊南岳正順廟石柱。

# 卷七　南靖縣

## 一三九五　正峰寺造橋碑記

龍溪縣寺前保德星坊女弟子吴氏二娘，捨錢造恬塘渡石橋一所。庶此良因，用資福報。時熙寧九年丙辰六月二十七日記。監造黄然立石。

**按：** 此碑現存靖城鎮廍前村正峰寺，碑名爲編者加擬。

## 一三九六　正峰橋捐修碑記

璝山主黄、楊二承事造橋一所。乾道六年庚寅歲，福遵院僧紹祖捨錢貳百餘貫，化諸坊助工重修。以此良因，福資存没。幹當監造僧道源，化首正開仰拜題，都料邵貴。

**按：** 此碑現存靖城鎮廍前村大橋頭，碑名爲編者加擬。

## 一三九七　正峰寺造路碑記

住山正開，以施主財捨此石路五十。

**按：** 此碑現存靖城鎮廍前村正峰寺，碑名爲編者加擬。

## 一三九八　霞嶂庵捨井碑記

當坊許再與、智圓、智成、智滿、勝章、駐奴、安堂、安壽、伴堂、勝奴、錡勝奴，捨井一口。淳熙己酉。

**按：** 此碑現存靖城鎮鄭店村霞嶂庵，碑名爲編者加擬。

## 一三九九　霞嶂庵捨井碑記（二）

優婆夷净慶捨井，奉爲考妣二親同生净界。

嘉熙二年題。戊辰重修。

**按**：此碑現存靖城鎮鄭店村霞嶂庵，碑名爲編者加擬。

## 一四〇〇　西山碇口陂造路石刻

住碇口宿女陳十二娘捨錢六貫足，同捨人陳命錢四貫，共給官路□十丈，各祈丐平安者。

淳祐壬子吉日謹記。

**按**：此石刻現存龍山鎮梧營村南碇口陂。

## 一四〇一　故凝静冲真大師前撫路道録祥符知觀容庵戴公壙記

先師姓戴氏，諱安常，字平叔，容庵自號也，家世臨川。應號黄默愢管轄，其舅氏也。師自少喜親炙典刑，來省舅氏，留侍日久，習與道化。以前朝甲寅歲受祠牒恩，禮王冲元爲師，爲道士。性敦重寡言，無藏怨，事任自然，不能作嫵媚態；應官供職之餘，澹無營者十餘載。乙亥歲，雲舍趙侯綰郡符，有醮，而師在列。華山主領乏人，竟挈而畀之師。世道更新，權歸教所。首緣此得本路副道判，自副而正，自判而録，接續三任，己夘至己丑，歷十年有奇。凝静冲真之號，則教所荐陶鑄也。與諸山相安無事，同寮未嘗有毫髮齟齬。金穀事之重，師亦重義輕利。性苦因循，短於後慮。庚寅春，得替以歸，則數之所負夥矣。探囊不足，舉貸以償，扶植院門，又閱兩載。

壬辰歲，屬當觀事，跋涉莊舍，冒暑衝寒，積而成疾。初惟偏體瘡疥，遂忽視以爲不足慮，懶於服藥，苦不能

止酒。逮今春，弱證形見，不足當峻補之劑矣。日逐應酬，稍暇雖略假寐，頃復醒；然且飲食不減，入四月疾病，尚能強起處事。一日醫來切脈而驚，出議于外，謂疾不可爲。師已聞之，自嘆曰：『我止如此！』起就坐，索飲一杯，呼徒衆，付事務。自引章允修語之曰：『我雖做道官，今元無物，汝試視之。』出就榻，無何洒然而逝。啟篋點檢弊衣衾，粗勝裝斂，餘悉無有。同衣來弔，幸無譏其貧，有嘆其清。有思昔相安無擾，而今若此，而憐而出涕者。死之日，蓋至元癸巳四月十二日也。生於前癸巳七月一日，享年六十歲。徒弟黄允升、章元修、章志遠、王志學、王若拙、時美成，泣斂之後，即謀安厝，卜臨汝鄉一都張九嶺之原。龜既從，費安出？乃議，鬻先師所有薄壤，隨力辦事，以六月丙午終襄。

嗚呼！先師生平在仕，殊若不快人意；而遺愛在人，及死猶有餘味。求志行實，豈無君子？如葬禮弗克稱何？禮弗克稱，懼不足榮其師也，而或謂適足爲師榮也。孝小師黄允升泣拜謹書。

眷生觀復大師、前撫州路副道録徐良矩填諱，鄒逢吉刊。

**按**：此碑現存靖城鎮中華路南靖城隍廟。

## 一四〇二　慈濟宮鐵香爐銘文

『慈濟行宮。』匠人許德興。

勸首魏新德、勸首孟德從、勸首鄭子華、廖德清、□□□諸方善男信女，鈺造宝炉，入于本宮，永充供养，向祈各人平安者。至正九年吉日造。

**按**：此香爐現存和溪鎮林坂村慈濟宮。

## 一四〇三　雁塔水圳官碑記

塔前水利之創，始於洪熙元年。芝山僧元輔，性好施善，遊履至塔，見此地平似片錦，可墾良田，所少者水耳。乃於亭後山伐石數萬，爲溝渠，閘水入塔，使里人開掘田畝。不幸大水衝傷，石仆溝壞，元輔無如何焉。有里人徐祥遠，多智善謀，審形勢，鑿山足，琢石岸六尺餘，復伐大石，插立山麓硬地，水遂不爲患。元輔與里人喜爲神鑿也。雖費近千金，而祥遠不矜其色。遇旱共塞石隙，而水遂流通塔中，立成良田數千頃。雖元輔能經始，實賴徐公善謀其後也。里人碑甲阮日良、黄大新、蔡芝瑞、劉可成等，大小俱各欣幸。從此一載兩收玉粒，議以每畝伍升之粟報德於徐公，三升議報元輔，逐冬輸納。慮其勳勞泯没，相率呈縣，勒石以垂不朽云。

其溝底廣七尺二寸，後人不得侵牟。并書。

**按：**此碑原在山城鎮雁塔村，已佚，碑文見於乾隆南靖縣志卷二。

## 一四〇四　重修清水庵碑記

歸德里阡丘社舊有清水庵，至元十九年僧海月募建，供北宋高僧普足禪師。師以行醫濟世，爲人所重，鄉民立像崇祀，尊稱清水祖師。正統十三年寇亂，邑井凋零，庵亦遭毁。壬申春，士名來任是邦，承殘破之餘，招輯散亡，賑饑濟困，擇其墜廢者以次興舉焉。斯庵處永濟橋西岸，距縣城三里許，行旅紛沓，且地多名山秀水，亦過客遊人之所時到也。乃捐微俸，與諸生謀，仍舊址而重修焉。鄉之善信，輸將相赴，不日成之，飾甓丹雘，焕然一新。夫治民必祀神，古者聖人制爲祀典，所以通幽冥、輔聲教，期以禦災捍患、保我赤子也。自兹靈爽式凴，雨暘時若，膏澤長潤，民安生業，樂事勸功，則此舉之義，豈不深且遠哉！徇諸生請，爰爲之記云。

天順二年歲次戊寅孟冬吉日，知南靖縣事無錫陳士名拜撰，歲進士邑人林瑛敬書。

按：此碑現存靖城鎮阡橋村清水岩寺，碑名爲編者加擬。

## 一四〇五　盧氏風水林示禁碑

漳州府南靖縣爲懇恩給示以全民生事：

據盧政、盧舜國、户長盧偕呈稱：『住居高樹門，因水尾墩、後壁林、崎頭坑、長□凹、□頭凹四圍風隙，有關風水，祖培植竹木遮蔭，歷掌三百餘載無異。但因鄉豪往常盜砍凹□□，現不堪□□，已經查辦，□張爺呈准，給示嚴禁。慮恐法久廢弛，謹字永垂勒石。』合嚴明禁，此後毋得仍前欲行盜砍。倘頑抗砍運不遵者，糾解送□官治懲。該水尾山留蔭竹木，憑圳爲界。

皇明弘治元年三月　日，鄉眾盧□、丘□、鄭□仝立。

按：此碑現存船場鎮高聯村盧氏宗祠，碑名爲編者加擬。

## 一四〇六　陳祖生墓諭祭碑

大明弘治四年歲次辛亥六月丙□三日戊申，皇帝遣福建布政司右叅政魏瀚，諭祭于南京守備司禮監太監陳祖生母柯氏，曰：『惟爾賢淑，閫範克敦；蚤喪所天，栢丹自誓。有子超越，夙侍内廷，受知先皇，歷職司禮。公勤匪懈，寅慎弗渝；守備南都，尤隆委任。朕心簡在□□，□□□□。□□表節旌門，志已著矣；今則含飴享壽，福孔多焉。□□□□□□□何憾□□□□特賜以□□□□□尚其〈下缺〉

按：此碑現存龍山鎮雙明村太監陳祖生母子墓，碑名爲編者加擬。

# 一四〇七　恭題誥勅封贈陳祖生父母碑記

奉天承運，皇帝勅曰：

國家推恩臣下，必及其親者，所以重本而勸孝也，亦何間於存没哉！爾陳顯，乃南京太常寺典簿廳典簿昂之父，善積厥躬，訓成令子。推原所自，宜有褒嘉。兹特贈爾爲文林郎、南京太常寺典簿廳典簿。冥漠有光，尚利爾後。

勅曰：人臣有效用之才，未有不本父母之教。故恩典之推，必首及焉。爾柯氏，乃南京太常寺典簿廳典簿陳昂之母，娩賢娠良，矢節不二。禄養既逮，褒典宜推。兹特封爲太孺人。服此茂恩，益綿壽祉。

奉天承運，皇帝制曰：

昔者聖王之治天下也，必資威武，以安黔黎，未嘗專修文而不演武。朕特倣古制，設武職以衛治功。受斯任者，必忠以立身、仁以撫衆、智以察微，防姦禦侮，機無暇時。能此，則榮及前人，福延後嗣，而身家永昌矣。敬之勿怠！

成化十年十一月十三日，制誥之寶。

——恭題憲廟欽賜誥勅，封贈司禮監太監臣陳祖生父母。

臣祖生，閩南靖習賢里人。父臣顯，孝友忠信，不慕名利，力耕養生，□□之餘，用同貧困，鄉稱長者。母柯氏，生同里閈，貞静慈慧，孝敬循禮，以道相夫。嫠居四十餘年，守節不貳，備嘗艱苦。脱簪珥，買詩書，就良傅以教六孤，皆有成立。臣祖生，内領翰林，儒臣心授，文學優深，見知於憲廟，置諸左右，預糸大政。復以忠勤可託以永固邦基，特命南京守備，夙夜匪懈，軍民用康。

先是，謂以一身之微，蒙國厚恩，莫罄涓埃之報。顧長弟臣盛，膂力過人，教之習兵法騎射，累随軍靖邊，建立武功，陞錦衣衛錦衣中所鑾輿司，實授百户。幼弟臣昂，資質明敏，教之習三場文字，學有成，中順天鄉榜，累辭教職，授南京太常寺典簿。臣盛披堅執鋭、臣昂寅敬賛禮，有振武修文之功。事聞，朝廷如例推贈父顯官同太常、錦衣，封母柯爲太孺人、爲太安人。贈有『善積厥躬，訓成令子』之褒，封有『媲賢娠良，矢節不貳』之褒，豈惟玉音如是褒而已！

丁未，聖旨焕頒，旌表貞節之門，其光榮何其至哉！是知封贈恩典，雖由臣盛、臣昂文武成功之所推，抑本於臣祖生愛弟善教之所致。斯臣盛、臣昂顯親之孝，乃臣祖生顯親之孝也。臣祖生知聖恩隆重、感激深厚，用玉音刻石，昭示將来，屬臣瓊題之。臣既欽其所以被恩之由，復拜手稽首，爲之賛曰：『玉音樹此，雲漢爲之昭回，山川爲之炳耀，鬼神爲之呵禁。垂休山海之間，千萬載，有窮哉？』

大明弘治四年歲次辛亥臘月既望，賜進士及第、嘉議大夫、南京禮部右侍郎、前太常寺卿、掌國子監祭酒事、翰林院侍讀學士、經筵官同修國史、金谿臣徐瓊謹題。

**按：** 此碑現存龍山鎮雙明村太監陳祖生母子墓，碑名爲編者加擬。

## 一四〇八　黄氏科第山碑記

至元二年丙子歲，置買張若達留山一處，坐産習賢里竹員荒田徑，東至□仔坑，西至石侖底，南至荒田大山五峰尖，北至溪，各以分水爲界。

賜進士、奉直大夫、□□尹、吏部員外郎、族人黄□崇義立，世爲業儒者之資。

鄉進士、文林郎、知南靖縣事、前翰林孔目、八桂傅銓書丹、立石。

大明嘉靖五年丙戌仲秋之吉立。

按：此碑現存龍山鎮雙明村，碑名爲編者加擬。

## 一四〇九　大明南靖縣尹郭侯興水利碑記

習賢里北山古溪一道，灌溉田土，浚足民安。後被洪水衝崩，田土失□，人民困苦。幸蒙賜進士本縣父母郭侯東游海陽，莅任以來撫恤民疾。相率陳情，帖委鄉老周君鵬、義官黄良□、徐元焕，督同社首林樹明、徐□淵、黄良渊、周志冲、黄大卿、徐元侃、黄汝焕等，募衆就於土名林陂砌築石陂一所，取水灌田。工成完備，萬民受惠，刻石以垂後世。

上釜水尾田十七石，一日卯起，二日午止；新寨、胡朴水尾田二十六石，至二日未起，三、四日止；院前田四十六石，五日辰起，六、七日止；棉内、林高山田四十七石，八日辰起，九、十六日寅止。大小月在内，分過日時爲之，違約呈治。

時嘉靖二十二年歲癸卯春吉旦立。

按：此碑現存靖城鎮中華路南靖城隍廟。

## 一四一〇　陳氏一門三節傳

賜進士第、中憲大夫、奉敕提督學校、福建按察司副使〈下缺〉。

賜進士第、中順大夫、知漳州府〈下缺〉。

侍御史河南杜公，奉命按八閩。今年春，巡行海上諸郡，至則以黜貪污、奬賢良、表節義爲首務。惟余不佞以視學至，則謁公於漳郡，越三日辭去，公因謂曰：『海上往以亂故，郡縣吏多言境内婦女死節事甚夥，乃其事皆下督學使者，然寢閣不報，似非所以崇節義、端化本也。君其圖之！』余應曰：『諾。』於是盡發故牒，下諸郡邑。久之，

漳郡守羅君青霄報言：『南靖縣陳氏三節，事皆質驗不妄。』予曰：『有是哉！』遂亟報于侍御公，公覽而歎曰：『一門三節，世所稀覯，惟余將藉以報于天子。雖然，是不可使無傳焉。』乃發贖金，命有司修其墓，而令督學氏載厥事於碑，以風示來世。嗟呼！此豈非仁人君子所用心哉？

謹按：南靖縣故民陳資偉妻林氏，同邑鄉貢士林塘女。資偉歿時，年二十九，子漢在繈褓。夫亡七日，産遺腹子湍，家甚貧，乃鬻嫁時衣物，爲送喪葬費。繼祖姑憐其少寡，欲嫁之，林氏剪髮自誓，指天泣曰：『婦去，置二孤何地？且婦欲自經者數矣，所以忍死者，懼陳氏之不血食也。』祖姑聞其言，悲之。歲時祭祀，賓客、教養二孤，俱以紡績自給。守節逾六十年，鄉人歎慕，如出一口。提學副使金君立敬行郡至，廉其事，乃給米帛，書『節壽』表其門。嘉靖辛酉八月二十三日，饒賊攻陷邑城。時林氏年九十四，子漢已死，湍應貢郡下，惟孫茂馨侍左右。林氏曰：『吾今可以歸見吾夫矣！』時茂馨妻許氏，偕其女陳二姐，度賊至不得免，乃與茂馨訣曰：『吾母女不可爲不義辱！祖姑老，汝第扶去，冀或可脱免，吾死不恨矣！』會賊至，母女俱投井死。賊倉皇不知所爲，乃舍置茂馨，令扶老嫗走，仍爲吊取二屍付之。十日，始獲殮，面如生。嗚呼，烈哉！許氏死時年二十九，峽江訓導許浩然女；陳二姐年十四。鄉人聞者、見者，無不泣下。

事聞，郡守桂君嘉孝爲助葬之，前軍門都御史游公、巡按御史李公移文優恤甚厚，仍批允題請褒異，未報。再逾年，林氏亦死，年九十五。一門之内三節，凛然如秋霜烈日！豈其祖姑、婦、孫，平日精神意嚮，薰蒸漸染，故慷慨赴誼，不俟詔訓？宜乎侍御公歎賞不置，亟爲表彰其事於世，是又不可謂不幸也。

然是時蓋有本學訓導曾安邦妻孫氏赴火死云。訓導爲江西雩都人，孫年十六，歸訓導爲繼室。閩中新遭倭亂，山寇遍起，抵任之歲，賊圍城急，孫言于訓導曰：『君，儒官也，非有地方寄。脱有不測，願自爲愛，吾則有死而已！』明年城陷，賊執訓導刺之，孫度其夫不得免，即赴火死之。其子三俊，哀號伏地，賊爲感動，相率救孫氏，屍付三俊，訓導亦不死。撫按既覈其事，乃厚資給之，俾爲葬於鄉。

嗟乎！死生亦大矣。彼世之口理道、享名位，曷嘗不欲凌駕往哲、樹芳來世？一旦臨利害、决死生，則或洟涊低廻，貽譏後人。以今孫氏、許氏母女觀之，其於身名之際爲何如也？予嘗稽覽史籍所載，隋裴倫嘗爲渭源令，屬寇薛舉陷縣城，倫遇害，其妻柳氏偕其女婦俱投井死。世嘗言古今人不相及，殆非然矣。然裴、柳故世族，今諸婦女皆起編氓，非有詩書冠裳之遺、保姆女史之訓以豫藉之也。及至患難猝加，從容就義，視死如歸，則豈非所謂尤難矣哉！春秋之法，微顯闡幽，屬辭比事。予故傳陳氏三節，而以孫氏事附見焉。此侍御公之志，而孔子之所與也。

明隆慶六年歲次壬申孟夏廿有八日。

**按**：此碑現存靖城鎮南靖四中，殘缺不全，碑文另見於乾隆南靖縣志卷九。

## 一四一一　吴宅樵牧山記

漳州府南靖縣爲乞禁樵山、拯救一方民生事：

蒙欽差整飭汀漳等處兵備分巡漳南道、福建按察司僉事尹批，據本縣永豐里吴宅社鄉民石建滔、林君賢、石邦傑、盧天民等連名呈稱：『滔等吴宅地方，土名分水、大嶺、北岩、禾倉坑，萬民樵採荒山，一方民命所賴活生，遽被無籍棍徒將山揑作墳山献賣勢豪。滔等苦於樵、葬無地，已赴本縣知縣張呈禁外，但恐不遵，相率呈乞立碑禁諭。』等情。蒙批：『仰縣查勘明白，准令立碑，誌記永久，以資庶姓樵採。此繳。』依蒙行委里長鄭敬、老人陳文持、鄭諒前到彼地，喚集附近知因里班盧耀和、莊望賓指引到山，從公勘得原山坐名。南分水、施芹塘，東大嶺、吴岩，北北岩、大山，西禾倉坑、上瀨，四至界内，均係萬民樵、葬荒山。慮恐勢豪混占，眾等呈禁立碑。是均取具結狀，連人呈報到縣。覆審得吴宅地方大嶺等山，既經里老結稱係萬民樵採荒山，永与此方居民樵牧、葬墳；不許棍徒、門幹揑作己山献賣勢豪、占據爲業，流毒地方。仍呈請立石，分定界址，用垂永久。

備由申詳本道，蒙批：『仰南靖縣將四至、高下廣闊，備細查勘明白，速立碑石，永爲庶姓樵、葬。如有棍徒、

門幹捏作己山獻賣者，許衆民指實赴告，以憑嚴拿重究！此繳。』蒙此，復差老人劉汝通覆勘前山：東、北土名大嶺、吴岸，連帶北岸、老虎頭、琉璃磜，此山極高；西、南至分水、施芹塘、竹湖、流潭侖、上瀨、禾倉坑、金斗鞍、帶溪，本山頗低；週圍俱深山窮谷，難以丈量高下廣闊，均係樵、葬荒山。是均具結，連人呈報。覆審前山明係萬民樵採之山，永与萬民樵採等緣由，具申本道照驗外，合就給帖，付本告石建滔、林文鑾、李萬惠、楊俊、諶時護、林元茂等：『速作帖文，備蒙批申内事理。即將本處荒山照依原勘，東、北土名大嶺、吴岸連帶北岸、老虎頭、琉璃磜，西、南至分水、施芹塘、竹湖、流潭侖、上瀨、禾倉坑、金斗鞍、帶溪，週圍分定界址，豎立碑石爲界，聽與萬民樵、葬。如有棍民捏作己山獻与勢豪者，許本告之人指名赴呈，究治不恕！須至帖者。』

漳州府掌南靖縣事通判曹，爲乞恩示禁以杜侵占事：

據永豐里吴宅社鄉民林君賢等連名呈稱：『本處地方萬民樵採荒山，四方民命所賴活生救世。無虞近被民害盧一俊將山捏作墳山獻賣勢豪，得銀肥己，指引圖占。賢等苦於樵、葬無地，姑相率科銀，贖回契証。但恐圖民嗜利，若不呈禁，誠恐後患。謹情叩呈，乞給立碑禁諭，庶全一方民命。』據呈到縣，合給示，仰軍民人等照依原呈吴宅界内四至荒山，即令刻立碑石爲記，聽從萬民樵、葬。如有棍徒投献及勢豪強占，許鄉民人等憑碑指名呈治，不恕！須至示者。

欽差整飭汀漳等處兵備分巡漳南道、福建按察司僉事尹，漳州府署印通判曹澤，南靖縣知縣張澄、主簿周倖、典史胡炤。

右帖付吴宅林君賢等□此。典吏楊㒷、承吏周凉。

業主：莊伯岳、莊伯新。鄉民：石建安、林文應、莊望賓、陳惟仕、陳行守、莊友仁、林君富、莊奇化、陳石道、李汶旭、林世錢、賴明貴、石賢高、陳吴生、石光升、石建德、石兆憲、金萬貴、諶明仕、□□仕。

萬曆五年歲次丁丑閏八月　日給，書丹林君受。

**按**：此碑現存船場鎮梧宅村垂功堂。

## 一四一二　官洋北充官山水利碑記

官洋、北充等處一帶山水，民生樵牧者在於斯、葬埋者在於斯。乃巨豪勢猾侵恣屠蠹，貧弱疲瘵愁歎無資。萬曆辛巳歲九月，里民相率遮道求救，縣父母慨然諗于衆曰：『噫，有是哉！余爲汝祛其害也。汝苟利矣，余爲汝興焉！』衆歡然曰：『父母之言，其仁人之言哉！』即歸其山於官，而與民樵、葬；浚其流以灌田，潤澤桔槔，濡沃桑麻。杜、召、劉、張，非其匹儔耶？仁至利溥，億兆弗忘，請勒于石，以垂不磨。

邑侯李姓，諱大欽，庚辰科進士，江西浮梁人也。

一，涵溪口陂圳一道，自涵溪内起，歷險圳，過橋頭山，至甘棠社倉前，紆回三里許，灌田二百餘畝。每遇秋夏水漲，陂口沖壞，農民鳩工修築，費用浩繁，始得通水流灌，民重賴焉。

一，茭東坑保上陂圳水道一條，自茭東坑保土名溝尾起，至中興保後寨埔止，紆回五里許，引水流灌田二百餘畝。

一，茭東坑保下陂圳水道一條，自雙溪口起，至墩下社止，紆回三里許，引水分灌田二百餘畝。

按：此碑原在龍山鎮海仔村堤岸，已佚，碑文見於乾隆南靖縣志卷二。

## 一四一三　官洋北充官山記

□□山澤之利□□□□□而□□哉！顧出於上者，不可使擅乎下；入於官者，不可使病乎民。官洋、北充等處官山也，一方居民生之樵牧者在於斯、死之葬墳者在於斯。胡乃巨豪宿猾侵恣□蠹，貧弱疲瘵□証無明。萬曆辛巳歲夏六月，幸適大父母□縣莅任，甫月餘，禁抑豪右，軫恤民庶，日夜問民所利病，除所不便。我子民等咸相謂曰：『仁人也！盍往□焉？』迺於九月二十三日，相率適道求救利害，父母慨然諗于衆曰：『噫，有是哉！予爲汝祛其害也。汝苟利矣，爲汝興焉！』□讙然曰：『父母之言，其仁人之言哉！』即歸其山於官，而与民樵、葬无禁。又捐

俸金□拾，而官米匀配于田。一請於府，府旧是之；再請於道，道向從之。

夫以山川林麓，天地之産；若以一人自封植，則是以利人者爲人害也。茲因天地之贏，以濟民生之乏；收豪人之腴，而伐貧人之瘠。則生有養，死有送，殆与山之草木鳥獸而同其□若；而我父母巍巍□恩，豈不如山如阜、如岡如陵哉！潤澤桔槔，濡沃桑麻。杜、召、劉、張，非其所匹儔耶？然芳声茂□，光□靖邑；仁至利溥，億兆弗忘。而称衆等又相謂曰：『生我者天，而活我者父母。』曷以報之？請勒于石，以与天地相爲不磨，俾万世之下攷功按績，而称之曰：『此父母之生死我骨□□□上云乎哉！』

大父母邑侯李姓，號寧宇，庚辰科進士，江西浮邑人也。其革它糧、招□移、開孝會、顕孝弟之善政，多可□，茲以章記山也，故不足以揄揚其盛。

萬曆十年歲在壬午孟秋吉旦立。

庠生、鄉民：黄用賓、黄居正、黄良敏、林施啟、黄朝盛、劉文瑞、黄仁遠、陳□榮、黄開選、江□□、陳尚國、許道□、陳世化、庄忠美、刘恭良、黄城育。

□□□□□上至□坑，下至虎胶嶺。

**按**：此碑現存龍山鎮海仔村。

## 一四一四　李公和溪惠民碑記

賜進士第、文林郎、湖廣道監察御史、龍岩蔡夢説撰。

距漳郡西百里許，有和溪鄉。其地委紆綿亙，田可數千畝，隸籍南靖。而一畝二主，大率多仍漳俗。□緣得田，鄉民憚于輸官□□□□□寄之城邑巨户，而出直與之，名曰『租主』。租主藉納糧之名佃田，主若佃至□□末季而勒壓之弊極矣。官量其額，私〈下缺〉之量，而三加二量之；患以中食，又不止而三兩四矣。悠彼慾壑，莫可誰

何。若不給者，計以爲不死則窮。越庚寅春，郡□□□□□秩滿三載，例應持計籍，謁當道。道經其鄉，所至問俗，因得田畯父老言，廉其狀，則心惻然動，咄嗟歎曰：『夫孰非吾赤子□□□□□□此嶺右浚之也。』乃懸書榜通郊，凡斗米之輸，以式格斗穀，在地爲□式，他量悉除。豪右凜凜，奉法唯謹。二年來，和溪□□□□□□之孝矣。

鄉民徐子茂等戴公之恩，思所以記不朽，且以垂千百年、昭永守也，謀勒石，而請記于余。余方養病山麓，戒□□□□□道中事後。李公治郡五載，存心長厚，噢咻撫循之意淪浹閭閻。然性最明勤，毫不可欺，凡不可興利於民，即忤上官，拂□□亦□□□焉。彼定量以惠和溪，自李郡□之，如江海一細瀛耳，即有紀，焉足爲公重！再辭而去。一日行太僕之□□□□□□□鄉民乞余記者踵至。余始歎曰：『治郡如公，而以行太僕去也，則知公戴公者，其惟我鄉乎？』和溪雖小，□鄉民也〈下缺〉峰湖，廣州人，登萬曆丁丑進士，由右侍御出守吾漳□□□□□□□其故，如余之行太僕云。若尸祝俎豆，郡人仍有公論在，余〈下缺〉。

時萬曆十九年歲在辛卯仲冬。和溪社監生呂□麒，生員吴世茂、尤□璋、□□□、鄭國銓、鄭國欽、吴文珍、廖應文、尤士標，鄉民鄭日新、林董新、李國珍、尤□貴、童有鳳、廖廷育、吴汝儀、徐宗澗、陳有禮、林安□、沈應春、辜志春、吕定康、游惟謙、張文山、許英、許成勳、饒惟、黄紳、黄伯俊、劉均保、林禮富、陳可貞、吴應奇、李吴堅、游佳、謝潛、包丈、黄喬、廖宗□、俞香、陳元□等，仝立石。

按：此碑原在和溪鎮和溪村上坂社，已佚，碑文見於南靖縣方志委編南靖石刻集第二六七頁。

## 一四一五　龍山閣記

先王建國有二：一風氣，一險阻。險阻以禦侮，風氣以域民，自昔重之。吾邑至正肇建，夙稱奇勝。玳瑁峙立，雙溪環帶；東圓山，西鏡阜、天馬諸峰，筆峙屏列，風氣險阻，雄矣！洪武開科以來，領薦書、擢上第者，踵相望也。嘉靖末，舍舊圖新，寖不及古。萬曆癸巳春，父母陳公順民情，復舊址，出谷遷喬，豈非人事、氣化一新之會

耶！又于溪南石壁岡，爲縣學宫鎖鑰，建閣于上，八方玲瓏，四顧洞達；仍于中流累石爲山，以障水口。經始于仲夏之吉，不三月而告成。舉千百年之河山，一旦芟夷而盤踞之。官無侈費，民不知勞，如天造地設然。憑高遠望，一覽無際；横而眺之，樓堞輝映，煙火萬家；縱而觀之，景物明媚，千里咫尺。夫仁人立政，無論崇教化，恤疾苦，即山川偏缺，形勢參差，可增益改移者，尤相度維持，以補大造之不及。蓋經緯玄黄，旋轉乾坤，固握宏謨、抱明斷者所注意而神馳也。我公萃精負奇，淵澄岳節，植本培元，山川生色，域民禦侮，崇功偉績，不與川嶽並其高深哉！公諱宗愈，新會人，萬曆己丑進士。借寇吾邑，功德不具述，此特其一耳。

**按**：此碑未見，碑文見於乾隆《南靖縣志》卷七。作者王命爵，南靖人，嘉靖三十四年舉人，官至兩浙鹽運使。

## 一四一六　三節亭記

予治南靖之三年，稔聞陳氏三節事，心甚壯之。欲春秋脩其俎豆，履其廟而躬祠焉，以爲世風。值庶政埤益，且費靡所出，用兹輾轉於懷。今年冬，將上職事，聽殿最。深念不肖之軀，爲上守百里，尺寸罔所報稱，唯是人心風俗，樞於節義，不敢不樹之標。顧有節烈如陳氏二婦一女，而使之祀典未耀，鄉里歔欷，非所以慰人心、表閭巷、懌妥貞魂、廣聖朝旌淑之化也。爰覈官地所賦，歲計入緡若干，捐歸陳氏，俾春秋挈牲以供祀事。而予從祀日率佐屬與博士弟子詣觀之，使酹奠祝爇無曠儀。復爲短歌三章，教陳氏子弟歌而弔之，嗣以爲常。

嗚呼！萬形同萎，真我不死。三節英風烈概，終古凜凜，談之眉軒而神往。想其母子祖孫，求仁取義，各得所欲，甘情滿意，含笑而游地下，寧知百年隻影、攜手同沉之可凄者。妻死夫，子死親，從容激烈，同歸而不更其志，天地真性至此乃見。彼身名懿爍，豈其豫矚而俟耶！以彼娃娟抗節，流芳百世，且莫翳之，况紆紳纓弁、附青雲而士者乎？並書之以勗觀者。

**按**：此碑未見，碑文見於乾隆《南靖縣志》卷七。作者陳宗愈，廣東新會人，萬曆二十一年任南靖知縣。

## 一四一七　重建南靖城隍廟記

天下郡邑咸廟祀城隍，司察一方。春秋仲月，合風雲雷雨山川、社稷，並壇而祭，視羣祀實重焉。吾邑自元至正肇創，我朝因之。廟宇舊在縣北，祈禱靈驗，比諸邑爲最。嘉靖辛酉間，罹兵燹，守土者亟議遷城，故去邑二里許。迄今三十祀，寥落傾頽，民無固志，識者憂之。

萬曆癸巳春，新會陳公以名進士來莅茲邑。公，忠愛天成，謨猷淵塞。下車日，廣詢民瘼，慨然有興復之思，而未遑也。乃公躬節儉，恤疾苦，役非急不興，財非公不斂。越一年，政通民和，襦袴之歌盈於道路。遂相度形勢，區畫工費，謀於士民，白諸當道，擇部民廉幹有心計者分董其事，授以成畫，而躬督率之。池城、學校、倉廪、祠宇，秩然並舉。

爰即邑之中正宏麗、鍾靈毓秀者而建廟焉。飾舊鼎新，伐石陶甓，中爲堂，前爲亭，東西爲廡。門墻堦城，牕櫺户牖，幽明之禮，勸戒之義，靡不具備，蓋彬彬乎踰舊制矣。經始於甲午季冬之吉，不三月而告成。山川生色，老稚騰歡，若有神以默相之者。夫古之君子，先成民而後致力於神，是以民惠其德，而神錫之福。公居安慮危，未雨綢繆，皇皇然爲千百年久遠計，其愛民一念，真可動天地而格鬼神。故役民而民不知勞，賦民而民不病費，神之聽之，舒英闡靈，奠安黎庶，純佑忠良，俾豪俊登庸，僉壬屏跡，賁皇風於清穆，綿國祚於靈長。神之休，實公之賜之。崇德報功，曷有紀極？豈特一時之歌頌已耶！

公諱宗愈，字抑之，萬曆己丑進士，其惠政當别見於他乘。主簿夏君熙，典史于君忭，教諭葉君公亜，司訓韋君萬良，與有勞績。而朝夕拮据，趨事恐後者，原任龍川巡檢邑人陳一和也。

河東、兩浙運使王命爵撰。

**按：**此碑現存靖城鎮中華路南靖城隍廟，碑文另見於乾隆南靖縣志卷九。

## 一四一八　新建南靖儒學記

兹地廟夫子宫牆者數百年。嘉靖之季，逼歐寮而改邑焉，學宫因隨建其下。邑大半踦山，人士從遷不數家，學舍前闃其無人，土滲漏無甃砌，深苔淺草相蒙，如荒麻野寺。及陳侯爲令之三年，乃與士民遷諸邑，而更選勝以建學。曩之徙于歐寮也，逾年始爲大成殿，而四柱徒立，幾年始爲明倫堂，又逾年而始具門廡廨舍。至今闕卧碑以與諸生諭誡，然費已無數矣。侯良畫在心，謂從來役興，非仰給於官，則俯税編户，二者不得兩避也。今郡國乏度支，概索編户則貧甿病，獨富有田者衣租食税，恣之奢侈。爰令有田者自占高下助貲，而財有餘矣。鏟鑿畚鍤，茨絡圬墁，惟富人素豪能指使之，而力有餘矣。物力有餘，經費無撓，趣作無怠。

故自正月己卯至七月庚子，爲日僅二百有奇；自竹木瓦石至於傭賃之直、米鹽細碎，爲費僅三百有奇。爲夫子廟如制，爲誃室奉啓聖公。其東爲學堂，鐫石爲卧碑，豎于堂之左方上。堂下東西爲齋，處生徒。門外窳地爲泮池，爲一大闔以隔紛囂。始勒敬一箴於貞瑉，承以亭宇。於是鄉先賢及名宦，凡功德於民者各有祠祀，又東之司教、司訓各有舍。其土飾甓與石，其木被丹黰，犂然具舉，熳然改觀焉。睠兹學地，邑之東南，寬衍明顯，鄰皆津市。當邑全盛時，渠□對闤，崇庳相承；及其毁也，俱爲藩圃。居者感思，行人靡顧。今則會衣冠，棲神明，而旅俎豆矣。前後洞衢，左右闤闠。視學則從邁成雲，飲射則圜觀如堵。嚮日遺黎戀故里守先廬而不遷者，今皆跬步宫牆，春誦夏弦，雖傴耋弱孩，皆得扶曳而聽。惟彼多士，詎不欣哉！

夫吾邑素號多才，前則李編修及第次一人，飄飄凌紫虚，以不預修佛書，貶卒高州。此其科名志行，幾空十邑。他如王、楊、陳、林，孰非國彦？靖之材直不勝數矣！况有侯乘昌時，視形勝，奠其邑郭，敞其膠黌而訓誨臨之，安知人文之盛不且于前有光乎？

司教葉君閩縣人，司訓韋君粤人，皆君子也。孟育，泉之同安人，從先嚴生長兹邑，故諸君命育爲之記云。

**按：** 此碑未見，碑文見於乾隆南靖縣志卷九。作者蔣孟育，同安人，萬曆十六、十七年聯第進士，官至國子監祭酒、南京吏部侍郎。

## 一四一九　安福禪寺會講記

予寂處東山，三年於此。武夷，蓋邂逅而游，予無心焉；南靖之會，亦邂逅而合，士子無心焉。時省堂陳子實爲靖令，而達所葉子、同野韋子爲之師，皆於予有道誼之素。聞予之道當出南靖，欣欣然喜，謂士習之頽靡於此乎振，學問之風教於此乎興。乃爲聯束合郡邑士若干人，萃于邑之安福寺，謁予敷教焉。予曰：『明學淑人，予職也。身到學俱，何往非盡性盡份地，其何敢以羈旅辭？』

後世直以當官舉職者，爲不愧素餐；曾不思天生民而立之君，不但使牧之，亦使師之。故學者所以學爲君，不但學爲師也。孔子洞開慧視，徹見性源，挈出『修身爲本』，直以崇品編氓，比夷分量。蓋有見此貴賤之等，自是截然論性分則，真所謂兩無加損也。明此以爲君，堯舜其隆也，故忘分下交，直與禹、皋、稷、契講於廟廊之上；明此以爲師，孔、曾其盛也，故量分圓成，直與三千、七十講於洙泗之間。故明學淑人，士職也。一日離群，即一日廢學；一日廢學，即一日曠職。世祇知頌雍熙盛治，謂比屋可封也。孰知其師讓臣鄰，都俞吁咈，太平之氣洋溢於廟堂，暨訖於海隅，爲功德之所自乎！故家有會，則父子親而兄弟睦；國有會，則仁讓行而風俗美。彼嚷嚷紛紛率爲利往者，憧憧逐逐競將外馳，誰復識性命之當求、身心之當講乎？故會者，所以喚醒人心之聾瞽也，所以提策人心之懈惰也，所以收拾人心之散亂也，所以破除人心之沉痼也。孔子曰：『學之不講，是吾憂也。』而世競曰：『貴在行，不在説。』相與會文則會，會利則會，會技藝則會，會宴遊則會，役役朝昏，道誼之言無由入耳，行安在乎？故有德之不修之實力，則必有學之不講之深憂；有既竭吾才之盛心，則必有終日與言之密勘。三千、七十依孔子之門，直將師友打並一家，摹仿唐虞家法，此其傳所以竟千古不泯也。儒衣儒冠，誰非孔氏之徒？自私自利，顯然背棄，此士職所以不修，而學術竟爲天下裂也。夫瘝官竊禄者人訾之，索處離群，莫知所愧。獨不思孟子云：『其君用之，

安富尊榮；子弟從之，孝弟忠信。』其功用作何等看也！蓋必如此，而後無虧士職，無忝受成，無負天命之寄荷也。省堂子既已相原隰之宜，圖保障之固，一新縣治，而躋民仁壽矣。所謂富而教之者，兹惟其時，而民望依依；又若子弟之於父兄，惟其意向之所指使，而莫爲之逆也。清漳，固昔賢過化之地，有海濱鄒魯之稱。自兹以往，無爽初盟，益勤聯束，而以時淬礪之，將見家孔、曾而户修、齊，彬彬乎復見海邦之盛，而兹會之舉亦不徒然矣。

陳尹，名宗愈，新會人；葉師，名公亜，閩縣人；韋師，名萬良，陽山人。

按：此碑原在靖城鎮院前村安福寺，已佚，碑文見於乾隆南靖縣志卷九。作者李材，江西豐城人，嘉靖四十一年進士，萬曆二十年謫戍漳州鎮海衛，此文作於二十三年返鄉途中。

## 一四二〇 雨仙洞牌坊題刻

『雨仙洞。』明萬曆乙未二十三年春三月，南靖旱，知縣陳宗愈祈雨於此。

按：此牌坊現存山城鎮元湖村西南雨仙洞前。

## 一四二一 儒學洲碑記

國家養士之法，定制外有周其乏者，上人所圖維也。湖山有洲，隸學宫，蓋嘗稽始末，而知上人廣養士之意，而大有造於靖也。靖河山映帶，惟西南稱秀麗，雙溪環繞，鏡阜、天馬諸峰筆峙屏列，迤邐而東。東川陸往來孔道，湍勢汩漾，而低巒伏嶂，宜補其缺罅，爲縣治、學宫鎖鑰。新會陳邑君，命諸生建塔于湖山之陽，而砌築溪南之滸。□瀾障波回翰，殆有功力焉。浸假而爲原爲畛，變沙汭之場爲物産阜贍之區。以故湯邑君丈而入於學，而徵其薄貲。爲畝八分之外，尚爲窟穴蓊蔓，乃覬厚實者生他心矣。

於是群諸生上其事於沈邑君，適君有入覲之行，未遑讞决，命諸生控於郡伯閔公。公爲郡風規澄邁，靡施不光，

而注意青衿，嘉與毛羽。聞若説，面質於沈邑君。邑君緦緦爲言學洲狀甚悉，公遂俞允邑君言，而敷行判決之，曰：『昔范文正公捐私宅以爲鄉校，千古稱爲盛德事。今縱不能效法，焉可垂涎學旁之洲以爲己業乎！彼人也夫，非聖人之徒歟？仰縣查勘明白，樹碑於旁。異日此洲漸以生長，永歸本學，他人不許藉口陞科，希圖肥己。倘有以此説進者，請看先師面上可也。』異哉斯語！熙然和風，凛然厲日。培士氣而振人文，希文翁千百年遺愛，儼當日躬領也。

會邑君覲加，接前狀，諸生頌公津津不容口。邑君囅然曰：『茲舉也，不費之惠，不磨之功，閔太尊君子之政也。君子之政，靖士蒙其養，靖士之幸也。吾茲惴焉，惟上美之有遏佚，不勒諸貞珉，其何以繹闡休嘉，而志諸士子永念？』因謀學博劉君、胡君。二君甫涖庠，毅然奉行德意，而率諸生輩匄言於不佞。夫不佞少長茲邑，不敢以不文辭。且盱衡公績，樂與均雲覆露者，共頌丕誼也。遂重其請，而爲之記。

閔公諱夢得，號昭余，戊戌進士，浙江烏程人。沈君諱大德，進士，浙崇德人。

洲界：一項自渡頭起至石壁廟前止，北與舊學洲、温宅洲比連，東、西、南俱至溪。一項西至温宅洲尾，南至王宅洲，東、北俱至溪。一項湖山宫前，西、南至舊學洲，北至温宅詹惟超洲，東至舊學洲。

進士、諭德蔣孟育撰。萬曆三十八年庚戌之秋吉旦立。

**按**：此碑現存靖城鎮中華路南靖城隍廟。

## 一四二二　上寨社水利塘碑記

南靖縣爲水利事：

據吴祖德父上詞，取得上寨等處水塘一口，廣袤幾千畝以上，週圍東五里有餘。春夏則野望長湖，魄可堅陂以瀦水；秋冬則水乾見石，又可取土以修堤牆。民因靖邑寇□未靖，臆災亦補化正之，不死不洩，貸之以爲利，数萬户賴之，以爲恩波。自唐宋迄本朝，慕思染指，内務□以□□右□敢□□□□棍□假虎張威，望門托勢，以萬民之

益脉，供一境追巡堅固□□者，不爲圖一身之温飽，絶百姓之時豪可忍□□不顧。此輩利民肥己□□當厚於眼前，看彼天定勝人，終寡〈下缺〉本縣雖出給示，聽衆居民，猶恐忘不忍之，故爲立石，以垂永久。敢有故違敝受者，有條例在此，告約正等，諸情准爾疏之。嗣茲至私，當無衷高□□虐煢獨也。

賜進士第、知南靖縣事、調南京刑部□□□吏司伯仲倪承課立。

萬曆紀歲辛亥卅九年十月吉旦書。

**按：**此碑現存靖城鎮中華路南靖城隍廟，碑額爲『倪侯惠政碑』。

## 一四二三　守道劉爺批允刑館蕭爺断還官山利民功德碑記

南靖負山立邑，岡陵盤鬱，悉隸縣官，□利生成，萬姓公共。迤西官山二所，一名銅盤，一名吴臺岩〈下缺〉國初迄今，生樵死葬，並無禁錮。監生陳若桂父子，秉族侵〈下缺〉賣此山，訟棍帶□□官給照，擅給告示，禁葬□樵，僅□□□務税，雞犬一空，違者呈拏〈下缺〉山居穷民〈下缺〉相率白其事於守道劉青天，而問戚然。亟批刑館，查山果係官山，查冊並無米載。審若桂以山爲金□，葬者勒價以兩計，樵者勒税以錢計，聲威厉禁，□從縱横，一方不安其所，□□爲富不仁之□，而曾思□群然〈下缺〉查黄冊，則山米並未開載。以從來不納米之山，而擅自交□，亦家□□□之計，將公物爲私〈下缺〉其地者耳。□今山歸還鄉之民，爲樵、葬地。若桂素封□□，不宜〈下缺〉本道，蒙批□□顯是陳鴻烈故□官山買完官□何陳若桂之□□□□爲□一方，□該館〈下缺〉姓。一一如議，此山公之衆姓，□□深究〈下缺〉數年荼毒，一旦根除，萬姓〈下缺〉外，但恐若桂巨奸，日後或□□□，與其垂之案〈下缺〉本道，請乞立石，賜命曰可。□以案断批認，募工勒鐫，使□□□□之民，子子孫孫，永享樵、葬〈下缺〉本道、刑館澤民功蹟，同石而不朽者，且同天之罔極矣。是爲記。

鄉民：徐文、魏炤、曾嚴、王□考、陳孝、鄭□、曾球、吴宣、□宇、林宗、□□□、曾□、□生、曾思、蔣

臻、李世、□官禄、阮□、□□、林俊、徐顯、□□□、□□□、□五、楊□、魏旭、魏明、曾德、許敬、蔡順、吴口、黄五、魏義、黄□、□□、□□□、□春、鄭海、林金。

萬曆四十二年八月　日穀旦，闔鄉同立石。

**按**：此碑現存龍山鎮東愛村東盤社。

## 一四二四　南靖下湧官山碑記

粵南靖下湧官山，自太祖以來，舊爲生民廬、塟之區，未有豪強兼併之慘。近在縣監生陳璿，靠伊一門六監，銅臭百萬，力能翻天覆地，勢段欺官剥民，詐縣□□□將□□山鑿□開□無主墳墩，並鄭宗、沈長、柯賢、吴臺、鄭桂、胡陸政、謝傑、鄭興或、鍾祥、王國盛等墳骸数十首爲田；未幾又將各廬皆□□深溝□迫卸；屬又將峡脈山腰廣開水洞，延墾外山，使民住、塟、樵、牧無所。

宗等闔鄉相率匍赴福建布政使司分守漳南道右參政洪具呈，蒙批本縣主，研勘墾田戕墳、欺官隱漏情，具由申道爺，駁批：『□擄勘已明矣。但山皆官山，□□有墳之處不宜截□，而有力之家豈得獨專？且訴行將鑿洞引水，諸家胡能安枕乎？夫誰無繳糧，而以官米三斗塞責，何也？仰刑館□□□□，以□衆人之心。』署府事刑館催官蕭，提到陳璿、陳□□、王并宗等，各到官請□審問，鈎距真情，審語云：『山□開□□□所以便□□，非以徇富人；所以便山麓土著之民，非以徇窵遠攘奪之豪。此意甚不可□認也。宗等群居下湧，耕田鑿井，由來久矣。陳璿隔之千里之□，迺假帖開墾，以觀此土環鄭桂、鄭宗等墳墓，左右皆爲開尽，而僅陞米二斗，不得謂無欺隱矣；鑿圳山腰，今雖淺狹，久之未爲不漸廣者，不得謂無侵傷矣。宗等之呈，盖始乎□成平墳，而因以争地。夫下湧世居之民，生於斯，塟於斯，作息於斯，食土之毛，□□其力之勤惰□□□□無足禁也。乃素封望影而趨，開山鑿川，與細民競汗血之利，是以官山爲壟断，而以給帖爲□□也。矧陽攘其貲，陰□其□，悍然不□□□祖田段垂成，□其□費不

可虧□宗等共出四十五兩，以酬陳璿；其新墾者，悉歸衆人；照畝陞米，以下則論。使鄭桂等躬耕其地，不□□□。其墳水之通閉，聽之；畝之開塞，亦聽之。斯亦鋤強息爭、裒多益寡之方也。』

招申道爺閔，招體國恤民，據□扶弱，批允云：『下湧，官山也，法當公之於衆姓，不當擅之於一家。土著貧窮之民，當令其尺墾□□爲養生葬死之需，不當使遠方雄豪者跨□□□□□□而斬地脈也。監生陳璿訴稱：「興工之初，何不阻止？」彼小民無力無勢，保奔命之不暇，何暇與之較曲直乎？今當官者，頗一□□□□民□人所以告耳。且□此之利害，當權其大小。陳之利小，諸家之利大。引水灌於墳旁，始則淺□之，終必深浚之，纍纍枯冢，難保□□□富營□斷□□□□田疇，據法不當償還工本。今姑令沈、鄭、胡、林二三十家出銀四十五兩，以酬陳璿。其新墾田，悉歸衆人，以下則陞米，使附近居民得以聚廬托處，而保墳墓焉。是乃扶弱杜爭之深心，而亦不爲矯枉過正之偏議也。』陳璿領銀退田，宗等赴縣陞改民米九斗六升三合。遡勒碑記□，立德、立功、立言，並垂不朽；惠生、惠死、惠樵，永萬無疆。

萬曆肆十肆年九月　日。

下湧鄉人：沈長、鄭宗、柯賢、吴臺、鄭桂、胡陸政、鍾祥、謝傑、鄭興或、陳方、王國盛、鄭欽會、林侯、沈椿、蔡思賢、柯胤、諶派、鄭弼、鄭生、吴蔭、陳會、賴富、盧□、楊忠、王明、李元、謝貴，闔鄉同立。

**按：**此碑現存金山鎮霞湧村福慶堂。

## 一四二五　分守漳南道洪爺審斷官山救活萬命功德碑

天地有自然之利，導而布之則不爭，擁而私之則搆怨。王者設官分職，□□□□政，以治其爭，以平其怨，爲民□□而已。昔孟夫子庭教父子□以生死無憾爲王道始。嗟乎！養生送死，所關民命，詎□□乎哉？南靖縣一帶官山□□□□具經□禁□□吴臺岩両處□百□尤官山之□大者，生樵死葬，利賴已久。勢豪陳若桂、陳□□山厚利，

捏占勒税，〈下缺〉萬曆四十二年，相率呈於本道劉，剖断還衆，批照立碑，一方之民如出水火。無何，劉爺乞□□□惟〈下缺〉官〈下缺〉本道洪嵩軫穷簷，親吊面鞫，裂其詎營之帖，還我樵薹之山。出示曉諭，〈下缺〉我銅盤〈下缺〉利利，生死無憾，皆洪爺之賜也。孟夫子抗庭緩頰，猶見空談，今且实見之行事矣。闔縣士民，相率竪碑，以誌不朽。□□□□□此□民□思洪爺惠民，功德同天罔極，不惟破豪奸之胆，抑且并甘棠之思，謹將勘示鎸刻於左：

福建布政使司分守漳南道右參政洪，爲抗毒萬命親討□□事：

據南靖縣民口思□□□□呈前事，經吊審□銅盤、吴臺岩、延〈下缺〉官山也，富監陳若桂恃勢占管有年矣。一縣之人，出告府、道，劉□断□□□公管□□□□□斯□□者□於斯，生斯聚斯〈下缺〉誠一方之大利也。陳若桂族人陳鴻烈賠償庫銀，乃若桂代爲賠。前此不過爲同族完官事耳，越階告于前道韓，若□□□有〈下缺〉准此，以官山而□爲私家之物也，欺官蔑法，計亦狡矣。若桂又稱，有官□□官米。細查前道所断，並無官米在陳氏户内，□□出〈下缺〉東□西，爲塗人耳目之計。其若□縣之官聽爲憑，則前道給照，獨不足憑乎?且以若桂之富豪，何事不可得，而豈不能設法取此〈下缺〉山，聽居民樵、薹，不許陳等倚勢阻占，其官帖俱待塗抹。若仍前恃強占管，定以土豪革去衣巾重治。仍行縣太立石碑□□官山〈下缺〉百世不朽之利哉！若桂當思衆怒難犯，官衙難欺，徜倚銅臭而占官山爲金穴，則有三尺之法在。特示！

鄉民：徐文、曾德、林春、潘勤、魏義、鄭□、林余、黄亮、柯煒、陳鳳、曾榮、李□、曾隠、黄錦、林□、洪顯、楊秋、曾思、魏炤、官禄、魏新、曾□、李春、楊科、魏宇、魏炳、曾榮、蔣蘭、陳赤、魏亮、陳□、蔣留、曾逵、林□、蔣臻、陳平、魏旭、王考、林俊、官祐、曾達、林宗、楊志、楊智、徐顯、蔡會、張□、吴宣、鄭錦、鄭照、鄭岳、□□、黄宝、劉五等。

萬曆四十四年五月　日，南靖縣知縣督同闔士民立石。

**按**：此碑現存龍山鎮東愛村東盤社，模糊不清。

# 一四二六　寶林水利碑記

昔者召信臣爲南陽，於穰縣南六十里造鉗盧陂，用廣灌溉，歲入增多；杜詩繼之，復修其業，於時歌之曰『召父杜母』。夫父母斯民者，固民所恃以痌瘝撫循，任非不煩劇，事非不淩雜，而度田相土，是爲首務。則港澮陂渠之間，以時巡其防芋，植其堨塘，節其開閉，均其乾澇，令於此寄準繩焉。靖邑居西陲，地复敞，建瓴而下，民仰上流以資灌溉。若予倉寶林一帶，丁巳夏洪水降割，畝圳衝頽，農人失業。且非徒病農也，秔稻變而蕪穢，徵輸之不給，害且中之國。失業之民，流離轉徙，四方之恫疑者並舉而争起。於斯時而議賑、議撫，猶捧漏卮以沃焦釜，其何能濟？

我黄邑侯目擊而心籌之，曰：『是區區者百里，而寄命之所，爲之莽莽也。令實劑一縣衣食，坐視其蠱隤而莫之省，猶謂邑有君乎？』亟命駕馳巡，與邑簿魯君低徊阡畛，相協土宜。魯君推體德意，督率不遺餘力。度上流爲鄉縉紳田，躬請而鑿之。隨按籍而核，受田之夫各以籍占田，如畝數而高下舉之。各捐奉金爲畚鍤資，命陂長元聘等董其事，湮者填之，闕者疏之，高者瀉之，低者埒之，不踰時而田反於宅，水歸於壑。政易所謂『不傷財，不害民』『悦以使人，民忘其勞』者也。今而後，舉鍤爲雲，决渠成雨，靖之民樂樂利利，悉心鼓舞之餘，清畎盡爲泠風矣。夫期思之利，陸海之饒，前史所載不一，而足令太史氏而載溝洫志也。我侯、魯君之名，且與杜、召不朽，後之君子其無忘此封殖哉！

侯爲南直之歙人，諱公敏，領癸夘鄉薦；魯君古越人，諱夢斗。其爲政彙而可斑，大略兹可覩矣。

大學士林釬記。

按：此碑原在豐田鎮寶林水圳，已佚，碑文見於乾隆南靖縣志卷二。

## 一四二七　南靖縣重修城宇功德碑記

賜進士第、通議大夫、南京〈下缺〉誥勅撰文，治生蔣孟育頓首〈下缺〉。

窪邑之有水警，猶甚於西北之虜、東南之倭。蓋〈下缺〉城高與堞齊，名雖曰城，其實壍也。頽垣決雉，勢〈下缺〉以頻年之漲，以尺量不及丈。室有裙，牆有闕，且〈下缺〉與官鍰爲。若客歲，陽侯一月三見，其一則百年〈下缺〉之聲，若萬雷殷震，四隅皆□負擕犇譙楼，而西楼〈下缺〉檄上藩守洪公。公接檄，若坐溺溝中，不能頃刻需也，亟〈下缺〉更甚，靖慘可知矣。公以是安靖人，無重悲傷也〈下缺〉隨急帰報，而洪公覈庣城若干丈，捐鍰四百有〈下缺〉而毋以嬉，靡負上意。乃以自東南而西者属簿〈下缺〉無敢以泄，偵佐贊之勤。閲数月竣，内外垸乃〈下缺〉周視龍亭之庫、麗譙之閣、殿廡廨舍以及□舖〈下缺〉向等公侯也乎？嗟乎！邑有城，如人有體；四體〈下缺〉非過矣，烏可以無記？

藩守洪公，諱世俊，號含初，〈下缺〉則黄君，諱公敏，號賔陽，丁酉進士。監修則〈下缺〉曾、鄭公弼、王主睿、徐揚、吴茂材、黄元義、鄭國〈下缺〉。

文林郎、漳州府南靖縣知縣、新安黄公敏，署教諭〈下缺〉兵科給事蔡思充，温州府知府戴以讓，户部主事李□□，寧波府知府□□等，舉人楊志清、陳上縞、林曾、林継震、戴堯雲〈下缺〉。

時萬曆歲戊午端陽吉日。

**按**：此碑現存靖城鎮中華路南靖城隍廟，殘缺不全。

## 一四二八　藩憲洪公邑侯黄公鼎建官洋水利碑記

靖固僻處一隅哉，財賦視它邑特多。官洋、北充隸焉。洋據高阜，昔嘗旱矣。田旱，洋後以築陂溉之，而官憩

視事□官洋、北充□稍折而下，受上注矣。往之濬斯陂也，始作有程，歲修有例，荷鍤雲興，緑芒蔽野，厥利溥矣。比者天時弗若，寫夷爲祟，嗚條破□，在在而是，甌窶汙邪，波臣齧之。官洋、北充之民，蕩析離居，室則産鼃，耕則懸耨，頻蹙而號曰：『安得當道者而鳩吾民乎？』

□而□於分藩洪公，謀所以復陂者。洪公曰：『民依也。』亟下之邑。邑令黄公承委，躬閱之，復捐俸助之。四尹金公準其令之□而佐之廉。其可耕者若而畝，責諸主貲有差；其堆沙者若而畝，需其墾，亦責諸主貲如之。功稍用集，於是乎民免其魚，得沃□而耕之。聚廬者、含哺者嘖嘖誦德，歌曰：『陂水洋洋，曷夏曷冬？我灌我溉，伊誰之功？太上河洛，其次清漳。一盼如雲，于今官洋。□芨黍苗，陰雨膏之。鴻鴈至止，牧伯勞之。』是舉也，問誰主者，則藩長洪公；問誰□廷，則循令黄公；問誰効力以襄事，則尉金公。而鄉耆林家珍乃祖世輔，先有糾元之役，今尸其役者四世矣。上下歡趨，天人助順，均不朽盛事。爰樹貞珉，以勒厥績。

藩憲洪公，諱世俊，南直隸徽州府歙縣人。邑侯黄公，諱公敏，南直隸徽州府歙縣人。縣尉金公，諱應榜，南直隸鳳陽府壽州人。

旹萬曆四十六年歲次戊午仲春吉旦。

賜進士第、中憲大夫、貴州按察司副使、前杭州府知府、行人司行人、年家治下生楊聯芳頓首拜撰。

使水人户：陂長林家珍，庠生林一岐，陂衆黄明、林秋、陳揚、楊吾、郭榕、林台、黄元、黄敬、陳堅、李遠、劉活、林振、江玉、劉恭、林宇、黄岐、盧沂、曾仁、陳溪、陳振、吴興、郭貴、李梧、吴玉等，仝立石。

**按**：此碑現存龍山鎮海仔村。

## 一四二九　建文昌塔序

蓋聞地脈轉六鼇之軸，奇發人靈；江液匯三吸之波，瑞開石曆。展鏡平沙，澄雙溪而朝自南北；沈玉作鎮，屹

迴峰以壯此犖圖。數百年旺氣，有開必先；七十户子來，無好不甚。予承乏茲邦，盱衡列勝，邑西頂蜿蜒之脈，上游雄峙形勢；溪南屬襟帶之交，尾閭稍泄本原。始謂慮始之難，無輕其任；今知擇勞之可，第酌所先。陟巘降原，既測圭以定位；灼龜襲吉，亦僉諧於考詳。或宿德居優，董公甸而允維厥任；或效義無窮，畢願力而無愛彼銖。尺壤勺流，俱是高深所助；戴黿煉石，誰云造化無爲？桑田起自滄溪，喜天開其勝；砥柱屹乎中游，抑人叶其謀。障迴瀾於既倒，試問支磯之石；挽逝流於不波，嗣興瓠子之歌。猗歟其盛！終焉允臧。蓋微俸矢捐，僅同五丁之開道；惟衆力殫舉，始信愚公之移山。蒼焉鬱焉，嘉氣而駕虹焉，采分睢、涣之圃；渟兮泓兮，静影而含璧兮，光浮奎、井之章。天寶物華，扶摇十里以飛來；霞南景色，溯洄雙溪而頂上。衆僉曰可，予申之詞。

**按**：此碑未見，碑文見於乾隆南靖縣志卷九。作者楊廷詔，天啓元年知南靖，多惠政，二年遷龍溪，靖民爲立生祠。

## 一四三〇　楊邑侯惠神碑

穆穆我侯，民社所寄。厥德惟馨，神式憑依。給復緣田，肇興歲祀。惠我袞衣，世濟其利。來暮輿歌，峴山去思。民之懌矣，神其格斯。祝侯鈞天，祝侯萬年；祝侯來裔，百世其昌。

天啓二年春正月吉旦。鄉民：黄和志、黄□、周善、黄□、周□、黄緯、黄裕、黄明、黄□、謝志、吴佐、□□、周□、黄卯、胡□、周任、張釹、□色、林崇等仝立。

**按**：此碑現存龍山鎮圩埔村司前庵。

## 一四三一　楊侯興復三道岩緣田功德碑

岩在圓山之麓，距郡城數里許，屹然巍峙，爲漳郡望，如魯之東山、天下之泰山。九嶷不作奇勝遠觀，故非祈禱，絶跡遊屐。舊有岩二，其右則大仙，三道居左，繫籍南靖，當龍溪交會之界，爲兩邑祝釐之場。上下帶園一丘。

另墾岩麓，疊級如階，得田三畝，住僧力耕，聊供齋粥。歲久寖壞，田没豪猾之手，僧爲饑驅去，岩遂墮廢坵圩，佛像塵埋露頂，面滯啼痕，道者歎息。

余家相去一望，嘗讀書山中，緬懷興廢之感。庚申春，邑侯、黄公主簿緣命僧弘德等募建重興，成等竊與其事，喜諸善信樂趨。就緒，僧輒爲惡成者計搆誣陷，賴郡邑公賢明，察其寃而直之，案判星炳，奸謀乃沮。僧始得畢力營繕，躬自鑿山砌石，手盡裂。岩仍舊址，更卜坐向，堂宇、佛像、鐘鼓、法器宏偉莊嚴，焕然一新。乃請復侵田，愬上，侯已明了，更詢黄，□摘伏奸狀，不覺心折語塞，莫置半喙。即追將盗賣原價給主，而田遂復，僧免乞食，實侯無量功德歟！

余以圓山視諸上方叢林，不無遜奇。三道面溪繞流，飛檣上下，碧月煙雲，浮空起滅，風雨晦明，倏忽江山千變萬狀，悉入眼界。對景會心，點悟無常，頓絶妄想，大仙再來。三道參禪洞天，齊名選佛道場，又何遜奇之有？偶蒙信聞岩落成，讀侯判語，重於金石，編成頌記，載功績云。

侯諱廷詔，别號□松，豐城人，登己未進士。郡侯諱公翰，别號培庵，溧水人，甲辰進士。

頌曰：『圓山岸津，清溪遶址。麓可墾耕，館僧祝釐。嗟彼貪圖，不作善事。自造惡趣，蔑佛誕田。謂可肥己，一手障天，欲將誰欺？福地當興，法力山移。石沉湧山，□□相之。天生我侯，再現今世。扶掖衆生，去害興利。歸田伏奸，判摺片語，勒此記頌。』

賜進士、文林郎、句容縣知縣、主簿汪林會拜撰。

明天啓二年壬戌孟春吉，募緣僧弘德立石。

**按：**此碑原在靖城鎮滄溪村三道亭，已佚，碑文見於南靖石刻集第六四頁。

## 一四三二　船場樵牧碑記

漳州府南靖縣楊侯議詳，分守漳南道程侯批允鄉民贖回船場山碑記：

南靖縣永豐里，有山名曰『船場』，乃山之總名也。余氏所属，原收米二斗，掌管多年。乃至四十三年，余館、余鄉、一張、一瀾將山變典蔣鄉官爲業。今天啓二年，蔣猷別聘，鄉民張墀策、陳德、楊文、張義、張一陽、琚府、嚴文郁、鄭妙仕、琚仕敏、蔡玉、林日裔、吴天相等慮恐他属，於免紛更生事，同生員余京策集銀叁拾兩，向鄉官生將契退還，贖出原契三張，内有契書一張附後。蔣宅的筆親批：『天啓二年，收過船場社張墀策等代余家贖回原賣本宅船場山，憑溪東邊爲界，及杉畲等處。呈官立碑，聽民樵採，山價叁拾两正。其大潮山係本宅明買余家自爲栽田物業，不許混侵山界，再後藉口生端等情。今將余家賣契三紙付執爲照。』

鄉民策等慮恐事久毁滅，相率連名具狀，爲悬天惠民立碑、以杜獻占、以爲永載事，備開清資，赴分守漳南道程侯告，造本縣楊侯，查得：『本縣永豐里二圖有山連陌，總名船塲，余氏所屬。至萬曆四十三年二月及三月十二日内，余館、余鏘、一瀾、一泮、余譽南等將船場山陸續一槩賣與蔣鄉官爲業。余策等贖回其山，有山地名大潮、立棵、南畲等處，係蔣鄉官買有田業在内，不付贖外；餘有土名，東邊自東林墘、梅子嶺至十八家水分流爲界，西自杉畲、嶺脚、高嶺、卓壁、後路、江赤、竹歐、湖洋坑、畲坪至下厝、溪仔口爲界，南自石壁潭、雷打石、打礦坑、車胆、炭坑、圳頭庵、後林至南山後爲界，北自坑内、石頭嶺、赤鬚嶺、平林、庵坑、北岸、倒角、張坑隄爲界，係眾鄉民贖回。契書内所載地號，皆爲策等鄉民所有，宜聽其樵採牧薹，勢豪之家不得侵占。又據策等具狀稱：山無米，原納余家民米二斗興訴。其情誠切，似當俯從，以絶後來無米招訟之端。所呈事出於公，合候詳允，且聽各鄉民立石爲碑，刻記事實，以垂不朽。』具由申詳分守漳南道程侯，蒙批：『據詳，事出於公，民得其便，准聽各鄉民立石爲記，以垂不朽。繳。』

策等鄉民仰載道，蒙二天德澤，立碑記事實於其上，以昭後人，以垂後世之憑驗云爾。

皇明天啓二年四月　日。本店永居八甲衆等鄉民：賴錫、賴丁界、張宗言、林茂山、余大吉、李太春、楊太矛、嚴吉兩、張榮仁、余二泉、余雲錫、李公清、張松枝、李清全、琚雲松、嚴東富、張應山、張慶輝、余伯榮、余日求、張召介、吴生再、嚴汶旺、張茂仁、楊應詳、黄世英、余文鼎、張發偉、王延盛、夏大山、鄭仕槐、王日昌、蔡廷淵、王昆才、吴輝躍、吴日燕、王一盛、林隆化、張玉邦、張鄉爵、張碧宗、張妙合、吴日新、張琛、張念明、張啟光、陳一良、楊生明、陳長昌、魏仕全、陳榮硯、余一龍、李晉京、林丙東、吕進、沈吉、李思招、黄秋春、陳仕昌、琚永元、賴生明、林大興、□□□、黄琛昌、王蒼倫、張松龍、楊□候、李日南、陳□□、李恩賜、傅梅河、黄碧水、李民沐、林勝山、刘信忠、林大□仝立。

**按：**此碑現存船場鎮世禄村新溪尾寺（安善堂）。

## 一四三三　斗米太平橋碑記

太平橋在和溪總斗米。天啓間，知縣楊廷詔捐俸，生員鄭國欽協贊董役建造。泥洹氏持寶筏以渡人，與吾儒抱濟川當世、無過涉之患者，同一證果。斯其取『太平』以名橋意乎？斗米亭距南靖七十里，當西路入省之衝，兩岸夾流，臨深爲高橋。始於宋建隆之間，以木架板兩山而跨。勝國泰定元年，曹郡侯率□菑衆普忠等，廣募檀樾，更砌以石。然而巀嶭衝湍，滔滮狂溢，頻有紛拏泊責而不可蹈。鄉耆鄭洪玉，復於成化十八年鳩工飭之。洎萬曆四十五年丁巳夏，毒龍擾紀，頹嶼裂岳，鯨貫鴈齒悉爲蕩然。蓋方舟難施，游泳莫措，爲患五年間矣。

茲幸邑侯楊公念切愛民，識周集事，靡墜弗舉，靡枯弗濡，乃允鄉民鄭日新等修橋之請。隨捐俸爲指標，屬和溪司劉永恩與弟子員鄭國欽、鄉民林華琇等，各緣其財，共董其役。中一址，高一丈六尺，大二丈一尺，兩岸稱是。爲橋板三，爲梁一，中用横鋪。子來樂趨，山靈佐護。落成之日，屹然坦然，川原改觀，行道踴躍。余家鄰壤，往

來於斯，康莊之福，棄先而並受矣。夫佛稱出世，福慧雙修；儒稱治世，功德兼修。唯以出世之心治世，故能己飢己溺，治臻太平也。爰據貞珉直書，以誌不朽。

侯諱廷詔，籍江西豐城人，己未進士。

鄉紳蔡夢説撰。天啓二年□月　日吉旦立石。

按：此碑原在和溪鎮斗米村，已佚，碑文見於南靖石刻集第二五三頁。

## 一四三四　楊公祠碑記

楊侯之爲靖也，值天吴洊虐之後，邑殘民疲，當事者動有懼色。侯下車，肅謁薦紳，詢阡陌便否甚悉，亟與民興利剔蠹，酌緩急次第行之。邑徙建，舊址半爲宂地，學宫禮殿以及黼舍誃室，窪積漸廇矣。侯捐貲首議，先甲檽闢枅欒之屬，丹堊奕如也。稍暇，聚群衿講學其中。又鼎搆文昌樓，軒敞巋然，蔚起文明之象。邑人士從兹雲蒸，侯所鼓吹居多。城隍廟囂湫，則顧里正僝工具飭，展拓堧地，别置池榭，宏麗倍異曩時。靖邑客産賦多，巧匿而逋，侯具知租藁增損狀，令自占供賦；洪水衝崩者申請，力爲豁免。清晨，坐堂檢閲案牒，先諸監司大府檄移，次邑中簿牘，功曹以次受記，毋敢溷者。有囂叫于鄉，立按之法。金矢之入，平亭兩造，不假鉤距，而衷辟自輸。如某子甲，貪賄賂殺人，蹤閟莫憑，侯用類推踪，捺刃者謂：『侯何從鬼神知我也？』遂伏辜。

辛酉冬，直指按部抵漳，經靖邑，輿隸騷擾，幾不堪給。侯經紀有條，直指心異之。既報命，首上侯功狀，徙治龍溪。靖士民思侯，相率共謀畏壘，擇地於邑西北隅安福寺之右，枕山爲祠，以志瞻仰。又以樂佽餘資，置田租四十八石六斗，供春秋血食，因請予記。予惟鄭之稱惠也，國人有『我殖我誨』之歌，而褚伍興讟，始猶不免。侯視事甫數月，民式歌且舞，飢疲都忘，何有悠悠之口哉！尸祝之社，榜眼、進禄諸峰翠靄掩映，地與吉會，將棠蔭槐芳，世世勿替。余且以靖爲侯峴山矣。

按：此碑未見，碑文見於乾隆南靖縣志卷九。作者林釬。

## 一四三五　文昌塔碑記

壯哉，靖之文昌塔乎！隅值巽方，柱砥水口。經始於萬曆之己未，錫圭於天啓之丙寅。孰肇厥初？曰黄侯；孰營厥中？曰楊侯；孰奏厥成？曰姚侯。侯纘兩侯儉，拮据捐俸，鼓衆鳩工，命芳司出入代董之。閱三載餘而塔竣，靖士甿相和歌曰：『惟塔之巔，若龍奮鱗，蜿蜒飛天。惟塔之基，若石奠盤，重厚配地。惟塔之成，若神呵護，侯精通靈。三才備矣，金湯屹如。甲第蔚起，斯文在茲。侯功萬禩，如之何勿思？』

邑人治生楊聯芳，于丙寅端午日謹識。

按：此碑現存靖城鎮湖林村文昌塔。

## 一四三六　道府縣審斷庵尾寨祖山碑記

吴峰庵尾寨，靖邑韓姓之舊址也，已經饒賊張璉自築保護矣。其祖鋐，登有宋宣和辛丑進士，歷官户部尚書。迨我皇明，分派均玄居金浦。均宇、均謙居天寶；孫濟，萬曆甲戌進士；紹忠，丙子文魁；登壇，崇禎丁丑武甲。均爵居南靖西街，孫珪，弘治甲子鄉科。均海居吴峰，長黄井、三壙仔、四源湖；次住庵尾，諱琰，應永樂庚子鄉科。今墳墓廬舍、環山而住者，琰孫子也。則修築是寨，亦惟琰孫子得而議耳，别派且不得，况異姓耶！崇禎癸未六月，山寇竊發，韓因議重修，此正席先人之遺者。不意鄉有蔡姓，陰謀越界強據，與韓交争。夫以数百年舊址，一旦遽落他家，人各有心，能自甘乎？公論不平，當時縉紳、學校、鄉耆、里班歷呈昭然。署靖印二府崔輿疾親勘，分别可否，道公祖曾、府公祖沈嚴明審断，則庵尾寨獨惟韓姓長城，非異姓得竊據，洵千載可不辯也。既鉄案之足券，又何須乎立石？但龜文垂，爲可以往來不断口碑。參戎韓旦升，琰五世孫也，與余同往南都，備詳終始，爲之勒記。

詹事府少詹事、禮部左侍郎兼翰林院侍事學士黄道周撰。

二府崔諱知往署靖邑審語：『審得蔡纘緒與韓旦升一族，耦六世相仇也，而各不同居。庵尾寨則韓姓環山而處，且各墳墓於斯，其塚纍纍然也。若蔡與黄、阮，聚居塘尾寨，寨下皆蔡姓墳墓，此衆耳衆目所共見耶。今蔡纘緒等突乘寇警，越修庵尾寨，以韓姓阻撓爲詞。夫庵尾寨果爲蔡姓公共之寨，則何以庵尾山麓一任韓姓之廬墓，其蔡姓並無一錯趾耳間乎？且蔡姓又何舍己之舊址不修，而無端越畔，興必不可成之功，此何爲乎？公論自在人心。如十七圖里班見年陳廷遷、黄日升等，鄉耆謝明峰、王欽等，生員王明正、陳鉉等，皆稱庵尾爲韓姓之祖寨，則甚矣。蔡纘緒等不守紀律，遂侵疆越界，藉寇修怨，多事啓釁，言之殊令人髮指耳！職輿疾親勘，實得其情形，誠見舊貫宜仍，釁不可啟，不如令已之爲便，庶息紛囂，且杜禍源也。』

本府太爺沈諱在宥批語：『貴署業經勘明，衆論又復僉同。仍断蔡纘緒等修築塘尾寨，其庵尾寨聽韓姓修築，不得越争。繳。』

縣太爺審語：『審得蔡待旃等之以築寨具呈也，恐其以修築爲生事之端，隨行縣確勘。斯時防館署靖，以事關民間切要，特輿疾勘驗。其韓旦升等環山而處者，則庵尾寨也；其蔡待旃與黄、阮而居者，則塘尾寨也。二寨相去不下三四里，各仍其址，亦最便民之事也。所以縣詳業准蔡待旃等修築塘尾寨，不得紊争矣。未幾，待旃倚恃子衿豪於里左，欲越塘尾而踞庵尾，興詞。憲案及两造之下，訊之。旃稱塘尾平坦而難居，庵尾險峻而可守。不知人當避敵之時，誰不樂險而惡夷？然各有分疆，誰肯相讓？則有一二祖蔡者，亦稱庵尾係官山公寨，不敢指爲蔡姓所有，則蔡之不得越俎自明。况蔡與韓仇也，舍聚廬托處之地，而與仇爲鄰，縱韓氏相容，能高枕乎？蔡亦愚而闇於計矣。今断蔡待旃等仍修塘尾寨，其庵尾寨聽韓姓修築。蔡待旃、纘緒各杖懲。』

分守道曾諱應瑞批語：〈空缺〉。

公廷訐告：韓旦升、光義。大明崇禎癸未歲仲冬吉旦，太審。

按：此碑現存山城鎮葛山村。

## 一四三七　四甲粮山案契記

漳州府南靖縣正堂梁，爲懇恩示諭存案立石以杜霸占事：

據張宗、林年、謝□、鄭㒷等連名呈稱：『住居永豐里白沙坑等甲地方，高山海首，地瘦人貧，田野之外，惟賴山林以資樵、蕘。鄰鄉上吴宅、下船場，俱係民山，樵、蕘無禁。獨本鄉蕞爾窮陬，□□長張再源户多懸丁，□懸丁六丁□配本山，献賣勢宦。排家逐户取討山租，仍嚴掌厲禁，生無樵處，死無葬所。一草一木，動□□索，追呼蚕食，民不聊生，鄉無寧日。一害傳轉一宦，鄉民累世荼毒。近因宦裔林蔚千將山變賣，宗等苦遭□虐，無奈率鄉人户典鬻，荷債備價，契照原山，以便樵、蕘。原丁六丁，鄉民坐納張再源户内，賦無□□，民可□生。奈何□鄉□内豪強□□□□圖山剥削，奸棍未□貪心。』等情到縣。看得張再源以丁配山，献賣勢宦，取租索利，剥削居民。今林蔚千既賣，鄉民已買，當丁納錢，以便爾民樵、蕘，此利便之舉也。奈何豪強奸棍狠心，尚欲圖謀漁利，遺害匪輕。除在案外，准爾刻石立碑，示諭該地居民人等知悉：嗣後不許豪強勢霸勾通地棍，圖献生端，擾害居民。敢有抗違者，許原呈指名赴縣呈禁，以憑嚴拏重究，决不輕貸！須至示者。

康熙十九年七月　日給。

立永賣契人林蔚千，有承祖契買南山一所，坐落白沙坑、石棟坪、張坑官山等處，東至紗帽石，西至坵所，南至董仔尖山，北至吴宅、大陂、大小流潭、險壁、後洞、赤坑山沿溪一條竹木，四至明白，配帶張再源户内懸丁六丁。今因窵遠，先儘問房族□□承交，外托中引，就賣與本地四甲居民承買。三面言議，時價銀一百五十三兩正，即日憑中交訖，將山付與居民□□掌管樵、蕘，培植蔭木，永爲民便祖業。其山委保應分，與房族人等無干，並無來歷不明等情。如有此等，賣主抵當，不干買主之事。其丁錢粮係四甲居民料理明白，與蔚無干。此係二比兩願，

各無抑勒反悔。今欲有憑，立賣契一紙，並上手繳連，付執爲炤。

即日收過契内銀一百五十三兩正，再炤。

康熙拾玖年五月　日，永賣人林蔚千（押），爲中人林宰、李喜。

康熙拾玖年拾壹月　日，蒙首事張宗、林年、謝□、鄒㒷同鄉衆等立石。

**按**：此碑現存船場鎮張坑村白沙坑永福堂。

## 一四三八　紫雲山寺鐘銘

風調雨順，國泰民安。

漳州府南靖縣永豐里版寮紫雲山募緣首：黄聯聘、黄啟現、黄啟先、刘仲孝、刘宗玖、刘漢□。

夫妻保首，男女團圓，永遠昌盛。

康熙辛酉年正月初十日，十方仝立。

**按**：此鐘現存書洋鎮下版寮村紫雲山寺。

## 一四三九　福慶堂緣田記

湧人之肇祀也，由來舊矣。然其初未嘗有田，凡祈賽、慶祝之資，悉於鄉中逐户而歛之也。首事者咸苦其艱，欲圖一久便計。其鄉有蕭賡虞者，謂吾鄉慶新昏、宗璋，例當於孟春望前一日賽神而飲鄉人。然人日益庶，慶典日益盛，以其費諸一朝，何如留諸永久？是可半損其典，準所直而入於廟，儲之以爲異日用也。鄉人咸善之，因推賡虞使董其事。積至三年許，僅獲数金耳。嗣是□有蕭粹衷、蕭云謙、吴光衡、鄭同人、林寳圖者，踵而成之。歷十餘年間，生息出入，經營收蓄，備盡其方。迄康熙戊申，共得白金伍拾貳兩，因公買禾田九段于湧鄉之西，即所謂大

坑者。是歲計斯入，可獲穀肆拾陸石柒斗。於是，廟之祈賽、慶祝，咸取資於其間，首事者亦遂不苦逐户斂取之勞矣。

余因是有感焉。凡物之盛者不留，希者可久；易得者必廢，難成者永存。即如我漳五禪寺租，動以千鍾萬斛計，其始皆出二豪富一時好名之施，然時移事變，終歸無有。若我湧人所置，皆銖積而錙累之，事經二十餘載，始之以賡虞，繼之以粹裘，而成之以云謙，方獲数頃田而税之。歲時伏臘，藉之以光祀典，以洽輿情。倘所謂物之希而難成，何以久有者乎？故謀於眾，而勒諸石，以垂不朽。並將田段租税開列於左。

計開：一田在大片，受種柒斗伍升，税壹拾石伍斗，租陸斗。一田在長將湖，帶路下湖洋，係受種陸斗柒升，税捌石陸斗。一田在上圳，帶打鐵坑新田厝地，受種肆斗，税陸石捌斗，税貳斗。一田在香員，牽帶早田上新田尾，受種叁斗叁升，税肆石柒斗，租貳斗。一田在半畲，受種貳斗伍升，税叁石捌斗，租貳斗。一田在高水路，帶土地公前，受種貳斗伍升，税叁石叁斗伍升，租貳斗。一田在窖仔壁仔，帶楼仔後，受種貳斗伍升，税貳石叁斗伍升，租貳斗。一田在嶺脚，受種壹斗伍升，税貳石。一田在樹林後，受種壹斗叁升，税貳石。以上租、税，俱係大斗。到溪〈下缺〉。

里人蕭間鸞撰并書。蕭耀紫助銀一兩。

康熙二十五年歲次丙寅仲春穀旦。福户：蕭聲夔、吴光表、蕭玉鉉、林瑞坤、蕭君寧、王裔賓、吴爾衛、鄧孟加、沈胤蕫、胡吉南、吴子恭，募眾人立。

按：此碑現存金山鎮霞湧村福慶堂。

## 一四四〇　重修文廟明倫堂捐置科舉盤費銀碑記

康熙二十一年壬戌重修文廟：

知南靖縣事、庚戌進士、燕人張倬捐俸壹百兩。

庚戌進士、刑部湖廣清吏司郎中張雄捐銀壹百兩。廪例太學生王文會捐銀弍拾兩。
康熙三十年重修明倫堂：
誥封奉政大夫、刑部湖廣清吏司郎中張天奎捐銀肆拾兩。
鎮守福建金門等處地方総兵官、左都督陳龍捐杉三十枝。
廣東肇協副総兵官吴聯捐銀貳拾兩。通學生員共捐優免銀玖拾兩。
康熙三十三年，誥封奉政大夫、刑部湖廣清吏司郎中張天奎捐銀壹百叁拾捌兩，置本縣東関苗園四段，共貳拾壹畝伍分，年積税銀壹拾肆兩玖錢，以爲大比之年子衿科舉盤費。坐址開後：
一買張君卿園玖畝，坐落棉内寨邊，帶屋地梋叢一完，東、西、南至溝，北至寨溝埒，年税銀陸兩伍錢，佃黄政。
一買張老園伍畝伍分，坐落下路溝石墓後，東至張宅園，西至路，南至周宅園，北至石墓，年税銀叁兩叁錢，佃周然老。
一買張君卿園弍畝，坐落上釜舊嶽邊，帶龍眼叁樅，東至徐宅園，西至盧宅園，北至巷，南至溝，年税銀一兩陸錢，佃徐元。
一買張毓文園伍畝，坐落梘頭，帶紅梋菓子一完，東、北俱至張宅園，西、南俱至溝，年税銀叁兩伍錢，佃張綺宏。
原冊報納糧張□户拾弍畝伍分、黄景户伍畝伍分。
康熙三十三年　月　日立石。

**按**：此碑現存靖城鎮文廟遺址。

## 一四四一　重修周濂溪祠記

靖邑有山曰寶珠，縱横高下各三十餘丈，形如珠圓，靖勝蹟也。夾鏡山、磨石之間，號二龍争珠。怪石旁巉，

深流如帶，俗呼海仔山。明洪武二十九年，縉紳黄仁義、庠士盧遂、黄功等，率鄉耆啟縣主楊侯通，築奉濂溪周先生祠其巔，以爲社學。祠以圓山、五峰爲屏障，榜眼、大帽爲藩籬，天馬諸山勢若星拱，明燈繼晷，如珠發炬。自此，地多出科目，如李榜眼貞、江郎中澄、張驥、盧潤、賴清先輩，並於永樂辛卯科起焉。正統甲子，余慈復登。歲遠祠頽，居民競取山石，由是科名頓減。迨嘉靖丙午，黄美中登，重新脩祀，柬四方名賢會講。遠則虛齋、紫峰至焉，近則濱溪、敬齋復來焉。迄今百年，毀於易代兵燹，雨風，片垣無存。邇者乙亥、丙子，屢議重脩，若乘時利見以接氣運，必有冠配蟬聯方駕古人者矣，又何患大儒理學不回狂瀾於既倒、障百川而東之也哉！

文學戴京章擬。

按：此碑原在靖城鎮尚寨村寶珠岩周濂溪祠，已佚，碑文見於乾隆南靖縣志卷七。

## 一四四二 南靖縣詳報開墾古田洲税銀兑入學宫碑記

天欲作興其地之人文，即生自然之利，以資其用。茲殆造物之妙，夫豈人力可致？靖邑爲人物之藪，而自甲寅、乙卯以來，聖廟倫堂門廡圮廢，修理無資。辛未、壬申間，幸山城古田有漬起沙洲，沮洳灌莽之區，□爲勢豪虎視。邑弟子黄生嘉同、余弟與滇來諏於余，曰：『是可以襄鉅典也。』余曰：『善哉！盍鳴諸當道？』於是，倡合道、縣衿監，連名具呈邑侯孟公、丘公，學博黄公、張公，前後詳請道憲羅公，俱各批允。官臨勘丈，弓步畝數，龟載在冊。經歷七載，然後奏績，年徵税銀五十兩。輸納國課外，爲修整學宫之資，有餘則留積充科舉盤費。從來洲地不歸公家，必掌於勢豪。與其落於勢豪之手，何如歸諸學宫之中，永爲盛典。後有作者，覩數仞宫墻，而見宗廟之美、百官之富，萬代常新，必將以古田爲神洲；以爲天生此洲，以崇報先聖，而振興歐邑之人文，其靈爽有如是之式憑。然而，二父母功德之不磨，以及諸生興事之勳勞，皆不可泯也。爰是書之於石，以垂永久云爾。

賜進士第、誥授奉政大夫、刑部湖廣清吏司郎中、前工部都水清吏司員外、營膳都水二司主事、内閣纂修會典

纂修官、甲子分典京闈、内閣中書舍人、軍功加正一品仍帶餘級張雄撰文。

賜進士第、文林郎、内閣中書舍人、丁卯分典京闈林深篆額。

賜進士第、文林郎、行人司行人、己卯分典武闈張福衍書丹。

邑侯丘公諱憲章、孟公諱振玉，學博黃公諱中燮、張公諱可儒。原任内黃縣縣丞陳彦從，與事監生王文會、韓□信、徐居業、張與瑱，與事生員陳胡釗、王聖中、高隆、嚴子瑜、王威、嚴飛騰、陳雲驤、黃天思、王士亨、吴兆贇、黃嘉、韓幹、李芝方、王對時、王麟瑞。

一園，坐落山城古田保，共種七十五畝，報在姚興儒户内。

康熙四十一年四月　日立石。

**按：**此碑現存靖城鎮文廟遺址。

## 一四四三　張氏宗祠重興記

天地之間，人有本源。吾宗源本，京洛而來也。開漳於唐，錫茲湖山。湖在山上，環山皆荔樹、茂松、修竹，列屋森森，而環湖無他族焉。詩禮傳家，懿文華國，歷宋而明，代多聞人，功德遠矣。今逢萬壽大慶，榮施祀典，龍湖鳳林，禎祥叠見。於是衆心歡樂，而宗祠聿興。奕奕有儀，蟠踞湖西；旋繞星拱，中正斗樞；圓峰聳秀，緑水漣漪；經之營之，千秋志美。夫六橋、青州、洞庭、丹陽名天下，大都襟江而帶河。若茲之湖濶山高，澄輝四時，萬象照臨，瑩如臺鏡，豈非積厚而光，獲天造地設之奇，以佑啓我後人深長之休澤者歟？當春秋濟濟，入門而肅瞻依，知本而敦孝弟，且日以詩禮共奮，振家聲以宏世業。雖未及青錢粹雅，恆期無負金鑑流風。詩曰：『半畝方塘一鑒開，天光雲景共徘徊；問渠那得清如許，惟有源頭活水來。』昭本源也。

雲孫庠生友佳撰書。同董事：元暉、欽昭、篤愛、永塘、文炳、維陸、元昕、平世。

康熙五十一年春穀旦立。

按：此碑現存靖城鎮古湖村張氏宗祠。

## 一四四四　禁革各屬陋規碑記

各屬重耗加徵、借名私派、白取貨物、強勒當官、擅役民夫、濫索供應，開徵編審，相驗踏勘，一切陋規，盡行永革。違者官參役斃！

按：此碑現存靖城鎮中華路南靖城隍廟，碑名爲編者加擬。

## 一四四五　募修橋會緣碑

夫杠梁利便民涉，濟人溱洧，世稱惠□。吾鄉一橋，路通汀漳，往來捷徑，所関不小。雖云前之創造厥成，第恐緣有□□，未能足輯久遠。登等不憚辛勞，爰鳩同志捐貲，積置緣田，庶修理有資，永無漂圮之憂，而免□□之□，則橋梁鞏固，緣同波流不息。謹勒石以誌，名列於左。

一置，油坑寨前凹頭坑并石頭墘昆，租叁石伍斗官。

一置，坐落油坑大塘山溝上下林下洋仔，租弍石官。

一置，坐落油坑社門口芹路上，租肆石伍斗官。

一置，油坑后壁坑蕉園上，租叁石叁斗官。

一置，小村半坑，租陸石官，原帶畝弍畝弍分。

張一良、宜陞、漢西、宗惠、□武、友仁、乃成、鳳登、乃康、林白、德揚、卒玉、位督、乃唯、漢則、博浣、若連、宗光、次松、子登、草儒、位周、柴生、籌生、益侯、宇文、君燕、廷宣、廷賓、若煇、□是、□生、漢電、

宜長、廷聘、鱗長、宜歡、以攀、位春、謂明、朝序、宜周、雄長、標生、以展、仁生、宗錫、俊元、榮生、旭光、以祥、以厚、漢仕、英文、啓光、聯泰、爾和、漢隆、毓生、啟寧、雙桂、長人、廷侯、梅生、性弘、孟□、位然、其於、替武、孟達、德超、汝明、如海、王朝紳、陳元英、賴秀榮、周人、秀若、子蓮、九耀、玉宇、陳以堂、迪生、溢章、亦暄、永昌、孟昇、俊登、次亮、文涵、質賢、張重光、孟宙、文先、仁亨、永安、位謙、□登、裴文、爾儀、鄒友生、秀伯、葉榮、文龍、日寧、仁□、次蓑、舜□、天賜、維雍、羅約斗、悦千、君永、連漢、裴然、上展、其新、殿資、興仁、□在。

又置洘瀨楓樹坑三段，共租陸石肆斗官，帶畝伍分。

旹康熙歲次戊戌仲夏穀旦。緣首：張鳳登、張漢則；協緣：張一良、宗惠、以貞、位周、以厚、漢西；仝立。

**按**：此碑現存梅林鎮坎下村。

## 一四四六　帝君廟祀田碑記

爲毁契勒石以杜奸佔事：

緣前年王太卿喜捨洲园，廖太太喜捨苗田，在北門大廟帝君香資、醮費。因奸僧盗典，慶祝無資，振等募衆致呈本縣主老爺靳。蒙廉明俯斷，將洲园佃頭銀五十五兩贖回原田，並新買苗田，將逐年税谷、税銀付與首事慶醮之資。勒石以杜奸佔，永垂廟典。

一，田二坵，受種子三斗五升，坐落東門外大允洋崎溝浚邊，東至王碩田，西至陳僯田，南至溝，北至黄潤田。

一，田一坵，坐落墩兜，東至龔勸田，西至黄台田，南至林科田，北至黄昔留宅。年税谷七石，税五实粮帶林舁祖户内，佃俱張僉老。

一，田一坵，受種子五斤，坐落大允洋北壇南。東至鄭宅田，西至王宅田，南至陳宅田，北至路。全年税谷一

石五斗，□实粮帶黄魁翰户内，佃黄惜。

一，田一坵，受種子五斤，坐落大允洋深坵底，東至陳宅田，西至陳宅田，南至鄭宅田，北至周宅田。全年税谷一石二斗，□实粮帶張永振户内，佃鄭眷。

一，荆园三腿丰，坐落嶽前。全年税銀六兩三錢，佃鄭恭、阮憐、徐熕、黄惜、林修、黄江、林浦。

康熙五十八年二月。仝立石首事快手：王禄、王文、張悦、徐宗、鄭陳、王湖、黄偷、陳選、徐謨、王張、吴佳、王仁、吴天、許王、林厚、張旦等。

按：此碑現存靖城鎮中華路南靖城隍廟，碑名爲編者加擬。

## 一四四七　簡氏大宗祠祀田碑記

祖功宗德，既貽燕翼之謀；木本水源，宜隆孝享之報。故情有可盡，則義無容辭。凡屬後裔，其誰不然？溯我始祖德潤公四先生，派從永邑洪源，承義祖進興公丕業，開基著籍於此。迄今幾四百載，歷十有五世，傳数千餘人。嘗田、丁田以及書田，創垂粗具矣。但歲時祀事雖足備禮，而廟中香燈僅存朔望，無論報本追遠之情有缺，抑且致敬盡誠之心何存？用是愴然於怄，共相劝勉，隨其力量，展厥孝思，或充租税，或捐銀兩，爲逐年香油之資。僉舉嗣孫誠謹者一人，住居廡下，將田付其收管，朝夕焚香，洒掃廟宇，則列祖在天之靈庶無怨恫，而後人奉先之忱得以少伸爾。若夫極顯榮之至，增廟貌之光，赫赫英爽，振振子孫，或可翹足竢已。今將嗣孫所充現税并各題銀兩合置香田，其租碩、段落開列詳明，勒石以垂永久云爾。

東渠公租二石二斗。君遴公租二石。麟振公租二石。雄子公租二石。善長公租二石。賡安公傳下鳳登、廷賓、宜斌、首學、以攀共租八石。居峻租二石。天賜公租一石。貴禮公租二斗。浚洪公租二石。□蒼公租一石。

世尊公、烈吾公、鉅勳公，以上各二大員。高峰公、天爵公、際泰公、匪石、宜在、漢幄、彦成、士元、朝選、

悦千、君統，以上各一大員。

南峰公五錢。天保公、連漢公、其宗公、規皇公、在前公、維戢公、惺一公、以德公、迪吉公、鼎卿、宏端、萬亨、于聖、佳壬公、位然、欽莊、承光、朝序、亦昭、翠章、基光、俊登、若登、潛崑、蜚生、元起、耿人、忠仁、漢仕、汝言、潤文、宗和、宜昭、少白、汝周、重光、韶音、汝翔、其立、子興，以上各中一員。其錫三錢。廷乾三錢。恒東三錢。鳴岐公、子弼、衷一、以彩、俊美、紹彩，以上各二錢。册成、文九、周侯、若蓮、荃生、孟駿、文輝、方千、子頁、德慶、周士、名隆、朝欽、敏儒、盛錦、宜誠、乃桓、斯恭、建孫、子登、觀送、昆賜、柔遠、開先、偉生、達上，以上各□錢。德人、永業、于超、勤孫、年昌，以上各錢半。宸芳錢二。希元錢二。若熹錢二。庚孫錢二。和生、位卿、唯召、上拔、耀光、甸侯、德暢，漢策、俊才、介春、周慶、起玉、從先、輝拔、可孫、周嶽、恩善、有方、至善、子良、孟造、騰雲、允周、君立、曰天、仁孫、爵明，以上各一錢。

康熙壬戌年，嗣孫宜弘敬充祭祖五石大，坐落潭頭坑老屋角，帶畝三畝。宗鑑公題租一石。

首事嗣孫廷賔、九升、驥良、漢隆。雍正二年立。

按：此碑現存梅林鎮坎下村簡氏大宗祠，碑名爲編者加擬。

## 一四四八　十一層岩緣園碑記

本岩住僧鶴泉，雍正二年八月在岩前新墾沙洲一段。雍正六年十二月，蒙縣主齊恩准陞科。雍正七年十一月，蒙縣主太老爺金親臨勘丈五畝二分，恩断入岩，付僧墾耕，納糧、香燈資用。申詳府憲，着保長立石定界，以杜混侵。功德無量，勒石永垂。

雍正七年十二月　日。岩前社生員柯道崇，監生柯文榮，居民吴宗藩、蔡弘爵、陳育才、柯茹賢、王立極、方士遴、吴邦基、蔡明璋、王汝隆、王朝昌、柯應樞，公立。

按：此碑現存山城鎮翠眉村十一層岩寺。

## 一四四九　王氏忠孝坊題刻

邑庠生，雍正元年詔舉孝廉，簽掣陝西紫陽縣知縣。三年，奉旨引見，召對内廷養心殿，特授直隸永平府知府。旋補陝西，召户部清吏司員外郎。五年，陞四川道監察御史、丁未科武闈會試正總裁。乞假歸養，賜金建坊，崇祀忠孝祠。王麟瑞立。

〈柱聯：〉『〈上缺〉賢風世無非示我周行。』金浦蔡新拜題。

按：此坊已毁，題刻現存靖城鎮中華路南靖城隍廟。

## 一四五〇　重修定水橋碑

橋爲靖南関孔道，向架以木，朽塌時聞，行人苦之。王君文楚目擊愀然，慷慨鳩工劈石，不旬日而橋成。夫利濟在人，君子之行；闡揚道德，里老之心。因勒石旌功，且以勸後之好義者。

信官八十叟黄傑生、吴瑞卿、王國楝、蔣日攀、陳湛观、蔡彦伯。

乾隆二年十二月，鄉老汪日進、管府鄭田观、阮肇卿、陳秀榮仝立石。

按：此碑現存靖城鎮中華路南靖城隍廟。

## 一四五一　大總戎林公惠德碑記

國家隆盛，必有忠誠果毅之材宣流帝德，使海宇蒼生共沐太平之澤，若大總戎林公是也。公諱榮茂，號東海，靖人也。世有令德，韜鈐著美。乾隆二年冬，膺簡命來鎮烽火門。甫下車，逢歲歉收，民艱于食。公即惻然曰：『饑

饉薦臻，不應坐視。』隨詳請發倉賑恤，仍捐俸貫米煮粥，以活貧民，並給棺施壅。生者、没者，均霑公德。薦紳士民歡呼載道，以公神明于荒政十二之外矣。越明年，都憲以公才猷練達，命赴兩江督運糧米，來閩補倉。所有商船巨艦，例應前往運載，公慰勞之曰：『此役乃聖天子之仁、各上憲之德。爾等當慕義急公，爲足食計。予經詳請諸上憲，隨到隨收，毋滯爾業。』乃米到，果如所慰。嗚呼！既飲我食我以饑饉之秋，復教我誨我于知方之事，公之體國惠民可謂至矣盡矣！

先是，公由世襲授廣東香山協千尉，歷俸期滿，給咨引見，皇上嘉其雄略，十日三陞。公感知遇，矢圖效報。任福建水師提標右協，勤訓練，慎簡閱，政令嚴肅，兵民安堵。督憲劉以公整肅營規、諳練水務，題調臺灣水師中協。未抵任而南匪竊發。公至即親赴行間，堵截奸匪，應援府治，又援北路，躬脱甲，浮水渡溪，血戰數十，冒矢石以救創民，匪黨隨掃，功不懋哉！督憲郝、提憲王以公征戰有功、膽略超群，具題保舉。兩署安平鎮印務，既修海岸以安民生，復詳請列憲，准民搬眷。臺民得以室家完聚者，皆公之力也。二年夏，調回内地，以協鎮參府補用。會未有缺，仍管海壇，凡所爲兵民禦災捍患者，無不一一切至。其惠乎下也，何可勝數？所謂高牙大纛不足爲容，桓圭衮裳不足爲貴，惟德被生民、功施社稷、耀後世而垂無窮者，公有焉。雖公之政績，自當輝載青史，固非一時口碑所能罄。第公論在人，秉彝同好，爰勒貞珉于公之鄉，以誌不朽。

乾隆己未年孟冬中浣吉日，烽火門士民暨福、興、泉、臺船商仝立石。

按：此碑現存靖城鎮鄭店村，二〇〇八年從路邊水井撈出。

## 一四五二　登雲寺碑記

古者立祀，王曰泰厲，侯曰公厲，大夫曰族厲。是厲之必置壇以祀也，不自今始。唐太宗作愍忠寺，以拔度靈魂，其亦斯意歟？我國家祀典特隆，郡邑有厲，鄉亦有之，鄉之稱歸惪者。惟山城名山秀水，焕然圖畫，若紫荆一

峰，則又崔巍鼎峙。其麓之長嶺，昔庠生石公集貴者，嘗捨地一片於斯，爲義塚。今幸仁人君子念殘魂之無依，附草悲風，向隅泣月，所在多有。况山城爲靖屬名區，風俗之仁厚甲於一方，尤不可不爲厲置壇焉。用是相率向右軍志老吴公暨余門下生庠弟子□顒韓君爲之唱，募衆打破慳囊，卜築厲壇於義塚間。顔其名曰『登雲』，俾遊魂斷魄得所依歸，而登天雲路。非欲藉是以求福利，實仁人君子之心之所自形已耳。

噫！如吴年翁等者，亦猶行古之道也，□顒其可從此而勉之。第恨歸來西野距山城三十里許，不能與兹盛事。追憶前此步履其間，山川文物之勝宛宛在目。是以因住僧紫雲之請，而樂爲之誌。至若處士蘇榮清者，捨緣地一所以成厥舉，其志又大可嘉也。因書及之。

萬壽恩科鄉進士出身、文林郎、知宣平縣正堂事加一級、西野胡必奇撰文，特恩溪邑庠生石如翰書丹。

董事：協防左部李國棟、鄉飲大賓陳光胤、太學生王庭蘭、庠生卓瑞麟、佾生黄光瑞、佾生鍾震雷、吴天眷、許邦偉、蔡天祐、黄元傑、吴時□、鄭爲雍、陳彦英、黄希仲、方嘉讚、□□□、吴志弘。

大清乾隆伍年蒲月，開山僧紫雲勒石。

按：此碑現存山城鎮六安村紫荆山登雲寺。

## 一四五三　葛園韓氏祀産碑記

祖宗創造，子孫恒昧。其間遷徙源流，亦代遠易忘者也。我韓氏之先，蓋河南光州固始縣人也。唐總章二年，祖乃昭德將軍諱器，隨陳將軍入閩，平泉、潮之寇，因家于漳州。歷傳至宋徽宗，祖諱鉉登宣和三年進士，歷官户部尚書，居漳州龍溪之蓮浦也。嗣傳至元朝仁、英年間，尚書裔孫自蓮浦二十一都遷居天寶輅軒里，即俗稱路邊也。延祐六年，輅軒開基鼻祖諱觀佑，生岐嶷克秀，因施觀音寶像賜名，又字神德，謚啓齋，公是爲始祖，生四子。次子均海，謚兆興，明洪武年間自輅軒遷居南靖阡丘，生四子。第三子顯超，謚遯叟，生二子。次子廷爵，自阡丘遷

# EPIGRAPHICAL MATERIALS ON THE HISTORY OF RELIGION IN FUJIAN : ZHANGZHOU REGION

## III

*Edited by* *Kenneth Dean*
*Zheng Zhenman*

PUBLISHED BY FUJIAN PEOPLE'S PUBLISHING HOUSE